跨学科修辞研究的理论与范式

"望道修辞学论坛"论文集萃

（第六辑）

主 编 祝克懿 储丹丹

复旦大学出版社

目 录

修辞学传统

中国功能语言学的先行者
　　——庆贺陈望道《修辞学发凡》问世90周年　　　　　胡壮麟　2
也谈修辞学的学科定位及发展
　　——重读《修辞学发凡》第一篇　　　　　　　　　　霍四通　10
叠辞　　　　　　兰迪·艾伦·哈里斯　（陶友兰　李逸竹 译）　27
跨学科视域下夸张修辞的识解机制新解　　　　廖巧云　翁　馨　60
对偶性与转喻的理解和表达　　　　　　　　　　　　　徐盛桓　77

中西修辞对话

称名还是道姓？
　　——汉语和英语专名指称功能的对比分析　　　　　　陈　平　100
语言的辩证性与修辞学的辩证：修辞学与批判性思维能力培养
　　　　　　　　　　　　　　　　　　　　　邓志勇　杨　洁　131
比较修辞学再界定的三个维度
　　——本质、事实及事件　　　　　　　　毛履鸣（汪建峰 译）　146
"共情修辞"的学理渊源与机制构建　　　　　　李　克　朱虹宇　176
"情感转向"与西方修辞研究的自我更新　　　　　　　刘亚猛　196

修辞研究的多维视野

基于语料库的修辞研究:特征、议题与意义　　　　　　　胡开宝　张丽莉　224
再议语言信息结构研究　　　　　　　　　　　　　　　　　　　陆俭明　239
凯洛斯:一种写作调和探索法　　　　　杰伊·乔丹（袁　影　那　倩 译）259
修辞与人工智能
　　——教育学与语言学论辩理论中的形式对话模型
　　　　　　　　　　　　　道格拉斯·沃尔顿　（俞米微　詹宏伟 译）　273

风格研究

风格与效果
　　——论辩模式与方式的联动　　克里斯托弗·W.廷德尔　（陈小慰 译）　282
体裁风格分析程序及互文生成路径
　　——以笔记小说经典文本的体裁风格为例　　　　　　黄鸿辉　祝克懿　297
变异社会语言学的风格研究
　　——兼谈与修辞学风格研究的互鉴　　　　　　　　　　　　　田海龙　321

话语分析

故事讲述中的自由直接引语初探　　　　　　　　　　　　　方　梅　周　焱　338
法庭转述话语的论辩研究　　　　　　　　　　　　　　　　　　　崔玉珍　356
高危话语与极端活动:基于评价性语言的心理实现性讨论
　　　　　　　　　　　　　　　　　　　　　　　　　王振华　李佳音　378
多模态话语分析是否需要分析多模态语法?　　　　　　张德禄　赵　静　394

修辞语义研究

学位论文文献综述的元文性分析	储丹丹	412
存在巨链的梯级修辞功能	蒋　勇	436
建构修辞研究的特征及学术走向	鞠玉梅	457
含义、显义、隐义与潜义之辨	左思民	474

后记　　　　　　　　　　　　　　　　　　　　　　　492

Contents

☐ **The Rhetorical Tradition**

A Pioneer of Functional Linguistics in China
 —In Celebration of 90th Anniversary of the Publication of Chen Wangdao's *Introduction to Rhetoric*
 Hu Zhuanglin   2

On the Subject Orientation and Development of Rhetoric
 —Rereading the First Chapter of *The Introduction to Rhetoric*
 Huo Sitong   10

Ploke
 Randy Allen Harris (tr. Tao Youlan & Li Yizhu)   27

An Interdisciplinary Approach to the Construal Mechanism of Hyperbole
 Liao Qiaoyun & Weng Xin   60

A New Approach to Metonymy in the Perspective of Duality
 Xu Shenghuan   77

☐ **Rhetoric Dialogue Between China and the West**

By Given or Family Name? A Contrastive Analysis of Proper Names as Referential Devices in Chinese and English
 Chen Ping   100

The Dialectical Nature of Language and the Dialectic of Rhetoric:
  Rhetoric and Cultivation of Critical Thinking
                              Deng Zhiyong & Yang Jie   131
Redefining Comparative Rhetoric: Essence, Facts, and Events
                              Mao Luming (tr. Wang Jianfeng)   146
On the Theoretical Underpinnings and Mechanism Construction of Empathy Rhetoric
                              Li Ke & Zhu Hongyu   176
The Affective/Emotional Turn and Self-renewal of Western Rhetoric
                              Liu Yameng   196

☐ **Multidimensional Perspective of Rhetoric Research**

Corpus-based Study of Rhetoric: Features, Topics, and Significance
                              Hu Kaibao & Zhang Lili   224
Revisiting the Studies of the Information Structure of Language
                              Lu Jianming   239
Future Perfect Tense: Kairos as a Heuristic for Reconciliation
                              Jay Jordan (tr. Yuan Ying & Na Qian)   259
Formal Dialogue Models for Argumentation in Education and Linguistics
                              Douglas Walton (tr. Yu Miwei & Zhan Hongwei)   273

☐ **Research on Style**

Matching Mode with Manner: On Style and Effects
                              Christopher W. Tindale (tr. Chen Xiaowei)   282
The Program of Genre Analysis and Intertextuality Generation Path
    —Insights from the Genre Style of Sketchbooks
                              Huang Honghui & Zhu Keyi   297

The Study of Style in Variationist Sociolinguistics and Mutual Learning with Rhetoric

Tian Hailong 321

☐ Discourse Analysis

The Exploration of Free Direct Speech in Storytelling

Fang Mei & Zhou Yan 338

An Argumentative Study on Courtroom Reported Speech

Cui Yuzhen 356

Highly Negative Speech and Extreme Action: An Analysis from the Psychological Reality of APPRAISAL Theory

Wang Zhenhua & Li Jiayin 378

On the Necessity of Analyzing Multimodal Grammar in Multimodal Discourse Analysis?

Zhang Delu & Zhao Jing 394

☐ The Semantic Study of Rhetoric

An Analysis of Literature Reviews of Doctoral Dissertations from the Perspectives of Metatextuality Theory

Chu Dandan 412

The Scalar Rhetoric of the Great Chain of Being

Jiang Yong 436

Research Characteristics and Development Trends of Constitutive Rhetoric

Ju Yumei 457

On Differentiation Between Implicature, Explicature, Impliciture, and Implicitness

Zuo Simin 474

修辞学传统

中国功能语言学的先行者
——庆贺陈望道《修辞学发凡》问世 90 周年

胡壮麟

(北京大学外国语学院)

提 要 2016 年,我曾探讨系统功能语言学创始人韩礼德(M. A. K. Halliday)的学术思想,认为他的学术思想较多渊源于我国王力、罗常培和高名凯三位学者。文中也提及朱自清先生在给王力先生著作的序中,曾摘用望道先生倡导"功能中心说"的原话,但此后未能深入研究。通过阅读《修辞学发凡》,我发现望道先生运用功能主义的观点,讨论了功能与系统、口述语与书面语、文法学、物质与意义、语篇与语境、标准语和全球语等专题。这说明陈望道先生是中国功能语言学的先行者。

关键词 陈望道 《修辞学发凡》 功能语言学 先行者 韩礼德

一、引　言

2016 年,我在《韩礼德学术思想的中国渊源和回归》一文中曾通过韩礼德和我的多次交谈,以及多种语料分析,形成一个观点:我导师韩礼德(M. A. K. Halliday)的学术思想较多渊源于王力、罗常培和高名凯三位学者。但我在该文"2.3 节小句的元功能分析"中指出:

> 在朱自清先生为《语法》所作的序中转引了陈望道的一段话:"国内学者还多徘徊于形态中心说和意义中心说之间,两说有其不能自圆其说之处。鄙见颇思以功能中心说救其偏缺。"对这段引文我们可以作如下分析:1)这段话白纸黑字,出自陈望道先生,但既然由朱氏在王书的序中引用,说明王、朱必然认同陈氏的观点;2)尽管朱氏评论"(陈望道)那篇短文只指出一些轮廓,无从详细讨论",这个轮廓毕竟是一个划时代的杰作,即他们三位在 20 世纪 40 年代已预

见在语法和语义之外存在一个更重要的起决定作用的因素——功能。

很惭愧,此后我没有继续探讨陈望道先生语言研究中的"功能中心说"。感谢复旦大学祝克懿教授邀请我参加"纪念《修辞学发凡》问世 90 周年暨第十二届望道修辞学论坛"学术研讨会,激励我仔细阅读了望道先生的《修辞学发凡》。望道先生在该书中讨论语言学和修辞学时,有不少观点属于功能主义的理论范畴。碰巧我最近在撰写韩礼德先生新世纪的若干学术观点时,发现韩礼德的不少观点在望道先生《修辞学发凡》中早已有所论及。尽管该书 90 年中改版多达十余次,我无精力和条件深入考察,但有一点是可以肯定的,望道先生 1977 年去世,因此下面这些观点是望道先生 1932 至 1977 年间已经形成并公开报道的观点,具有实用性、理论性和先见性。

二、功 能 与 系 统

望道先生在《修辞学发凡》第 5 页中首先提出"语辞"的"功能"概念,其目的显然是让读者明确该书的理论和主导思想是建立在"功能"观上,不然读者难以理解往后的讨论。望道先生也解释了"功能"的中心思想是论述写说本质上是一种社会现象,写说者必须考虑如何让听读者对他的言辞能更好地理解、感受,以至共鸣。望道先生在《修辞学发凡》第 10 页中举修辞格中的"藏词"为例,说明藏词的"功能"在于有意隐藏某个成语的部分言辞,但听读者通过该言辞和语义知识,仍能找回和掌握某个表述的整体意义,从而引起共鸣。

就我个人的认识而言,我认为望道先生把《发凡》的主要内容分为"消极修辞"和"积极修辞"两大类,并不是"否定"消极修辞,"肯定"积极修辞,而在于阐明两类修辞具有不同的功能。前者出现在语言的记述实用,重在"理会";后者适用于情意创作,强调"感受"。进一步说,消极修辞要求言辞在内容上意义明确,伦次通顺;在形式上词句平匀,安排稳密。

使我最为惊奇的是在《修辞学发凡》第 11 页,望道先生提出"系统的研究"这个概念,并从两个层次进行讨论:第一个层次为每一种修辞形式之内的"系统",如上述的"藏词"如何逐步发展成"歇后语"的过程;第二个层次为各种修辞形式之间的"系统"。我们不但应当了解"藏词"内部的各种情况,还应当了解"藏词"同"析字""飞白""譬喻""双关""回文"等方式的异同。正是基于"系统"的概念,望道先生把积极修辞分析整理成"材料上的辞格""意境上的辞格""词语上的辞格""章句上的辞格"四大类;这是在功能基础上进行系统化的分类。可见,望道先生的"系统"概念就是日后韩礼德所解释的建立于可供选择的"纵聚合"概念,不是有关词语排列先后结构的"横组合"概念。这样,韩礼德在20世纪六七十年代倡导"功能语法"和"系统语法"之前,望道先生已更早地在国内语言修辞研究中采用了"功能"和"系统"的概念。

三、口述语和书面语

2004年,韩礼德曾发表《口述语篇语料库:语法理论的基础》一文,并收入《韩礼德文集》第6卷。当2013年《韩礼德文集》第11卷出版时,该文再次入选,而且放在所有文章之首。韩礼德认为,语言首先以口述的形式出现,然后才发展成书面语。因此,"语言"的概念除书面语外,必须包括口述语言,以保证其内涵的完整性。同样,"语言学"这个概念必须包括对口述语言的研究,"语料库"这个概念必须包括对口语语料的收集。不然,任何有关"语言"的研究或定论都是片面的、不完整的。韩礼德之所以强调口述语,在于他认为国外语言学界过多地强调书面语,以书面语作为评价语言适用的标准,这不是认识和研究"语言"的正确道路。

从望道先生《发凡》一书不难看出,他早在1932年就认识到口述语的重要性。在"引言"的第1页,他便提出修辞既要考虑"文辞",也要考虑"语辞"。这是因为我们不仅要考虑语言使用时要注意对它在狭义观念上的"修饰",也要注意它在广义观念上的"适用"。这些元素的糅合产生了修辞的四个用法,即:1)修饰文辞;2)调整或适用语辞;3)调整或适用文辞;4)修饰语辞。望道先生还进一步提出口头语和书面语都需要面对三个境界,即:1)记述的境界;2)表现的境界;3)糅合的境界。

四、语 法 学

韩礼德坦陈英语中原来没有"语法学"这个概念和词语。他是从汉语的"文法学""语法学"中受到启发,于是他在英语中新创了 grammatics(语法学,文法学)这个术语,强调语法研究要有理论指导(Hallidiay 2013:72-78)。

　　韩礼德在文中没有提供他所看到的有关汉语"文法学""语法学"的具体出处。这次我发现望道先生1944年9月1日在《修辞学发凡》第九版"付印题记"中已经谈到"修辞学中有许多与文法学有关。要彻底建立科学的修辞学不能不彻底建立科学的文法学"。望道先生这番话说明了两个内容:一是尽管我们不知道韩礼德从何处接触到中国学者有关"文法学"这个概念,但至少在1944年望道先生已经对"文法学"有所论述;二是望道先生正确提出文法学对词汇语法理论研究的重要性,要建立科学的修辞学和语言学离不开对"文法学"或"语法学"的研究,不然对词汇语法研究的理论指导从何谈起?

五、物 质 与 意 义

　　语言作为符号,自20世纪起受到以符号学和语言学为主的学术界的广泛关注,具体应用于词汇学和语义学的研究。影响最大的是以索绪尔为代表的结构主义理论。索绪尔提出作为语言基本单位的词汇有两个维度,即"能指"和"所指",在语言中体现为"语音"和"词语意义"。尽管如此,自20世纪末至今,认知语言学界和功能语言学界对此开始提出种种质疑,特别是多元符号学和多模态学兴起后,新的理论纷纷出现,如我国的王铭玉和孟华提出"语象合治"理论(王铭玉 2021:序二),韩礼德则提出"物质与意义"的符号实质论,即符号包括"物质域"和"意义域"两个维度(Halliday 2013:155-254)。令人兴奋的是望道先生对符号学,特别是语言符号学早就有了不少划时代的科学论述:首先,他认为人们接触和掌握事物的意义不仅仅是"语音"或"音觉",也可以通过味觉、嗅觉、视觉、触觉乃至婴儿的动觉等多种渠道;其次,望道先生把人类对意义掌握的历史过程区分为四个时期,分别是记认时期、图影时期、表意文字时期、表音文字时期,这说明"语音"仅仅是表述意义的众多手段之一。对人类来说,"记认""图影""文字"都可表达意义。当代多元符号学和多模态学的发展证实了望道先生这个划时代的观点。更令人敬佩的是,望道先生指出"语言中的声音"实际上是"物体的震动",即韩礼德在21世纪所阐述的人们通过"耳朵"接受"语音",通过嘴舌发出"语音";在大脑中操作分析"语音"的意义,又在空气中传播语音。所有这些,都有关"物质"。对此,望道先生在该页提供的图示最能说明他的认识：

说者：意思（意义）→ 声音意象 → 发音 ⎫
⎬ 声音
听者：意思（意义）← 声音意象 → 听音 ⎭

在随后的讨论中，望道先生表达了韩礼德在 21 世纪才强调的观点，即"形体为意与声之迹"，这是望道先生"语文合一"的理论基础。这正好是韩礼德在 21 世纪所提到的"意义域"与"物质域"的概念。

六、语篇与语境

众所周知，传统语法，特别是结构主义语法和生成语法，研究范围一般从词语到句子。因此，"语法"有时被称为"句法"。韩礼德的系统功能语言学则将语法延伸到话语和语篇的层面，因为真实的语言是以话语和语篇的形式出现的。令人惊奇的是，望道先生在《修辞学发凡》中对此早就有所认识。他在讨论词与词的关系的基础上，明确提出"一句、一段、一章、一篇"的概念。只有这样，才能使词和词的关系分明。

望道先生进一步提示读者牢记中国作文书上的"六何"传统，即"何故""何事""何人""何地""何时""何如"。显然，系统功能语言学的"语境"理论就是强调语言使用和对其评价时必须考虑语言使用者的背景和相互关系，使用语言的目的或任务，语言使用时的时空背景，使用语言的方法等。只有正确掌握和处理这些关系，话语或篇章才能取得有效成果，如下所示：

系统功能语言学	中国的"六何"传统
语言使用者的背景和相互关系	何人
使用语言的目的和原因	何故
使用话语的任务	何事
语言使用时的时间	何时
语言使用时的场合	何地
使用语言的方法	何如

在此基础上,望道先生又提出社会因素的制约作用。他引用荀子"名无固义,约之以命。约定俗成以为宜,异于约者,谓之不宜"的观点,阐明语言的使用和规约决定于社会。正如望道先生所言,荀子的这个观点有助于帮助人们认识和掌握上述的"六何",或生物社会因素如何对语言生成、演变和发展的影响。

七、标准语和全球语

韩礼德在 2006 年发表的《书面语、标准语、全球化语》("Written language, standard language, global language")一文中谈到"标准语",其背景指中世纪时,英国在商业上使用英语,政府部门使用法语,学校话语则为拉丁语。这显然难以在全民范围中长期推广,因此人们期待标准语的统一和确定,解决相互交际的矛盾。至于全球化语,指随着不同国家政府和人民交往的增多,又出现全球化语,或国际通用语(Halliday 2013: 87-103)。在这方面,望道先生对语言分类的评判提出三个条件:1) 以地境论,是本境的;2) 以时代论,是现代的;3) 以性质论,是普通的。在此基础上,他既谈到"超出本境的是非读者听者的民族语言及方言",也谈到"球语",即"全球化语"。尽管望道先生指的是"将来世界语言或有统一的一日",即当时还不存在"球语",但他已经预见到全球化语出现的必要性和可能性。实际情况的确如此。当代学者已经把英语、汉语和西班牙语作为全球话语进行讨论(Dorren 2014)。应该说,望道先生有关全球语的讨论,在今天对我们国家更具有现实意义。要构建"人类命运共同体"和推动"一带一路"的战略政策,必然面临语言交流的问题。我们既要正确对待各个国家和民族的语言,又要懂得如何帮助其他国家和人民更方便、更有效地学习和掌握中文、汉语。

八、结 束 语

综上所述:第一,韩礼德先生的学术渊源除王力、罗常培和高名凯外,是否包括陈望道?我难以回答。不过,可以肯定的是,望道先生功能主义思想的出现早于韩礼德。第二,我对望道先生的功能主义思想的探讨,主要依据《修辞学发凡》一书。如果参阅望道先生的全部论著,将会有更全面更深入的研究。第三,尽管如此，根据本文已经讨论的内容，足可表明陈望道先生是我国功能语言学的先行研究者。期待国内学者，特别是中青年学者，能将此项研究继续深入下去，做出更全面的考察。

参考文献

陈望道　2012　《修辞学发凡》，复旦大学出版社。

胡壮麟　2016　《韩礼德学术思想的中国渊源和回归》，《外语研究》第 5 期。

胡壮麟　2021　《新世纪语言研究的趋向——〈韩礼德全集〉第 11 卷评介》，《外语研究》第 5 期。

王铭玉　2021　《符号学论略》，北京大学出版社。

王力　1943　《中国现代语法》，商务印书馆。

Dorren, G. 2014 *Lingo: A Language Spotter's Guide to Europe*. London: Profile Books.

Halliday, M.A.K. 2004 The spoken language corpus: a foundation for grammatical theory. in K. Aijmer & B. Altenberg (eds.) *Advances in Corpus Linguistics*. Amsterdam: Rodopi: 11–38.

Halliday, M.A.K. (J. Webster ed.) 2013 *Halliday in the 21st Century*. London: Bloombury.

A Pioneer of Functional Linguistics in China
—In Celebration of 90th Anniversary of the Publication of Chen Wangdao's *Introduction to Rhetoric*

Hu Zhuanglin

Abstract: In 2016, I explored the academic thoughts of M.A.K. Halliday, the founder of systemic-functional linguistics, and expressed my view that many of his thoughts originated from three Chinese scholars, namely, Wang Li, Luo Changpei, and Gao Minkai. In my article, I also mentioned that in the preface for Wang Li's publication on Chinese grammar, Zhu Ziqing quoted Chen Wangdao's proposal on function-centered approach, but I haven't gone further since then. Thanks to Professor Zhu Keyi's invitation to attend the 12th Forum on Chen Wangdao's Rhetoric, I managed to review Chen's *Introduction to Rhetoric,* and I noticed that based on his views on functionalism, Chen Wangdao managed to have discussed issues concerning function and system, spoken language and written language, grammatics, matter and meaning, text and context, standard language and global language. All this proves that Chen Wangdao is a pioneer of functional linguistics in China.

Keywords: Chen Wangdao, *Introduction to Rheroric*, functional linguistics, M.A.K. Halliday

(原载于《当代修辞学》2022 年第 2 期)

也谈修辞学的学科定位及发展
——重读《修辞学发凡》第一篇

霍四通
（复旦大学望道研究院/复旦大学中文系）

提　要　《修辞学发凡》第一篇"引言"统摄全书，对于今天的修辞学研究有极大的理论价值。主要有：修辞学的本质就是文体学、语体学；修辞不仅是语言的，更是跨越不同符号系统的认知机制；过去不研究的东西，不代表今天不能研究、不用研究，需要发展新的研究范式开展研究；最后，修辞学不是一门普通的语言学学科，修辞学的初心在于"解决实际问题"，担负着促进人类交流沟通、推动社会发展进步的使命。《修辞学发凡》"引言"启发今人，修辞学应在更广大的空间里得到更充分的发展。

关键词　修辞学　符号学　陈望道

陈望道先生反对因循守旧，鼓励研究者超越陈说，努力创新，"提出新例证，指出新条理"，从而"开拓新境界"（《修辞学发凡·结语》）。21世纪以来，不少语言学者都曾对修辞学的发展提出殷切希望和指导意见（如陆俭明2008；邵敬敏2008；沈家煊2008等）。以此为基础，在纪念《修辞学发凡》出版90周年之际，我们重读该书第一篇"引言"，思考当今修辞学的发展前途，又有了新的感悟和认识。

一、修辞学的体系建构

陈望道（2011b，2021：444）曾将研究分为"继承性的研究"和"创造性的研究"，他的意思并非抑此扬彼，不是说"继承性的研究"不重要。透彻地理解前辈的学术遗产，在继承的基础上进一步发展，正是"守正创新"的最优路径。

陈望道曾教导年轻人说："读《发凡》甚望不止注意辞格，能注意书前书后理论部分。"(《致周如君》,1962)《修辞学发凡》全书的主体部分其实已经完成差不多100年了。但第一篇却是最后写的,距今90年。因为是最后加的"帽子",统罩全书,所以虽然说是"引言",但在一定意义上说,也是对全书的一个理论"总结"。第一篇搭建了一个宏大的现代修辞学体系,通过对该体系追根溯源的考察,我们可以对现代汉语修辞学的理论本质有一个较宏观的把握。

我们知道,《修辞学发凡》体系最重要的特征是消极修辞和积极修辞的分野。积极修辞基本上就是辞格,辞趣很难界定,实际上现在也是用辞格的研究方法来研究积极修辞。消极修辞近年来颇受关注,是一个新的增长点。两大分野几乎构成了修辞学研究的全部,而这两大分野是建立在第一篇第二节关于"修辞和语辞使用的三境界"论述基础上的:

(甲)记述的境界——以记述事物的条理为目的,在书面如一切法令的文字,科学的记载,在口头如一切实务的说明谈商,便是这一境界的典型。

(乙)表现的境界——以表现生活的体验为目的,在书面如诗歌,在口头如歌谣,便是这一境界的典型。

(丙)糅合的境界——这是以上两界糅合所成的一种语辞,在书面如一切的杂文,在口头如一切的闲谈,便是这一境界的常例。

观察这三个境界的举例,可以看出,所谓的三个境界,实际上就是三种文体集合(李熙宗 1994),即三个大的语体类别。

两大分野,实际上对应于这三个境界。积极修辞和消极修辞是其中甲、乙两个境界最重要的语言特征。第一篇说:"内中(甲)(乙)两个境界对于语辞运用的法式,可说截然的不同。用修辞学的术语来说,便是(甲)所用的常常只是消极的手法,(乙)所用的常常兼有积极的手法。"后文更是从内容和形式的关系的角度,提出两大分野是表现内容的两种不同法式:"这样准备所得的成果,我们可以用两种很不相同的法式来表达它:第一种是记述的;第二种是表现的。"(陈望道 2012:34)并专门在第三篇第四节"语辞的三境界和修辞的两分野"中进一步明确了两者的演绎关系。

早在 1959 年,就有学者撰文指出现代修辞学和文体学之间的渊源关系,对

《发凡》的体系做了完全的解剖:"再来考查一下,把修辞现象划分为消极修辞和积极修辞两大类,是拿什么做理论根据的?……据我看来,实际上是拿语言的语体风格作依据来划分的。"(周迟明1959)这里所讲的"语言的语体风格"就是《发凡》第一篇提出的"三境界",而且主要是其中的(甲)和(乙),文中干脆称之为语体:

> 这就是把语言的语体分为两种,认为(甲)种语体具有"以记述事物的条理为目的"的特征,(乙)种语体具有"以表现生活的体验为目的"的特征,因而就用(甲)种语体来代表"消极修辞",(乙)种语体来代表"积极修辞"。这就是划分消极修辞和积极修辞的理论根据,也就是"两大分野"的中心内容,此外所有的文章都是从这种中心内容推演出来的。

明确了修辞学和文体学、语体学的一体性,我们对语法修辞是否结合、修辞学今后该研究什么等问题能看得更加清楚。

20世纪80年代以来,以复旦大学为代表的语体学的探索是对《修辞学发凡》所建立的现代修辞学最合乎逻辑的自然发展,是应该充分肯定的。当时一些中青年修辞学者在语体的性质、概念,语体的生成、发展,语体研究的对象、任务,语体类型的划分原则,语体的交叉、渗透,语体研究方法等方面展开讨论,形成了关于功能语体的共识,提出建立语体学的构想,并对语体学和修辞学、文体学的关系,语体学的研究对象、任务和功用等展开热烈讨论,新编现代汉语和修辞学教材纷纷增设"语体"章节。1987年复旦大学中国语言文学研究所编辑出版了《语体论》论文集,多本语体学研究专著随之相继涌现:如王德春《语体略论》(福建教育出版社,1987)、黎运汉等《现代汉语语体修辞学》(广西教育出版社,1989)、王德春、陈瑞端《语体论》(广西教育出版社,2000)、袁晖、李熙宗主编《汉语语体概论》(商务印书馆,2005)、丁金国《语体风格分析纲要》(暨南大学出版社,2009)等。语体学研究的热潮一直持续到21世纪。

语体学的研究还吸引了语法学者的积极参与。近年来,代表性论文有陶红印《操作语体中动词论元结构的实现及语用原则》(《中国语文》2007年第1期)、冯胜利《论语体的机制及其语法功能》(《中国语文》2010年第5期)、冯胜利《语体语法及其文学功能》(《当代修辞学》2011年第4期)等。代表著作有:朱军《汉语语体语法研究》(南京大学出版社,2017)、冯胜利《汉语语体语法概论》(北京语言大学出版社,2018),冯胜利、施春宏主编《汉语语体语法新探》(中西书局,2018)等。现在再回头看20世纪80年代的"语法修辞结合论"讨论,回答无疑是肯定的。现在的语体语法本身就是语法修辞结合研究的典范。这些论著将语体的观念引入语法研究中,当然也促进着修辞学研究的进步。

当然,我们这样说,绝对无意于用文体学取代修辞学,毕竟现在两者走上了不同的发展轨道,研究的东西也不太相同,都有一定的独立性。我们的目的是通过这种学理上的梳理,为修辞学开拓出更大的发展空间。修辞学与文体学的内在联系也告诉我们,修辞学和文章学、文学都是天然的亲戚,修辞学是个融合性的交叉学科,修辞学具有持久发展的不竭资源和动力。

二、修辞学的生长空间

《修辞学发凡》体大思精,几乎涵盖了所有的修辞现象,尤其是书中的基本理论,其所确立的修辞学研究范式,对于今天的修辞学研究仍有极大的启发指导意义。但《修辞学发凡》毕竟成书于90年前,陈望道先生着力解决的问题在今天已经有了变化。新形势下我们必须进一步拓宽研究的视野,尝试新的研究方法,探索新的发展空间。

1. 体式与格局

陈望道的学术思想是不断发展的。在《修辞学发凡》早期油印本的第一篇"导言"中,陈望道将修辞学界定为"是研究用文章把自己思想情感有效地传给别人的学问",将修辞学所能包括的范围,分为下列四大部分:

一,传达论。论文章上令人充分理解的手段。

二,表现论。论在文章上用有力量、有光彩、有趣味的语言表现自己底方法。

三,体式论。论文章底体制风调。

四,格局论。论文章底编排布置。

《修辞学发凡》油印本呈现出了偏向传达论、表现论这两个方面的倾向:"这是修辞学最大限度的范围。在这范围之中,因为文艺潮流底变迁与进步,体式可以不拘,格局也变成可以任意安排——虽然中国原有类乎修辞学底书,多数偏重这体式、格局的两部分,现在却可无需多费时力,多受束缚了。因为这个缘故,所以此后所讲究就以传达论与表现论为限。"1932 年大江书铺初版将这四个板块的表述删除了。

传达论可以称为"右倾"的修辞论,求明白中正,就是"消极修辞";表现论可以称为"左倾"的修辞论,求文章有声有色,就是"积极修辞"。这里的"右倾"取其"保守"之义,"左倾"取其"激进"之义。"两者倘能兼备,修辞的功夫尽了"(霍四通 2019: 271)。因为"左倾""右倾"几年间迅速成为一种政治标签,所以《修辞学发凡》后来回归到使用"积极""消极"的术语。

油印本不谈的体式论、格局论,大约分别对应于西方古典修辞学的布局谋篇、文体风格(disposition, elocution),是"修辞五艺"(the five canons of rhetoric, Toye 2013)的两项重点组成部分。所谓的体式论是"论文章的体制风调",也就是语体风格的内容;体格论是"论文章的编排布置",也就是篇章修辞的内容。当时新文化运动正如火如荼,陈望道不谈这两个方面,有他特别的深意。讲传达论和表现论,是要解决白话文的使用所面临的基本问题,促进白话文成为文学语言,是"立新"。不讲体式论和格局论,是要破除当时仍然根深蒂固的八股文的积习,警惕它死灰复燃,无疑是"破旧"。

我们今天所处的时代和陈望道所处的时代已经完全不同了。这要求我们也应对修辞学研究的范围做出适时的调整。陈望道先生因为"体式可以不拘,格局也变成可以任意安排"而忽略这两个方向的研究,今天看来其理由是不充分的了。"不拘""任意安排"的特征不能否定"体式"和"格局","体式"和"格局"有一定的灵活性,这是因为我们还没有完全认识其中的规律,不能以此为理由否定其中存在的规律,望而却步。这两部分也是当代语言学中的重要研究领域,即篇章语言学、文体风格学。当代汉语修辞学应该在布局谋篇、文体风格领域积极探索(霍四通 2019: 271)。

2. 修辞发明

因为聚焦于传达论和表现论这两个板块,也使得修辞学"最大的功用是在使人对于语言文字有灵活正确的了解。这同读和听的关系最大""修辞学可以说同实地写说的缘分最浅"（陈望道 2012: 15），只能服务于接受方、对作品的赏析稍有助益。对于今天的修辞学来说，不考虑话语生产主体方显然是短板，绝不能拿来自矜。

西方"修辞五艺"中和写说关系较深的一部分是"修辞发明"，或作"觅材取材"（invention）。《修辞学发凡》第一篇在讨论修辞过程时也约略提到过："语辞的形成，凡是略成片段的，无论笔墨或唇舌，大约都须经过三个阶段：一、收集材料；二、剪裁配置；三、写说发表。""修辞发明"大概包括"收集材料""剪裁配置"。但《修辞学发凡》所讲的修辞却仅限于"材料配置定妥之后"。1962年版本明确说："修辞是在材料配置定妥之后，才产生修辞过程的，不能把概念扩大"（陈望道 1983）。

我们认为，从生成的角度看，"调整或适应语辞"的修辞过程，实际上从收集和筛选材料就开始了。有时候，说什么、不说什么，才是最大的修辞。我过去想过把这一块放到消极修辞里，看来还很不够（霍四通 2018: 14）。乔姆斯基和人合写过一本《制造共识》，揭露了西方的媒体在新闻报道中貌似独立、公正、客观，实际上处处都受到利益相关方的强烈影响，在事实的筛选、过滤上存在着严重偏见。同样是选举报道，媒体对美国官方喜欢的附庸国政府选举中的欺诈视而不见，一味褒赞为"民选""民主"，而对敌对国选举的高品质也同样予以忽略，一味谴责为"专制""操控"。从"不说"的部分最能看出媒体的态度和立场。

《修辞学发凡》第一篇讲语境的"六何"，虽然陈望道先生说不劳谁再增"一何"，但我们认为"六何"起码还少了"一何"，即"何视角"，这是最关键的，这决定了写说内容的选择。修辞学应该关注这些重要范畴。

3. 两大分野

两大分野是《修辞学发凡》的重头戏。但不能说，所有的问题都得到解决了。实际上，《修辞学发凡》只是开了个头，搭了个台子，很多课题还需要我们继续深入研究。

首先是消极修辞。《修辞学发凡》虽然在体系上给消极修辞留了位置，但消极修辞讲得很粗略，和积极修辞完全不成比例，体量还不到积极修辞的十分之一。谭永祥先生对消极修辞持怀疑态度，不是没有道理的。消极修辞研究什么？陈望道先生说："消极修辞研究零点和零点以下的东西，所谓零点以下的东西就是不通的，零点就是普通的通顺明白的。"这个零点，应该是"记述的境界"。如果在90年前白话文尚不完善,为白话文确立"明确""通顺""平匀""稳密"之类的美学标准还有一定的现实指向性,那么,在当代文学语言高度成熟的今天,这些标准的指向性是否还存在,是否还应继续保留在修辞学领域内,都是需要深思的。

这是就"消极"言"消极",如若从积极一面看,《修辞学发凡》提出的消极修辞原则,其实都是很高的要求,要达到这些标准,非需要很大的、积极的努力不可,甚至是超过积极修辞的努力。消极修辞的每条原则要认真执行起来都没有止境,大多数日常话语,其实都经不起仔细推敲,恐怕都是"零点以下"。李政道先生曾对国内报道中常见的"著名物理学家李政道"说法评论说:"如读者不知此人,这'著名'二字就是虚的,反之则是多余的。"这是他的谦虚,但也不无道理。还有个笑话讲"此地出售新鲜鸡蛋",如果按照简洁的标准,一个字也留不下来。消极修辞能消灭所有的话语,让所有人都保持沉默。消极修辞是比积极修辞还积极的修辞。另外,《修辞学发凡》的举例多在字词句层面,其实在语篇布置、文体风格层面的消极修辞现象(病误)也俯拾皆是。但这个讨论起来有点儿困难,研究成果较少。如果能取得突破,那么对作文教学的推动,恐怕有不可估量的价值。

《修辞学发凡》的积极修辞共五篇,占全书篇幅的大半,但也不是说讨论得都很充分了。在研究范式上也有可商榷的地方。《修辞学发凡》刚问世不久,就有学者提出批评,说《修辞学发凡》虽然认识到修辞学与人类生活的关系,但并没能做到"从生活的见地,从社会的见地去研究修辞学""仍未能完全脱离纯技术形式的研究",和社会生活结合得不紧密,主要就是针对辞格研究而言的(道琪1935)。在研究广度上,《修辞学发凡》只讨论了38个辞格,遗漏了不少也颇重要的辞格。而在研究深度上,每个辞格也都仍有很大的进一步开拓空间。光一个隐喻,西方认知语言学就挖出了那么多东西,出了那么多成果,类似的辞格恐怕不在少数。西方近年来又比较关注借喻,相比之下我们的研究还很薄弱。其他类似的可以深挖的辞格现象还有不少,例如双关,语用学中的关联论就是围绕一个"相关准则"生发开来的,我们的修辞研究怎么就没有这样有深度的研究?其他如委婉、引用等,都是关系到我们交际的根本性的一些东西,深入研究下去,都是可以和比喻分庭抗礼、一争高下的。辞格里面有很多的学问,几乎研究不完。而且目前对消极修辞、对辞趣的研究在方法上都接近辞格,我们甚至可以考虑把它们统一在一起来研究。

当然,在研究方法上还要不断创新,不但要跟上语言学的发展,还要尽量用上新的数学工具和新的科学技术。像对反语的研究,就有学者通过实验的设计和实验结果的统计分析,揭示了儿童汉语反语认知的心理机制,一定程度上也深化了我们对于反语的认识(张萌 2010)。还有学者以 ERP(Event-related Potentials,事件相关脑电位)实验作为研究手段,从神经层面讨论汉语隐喻的加工模式和喻体到本体的联接方式(王小潞 2009),我们期待能有更多的这种有"科技含量"的研究。现在人工智能很热,修辞学的研究在这个领域大有用武之地。修辞的语言可能也是自然语言处理最难的部分,如果这种语言都能轻易地识别、理解,那机器就真的算是智能的了。

4. 传承与发展

《修辞学发凡》没有提到、亟须研究的课题有很多。例如,近几年祝克懿教授带领团队进行的互文课题,就是个非常重要、非常宏大的课题,很有研究价值。

《修辞学发凡》是建立修辞学,功在于"立",而我们今天还面临着修辞学传承的难题,如何普及现代修辞学的成果,使它成为大众的修辞学,成为指导人们提高交际效力、尽快适应社会的利器?前几年知名哲学学者呼吁要将修辞学训练纳入通识教育体系中,认为修辞学的训练应和逻辑思维训练及包括数理知识的统计学基础一起,成为通识教育的核心部分(徐英瑾 2019)。徐英瑾非常强调修辞学的"实战性"与"接地气","修辞学这门学问,研究的是怎样的话在怎样的语境下能够起到更好的表达效果"。他对修辞学的看法是正确的,是完全符合以《修辞学发凡》为代表的中国现代修辞学的基本思想的。但要实现这个目标,达到这个要求,恐怕还要对修辞学的教学理念、教学方式作出相应的更新。修辞训练是西方博雅教育的重要内容和特色,著名核物理学家冯达旋教授曾回忆他早年在一所并不出名的博雅学院(Drew University)所受的修辞启蒙。那里的老师建议他每天到大学的图书馆去读《纽约时报》的社论,为的是要学习它们是怎么用英文来表达作者所要传播的观念,这种训练让他获益终生。我们也要学习借鉴人家积累的经验和做法。

还有方言修辞。前面说的语体学是社会方言,地域方言也有修辞。过去的研究多在语音、词汇层面,近几年有点转到语法上来。方言里的修辞现象是个大宝库,和语体一样,"取之不尽,用之不竭"。已有学者开始关注到这个领域,取得了一些成果(汪如东 2004),期待今后有更多的成果涌现出来。

三、符号的一切可能性

《修辞学发凡》是以语言文字为本位的,修辞学属于语言学。但毋庸讳言,在国内,当代修辞学已出现边缘化的迹象。我们在填报各种表格时有时根本就找不到"修辞学"选项,只好无奈地选择"语言学其他学科",这促使我们重新审视修辞学的学科归属问题。

《修辞学发凡》第一篇就对修辞进行了明确界定,是在材料配置定妥之后,"调整或适用语辞"。但这明显失之过窄,导致了修辞学只能是"螺蛳壳里做道场",只好聚焦于排比、对偶、夸张这些"壮夫不为"的语言技巧了。

《修辞学发凡》讲"语辞",时代动因是要为当时方兴未艾的白话文运动推波助澜,学术动因则是受刚问世的索绪尔的"重视口说语言"的现代语言学思想影响,无疑是有积极的时代意义的。但语言是文化的载体,两者有一定的不可分离性。现在看来,中华传统文化主要是以文言文为载体,如果一味排斥文言,势必要造成文化断层甚至文化割裂。《发凡》第一篇最后一节说:"人又往往以为文言可以做美文,口语只能做应用文。"其实,直到今天,日常交流中(如发微博、发朋友圈)以写文言为雅为荣、觉得这个才是好的修辞的仍大有人在(王蒙 2014)。可见,在修辞学意义上,文言文是丰富现代汉语的宝库,对现代汉语的使用起到一定的借鉴、校准作用。今天我们已经把提高文化自觉、增强文化自信提升到现代化强国战略的高度,中国共产党百年奋斗的重要历史经验之一就是理论创新要同"中华优秀传统文化相结合"。2021 年 11 月 30 日发布的《国务院办公厅关于全面加强新时代语言文字工作的意见》要求"充分发挥语言文字的载体作用,深入挖掘中国语言文字的文化内涵。处理好传承优秀传统文化与适应现代化建设需求的关系",我们应该适应普通的语言审美心理、修辞心理,对修辞的界定作一定的微调。

更重要的是,修辞也不一定要形诸"语辞",修辞不一定就是语言的。"那家伙,老狐狸一个!"当然是隐喻(陆俭明 2009),但传统电影中常见的将坏人的脸对应于狐狸的蒙太奇,其他经典的还有群众被枪杀的场面对应于屠宰场里的牛羊、主人公的觉醒对应于怒吼的石狮等(刘德源 1985),难道就不是隐喻吗?虽然在电影里一闪而过,但观众会自然而迅速地形成一个隐喻。

通观上述修辞,都是采用非语言形式的符号的交流。为什么要采用这种符号的交流方式?西方有学者视修辞为一种"能量的形式"(a form of mental and emotional energy. Kennedy 1998:3)。在这个意义上,动物似乎也有修辞,如孔雀通过展示艳丽的羽毛、雄鹿通过展示粗大的鹿角显示自己的健康强壮,从而获得求偶、生殖上的优势,这比打得头破血流甚至丧命代价要小得多。人类的修辞差不多也是这样,这种修辞行为的目的或本质属性就是试图以最小的代价获得最大的收益。如果符号交流停止,交流渠道关闭了,那么取而代之的就是双方的隔阂,就是战争,就是毁灭。

人是语言的动物,语言的修辞确实是根本。但修辞绝不止于语言这个符号系统,因为修辞本质上是一种认知机制,是跨越(超越)不同符号系统的认知。修辞就是一种认知能力,当代认知语言学提出了很多理论,可以供我们参考(霍四通2018)。修辞,不仅是美的展示(东方修辞学,如中国、日本),也不仅是"劝说""劝服"(西方古典修辞学),它是基于一定的认知机制,通过特定的符号系统,以相对省力的方式获得较大收益的事件。当然,认知是理性的、有意识的。在这个意义上,我们并不同意所谓"动物修辞"的说法。动物的所谓修辞行为(类似于政治修辞、法庭修辞、仪典修辞的行为)基本上是嵌在基因里的本能,是日复一日的重复性的机械行为,和人随情应境作出调整的创造性的修辞行为是不可同日而语的。

陈望道以语言文字为本位研究修辞,这是由他写作《修辞学发凡》所处的时代决定的。20世纪二三十年代的上海,虽然是当时中国最繁华的大都市,但毕竟时代所限,还没有电视,没有电脑,没有互联网,没有手机,没有微博,没有微信朋友圈。社会交往中,信息流动的主要载体是文字,而不是图片、音频、视频。当时上海的出版业发展如火如荼,引入了很多当时世界上最先进的印刷设备,图书印制质量日趋精良,但基本上以单色铅印为主,因为图片的制版和印刷的技术门槛较高,书刊中刊登的图片较少,所以基本上都仍是文字。当时连电影也都还是新生事物,基本上都是黑白默片,没有同步的声音。随着时代的发展,图像的传播越来越便捷,所以到20世纪六十年代,法国的罗兰·巴特水到渠成地提出"图像修辞学"。而现在更进入了数字化的"读图时代","一图胜千言",日常交流已经完全离不开表情符号、表情包的使用,引发观赏热潮也绝不再是什么小说诗歌,而是像电视剧《甄嬛传》、电影《你好,李焕英》《长津湖》这样的"新经典"。我们今天的世界已经和陈望道所处的世界宛似"换了人间"。

陈望道是中国最早致力于引入索绪尔结构主义思想的人,他的《修辞学发凡》很多地方都体现了索绪尔的语言观。《修辞学发凡》初版的表述就是"语言最广泛的界说,就是一系符号"(1932:37,现在复旦版改成了"标记"),索绪尔心目中的语言学就是一种符号学(sémiologie)。我们认为,陈望道一定会认同修辞学也是一种符号学,当然不止于语言这种符号系统。当然,当代符号学的发展也遇到了一些困难(斯珀波、威尔逊 2008),但我们坚信,修辞学和符号学都是有生命力的。

修辞不仅仅是语言,修辞学也不仅仅是语言学的。古希腊修辞学一定意义上也是政治学、伦理学。亚里士多德的《修辞学》里有很多对人的品德、性格和情感的阐述,一直就被视为心理学的开创之作。

修辞学绝不是要研究自我封闭的"语言",因为语言本来就是最有人性的,最有历史、最有文化的存在。修辞活动体现了人类对真善美的追求和向往,中外修辞学的发展轨迹充分印证了这一点。

坪内逍遥是日本美辞学的鼻祖,他的《美辞论稿》根据人心理的"知情意"的分类,分别提出"智的文""情的文"和"意的文"(1977:155)。重要的是,他将这三种文体和所谓真善美"三德"对应起来:"智的文"对应于"真";"情的文"对应于"美";"意的文"是催人行动,对应于"善"。该书详论了"智的文""情的文","意的文"却略而不谈。在坪内逍遥的基础上,岛村泷太郎进一步提出"平叙文"和"修饰文",分别对应于"知"和"情",而必须依赖于"知"和"情"才能实现的"意"可以取消。他在论述文体的思想分类时,提出实用文和美文的对立,并认为处于中间的还有实用性美文这个范畴,基本上也是和"真""情"分别对应。芳贺矢一、杉谷代水《作文讲话及文范》所分的"实用文"(普通文)和"美术的文章"(美文),实用文对应的理想是"真""善",美文对应的理想是"美"。

《修辞学发凡》油印本曾讨论了两大分野对应文体的心理基础:"人类底心理大体有三方面:第一是认识,即识别事物的知识的一面;第二是愉快与不愉快等,认识事物时对于事物,我们心中所感的感情的一面;还有一面就是意志,就是对于外部我们经营的作用。这三方面寻常称为知情意三作用。""但文章底心理的倾向虽有如上的三方面,文章底修辞的倾向实只可大别为概念的、抽象的、普遍的和感觉的、具体的、特殊的两大类。简单说,就是偏"知"的传达的和偏"情"的表现的两倾向。"

《修辞学发凡》虽然没有明确将两种"表达法式"和"真善美"对应起来,但从字里行间也可以看出这种对应。例如,讲"记述的表达"里,"实事求是""精细周密"其实就是"真"和"善"(完善之善),而讲"表现的表达",有"生动地""具体的、体验的、情感的"等(陈望道 2012: 35)。

真善美是人类普遍的追求,修辞学研究真善美有助于我们更好地理解人性。研究修辞,能帮助我们更好地认识人的理性、情感,加深对它们和语言之间的互动关系的了解。对违实表达的研究显示,违实表达跟很多情感(如庆幸、遗憾、后悔等)有密切的关联(袁毓林 2015)。研究修辞,也有助于我们更好地理解社会。像对语体的调查研究,必然会对社会阶层、年龄、性别等社会范畴形成不一样的认知。对方言修辞的大规模调查,也必然会加深我们对特定地域文化的认识。

我们非常赞同北大中文系编《现代汉语》对修辞的界定:"修辞是一个追求语言使用的准确(真)、得体(善)和艺术(美)的过程,或者说是一个实现语言运用的真诚(信)、通畅(达)和优美(雅)的过程。修辞旨在提高语言的表达效果,进而改善人际交往,达到最佳的沟通、劝说与控制。所以,修辞不仅是一种语言技巧,更是一种运用语言的智慧,一种人生的态度和处世的哲学。因此,我们也可以借助修辞的努力和锻炼,来更好地感悟人生与体察世界,以期获得思想的自由与精神的超越。"(袁毓林、李新良 2016)修辞学也需要超越,我们的时代正需要并呼唤这样的修辞学。

四、修辞学的初心使命

以上基本上谈的是"变"。纷扰尘寰,万物皆变,修辞学绝不例外。但现代修辞学的内核、研究的出发点,是丝毫不能动摇、绝不能变的。现在都说不忘初心,修辞学当然有自己的初心,那就是与时代合拍,和人民共命运。汉语修辞学研究是有中国特色、中国风格、中国气派的语言学研究。修辞学研究的初心是服务国家、服务社会、服务人民。

为什么要讲授修辞学,写作《修辞学发凡》?《修辞学发凡》第三篇说"要探求生活直接所要求的学问"(陈望道 2012: 33)。陈望道在 1924 年曾致信柳亚子,表白他研究修辞学的目的,就是要证明白话文也有修辞,以给文言文致命一击:"证明新文学并非是江湖卖浆者流的市语,所有美质实与旧文学相通而能跨上了一步。"第一篇将修辞的定义拓宽为"调整或适用语辞",这在当时是有振聋发聩的积极意义的。

回望修辞学引入中国的历史以及陈望道写作《修辞学发凡》的过程,可知修辞学不是一门普通的语言学学科。中国现代修辞学是伴随着中华民族的救亡图存和觉醒而建立起来的,它在中国近代化的进程中,起到了不可替代的作用。正是由无数的热血知识分子,抱着救国救民的热忱,汲取新知,建立了现代修辞学。各种新兴的修辞形态(如演说修辞、白话修辞等)及相应的修辞学研究推动民主、科学,促进了现代的文化自觉,促进了汉民族共同语的确立。修辞学在促进民主革命、传播科学精神和建构民族语言文明多个方面推动着中国现代社会的不断进步(霍四通 2015)。

解放后,陈望道更具体地谈道,他之所以研究修辞学,完全是因为现实的需要,要解决实际的问题:"研究学问,建立体系要一点一滴地做,但要尽量注意全面。要从全局中想问题,但又要从一个一个问题出发,从实际出发。解决问题时尽量要有全局观点,要注意到其他问题。有人孤立地讲简单,不同材料联系起来,这是不对的。'五四'文学革命提出打倒孔家店,主张用新文学代替旧文学,用新道德代替旧道德。许多学生不会写文章,问我文章怎么做,许多翻译文章翻得很生硬,于是逼着我研究修辞。我是从调查修辞格入手的,调查每一格最早的形式是什么。格前面的'说明'不知修改了多少次,就这样搞了十几年。"(陈望道 2011a)

关注实际问题的研究,自然也受到欢迎。陈望道每写一篇,邵力子就看一篇,刘大白也提出很多意见(陈望道 1983)。积少成多,自然形成具有中国话语特色的修辞学体系。陈望道 1962 年说:"如何建立体系。我认为不要为体系而体系,空洞地从体系出发来建立体系,应该碰到什么问题就进行调查研究,研究问题的时候,尽可能用全局观点,材料调查全了,这些材料用全局观点研究过了,综合起来自然成为体系。这就是说,从实际出发,切切实实地研究问题,解决问题,自然会构成体系。"(陈望道 2011a)

问题意识在第一篇里有很好的体现。首先,是善于提问题:"第一,是文辞还是语辞?""第二,是修饰还是调整?""看它的功能,能不能使人理解,能不能使人感受,乃至能不能使人共鸣?""如现在已经不常看见飞矢,为什么还要用飞矢来喻快速,已经知道泰山也不是异乎寻常的大山,为什么还要用泰山来喻重大或高大?"其次,是善于分析和解决问题:例如将"六何"作为题旨情境理论的分题,将修辞过程分解,对辞格研究具体内容的分析,都是将大问题化解为小问题的"分而治之"的策略。藏词中"藏腰语"材料的发现,就经历了从理论假设到实例证明的漫长过程。

《论语》中有一句非常有名的话:"博学而笃志,切问而近思。"这也是复旦的校训。能够源源不断地提出问题,一个学科的生命力就能得到延续。我们的修辞学研究有很好的问题传统,除了陈望道的《修辞学发凡》,早在1905年汤振常《修词学教科书》就提出诸如"问言语不能表白思想感情,其弊害何在?""问作文之管钥何在?"等问题,在当时都很有意义(霍四通2019:80—83)。时代在前进,胡范铸先生2016年又提出50个问题,很多问题都是关系到学科发展的根本性问题。这些问题有没有真正解决?我们都能够圆满回答吗?那么多的辞格,我们都研究清楚了吗?答案显然是否定的。

语言是抽象的,表达是具体的;语言是有限的,情境是无限的、不断发展的。语言交际中的诸多矛盾决定了新的问题必然会不断产生,这给修辞学的可持续发展提供了广阔的生存空间。现代社会的发展日新月异,陈望道1961年说:"我们现在处在一个不平凡的时代,新事物、新工作、新思想、新生活层出不穷。语文的表达能力,应该同这个日新月异的伟大时代相适应。一定要充分表达这个时代的一切。"(陈望道1985)我们现在生活在和平时代,没有枪林弹雨,血雨腥风,但我们时代有我们时代的特点和任务。人民对美好生活的向往,政治上的协商民主,国际上的复杂斡旋,沟通的需求永远存在。有没有问题是决定学科是否可持续发展的内因。影响学科发展的,可能有一些外部因素(如国际学术热点、国内科研评价制度等),但最重要的还是内因。陈望道1962年告诫说:"研究不够是修辞学存在的最大问题。"(陈望道2011a)这个时候,更要呼唤一些甘坐冷板凳的人,真心做学问的人,敢于啃这些难题。危机是好事,正可以逼我们静下心来,沉心钻研,趟出一条人家没走过、没走通的路子来。

现在常听到唱衰修辞学的声音,包括很多修辞学者自己。陈望道先生很早就说:"我们的研究有我们自己的样子,不一定是人家的那个样子。为什么要用人家的样子作标准来否定自己,说自己怎么怎么不行?"一门学问有涨有落,很正常。放在一个更长的时间维度来看,这只是倏忽一瞬,根本没什么的。以前物理学也曾面临着这样的"生存危机",被誉为"量子物理之父"的普朗克当年在选择物理学作为自己的专业时,他的老师也劝阻他:"年轻人,你为什么要毁掉自己的一生呢?理论物理学实际上已经完成了,所有的微分方程都已经解出来了。现在剩下的一切,只是考虑涉及各种各样初值-边值条件的一些特殊问题了。难道值得选择一种不会有任何发展前景的事业吗?"但现在看来,这样的劝阻不是很可笑吗?社会学中有个著名的"自我实现预言"(Self-fulfilling prophecy,或作"托马斯定理"),人们听信某银行要破产的谣言,纷纷赶到银行取钱,因为无法承受大规模挤兑,银行就真的破产了。说某人会被开除,结果导致大家对他的疏远,导致他被领导视为缺乏团队合作,最终被解雇。当每个人都相信预言并采取行动,预言就真的实现了(默顿 2001:117)。我们首先自己不能失了信心,乱了阵脚,让错误的预言、断言干扰修辞学科的正常发展轨道。

一个学科真的有生命力,不看几年,不怕唱衰。只要不忘初心,充满信心,注重调查(社会方言即语体的、地域方言的),修辞学的研究一定能得到应有的尊重,迎来自己的春天。

参考文献

陈望道　1924　《陈望道给柳亚子底信》,《新黎里报》7 月 16 日。

陈望道　1932　《修辞学发凡》,大江书铺。

陈望道　1983　《解答有关修辞的几个问题》,《修辞学研究》第 2 辑,安徽教育出版社。

陈望道　1985　《谈谈修辞学的研究》,《陈望道修辞论集》,安徽教育出版社。

陈望道　2012　《修辞学发凡》,复旦大学出版社。

陈望道　2011a　《修辞学中的几个问题》,《陈望道全集》第一卷,浙江大学出版社。

陈望道　2011b　《怎样研究文法、修辞》,《陈望道全集》第二卷,浙江大学出版社。

陈望道　2021　《陈望道手稿集》,复旦大学出版社。

道　琪　1935　《评陈望道的几种著作》,《申报》6 月 30 日。

霍四通　2015　《日本现代修辞学的建立与日中近代化进程》,《当代修辞学》第 1 期。

霍四通　2018　《汉语积极修辞的认知研究》，复旦大学出版社。

霍四通　2019　《中国近现代修辞学要籍选编》，上海教育出版社。

胡范铸　2016　《理论与现象：当代修辞学研究的五十个问题》，《当代修辞学》第2、3期。

蒋　严　2000　《汉语条件句的违实解释》，《语法研究和探索》第十辑，商务印书馆。

李熙宗　1994　《文体与语体分类的关系》，《语言风格论集》，南京大学出版社。

刘德源　1985　《电影新观念与纪录电影》，《纪录电影》第1期。

陆俭明　2008　《关于汉语修辞研究的一点想法》，《修辞学习》第2期。

陆俭明　2009　《隐喻、转喻散议》，《外国语》第1期。

邵敬敏　2008　《探索新的理论与方法 重铸中国修辞学的辉煌》，《修辞学习》第2期。

沈家煊　2008　《谈谈修辞学的发展取向》，《修辞学习》第2期。

汪如东　2004　《汉语方言修辞学》，学林出版社。

王　蒙　2014　《文化自信与文化定力》，《上海文学》第6期。

王小潞　2009　《汉语隐喻认知与ERP神经成像》，高等教育出版社。

徐英瑾　2019　《"不接地气"的通识教育，真的需要改良了》，《文汇报》3月22日。

袁毓林　2015　《汉语反事实表达及其思维特点》，《中国社会科学》第8期。

袁毓林、李新良　2016　《当前修辞学教学的若干问题》，《当代修辞学》第4期。

张　萌　2010　《反语认知的心理学研究》，暨南大学出版社。

周迟明　1959　《汉语修辞学的体系问题》，《山东大学学报》第4期。

[美]爱德华·赫尔曼、诺姆·乔姆斯基　2011　《制造共识：大众传媒的政治经济学》，邵红松译，北京大学出版社。

[法]丹·斯珀波、[英]迪埃钰·威尔逊　2008　《关联：交际与认知》，蒋严译，中国社会科学出版社。

[美]罗伯特·默顿　2001　《社会研究与社会政策》，林聚任等译，生活·读书·新知三联书店。

[日]芳贺矢一、杉谷代水　1912　《作文讲话及文范》，富山房。

[日]小岛毅　2016　《东大爸爸写给我的日本史2》，郭清华译，北京联合出版公司。

［日］岛村泷太郎　1926　《新美辞学》(缩刷本)，早稻田大学出版部。

［日］坪内逍遥　1977　《美辞论稿》，载《逍遥选集》第十一卷，第一书房。

Kennedy, George A. 1998 *Comparative Rhetoric: An Historical and Cross-Cultural Introduction*. Oxford: Oxford University Press.

Toye, Richard 2013 *Rhetoric: A Very Short Introduction*. Oxford: Oxford University Press.

On the Subject Orientation and Development of Rhetoric
—Rereading the First Chapter of *The Introduction to Rhetoric*

Huo Sitong

Abstract: The first chapter of *The Introduction to Rhetoric*, which leads the whole book, has great theoretical value for today's research. This is mainly reflected in: The essence of rhetoric is stylistics; Rhetoric is not only the cognitive mechanism of language, but also of other different symbolic systems; What we did not study in the past does not mean that we can not and do not need to study today. We need to develop a new research paradigm to carry out research; Finally, rhetoric is not an ordinary linguistic discipline. The original intention of rhetoric is to "solve practical problems", which undertakes the mission of promoting human communication and promoting social development and progress. The first chapter of the book tell us that rhetoric should be more fully developed in a broader space.

Keywords: Rhetoric, Semiotics, Chen Wangdao

（原载于《当代修辞学》2022 年第 3 期）

叠　辞*

兰迪·艾伦·哈里斯
（加拿大滑铁卢大学英语语言文学系）
陶友兰　李逸竹　译
（复旦大学外国语言文学学院）

提　要　叠辞（ploke）是一种程式格（scheme），指词的完全重复，是语言和思维的根基。如果这听起来像是隐喻，那是因为叠辞之于程式格相当于隐喻之于转义格（trope）。与隐喻类似，叠辞是神经认知模式偏好（即"重复"，与隐喻的"相似"相对）的语言反应。与隐喻类似，叠辞并不是单一的修辞手法，而是包含多种要素，例如，首语重复（epanaphora）、尾语重复（epiphora）和紧接反复（epizeuxis），与隐喻的拟人化（anthropomorphism）、人格化（personification）和物化（reification）相对。与隐喻类似，也存在"死"叠辞和"活"叠辞，例如，在这篇论文的摘要中，有许多重复出现的叠辞和隐喻可能并不会引起你的注意，并不会被归为修辞手法的范畴，就像 leg of a table 和 head of lettuce 等"死"隐喻那样。与隐喻类似，产生叠辞的过程也常常利用语言的象似性（数量原则和同一性原则），在构词、语言的习得与消解、构式与习语的形成、思维和话语模式的构成方面极具能产性。我给出以上类比是为了支撑一个上位类比，即"叠辞：程式格：：隐喻：转义格"，并为"叠辞辩护："这一修辞手法常常被忽视，但它应该具有中心地位。

关键词　叠辞　隐喻　程式格　转义格

---

* 作者简介：兰迪·艾伦·哈里斯（Randy Allen Harris），博士，现任加拿大滑铁卢大学（University of Wasterloo）英语语言文学系教授，其研究兴趣主要是修辞学、语言学及传播设计。研究成果丰硕，著述主要有《语言学论战》（*The Linguistics Wars*，Oxford University Press 1993）、《修辞与不可通约性》（*Rhetoric and Incommensurability*，Parlor Press 2005）及《声音互动设计》（*Voice Interaction Design: Crafting the New Conversational Interfaces*，Morgan Kaufmann 2004）等。
公开声明：本文没有任何潜在的利益冲突。该成果由加拿大社会科学和人文研究理事会资助。

词语，词语，词语。

——威廉·莎士比亚(《哈姆雷特》)

众所周知，隐喻无处不在——在各种语言变体中，隐喻实例随处可见。同时，"隐喻"这个概念本身在人文学科、许多社会科学乃至自然科学中也是极为普遍的。同样，叠辞在各种语言变体中也是普遍存在的，但人们却忽视了这种修辞手法的存在。鉴于此，为了便于本刊(乃至所有学术期刊)的广大读者理解，需要为叠辞定义：叠辞是词的完全重复。稍后我将重新探讨这个定义。现在，我们顺带看一个叠辞的实例(1)以及隐喻的实例(2)，以供读者参考：

(1) O Romeo, Romeo, wherefore art thou Romeo?

(William Shakespeare, *Romeo and Juliet* 2.2.33)

(2) Juliet is the sun.

(William Shakespeare, *Romeo and Juliet* 2.2.3)

隐喻是一种超越概念范畴的表达(为了方便论证，这里的隐喻仅指"语言学上的"或者"传统的"隐喻，而不是所谓的概念隐喻)。人们通常认为朱丽叶属于"青少年"的范畴，但例(2)断言，这一实体从某种意义上属于另一个范畴，即"天体"——尽管还有点言外之意。由衷地说出"朱丽叶就是太阳"这句话，要么涉及直接的术语干预(例如给索尔起绰号——朱丽叶)，要么涉及欺骗。转义格涉及一种关于概念域的协同欺骗。但转义格并不是唯一的修辞手法。叠辞不是转义格。另一类最主要的修辞手法为程式格。相比转义格，这类修辞手法并未得到足够的重视。但程式格和转义格一样，与语言、思维和神经认知密切相关。程式格之于形式相当于转义格之于概念。转义格利用语义期望产生突出的表达。程式格通过形式期望产生突出的表达。一个人如果先听到一个词，如"罗密欧"，一般不会预期在短时间内再次听到这个词。"罗密欧"指向特定个体的语言功能已经完成，所以我们一般会预期在这之后是其他的词(比如"你在哪里?")，或是沉默，但不会是重复。所以，例(1)中连续的三个"罗密欧"是一种程式格(我们会在后面看到，实际上是多个程式格)。

程式格在语言学、心灵哲学和心理学中几乎完全被忽视，而这些领域的学者对隐喻和其他一些转义格的关注则持续了半个多世纪。同样，修辞学家对程式格的记录也不多。

但程式格同样是普遍存在的,同样反映了神经认知倾向,同样是隐喻学家关注的理性、美学、概念和论证领域的核心,同样构成了普通语言。在修辞学领域,隐喻是学者研究得最早、时间最长的概念。与修辞学家交谈时,虽然有一点不言自明,但我还是要重申一遍:修辞手法不只是演说家、诗人和说唱艺术家所使用的晦涩难懂的语言手段。正如布莱恩·维克斯所说,修辞学和语言学、语言心理学和语言哲学有着非常重要的共同点:修辞学"起源于对现实生活中的言语行为的观察和编码",是一种产生程式格和转义格的编码的实证做法(Brian Vickers, 1994: 86)。

有一种程式格特别引起了语言和心理学家的注意,不亚于隐喻对他们的吸引。这个程式格就是叠辞。我们在交流中使用叠辞的频率不亚于隐喻。叠辞是极为普遍的。

我的论证采用亚里士多德的结构,大家都很熟悉,即 A:B::C:D。叠辞之于程式格就像隐喻之于转义格。有效的类比往往会有若干个子域映射。此处有四个:

Ⅰ(i)隐喻的普遍性在很大程度上依赖于它在心理-大脑结构中的基础,依赖于神经认知对"相似"的回应;

(ii)叠辞的普遍性在心理-大脑结构中有着同样深厚的基础,依赖于神经认知对"重复"的反应。

Ⅱ(i)隐喻有许多特定的类型,在修辞学传统中有一系列传统的名称,如拟人化、动物化(zoomorphism)和物化;

(ii)人们会发现有许多修辞手法都是特定类型的叠辞,往往带有特定名称,如首语重复、尾语重复和回环(antimetabole)。然而,修辞学传统并没有对这一方面给予足够的关注(当然不仅仅是这一方面)。

Ⅲ(i)相反,由于"相似"是一种深刻的神经认知模式偏向,隐喻是明喻、奇想(conceit)等相似的修辞手法的一部分;

(ii)由于"重复"是一种深刻的神经认知模式偏向,叠辞也是押韵、同义词(synonymia)等重复的修辞手法的一部分。

Ⅳ(i)支持隐喻的神经认知倾向在语言中,从构词过程到体裁发展,是极其能产的;

(ii)支持叠辞的神经认知倾向在语言中,从构词过程到体裁发展,同样是极其能产的。

但我的论证也是一场拳击比赛。我斗胆来到认知隐喻研究的热门期刊《隐喻与符号》来争夺拳王的金腰带。我认为,叠辞绝对是修辞手法中的重量级冠军。

程式格与转义格

> 除了转义格,演说语言的尊严还在于所谓"程式格"的修辞手法,……在于词语的构造或思维的塑造。
>
> ——维柯(Giambattista Vico 1741/1996: 153)

修辞手法最基本的范畴建立在"形式与概念(即能指和所指)具有独立性"的古代符号学观念上。一类手法利用形式,即程式格;另一类手法利用概念,即转义格。形式手法和概念手法往往相辅相成,而一些个别的修辞手法,如明喻或拟声,甚至会直接涉及形式和内容的融合。在能指上运作的程式格和在所指上运作的转义格都是修辞手法的典型类别。在语言中体现的程式格和转义格可以部分通过符号学来解释。同时,也可以通过认知神经科学来解释,即对"重复"和"相似"等模式的偏好。这些偏好进而解释了语言的文体效果。

文体的基本功能是分配读者的注意力,而修辞手法有助于注意力的分配。然而,修辞手法分配注意力的方式并非是人们所认为的传统途径,即修辞手法之所以能够分配注意力,是因为它们是修辞手法。这一设想导致了对修辞手法的常见定义:修辞手法是对普通、平淡、直白的零度语言的"偏离",正如昆体良的名言所说,修辞手法是"不用简单、直白的表达手段"(Quintilian c95CE/1920)。这一定义方法直接来源于几千年来用来阐释定义的陈列式做法,非常的随意。例如,我们当中最为智慧、博学的修辞学、历史学家布莱恩·维克斯对"首语重复"的定义以及举例如下:

> ["首语重复"] 即同一个词在一系列从句或句子的句首重复出现:
> Some glory in their birth, some in their skill,
> Some in their wealth, some in their body's force…
>
> (Vickers 1988: 491)

维克斯从莎士比亚的第91首十四行诗中摘录的这一小节(从某种程度上)的确说明了句首词的重复。莎士比亚的句子的确偏离了普通的语言表达,但并不是"首语重复"本身导致了这种偏离。毕竟,在我引用维克斯的例子之前的倒数第二、第三句话都符合他的定义(两个句子的首词均为"这")。然而,这两个句子显得非常普通、平淡和直白。

进一步观察这个例子,我们会发现"首语的轭式搭配"(prozeugma; glory 一词统领后面几个短语)、"韵律平行"(isocolon)、"句法平行"和"中语重复"(mesodiplosis;短语或从句中部的词重复,即 in their 的重复)等修辞手法。这里的"偏离"不是由首语重复引起的,而是依赖于神经认知模式偏好的多个修辞手法的汇集。这是一种偏离了普通语言(或者更准确地说,与较为世俗的语言期待相比显得更为突出)的表达,但只是首语重复,而不是首语重复的修辞手法。从方法论上来说,修辞手法就是一种模式,依赖于其他突出性因素,有助于在不同程度上实现文本的突出性。也许,这些突出性因素中最活跃的是"邻近性"。如果修辞模式中的元素离得比较近,那么它们将更容易被注意到。

对叠辞的最佳定义莫过于珍妮·法恩斯托克的"[词]的完全重复":词或词组的重复,且能指和所指均不变(Jeanne Fahnestock 1999: 158)。我们需要"完全"一词将其与"能指的变化"区分开来。例如,例(3)的同源反复(polyptoton)中,girl 和 mourn 重复,但其形态不同。同时,还需要与"所指的变化"区分开来。例如,例(4)的同字双关(antanaclasis)中,作为能指的 date 重复出现,但与各个 date 相联系的是不同的所指:分别指"产品过期的年月份"和"手捧鲜花,邀请女方共进晚餐的约会对象"。

  (3) I was never so girlish, so mournful! Even when a girl! Even when mourning!

(Perry 2016: 334)

  (4) Women don't want dates on their condoms; they want condoms on their dates.

(Jay Leno, 转引自 Hauptman 1994: 45)

正如我们的主要例子(1)、(3)、(4)所示,"相同性"和"差异性"在文体的注意力分配活动中起着至关重要的作用。在符号语言的维度,文体也许就是沿着"同一"与"对立"之间的矢量来回移动。毫无疑问,这样的来回移动是修辞手法最具有确定性的活动。叠辞(1)中,一切都是不变的,包括能指、所指、音位、形态、词类,但语言语境的各个方面(主要是其他单词的出现和句法的变化)则可以随意改变。同源反复(3)中,只有部分相同,部分能指(即词干)重复,不断再现与所指有关的印象,但这种文体效果是由形态上的差异促成的。同字双关(4)中,部分符号(即能指)重复,但文体效果依赖于各自所指的不同。我们对这三个修辞手法的理解(即叠辞、同源反复和同字双关)可以通过符号学(能指和所指)、语言学(词位、词素、音节、义素)和认知神经科学(刺激的"相同性"和"差异性",在心理学中则常用"熟悉"或"习惯化"和"新奇"等术语来表示)来解释。当然,这些观察的结果也能够自然地类推到我们的其他例子中。不管怎样,隐喻总是依赖于将不同范畴领域的语义相同的方面结合起来。押韵利用语音的相同性(音节的同一性)来连接不同的单词。转喻依赖于使用不同(新奇的)词语表达指称行为,与预期(熟悉的、习惯化的)词语不同,而被借用的词语和"字面"词语是相互关联的,因为它们都与相同的概念或事件有关(Dancygier & Sweetser 2014: 100-126)。

叠　　辞

从某种意义上说,整个语言学可以被看作对重复的研究。

——艾奇逊(Aitchison 1994: 16)

叠辞是词的完全重复。

就像所有的定义一样(请维特根斯坦原谅),这个定义也有漏洞。要证明该定义存在漏洞并不需要花太多的功夫。最明显的证据便是,在这篇文章的原文中存在着大量像 the、a 和 and 等词位的完全重复。这些词连续不断地出现,几乎无处不在。然而,这些重复既不突出,也没有人会将其称作修辞。如果任由修辞学家自行其是,他们就会忽略这些反例,不再提及它们,甚至可能不再注意它们。大多数修辞学家所做的似乎是把叠辞和其他词语程式格中的"词"限定为实词(名词、动词、形容词和副词,有时也包括介词),通过无意的忽视,排除棘手的功能词(冠词、小品词、量词、限定词、连词、代词、情态动词、助动词等等,不胜枚举)。当然,我们也不知道他们的做法到底是什么，他们也不说。他们甚至都没有意识到自己在做什么，因为这样的做法在修辞学的领域非常普遍。我们只是通过他们的描述，以及他们阐释定义所提供的例子来了解这个过程，而不是通过定义本身。可是，在某个领域，该设想的问题变得显而易见，几乎不可避免。这个领域便是对修辞的自动检测——计算语言学家试图根据修辞学家的定义在语料库中寻找修辞手法。例如，詹姆斯·贾瓦通过计算机将修辞手法绘制成了图表以诊断文体，并引用了在修辞学研究中经常说的一句话：功能词"淡化了[叠辞]偏离普通语言的特质"（James Java 2015: 28）。功能词是语言的连接组织，所以它们极其常见。一些功能词经常重复，且不会产生突出性或显著的语体效果。玛丽·杜布雷梅斯和若阿基姆·尼夫用功能词重复的"假阳性"来阐释了这种淡化效应[（见例（5），我用斜体标出了具有干扰性的重复词）]。他们的检测器检测出了这个例子，但他们并不想承认这个例子表现了一个修辞手法：

(5) My government respects *the* application of *the* European directive and *the* application of *the* 35-hour law.

(Dubremetz & Nivre 2015: 25)

语料库语言学家对像 the 这样的功能词有一个特殊的叫法，他们称之为"停用词"（stop words），大概是因为这些词出现的地方不会计入检索结果。自语料库研究兴起以来，功能词一直被视作"噪音"（Luhn 1960），在文本的挖掘活动中经常会被过滤掉。搜索引擎（这是我们大多数人所做过的唯一的文本挖掘活动）通常会忽略功能词。

我认同一种做法，不同于将功能词排除在叠辞之外的定义指令（即计算语言学家的做法）或直接无视功能词（即修辞学家的做法）。但请先允许我再介绍一组反例，与"完全的词重复"定义很相近，即所有依赖其他语言和神经认知因素并被修辞学家赋予其他名称的完全词重复，如例(6)—(15)。这些例子和定义既表现了陈列式的传统，也代表了普通语言：

紧接反复 词位或词组的紧接重复：

(6) My God, my God, why hast thou forsaken me?

(Psalms 22: 1)

(7) Very, very excited; long, long ago; far, far away

首语重复 位于短语或从句开头的词位或词组的完全重复:

(8) I bless you, all living things, I bless you in the endless past, I bless you in the endless present, I bless you in the endless future, amen.

(Kerouac 1958/1976: 123)

(9) Easy come, easy go; first come, first served; garbage in, garbage out

尾语重复 位于短语或从句末尾的词位或词组的完全重复:

(10) Then came the digging. Oh god the digging.

(Weir 2014: 374)

(11) If you can't beat 'em, join 'em; waste not, want not; he said, she said

中语重复 位于短语或从句中部的词位或词组的完全重复:

(12) He don't know nothin' about bein' a father and I don't know nothin' about bein' a son. Kind makes us even, I figure.

(Wagamese 2014: 121)

(13) Hope for the best, but prepare for the worst; one man's trash is another man's treasure; God helps those who help themselves.

首尾重复 位于短语或从句开头的词位或词组在同一短语或从句的结尾的完全重复:

(14) In times like these, it's helpful to remember that there have always been times like these.

(Paul Harvey, 引自 Lipp 1986: 291)

(15) Boys will be boys; east is east, and west is west; dog eat dog

这是有关叠辞定义的精确性问题,即存在这么多符合"词的完全重复"的定义但不被称作"叠辞"的修辞手法。对于这一问题,修辞学家的传统应对策略还是闭目塞听。同样,我们可以根据他们的定义和陈列式的做法来推测、重建他们的推理过程。他们的设想似乎是:从某种程度上,紧接反复和首尾重复等修辞手法"一眼就看得明白",就像转换语法的排序惯例——这表明,修辞学家默认叠辞就是"排除紧接反复、首语重复和尾语重复的词的完全重复"。

这种做法有些过分,因为我们发现,修辞学家对待隐喻时则更为合理。他们不会将隐喻的概念解释为"一种排除人格化、拟人化、动物化、位置化(topification)、物化等修辞手法的范畴超越(或跨领域映射这类的东西)"。既然例(18)以及范例(2)属于隐喻,那么他们就不会把例(16)称为人格化,不会把例(17)的两个范畴超越称为拟人化,不会让所有的这些表达都彼此独立,毫无联系。

(16) The next morning, John's friend, his desk phone's amber button, winked at him most mirthfully.

(Vollmann 2000: 195)

(17) Sometimes the fluffy bunny of incredulity zooms round the bend so rapidly that the greyhound of language is left, agog, in the starting cage.

(Mitchell 2004/2012: 168)

(18) They sharpen themselves on each other; each by turn is blade and whetstone.

(Perry 2016: 180)

没错,修辞学家正确地将隐喻视为一种普遍现象,其中的一些特别突出的范畴超越反复出现,从而获得自己专有的名称(非人实体/人;抽象概念/动物;等等)。我提议,要用同样的标准来看待叠辞,将其视作一种普遍现象,其中一些特定词语的完全重复在特定位置反复出现,从而获得自己专有的名称。

例(8)—(15)也让我们回到了之前提到过的另一个关于叠辞的概念化的问题,即排除功能词。注意:如果我们采取排除功能词的策略,需要根据我们对修辞风格的理解,把例(6)中的 my 和例(7)中的 very 舍弃,从而钝化了例(6)中紧接反复的力度,甚至直接消除了例(7)中的紧接反复,使这些修辞手法变得疲软无力,削弱了绝大多数例子中的修辞力量。我们可以尝试各种各样的补救措施,如包括与实词相邻的功能词以保住例(6),排除绝大多数的功能词并保留个例(如强化词)以保住例(7),或是其他什么办法。

然而,还有一些非常有名的表达,被称为"回环"的词语的完全重复(至少有两次反向重复),该怎么解释呢?

(19) [T]ous pour un, un pour tous.

(Dumas 1849: 129)

(20) East and West do not mistrust each other because we are armed. We are armed because we mistrust each other.

(Reagan & [Robinson] 1987)

由于 tous 和 un 都是功能词,我们不得不抛弃小仲马的回环范例。里根和彼得·罗宾森的例子也难逃被抛弃的命运,因为他们使用了 each 和 other 两个功能词。在这些表达中,功能词的中语重复(分别是 pour 和 because)并不引人注目,但对于表达的效果是必不可少的。然而,在"只有实词才行"的限制下,它们并没有资格进入叠辞的范畴。

总而言之,将功能词从叠辞中彻底排除,简直是大错特错,错上加错,不能再错。为了有条件地排除功能词而列一张例外的清单也不是上策。除非是使用检测算法用来识别某些构型(这还是可行的),不然临时消除或限制功能词无法从根本上解决问题,甚至还会产生许多新的问题。那么,你应该怎么处理像(5)这样的例子呢?就凭多个 the,就叫它叠辞吗?

为什么不可以呢?如果你喜欢,你也可以把它们称为无趣的叠辞或是乏味的叠辞,甚至是休眠的或"死"的叠辞——但它们都是叠辞啊。按照同样的逻辑,我们可以透过"head of cabbage"这样直接的表达发现隐喻。我们可以透过"head of cattle"和"Brenna is a head taller than Indira"这样的说法发现提喻。我们可以透过"out-and-out"、"one-to-one"甚至"the cat chased the dog"这样平淡无味的表达发现叠辞。正如法恩斯托克所说,由于缺乏统一模式,"[传统的叠辞]近乎绝迹"(Fahnestock 1999: 158)。在程式格中,叠辞(至少是在它不受限制的变体中)最容易"蒸发"成直白性的表达。

例(19)、例(20)还揭示了关于修辞手法的另一个基本问题:修辞手法是如何自然地、频繁地结合在一起,以实现其修辞功能。这两个例子都以非常引人注目的方式呈现了"回环"这一修辞手法。然而,如果没有中语重复的存在,二者都无法达到修辞效果。想一想,如果例(19)中的一个介词稍作改变(比如 tous pour un, un avec tous),例(19)在功能和美学上会有多大的不同。请注意,我们开篇的第一个例子(1)中使用了紧接反复(Romeo, Romeo)和首语重复(Romeo … Romeo)。稍后再谈这个。

如果说"叠辞是词语的完全重复"这一定义还有漏洞的话,至少还有一个层面需要说明,那就是叠辞在话语中的范围。"定义"这个词位在本文中已经出现了23次,如果我们把这句话也包括在内,那就是23次。这23个"定义"是叠辞吗?还是只有本段中的相邻句子中的两个才算是叠辞?大多数修辞学家会说:就这两个。然而,我们的解释则忽略了邻近性:三个都算。原则上说,它还包括你在读这篇文章之前最后一次看到的"定义",以及接下来即将看到的"定义"。确实,这样的做法看起来非常随意。然而,如果继续认同我的观点,即修辞手法就是模式,我们就必须把它们都囊括进来,因为叠辞的模式就是同一个词或词组的完全重复。

修辞学家对该漏洞的典型回应是增加邻近性的限定条件。维克斯(Vickers)在对所谓"首语重复"的叠辞进行阐释时就是这么做的(他没有用"临近"这个词,而是用了"系列"这个词。但我们可以从他的例子看出,他用"系列"这个词就是为了确保临近性)。从认知层面看,邻近性限定的问题在于:人类经常会注意到非临近的模式。你发现,你完全可以预测同事说"Howdy"这个词的频率,这不就是叠辞吗?乔治·莱考夫(George Lakoff)在这么多的文章中写下"frame"一词,从而让"frame"成为了文本的主题和文体特征,难道还不值得用一个像"叠辞"这样的术语来形容这样的现象吗?

我再举一个更传统的例子,即所谓"回环"的叠辞类型。修辞学家所陈列的例子(包括我在本文中提供的例子)中,几乎所有的例子都表明:我们在理解和识别模式时,临近性是隐性的,临近性偶尔也会显性地出现在定义中,正如吉迪恩·伯顿(Gideon Burton 1996c)在定义中所说,回环即"在连续的从句中,以相反的语法顺序进行的词语重复"。然而,伯顿的定义排除了现代文学中最引人注目的回环现象。艾略特的《东科克》的开头六个词是:

(21) In my beginning is my end.

结尾六个词,和开头六个词相隔 5 个小节, 6 页, 213 行, 1637 个字:

(22) In my end is my beginning.

就因为这两句话不连续甚至是不临近而拒绝称之为"回环",这不可理喻。在我看来,如果这两句话是出现在以下情况中而不被称为回环,也是不可理喻的。比如说:这两句话出现在《四个四重奏》的不同诗歌中;或者出现在艾略特完全不同的作品中;或者艾略特只使用了例(21),而例(22)恰好出现在了另一位作者的作品中(即使她完全不知道艾略特的诗);或者两个不同的孩子,在两个不同的校园,不同的大陆,不同的世纪,偶然说出了这两句话。我们之所以想把《东科克》中的例(21)和例(22)称为回环,而拒绝"不同校园的孩子"的例子,是因为其突出性。确保修辞模式突出性的最常见的神经认知模式偏好是临近性。我们之所以能注意到模式的元素,是因为它们在时间或空间(通常是两者)上与我们临近。然而,艾略特的回环中还有其他突出的元素。首先,它包含了其他修辞手法,因此激活了其他的神经认知偏好,如 In my 的首语重复、is 的中语重复和句法平行(两个从句具有相同的句法结构)。开头和结尾也是突出的位置(因此,会有像头韵、押韵、首语重复、尾语重复、首尾重复等修辞手法出现在词、短语和从句的开头或/和结尾)。我们平时已经习惯了常规、陈腐的语言;语义(开头就放在开始的地方,结尾就放在结束的地方)和句法(我的开头就是开头句子的主语;我的结尾就是结尾句的主语)。有这么多突出因素可以帮助我们注意到艾略特的回环,但这些因素并不能决定它是不是回环。

通过摒弃"修辞手法必须具有突出性"的观念,在具体的修辞性表达中找到修辞手法(就像那些经常被用来举例说明特定修辞的表达一样),我们不仅摆脱了长期困扰修辞概念的"偏离"或"偏差",也不需要再将临近性囊括到修辞的定义中(除了少数例外,比如紧接反复),甚至不需要囊括到修辞的默认条件中。临近性只是我们在和修辞手法打交道的过程中最常见的突出因素,但不是必要因素。

所以,"词语的完全重复"这一定义是有漏洞的,但我们已经堵住了三个最麻烦的漏洞。我们摒弃了"排除常规、高度重复、近乎隐形的功能词(如 the 和 a)"的惯常做法(这一做法错误至极)。有时,这些功能词的重复会因其与具有更大语义和主题重量的词一起重复而变得更为突出。当然,有时也不会出现这样的情况。但无论如何,我们都把功能词囊括到了我们的定义模式中。我们只是不太关心它们的模式,就像我们很少关心"300 head of cattle"中的"head"属于提喻。同时,我们也承认,那些很少与叠辞联系在一起的表达,比如中语重复和回环,都是叠辞的特定变体,形成了更为特定的模式。因此,我们不必用一些奇怪、排外的方式来定义叠辞。我们已经把叠辞以及大多数的程式格从临近性的限制中解放了出来。现在,世界上有更多的东西有了"叠辞"这个名字。这是一件好事,因为这增进了我们对偏离和修辞之间关系的理解,让修辞手法之间的关系变得更为明确。如今,我们能够像以前一样自由地探讨和理论化那些有助于实现论证的功能、话语的运作以及文学的力量的表达和模式。

我们的做法也让一个长期以来在修辞研究中广为流传的说法,即"所有语言在本质上都是修辞"(Grindon 1851: 1, 49)拥有了更大的说服力。这个说法具有一定的指向性——总是专注于隐喻或转喻的构词过程。本文对程式格所采取的路径使得"修辞本质"的主张变得更加丰富,更具解释性,并与当代语言理论相兼容,如认知语言学和构式语法。

毕竟,我们想要的是一个修辞学的普遍理论:一个不仅具有自身的完整性,而且与语言学、符号学和认知科学相一致的理论;而不是一个隐喻理论,一个叠辞理论,一个回环理论,一个惯用语理论,一个排列理论等等;更不是某些只是随意地堆砌单一的修辞、行动和诉求,而忽略了共性和系统性的变化的"理论"。

神经认知中的叠辞

时光飞逝。飞逝。飞逝。时间飞走了。时间飞走了。

——拳王阿里(帕金森病早期阶段)

(引自 Remnick 1998)

现在,神经认知科学赋予了"普通修辞学"新的内涵。鉴于此,我们可以进一步给出 A∶B∷C∶D 的子论点。第一个子论点是——重复∶叠辞∷相似∶隐喻。相似是一种普遍的认知属性,而隐喻是一个语言的普遍特征。无论两者之间有什么样的联系,自古以来,它们的存在得到了人们的一致认可。在这里,我把这些观察结果当作既定的事实,直接探讨重复和叠辞。

从婴儿的牙牙学语到痴呆症的重复言语行为,重复可能是语言体现的最为根深蒂固的神经认知模式的偏好。从本义上讲,人们甚至可以说重复就是神经认知。有关神经认知的最基本事实是周期性的大脑活动,即高度重复的神经放电模式。即使在睡眠或昏迷状态下,大脑的活动也会无休止地、周期性地进行基本的重复。当大脑活动不再重复时,大脑就不再是一个大脑,不再是一个活的大脑。

"重复"完全融入每时每刻的认知活动中,体现在生活的方方面面,以至于人们几乎看不到它的重要性。想学会高质量的抖腕射、内移快速球或小踢腿吗?那就一遍又一遍地重复这些动作,不停地练习吧。想在鸡尾酒会上记住某人的电话号码、地址或名字吗?那就一遍又一遍地把它背下来。在你能够毫不费力地(即让你的运动皮层和肌肉处于放松状态)抛出内移快速球之前,你需要不断地练习。在你能真正记住电话号码并能完整地回忆起来(这也是一个涉及运动皮层的过程)之前,你需要不断地练习,不断地回忆。

现在,让我们回归主题,直接探讨叠辞。词可能是最为根深蒂固的语言实体。对此,语音学家、语义学家甚至是一些句法学家都有不同的解释。我并不是说形式或意义不是重要的语言现象。形式(声音、手势以及任何类型的能指)和意义(概念、思想以及无论如何被构想的所指)甚至在逻辑上"优先于"词——没有两者的结合,词就根本不会存在。也许正是这一事实使得词在心理层面更为核心:词是意义和形式之间的"关键交汇点"(Hudson 2007: 333)。

因此,从语言发展的角度看,语言的开端自然是词和重复。叠辞是儿向语域(child-directed register)的一个非常普遍的特征,如例(23),尤其是在儿向语言的特殊形式的文体,即儿童文学中例(24):

(23) Mother: Bear needs a hat, will daddy's yellow hat fit?

Mother: No, the yellow hat is too big.

Mother: See the hat?

(摘自 CHILDES 语料库,引自 Schwab, Rowe, Cabrera & LewWilliams 2018: 438)

(24) That Sam-I-Am! That Sam-I-Am! I do not like that Sam-I-Am!

(Seuss 1960: np)

这种重复不仅仅是成人对儿童说话时的言语倾向。实际上,相较于包含新颖词汇的话语,婴儿会对包含重复的话语表现出强烈的偏好。他们本能偏好词的相同性,而且拥有这样的本能能够带来巨大的回报:词的重复对语言的切分至关重要(McRoberts, McDonough & Lakusta 2009),也是词汇量大小的积极预测因素(Newman, Rowe & Bernstein Ratner 2016)。

儿童导向语言和儿童产出语言中的词重复(叠辞)有着明确的心理动机,如词的切分和词汇强化。各种语言障碍中的重复也有其心理学上的解释。例如:我的邻居,刚刚七十来岁,每天遛狗时都会经过我家,碰到我在花园时,她每次都这样问我:"Are you working hard, or hardly working?" 她很容易重复这句话,是因为她正处在阿兹海默症的早期阶段。阿兹海默症患者经常使用这样的惯用语(谚语、陈词滥调、习语、预设),且这样的语言特征往往通过神经运动的强化来解释。"若神经运动的传导路线不断重复",琼·拜比(Joan Bybee)解释说,"神经运动将会变得更为流畅"。然而,人们不常注意到的是,这些表达本身就具有一些特征,使它们相比于阿兹海默症的噪音更有适应性。例如,我邻居对 working 和 hard (ly)两个词的重复增加了语言表达的冗余,每个词都得到了额外的神经运动强化(Harris 2020)。除了预设和惯用语言之外,阿兹海默症患者的语言还常常表现为"持续的言语重复和回声语言(单词和短语的非自发重复)"(Turkington & Mitchell 2010: 28;也可参看 Aitchison 1994: 22-23)。

众所周知,要把大多数认知过程或倾向与产生认知活动的事件联系在一起是非常困难的。毫无疑问,隐喻就面临这样的问题。不管隐喻在认知研究中拥有多么体面的地位,大多数有关隐喻的神经科学研究都是主观臆断。我们已经知道(至少从亚里士多德的时代开始),人的心理对相似具有倾向性。但这样的倾向性在人脑中是怎么发生的呢?这样的联系缺口非常大,以至于某些认知科学家甚至说"神经科学和心理学的话语之间是不可通约的"(Kagan & Baird 2004: 100)。但重复可以消除任何心理和大脑之间的鸿沟。在某种意义上,所有关于大脑活动的讨论都必须基于重复。大脑是在重复的基础上运作的。神经元放电不断重复,而神经通路通过重复相同的放电模式得以建立。一遍又一遍地重复单词,像孩子们那样,建立起运动皮层模式,建立起形式与意义的联系模式,而这种模式对于生成词汇、理解词汇和其他模式是必需的。

因此,以下 A:B::C:D 的论点是非常合理的——叠辞:大脑::隐喻:心理。

我们对相似有一种模式性的偏好,所以隐喻和其他与相似有关的修辞(如明喻和奇想)、论证模式和文学体裁(如类比、讽喻和寓言)才得以存在。正如保罗·弗里德里希(Paul Friedrich 1986:4)所说,"隐喻只是类比的一种,是类比手段和……思维的更大语境的一部分"。

我们对重复有一种模式性的偏好,所以叠辞和其他与重复相关的修辞才得以存在,例如音系层面的押韵、头韵和半谐音;韵律层面的音韵平行;形态层面的同源反复和格重复(homoioptoton);句法层面的句法平行;语义层面的同义词。当然,如果没有话语中的词重复,大规模的话语模式(如议论文和记叙文以及侦探小说等特定文体)是不可能形成的。在互动方面,如果没有叠辞,对话是不可能实现的。对话通过不断"重复刚才说过的话"而"交织"在一起,使"说话者和听话者都处于同一个频道上"(Ong 1982/2002:39)。

例如,黛博拉·塔纳集中探讨了一个"感恩节选段"中会话的"交织性"。在她与 Chad & Peter 谈论有关外出就餐的这段话中(Deborah Tannen 1989:71-77;见图1),她指出,eat 这个词的反复出现统领了主题。这是叠辞的一个经典范例,即在一段话语中自由地重复同一个词。在三个不同的说话人所产生的三个简短、连续的语句中,词组 go out 不仅牢固地确立了主题,而且在说话人之间建立了友好的沟通关系。相反,同一个说话人的紧接重复只能增强说话人的语气。她认为,甚至押韵也是触发另一个词出现的因素(据她所说,not 是由上文出现两次的 lot 所触发)。然而,她并没有注意到,文段中的词重复并非是完全自由的,并不是可以出现在任何地方。实际上,这些重复遵循一定的模式。几千年来,人们把这样的模式统称为修辞手法。

图1并非引自塔纳的原作,而是戴维·克里斯特尔对感恩节段落的一个简短的再分析。在分析中,他强调了所谓的"文学性",即"语言偏离……韵律节奏、句法平行、修辞语言、头韵和词汇重复"(David Crystal 1995:413)。当然,这里没有任何"偏离"。对话显得平淡无奇。目前,我们还不清楚克里斯特尔所说的修辞语言到底是什么——也许就是 cheese 和 crackers 所表现的提喻,代表粗制滥造的食物,因为除此之外,他在书中所说的"修辞"都与语义格有关,尤其是隐喻。他也没有提到任何修辞的名称。然而,这个段落中的"词重复"都是修辞传统所熟悉的修辞范例。eat 的重复是典型的叠辞,eating 也出现了两次,所以我们又发现了同源反复。I go out 体现首语重复。cheese、crackers 和 yeah 体现尾语重复。位于话轮结尾和另一话轮开

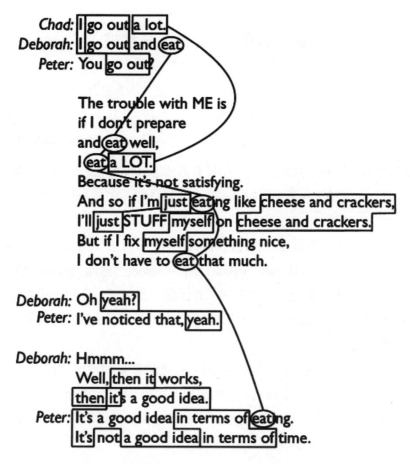

图 1 "感恩节选段"摘自 Tannen（1989: 71-77），
改编自 Crystal（1995: 431）和 Carter（2016[2004]: 80）

头的 it's a good idea 属于蝉联（anadiplosis）。在会话中，这是一种连接话轮的普遍做法。同时，它在下一个语句再次出现，又表现了首语重复。文段中还存在一些中语重复，如 just、myself 和 in terms of。还有很多词汇重复并未引起塔纳和克里斯特尔的注意，如 I、and、that 和 not 等。

克里斯特尔关于韵律节奏（音韵平行，即音韵的重复）、句法平行（排比，即句法结构的重复）和头韵的评论以及塔纳提到的押韵都将这些不同的叠辞放在了重复修辞的网络中，从而进一步夯实了另一个 A:B::C:D 的论点，即叠辞:重复修辞::隐喻:相似修辞。

叠辞的象似性、论证与推理

> [叠辞]是这样的修辞:一个词以强调的方式不断重复,不仅表示所指的事物,还表示与之相等的事物。
>
> ——John Smith(1721:80)

要用相似来解释语言和语体,一个最有力的解释维度在于象似性。象似性是"使声音符合意义的潜在驱动力"(Bolinger 1975:58)。它与一般的程式格和特定的叠辞的关联,都是广泛而深刻的。

拟声词最能表现象似性。通过这种修辞手法,词汇形式能够唤起某种意义,如表现声音的常见词,包括 bark、meow、ring 和 sploos。然而,超词汇现象所表现出的象似性则以更为分散的方式呈现。查尔斯·桑德斯·皮尔士称之为拟象象似性(diagrammatic iconicity),即符号之间的结构关系所引发的复合意义。叠辞是一种超词汇现象。

所有叠辞都会在数量上激活拟象象似性:能指数量的增加,引起与所指对应的维度的增加。一个词在有限的范围内出现的次数越多,所引起的概念的规模就越大。我们看到,在直接利用邻近性的例子中,这种效果最为明显,如例(7)和以下两个例子:

(25) He was large. Very, very large. She was nice. Very, very nice.

(Hemingway 1926/2014:43)

(26) 'Tis I preach while the hour-glass runs and runs!

(Browning 1895:586)

例(25)中,very 数量的增加使得 large 和 nice 的程度增加(large 和 nice 在有限范围内的重复也促成这一结果)。例(7)中,run 数量的增加使得跑步时的兴奋感、跑步的持续时间和距离增加。在 Browning 的例(26)中,叠辞告诉了我们更多有关 run 的信息——也许是时间流逝的速度更快,或是时间流逝的不可避免性更强,或是两者兼有。不管怎样,多一个单词 run 让我们获得信息比单个 run 要更多。

然而,数量象似性,至少对某些叠辞来说,超越了"更多形式意味着更多意义"

的简单原则(Sew 2005: 487),特别是在结合序列顺序法则(单词的排序引起了关于所指顺序的复合意义)的时候。比如说,回环中的平衡象似性依赖于数量和顺序,如例(19)和牛顿的这个例子:

(27) If you press a stone with your finger, the finger is also pressed by the stone.

(Newton 1687/1803: 1.15)

回环是词的完全重复,其中的两部分以相反的顺序排列,就像两个平衡物在彼此制衡。例(19)中,所有人对个体的义务与个体对所有人的义务是相等的。例(27)中,手指对石头施加的力与石头对手指施加的力是相等的。

牛顿的例子所体现的平衡象似性明显得不能再明显了。例(27)是他对第三运动定律的表述(他通常会用同源反复的说法,即 for every action there is an equal and opposite reaction)。在小仲马的例子中,平衡关系是类比的,通过"义务是作用力与反作用力"的类比框架表达。但这两个例子都是通过关键词语的排序,以拟像的方式构建的。事实上,有一个物理图对此进行了清晰的建模:基于 Ron Langacker (2008: 373)的"能量"概念,这些回环中的能量流动可映射到马克·约翰逊所谓的"点平衡"的意象图式(图2)。

图2 点平衡的意象图式阐释了回环的双向能量流动。改编自 Johnson (1987: 86)

例(19)和例(27)之所以引人注目,是因为它们"创造"了相关的顺序。序列顺序法则从某种程度上通常"反映"语言序列中的成分和现象世界的某个序列中的成分之间的关系。雅各布森对尤利乌斯·恺撒的名言是这样描述的:

一连串的动词,即"我来,我见,我征服",首先告诉了我们恺撒行为的顺序,因为有序排列的动词常被用来重现所报告事件的顺序。言语事件的时间顺序往往反映了所叙述事件的时间顺序或等级顺序。

(Jakobson 1956: 27)

恺撒来到安纳托利亚。然后,他看到了他的敌人。然后,他征服了他们。动词的顺序反映了现实世界事件的顺序。但回环的象似性拓展了序列顺序法则的应用范围。正如隐喻可以在现象世界中创造出乍看之下并不明显的相似之处，回环也可以在现象世界中创造出乍看之下并不明显的顺序。例(19)和例(27)通过提供两个相反的顺序，创造出了相反或相互的关系。在现象世界中，我当然感觉不到石头在对我的手指施压。更确切地说，只有我在施加压力，而石头仅仅是在抵抗压力，而不是压回来。牛顿的回环给了我们一种视角，让我们看到手指和石头之间的一个全新、截然不同的关系，即相互关系。其他利用序列顺序法则的程式格是例(28)中的蝉联和例(29)中的顶真(gradatio；即由多个蝉联组成的修辞)：

(28) They kept walking, street to side-street, side-street to alley.

(Vollmann 2000: 154)

(29) Doubt can turn to confusion. Confusion can foster disbelief, disbelief can provoke anger, anger can find its way quickly to revolt, riot, and revolution, and from there the world will quickly fall into calamity and chaos.

(King 2014: 54)

在例(28)和例(29)中，重复并不代表平衡的象似性，而是迭代的象似性。这两个例子中都没有反向的重复。重复逐步向前移动，激发渐进的能量流向 side-street，然后离开 side-street 继续前进；在例(29)中，能量流向 confusion，然后从 confusion 流向 disbelief，从 disbelief 流向 anger，以此类推。例(28)中，位置是客观存在的物质，而例(29)激活了"状态即位置"的类比框架。按照 Peirce 的说法，这两种情况中的程式格都服务于拟象的移动。同样，我们可以画一个浅显易懂的示意图(图3)，这一示意图基于 Johnson 的路径意象图示。在例(28)中，side-street 的两次重复意味着角色的改变，即从目标到来源。例(29)的 confusion、disbelief 和 anger 各重复两次也表现了相同的目标/来源转换，只不过是从一个从句到另一个从句。

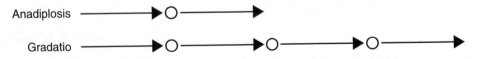

图3 路径序列的意象图式说明了蝉联和顶真的渐进能量流。改编自 Johnson(1987: 86)

回环、蝉联和顶真都激活了序列顺序法则。回环的象似性引起平衡,蝉联(还有它的拓展形式,即顶针)的象似性引起渐进的能量流。这两种象似性都是组合式的。在回环中,顺序原则主要与数量原则相结合。在蝉联(和顶针)中,顺序与同一性原则相结合——这被维克斯(Vickers 1994: 93)称为叠辞的"基本功能"。

皮尔士将"同一象似符"(the icon of identity)定义为"同一事物的两个方面在心理上的合成意象"(CP 2.440;1966[1895].2: 21)。这一概念最大限度地表现了蝉联和顶真的运作方式。例如,例(28)表现了同一事物,即 side-street 的两个方面——side-street 先作为目标,然后作为来源;例(29)依次出现的 confusion、disbelief 和 anger 也是如此。

同一性原则是经典的"思维三定律"之一(CP 2.593;1966[1880].1: 356)。同一性原则在语言中最忠实的体现是叠辞。我们可以看到叠辞在标准化表述科赫法则时所起的作用。例如,以下是一则分离感染性病原物的操作准则:

> 1) The microorganism must be found in abundance in all organisms suffering from the disease, but should not be found in healthy subjects. 2) The microorganism must be isolated from a diseased organism and grown in pure culture. 3) The cultured microorganism should cause disease when introduced into a healthy organism. 4) The microorganism must be reisolated from the inoculated, diseased experimental host and identified as being identical to the original specific causative agent.
>
> (Murphy 1953/2016: 204)

正如法恩斯托克指出,叠辞完美地体现了科赫法则所要求的标准:相同的致病源在精确的实验路径中持续存在,贯穿始终,从感染疾病的宿主到纯培养基,再到一个新的疾病宿主,新的宿主所表现的疾病症状有利于接下来的分离和识别(Fahnestock 1999: 162-163)。

用保罗·利科(Paul Ricoeur 1973/1991: 75)的话来说,叠辞可能是"由……语言引导的避免歧义的最终程序"。但叠辞所保证的并不是意义的同一性。叠辞所保证的是意义的一个基本维度的同一性,即指称的同一性。例如,在科学论证中(利科在这句话中最关注的是科学论证),"电子是云、波还是粒子"并不重要

(Hacking 1983: 272)。这样的说法关乎"电子"这个词的义项,而"电子"的义项在物理学史上发生了多次变化。"指称确定了我们所谈论的东西是相同的"(Hacking 1983: 81),而并非义项。义项在科学中(乃至任何地方)是可变的,但指称的连续性使得一代又一代的物理学家可以探讨"相同"的事物。

在普通语言中,叠辞的基本功能在于保证指称的同一性。人们不断使用这一功能以避免歧义。在信息理论的层面,因重复而得以强化的同一性有助于"集中听话人的注意力,从而避免误解"(Bazzanella 2011: 246)。同时,叠辞也会与句法过程进行积极的互动。例如,艾奇逊指出,如果正常"删除"短语中的重复词会导致不可接受的歧义,那么最好使用中语重复(如果不是强制性的话)。例如:

(30) * Peter bathed the dog on Tuesday and Mary on Wednesday.

如果"被删除的"短语是 bathed the dog,那么该句就必须保留其未经删减的形式,即:

(31) Peter bathed the dog on Tuesday and Mary bathed the dog on Wednesday.

(Aitchison 1994: 24;我更换了例子的序号,她原来用的是 33 和 34,我改成了 30 和 31)

Aitchison 所说的是转换语法的传统观点,即指出句子中的删除现象,并用星号将"不可接受的歧义"的部分标记为不合语法。根据她的范式,"空缺"(Gapping)规则将 bathed the dog 这条枝权从深层次的树状结构中剪下,而修辞学将这种现象视作一个由前轭搭配形成的统辖。但不管怎样,艾奇逊的论述还是令人信服的。如果你想避免"谁给谁洗澡"的歧义,确保指称一致,就必须重复相关的单词或短语(或用艾奇逊的语言学表述来说:不要删掉)。

我曾抱怨语言学家很少注意与叠辞有关的问题。但也有两个非常明显的例外:名词的同义反复(tautology)和完全重叠(full reduplication);前者常以首尾反复为框架,后者则与紧接反复同延。

名词的同义反复是普通语言中最好的范例,能够说明叠辞在利用意义的可变性的同时如何确保指称的同一性。例(15)就是名词的同义反复。事实上,第一个例子,即 boys will be boys 是名词的同义反复的典型范例。当然,还有一些其他例子：

(32) Business is business.

(33) A deal is a deal.

(34) The law is the law.

逻辑学家告诉我们，说这样的话达不到交流的目的，毫无意义。例如，他们会说"男孩就是男孩"等同于"若称某一实体为男孩为真，则称其为男孩为真"（Weirzbicka 1987）。"得了，呸！"他们对使用这种短语的人嗤之以鼻。"当然了，男孩就是男孩。他们还会是什么呢？洋蓟吗？"

但例(15)和例(32)—(34)的例子并不仅仅是逻辑学门外汉的常见表达。它们是谚语式的表达，而谚语是启发式的。所以，逻辑学家的工具并不能解释这些表达中所发生的事。启发式具有很高的交际商，而逻辑意义上的真值很少是人们关注的焦点。相反，交际的合适性才是最重要的。正如 Gibbs & McCarrell (1990)指出，"男孩就是男孩"在某些语境中是非常恰当的：比如，父亲对母亲解释儿子为什么不打扫房间。这句话"很容易理解，而且大多数听话人都会同意父亲想要传达一个特定的意思，比如'男孩往往不喜欢被管束，通常很难让他们按你说的去做'"。

然而，Gibbs & McCarrell (1990)更进一步探索，发现这种形式的语义变异会导致可接受性的差异。在两个实验中，他们的参与者认为像例(15)这样的表达会更自然、更容易理解，而具体、无生命的名词在情态首尾重复框架中的表达（如 Carrots will be carrots）则往往不被接受，难以理解。在这些例子中，首尾重复所做的似乎是保持指称的稳定性（即男孩的抽象类别）。但在特定的语境中，它却能表现出对该类别的特定态度。在吉布斯和麦卡雷尔设置的场景中，指的是"难管、任性"。如果男孩做出不正当的性行为、欺凌或破坏财产等行为时，人们常常会使用同样的启发式语言来为"男孩"（通常是成年男性而不是小孩子）开脱。在这些情况下，引发的态度则是认为男孩好色、攻击性强或喜欢搞破坏。第一次出现的 boy 是完全抽象的，具有宽泛的"男性、不成熟、人类"的含义。它指的是一个类别。然而，第二种情况激发听话人根据重复词语的更全面、百科全书式的意义进行解读，以找出相关的态度特征，从而得到某人想为某事件提供的解释（就像例(15)以及例(32)—(34),人们常常用这种方式来为某人开脱)。carrot 具有较少的态度特征,这就解释了为什么当它们出现在情态首尾重复框架中时,Gibbs 和 McCarrell 发现人们会认为这样的表达很奇怪、难以理解。

叠辞的名称(πλοχη)派生自 πλέκειν,即"编辫子、编织"的意思。对于叙事、论证、对话以及任何话语模式的连贯性来说,没有什么比叠辞所保证的意义的一致性更重要的了。以最著名的论证结构,即庄严的三段论为例。如果推理结构中没有指称的同一性,那么后果将不堪设想:

All humans are mortal. Halloran is human. Therefore, Halloran is mortal.

扪心自问,"如果没有叠辞,这样的论证怎么可能成立呢?"三段论不是偶然的重复。在这里,叠辞并不是逻辑的副产品,不是某种偶然的文体现象。相反,叠辞是逻辑的文体保证。这里有四个同等重要的叠辞。如果没有 human 的叠辞,我们就不能将该类别与其定义属性"死亡"相联系,或与该类别相关的元素,即 Halloran 相联系。如果没有 mortal 的叠辞,我们就无法得到 Halloran 的类别属性(通过及物谓语体现)。如果没有 Halloran 的叠辞,我们就无法获得 human 类别中的元素。如果没有 be 动词的叠辞,这些联系都将不复存在。

简言之,论证中没有纯粹的词汇重复。我们已经建立了词重复的模式(Johansen 1996)。不同的重复必须经过编码,并与彼此建立特定的联系。在不同的语言中,三段论的模式化重复会通过不同的修辞表现出来。例如,综合语包含形态修辞。请注意,对于英语(一种分析性的,或者说"孤立的"主动宾语言)来说,Halloran 的首语重复至关重要,因为 Halloran 是我们预测属性的特定对象;mortal 的尾语重复至关重要,因为 mortal 是我们三段论想要"分配"的属性;be 的中语重复至关重要,因为 be 促成了属性的分配。"所有符合逻辑的必要推理",皮尔士说,"都是拟象的"(Peirce CP154;1966[1896].1:23-24)。三段论的拟象象似性在于同一性原则,而叠辞保证了这样的同一性。当然,关于另一种论证形式与另一种修辞的关系,即类比和隐喻(或明喻)的关系和我们上面所说的类似。这两种平行关系确实非常相近;如果没有有序的跨域映射,你就无法进行类比,而隐喻/明喻确保了跨域映射能够进行。如果没有指称的同一性,你就无法进行三段论的论证,而叠辞确保了指称的同一性。所以,我们得出最后的 A:B::C:D 的子论点——指称的同一性:叠辞::类比:隐喻。

总的来说,我们的类比证实了这篇文章的主要论点——叠辞:程式格::隐喻:转义格。

叠辞的能产性

在我们听到的话语中,重复意味着我们需要处理的话语会不那么密集;在我们说出的语言中,重复让我们有更多的时间参与微观和宏观的会话规划。就语言习得而言,会话中的重复有助于巩固习得的内容,因为会话可以成为减轻学习困难的支架,虽然不容易被察觉,但非常有效。

——彼得·斯基汉(Peter Skehan 1998:33)

在构词过程和形态共价中,重复在亚词汇层面极具能产性。就像已被充分研究的类比、关联和反讽等语义过程,未被充分研究的语音重复的构词过程同样能够推陈出新,用旧词来创造新词: flip flop, rolly-polly, nit-wit, big wig, tip top, willy nilly, bing-bong……这些元音同化(语言学家称之为"元音变音",而修辞学家称之为"半谐音")属于特征重复。词缀通过位置倾向与叠辞建立联系:前缀对应首语重复,中缀对应中语重复,后缀对应尾语重复。说话时,词缀的重复可以在相关单词之间产生一种共价的联系。

形态重复也使构式成为可能。最广为人知的例子是共变条件(the Covariational Conditional)构式,由 Fillmore 等人(1988)重新命名为 x-er-y-er 构式。这种构式通常表现为成对的比较级形容词-er,如例(35)中所示。但有时叠辞的特征表现得更全面,如例(36):

(35) The bigger they are, the harder they fall.

(36) The greater the risk, the greater the reward.

形态重复的修辞手法,如例(35)和(36)所示,属于格重复。

我们名义上说的重复,即叠辞,实际上能创造各种各样的口号、陈词滥调、谚语、格言和在认知上属于粘性表达的其他变体。像例(9)中的表达表现了首语重复的能产性;例(11)中的表达表现了尾语重复的能产性;例(13)中的表达表现了中语重复的能产性;例(15)和例(32)—(34)表现了首尾重复的能产性。

这些极富能产性的叠辞都被语言学家忽略了,但其中有一个叠辞,即紧接反复,如例(6)、(7)、(25),在"完全重叠"的标签下确实得到了充分的探索。语言学家认为,对于藏语、索马里语和钦西安语等语言来说,完全重叠是一个多产的"语法"过程;皮钦语和克里奥尔语在重叠方面尤其活跃(Bakker & Parkvall 2011)。然而,语言学家认为,在像英语和法语这样的语言中,紧接反复(呃,完全重叠)仅仅是附带发生的现象;至多是某种策略(也许仅仅是"修辞"),但总感觉和语法无关。然而,艾奇逊指出,紧接的重复在某些情况下是必须的。"在英语中",她指出,"重复大多是非强制的,但在加强强化词的语气时,重复有时候也是必须的":

(37) * He ran extremely very fast.

必须改为:

(38) He ran very very fast.

(Aitchison 1994: 24;我更换了例子的序号,她原来用的是31和32,我改成了37和38)

别忘了,艾奇逊所使用的术语属于过时的转换语法理论的范畴。在这个理论中,深层结构会经过重组,从而使表层结构符合语法(理论上, extremely very 会在深层结构中产生,然后一些转换规则会将 extremely 替换成 very)。观察表明,使用紧接反复的例(38)是被普遍接受的,而例(37)则非常别扭。

重叠是儿童语言的一个共同特征。众所周知,儿童语音中有很多音节的重叠(papa, mama, dada),单词的重叠(pee-pee, bye-bye, oh-oh, yum-yum, woof-woof, night-night, tumtum)甚至会更多。Jakobson(1959/1962: 542)从信息理论的角度来解释婴儿言语的音节重叠:"相同辅音音位的连续呈现,加上同一元音的重复支持,提高了言语的可理解性,有助于接受正确的信息。"也许吧。这种说法也可以部分解释儿童导向话语中的词重复(我们在上文中看到,拜比用运动皮层解释词汇重复现象,这种生理层面的说法也可能提供一些解释)。数量的象似性似乎也发挥了一些作用:像 pee-pee 和 oh-oh 这样的词经常表示高度的紧急性;yum-yum 反映了味觉的高度满足; bye-bye 表现的也许是告别者的真诚或别离的遗憾。作为一个类别,这些类型的重叠表明了婴儿在身体活动和社会活动中有更高程度的情感投入。在任何情况下,数量原则肯定会在成人所使用的紧接反复中起作用,如例(6)、(7)、(25)、(38)。

结　　语

> 仅此而已,仅此而已。
>
> ——德怀特·鲍林格(Dwight Bolinger 1972)

在本文中,我从话语、语言学、文学、神经认知、理性和符号学等角度对转义格和程式格进行了详细的比较。其中,我把重心放在了程式格,特别是它在语言习得、语言消解和会话管理等领域的影响(因为转义格在这些领域的作用就不用我说了)。我的论述几乎完全以隐喻的作用为标尺,以此来衡量叠辞的贡献。总而言之,我认为隐喻和与隐喻相关的现象(如类比的意义延伸)是语言的根本,并声称:词语重复也是如此。

一开始,我把我的论证比作一场拳击赛,一场艰苦的战斗:这是作为"女王"的转义格与作为"孤立无援的继子"的程式格之间的较量,是在评论界和理论界无处不在的隐喻与被轻视乃至忽视的叠辞之间的较量。如果你把赌注押在了女王身上,你现在可能正在暗暗发笑吧。你可能会认为,即使整个论证不是确切意义上的隐喻,也是一种适合用隐喻来概括的行为:"叠辞是程式格的隐喻。"你可能还会赞同 Lakoff & Johnson (1980: 126-138)的做法,即不断使用重叠,提供了许多(未被识别的)叠辞的例子,将象似性同化为隐喻,以显示隐喻对叠辞的绝对支配。但是,不要过快地下结论。继子攻破了这一论点。当我第二次使用"隐喻"这个词的时候,隐喻就已经站不住脚了。从文章的开头到结尾,我把"隐喻"这个词用了60次以上。所有关于隐喻的讨论都得感谢叠辞,因为如果没有 x 和 y 的重复,x 和 y 之间就不可能有类比,也不可能有任何涉及 x 和 y 的论证。

叠辞必胜。

参考文献

Aitchison, J. 1994 "Say, say it again Sam": the treatment of repetition in linguistics. In A. Fischer (ed.), *Repetition*. Tübingen: Günter Narr: 15-34.

Bakker, P., & Parkvall, M. 2011 Reduplication in pidgins and creoles. In B. Hurch (ed.), *Studies on Reduplication*. Berlin: De Gruyter Mouton: 511–532.

Bazzanella, C. 2011 Redundancy, repetition, and intensity in discourse. *Language Sciences*, 33(2): 243–254.

Benczes, R. 2019 *Rhyme over Reason: Phonological Motivation in English*. Cambridge: Cambridge University Press.

Bolinger, D. 1972 *That's That*. The Hague: Mouton.

Bolinger, D.1975 *Aspects of Language* (2nd ed.). New York: Harcourt, Brace, Jovanovich.

Browning, R. 1895 *The Cambridge Poets: Robert Browning*. Cambridge: Cambridge University Press.

Bybee, J. L. 2006 From usage to grammar: the mind's response to repetition. *Language*, 82(4): 711–733.

Carter. R. 2016 [2004] *Language and Creativity: The Art of Common Talk* (2nd ed). London: Routledge.

Crystal, D. 1995 *The Cambridge Encyclopedia of the English Language*. Cambridge: Cambridge University Press.

Dancygier, B., & Sweetser, E. 2014 *Figurative Language*. Cambridge: Cambridge University Press.

Dubremetz, M., & Nivre, J. 2015 *Rhetorical Figure Detection: The Case of Chiasmus*. NAACL-HLT Fourth Workshop on Computational Linguistics for Literature. Denver, CO: Curran Associates: 23–31. Retrieved from http://www.aclweb.org/website/old_anthology/W/W15/W15-07.pdf#page=37

Dumas, A. 1849 *Les Trois Mousquetaires*. Paris: Dufour & Mulat.

Fahnestock, J. 1999 *Rhetorical Figures in Science*. New York: Oxford University Press.

Fillmore, C. J., Kay, P., & O'Connor, C. 1988 Regularity and idiomaticity in grammatical constructions: the case of Let Alone. *Language*, 64(3): 501–538.

Friedrich, P. 1986 *The Language Parallax: Linguistic Relativism and Poetic Indeterminacy*. Austin: University of Texas Press.

Gannon, S. R. 1987 One more time: approaches to repetition in children's literature. *Children's Literature Association Quarterly*, 12(1): 2-5.

Gibbs, R. W., Jr., & McCarrell, N. S. 1990 Why boys will be boys and girls will be girls: understanding colloquial tautologies. *Journal of Psycholinguistic Research*, 19(2): 125-145.

Givón, T. 1985 Iconicity, isomorphism and non-arbitrary coding in syntax. In J. Haiman (ed.), *Iconicity in Syntax*. Amsterdam: John Benjamins: 187-219.

Grindon, L. H. 1851 *Figurative Language: Its Origin and Constitution*. Manchester: Cave and Sever.

Hacking, I. 1983 *Representing and Intervening: Introductory Topics in the Philosophy of Natural Science*. Cambridge: Cambridge University Press.

Haiman, J. 1985 *Natural Syntax: Iconicity and Erosion*. Cambridge: Cambridge: University Press.

Harris, R. A. 2020 Dementia, rhetorical schemes, and cognitive resilience. *Poroi*, 15(1).

Hauptman, D. 1994. Word-order spoonerisms: a reply. *Word Ways*, 27(1): 44-45.

Hemingway, E. 1926/2014 *The Sun also Rises*. New York: Simon and Schuster.

Hudson, R. 2007 *Language Networks: The New Word Grammar*. New York: Oxford University Press.

Jakobson, R. 1956 Two aspects of language and two types of aphasic disturbances. In R. Jakobson & M. Halle (eds.), *Fundamentals of Language*. The Hague: Mouton: 69-96.

Jakobson, R. 1959/1962 Why "mama" and "papa"? In *Selected Writings of Roman Jakobson*. The Hague: Mouton: 538-545.

Java, J. 2015 Characterization of prose by rhetorical structure for machine learning classification (PhD thesis). College of Engineering and Computing, Nova Southeastern University.

Johansen, J. D. 1996 Iconicity in literature. *Semiotica*, 110(1/2): 37-55.

Johnson, M. 1987 *The Body in the Mind: The Bodily Basis of Meaning*. Chicago: The University of Chicago Press.

Kagan, J., & Baird, A. A. 2004 Brain and behavioral development during childhood and adolescence. In M. S. Gazzaniga (ed.), *The New Cognitive Neurosciences*. Cambridge: The MIT Press: 93-107.

Kaye, K. 1980 Why we don't talk 'baby talk' to babies. *Journal of Child Language*, 7(3): 489-507.

Kerouac, J. 1958/1976 *Dharma bums*. New York: Penguin Books.

King, T. 2014 *The Back of the Turtle*. New York: HarperCollins.

Lakoff, G., & Johnson, M. 1980 *Metaphors We Live By*. Chicago: University of Chicago Press.

Langacker, R. W. 2008 *Cognitive Grammar: A Basic Introduction*. New York: Oxford University Press.

Lanham, R. 1991 *A Handlist of Rhetorical Terms* (2nd ed.). Berkeley: University of California Press.

Lipp, M. R. 1986 *Respectful Treatment: The Human Side of Medical Care*. Amsterdam: Elsevier.

Luhn, H. P. 1960 Keyword-in-context index for technical literature (KWIC Index). *American Documentation*, 11(4): 288-295.

McRoberts, G. W., McDonough, C., & Lakusta, L. 2009 The role of verbal repetition in the development of infant speech preferences from 4 to 14 months of age. *Infancy*, 14: 162-194.

Mitchell, D. 2004/2012 *Cloud Atlas*. New York: Random House.

Murphy, F. A. 1953/2016 The historical perspective: what constitutes discovery (of a new virus). In M. Kielian, K. Maramorosch, & T. Mettenleiter (eds.),

Advances in Virus Research. New York: Academic Press: 197-220.

Newman, R., Rowe, M., & Bernstein Ratner, N. 2016 Input and uptake at 7 months predicts toddler vocabulary: the role of child-directed speech and infant processing skills in language development. *Journal of Child Language*, 43(5): 1158-1173.

Newton, S. I. 1687/1803 *The Mathematical Principles of Natural Philosophy*. Three volumes. (A. Motte, trans). London: H.D. Symonds.

Ong, W. J. 1982/2002 *Orality and Literacy: The Technologizing of the Word*. London: Routledge.

Peirce, C. S. 1966 *The Collected Papers of Charles Sanders Peirce* (Vol. 2). A. W. Burks (ed.). Cambridge: The Belknap Press.

Perry, S. 2016 *The Essex Serpent*. London: Serpent's Tail.

Quintilianus, M. F. c95CE/1920 *Institutio Oratoria*. (Vol. 4). (H.E. Butler, trans.). Cambridge: Harvard University Press.

Reagan, R., & [Robinson, P] 1987 Remarks on east-west relations at the Brandenburg Gate in West Berlin (12 June). *The American Presidency Project* [Internet]. Retrieved from https://www.presidency.ucsb.edu/documents/remarks-east-west-relations-the-brandenburg-gate-west-berlin

Remnick, D. 1998 October 12. American hunger. *The New Yorker*.

Ricoeur, P. 1973/1991 Creativity in language: Word, polysemy, and metaphor. In M. J. Valdése (ed.), *A Ricoeur Reader: Reflection and Imagination*. (D. Pellauer, trans.). Toronto: University of Toronto Press: 65-85.

Schwab, J. F., Rowe, M. L., Cabrera, N. & Lew-Williams, C. 2018 Fathers' repetition of words is coupled with children's vocabularies. *Journal of Experimental Child Psychology*, 166: 437-450.

Seuss, Dr. 1960 *Green Eggs and Ham*. New York: Random House.

Sew, J. W. 2005 Iconicity. In P. Strazny (ed.), *Encyclopedia of Linguistics*. London: Routledge: 487-488.

Skehan, P. 1998 *A Cognitive Approach to Language Learning*. New York: Oxford University Press.

Smith, J. 1721 *The Mystery of Rhetorick Unveiled* (10th ed.). London: George Eversden.

Staub, A., Dodge, S., & Cohen, A. L. 2019 Failure to detect function word repetitions and omissions in reading: are eye movements to blame? *Psychonomic Bulletin & Review*, 26(1): 340–346.

Tannen, D. 1989 *Talking Voices: Repetition, Dialogue and Imagery in Conversational Discourse*. Cambridge: Cambridge University Press.

Turkington, C., & Mitchell, D. R. 2010 *The Encyclopedia of Alzheimer's Disease* (2nd ed.). New York: Infobase.

Vickers, B. 1988 *In Defence of Rhetoric*. New York: Oxford University Press.

Vickers, B. 1994 Repetition and emphasis in rhetoric: theory and practice. In A. Fischer (ed.), *Repetition. Swiss Papers in Linguistics* (Vol. 7). Tübingen: Günter Narr: 85–113.

Vico, G. 1741/1996 *The Art of Rhetoric*. G. A. Pinton & A. W. Fisch (trans.). Amsterdam: Rodopi.

Vollmann, W. T. 2000 *The Royal Family*. New York: Viking Press.

Wagamese, R. 2014 *Medicine Walk*. New York: McCelland & Stewart.

Weir, A. 2014 *The Martian*. New York: Broadway Books.

Wierzbicka, A. 1987 Boys will be boys: "radical semantics" vs. "radical pragmatics." *Language*, 63(1): 95–114.

Xu. D. 2012 Reduplication in languages: a case study of languages of China. In D. Xu (ed.). *Plurality and Classifiers Across Languages in China*. Berlin: De Gruyter Mouton: 43–66.

Ploke

Randy Allen Harris

Abstract: Ploke, the scheme of perfect lexical repetition, is utterly fundamental to language and thought. If that sounds like someone talking about metaphor, it is because ploke is to schemes as metaphor is to tropes. Like metaphor, ploke is the linguistic reflex of a neurocognitive pattern bias (repetition to metaphor's similitude). Like metaphor, ploke is not a single figure but many (epanaphora, epiphora and epizeuxis, for instance, to metaphor's personification, anthropomorphism, and reification). Like metaphor, there are "dead" ploke as well as live ploke (for instance, the number of repeated instances of ploke and metaphor in this abstract that likely escaped your figurative notice, just as leg of a table and head of lettuce regularly escape our figurative notice). Like metaphor, the processes that give rise to ploke, are also highly productive—in word formation, in the acquisition and dissolution of language, in construction and idiom formation, in large patterns of thought and discourse, often leveraging iconicities (the principle of quantity and the principle of identity). I offer each of these analogies to support the superordinate analogy, Ploke : Scheme :: Metaphor : Trope, and argue for the centrality of this neglected figure.

Keywords: ploke, metaphor, scheme, trope

(原载于《当代修辞学》2022 年第 1 期)

跨学科视域下夸张修辞的识解机制新解*

廖巧云　翁　馨

(上海外国语大学语言研究院)

提　要　本文采用语言学研究的跨学科视角，将"分形理论"和"对偶性理论"相结合，提出了分析夸张识解机制的"基于分形的对偶推导模型"，对夸张的识解过程进行了研究。在夸张表达的识解过程中，听话人首先在特定语境中基于其自身的体认经验，对夸张表达进行认知搜索和认知定位，并根据定位结果将"夸张体"作为生成元，通过"夸张体"和"目标本体"在某些特征上所共享的连续体进行自相似性分形转换，并据此建构起两者之间的对偶性关系，进而基于对偶性关系生成夸张义并推导说话人的交际意图，最终完成夸张修辞的识解。其中，通过分形手段建构起的"夸张体"和"目标本体"之间的对偶性关系是夸张修辞识解的关键。

关键词　跨学科　夸张　识解机制　分形　对偶性

一、引　言

在话语表达中，"夸张"(hyperbole)是说话人把话说得张皇铺饰以增强表达效果的修辞手段。如中国古代诗作中李白的诗句"飞流直下三千尺，疑是银河落九天""白发三千丈，缘愁似个长"等即运用夸张手法对客观事物进行了描写。

对夸张的系统研究最早始于刘勰在《文心雕龙·夸饰》(2008: 75)中的论述："故自天地以降，豫入声貌，文辞所被，夸饰恒存。"其中的"夸饰"便指夸张。后来，陈望道(1997: 128)提出"夸张"辞格术语，将其定为一种修辞格，主要指说写者

---

* 本文系国家社科基金重点项目"汉英语义修辞的文化机制对比研究"(项目编号：19AYY011)和上海外国语大学校级重大科研项目"汉外语义修辞话语识解的文化机制对比研究"(项目编号：2018114027)的阶段性研究成果。

"重在主观情意的畅发,不重在客观事实的记录"。此后,诸多学者对于夸张的本质进行过研讨,其论述可被分为两类:第一类研究认为,夸张指对描写对象某些特征的放大,例如"说话上张皇夸大过于客观的事实处,名叫夸张辞"(陈望道 1997:128);第二类研究则认为,夸张不仅包括对事物特征的放大,还包括对事物特征的缩小,例如"夸张,就是故意言过其实,或夸大事实,或缩小事实,目的是让对方对于说写者所要表达的内容有一个深刻的印象"(王希杰 2004:299),又如,夸张"所铺饰的是事物的数量特征,或扩大或缩小"(廖巧云 2008)。

综上两类定义,本文认为夸张修辞最明显的特点是言过其实,通过运用夸张体来扩大或缩小描写对象的某种性状或特征,以便突出其性状或特征,从而传达特殊的修辞效果。例如:

(1) "这位凤姑娘年纪虽小,行事却比世人都大呢。如今出挑的美人一样的模样儿,少说些有一万个心眼子。再要赌口齿,<u>十个会说话的男人也说他不过</u>。"(曹雪芹《红楼梦》)(扩大)

(2) 风刮得那么大,我们简直<u>寸步难行</u>。(缩小)

(3) <u>五岭逶迤腾细浪</u>,<u>乌蒙磅礴走泥丸</u>。(毛泽东《七律·长征》)(缩小)

(4) I was <u>scared to death</u>.(吓死我了。)(扩大)

在例(1)中,周瑞家的在对初进荣国府的刘姥姥介绍王熙凤时,使用了"十个会说话的男人也说他不过"来形容王熙凤口齿伶俐,夸大了实际情况,即并非真正是十个男人也无法与王熙凤对辩,旨在突出王熙凤的能言善辩;在例(2)中,通过将大风天气中难以走路这一情况缩小至"一步路也走不了",以夸张的方式突出了恶劣天气对出行造成的巨大困难;在例(3)中,毛泽东把绵延不绝的五岭比作微小的波浪,把雄伟巍峨的乌蒙山比作泥丸,通过将极大事物缩小至极小事物的夸张手法,突出了红军远征途中不畏艰难险阻的革命精神;在例(4)中,说话人采用了 be scared to death 这一短语,通过夸大受惊吓后的结果,旨在说明其受惊吓的程度之深,传达出抱怨、埋怨之意。由此可见,夸张修辞通过将两个具有"扩大"或"缩小"关系的概念并置,建构起夸张体和实际描述对象之间的对等关系,从而传递出强烈的话语效果。

夸张修辞是日常话语表达中出现频率较高的语言现象,且因其"发蕴而飞滞,披薜而骇聋"的语言效果,一直是语言学研究的热点问题。以往对于夸张的研究主要可分为两类:一类为描述性研究,即对夸张修辞所表达的态度意义(布占廷 2010)、所具备的语用功能(宋长来 2006;庞加光、许小艳 2011)等进行了细致描述;另一类研究为认知机制研究,从相邻关系(廖巧云 2008)、构式理论(高群 2012)、心智哲学(刘倩 2013;邱晋、廖巧云 2014)、高层转喻(范振强、郭雅欣 2019)等视角对夸张的生成和识解的内部机制进行了探讨。

总体而言,上述相关研究从不同角度对夸张的运作机理作出了解释,为理解夸张修辞的机制提供了思路。然而,针对夸张修辞的识解机制,现有研究主要从语言学视角对其进行了探讨,少有研究从"视域转换"(徐盛桓 2020a)的角度对夸张背后的识解机制进行探索,仅见徐盛桓、黄缅(2022)从非线性发展理论的整体角度对夸张表征进行了统概性研究,但其尚未建构分析夸张识解机制的具体框架。因此,考虑到修辞学的研究方法不应交付于一个恒定模式(谭学纯 2010)以及交叉学科为语言研究提供的丰厚土壤(陈平 2020),本文旨在从跨学科视角出发,借鉴数理学科中的"对偶性理论"(徐盛桓 2021a,2021b)和"分形理论"(Mandebrot 1977,1982;Vicsek 1992;徐盛桓 2019,2020a,2020b),进一步对夸张的识解机制进行探讨,以期为夸张研究提供新视角。

二、数理学科关照下的语言研究

近年来,一批语言学家开始关注并利用视域转换的方式在语言学研究中开展交叉学科研究,即从其他学科中借用理论和概念,并将移用的理论和概念辐射到语言研究上来,发展为语言研究的理论方法(徐盛桓 2021a;徐盛桓、华鸿雁 2021)。其中,徐盛桓(2021a)较为系统地说明了语言研究如何能够从数理科学中借用理论来解释语言现象,主要包括分形理论、对偶性理论、因果蕴含理论、退火算法理论、非线性科学和量子力学意识。本文主要关注其中的分形理论和对偶性理论。

2.1 分形论指导下的语言研究

分形理论始于数学家曼德尔布罗在 20 世纪 70 年代中期创立的分形几何学(Mandelbrot 1977,1982)。"分形"(fractal)是相对于"整体"而存在的,当一个部分在某个方面以某种形式同整体相似,该部分就成为分形(Falconer 2003: xxii;徐盛桓 2020b)。具有分形特征的事物是不规则的、分数的、支离破碎的(廖巧云、高梦婷 2020),但这些带有随机性和复杂性现象的背后总存在某种规律,因而分形理论可被用来研究不规则几何形态的内在规律性,用以挖掘无序事物背后的有序结构。因此,在分形理论看来,整体和部分之间具有内在的自相似性(self-similarity)(Falconer 2003;徐盛桓 2020b),即"分形"能以多种多样的形式来相似于整体,包括形态、功能、信息分布、性状展现、时间延伸、空间占据等方面的相似性(徐盛桓 2020b)。例如,若从一棵树上锯下一段树丫,可以发现这段树丫在外形上和整棵树相似,类似的分形现象还有海岸线的走势曲线、云朵的外在形状、山峦的高低走势等等。

虽然分形理论肇始于数学界,但由于不规则现象普遍存在于各个领域(徐盛桓 2020a),因此分形理论的运用很快便跨越了数学领域,成为自然科学和社会科学共同关注的问题。在语言学界,已有学者利用分形理论对一些语言现象进行了研究和解释,主要涉及对语义修辞和系统功能语法的研究。在语义修辞的研究中,徐盛桓(2019,2020a,2020b)创新性地利用分形理论对隐喻认知现象进行了解读,提出了"概念(整体)—表象(分形)"关系,即"隐喻分形说",探究了本体和喻体之间关系的建构,为研究语义修辞现象提供了重要参考;廖巧云、高梦婷(2020)则基于"隐喻分形说"和"意识双重结构模型"建构了歇后语生成机制分析框架。此外,还有一批学者采用分形论视角,对系统功能语法的核心概念(赵文超 2016;刘向东、王博 2021)做出了跨学科解读,指出分形是语言系统内的功能变异机制。这些研究在分形理论的视角下对不同类型的语言机制进行了探讨,均说明了分形理论用于语言研究是大有作为的(徐盛桓 2021a)。

2.2 对偶论指导下的语言研究

"对偶性"(duality)这一概念在数学和物理学中大量存在,其基本内涵是指两种看似完全不同的理论形式或描述,却能够导致相同的经验上的可测量(高策、乔笑斐 2018)。例如,经典力学发现光既具有波的运动方式,又具有粒子的运动方式,前者是连续的,而后者是分离的,因此两者看似并无统一的可能性。然而,在量子力学中,物理学家们将这两种看似相互冲突的现象对等起来,认为光的运动具有波粒二象性,即虽然波和粒子的运动方式在表面上看无法互洽,但两者存在深刻的内在关联,能够一同解释光的运动,从而揭示波和粒子之间的对偶性。因此,对偶性是不同维度的现象之间和不同本体之间所建立起的一种同一的、等价的、异质同构的转换关系,将表面看似完全不同的事物用一种对等或等价的关系紧密地相连起来,揭示出看似不同的表象背后存在的更深层次的一致性和同一性(徐盛桓 2021a, 2021b)。

基于上述对偶性理论的基本主旨,已有学者利用对偶性对不同的语言现象进行了研究。其中,徐盛桓(2021b)提出了"转喻的对偶推导模型",论述了转喻的表达和理解过程中涉及的喻体与目标本体之间的对偶关系。此外,徐盛桓、华鸿雁(2021)进一步论述了对偶性理论在语言研究中的应用价值,包括会话含义中"所言"与"含义"之间的对偶性、歇后语中前言和后语的对偶性、谐音表达中两个共通谐音词之间的对偶性等。此类研究均说明,在大量语言现象中,存在对应的 A 和 B 两部分,两者在表面上虽"异质",但在深层结构中"同构",存在对等和互补的关系,且两者能够在一定条件下作等价转换(徐盛桓、华鸿雁 2021)。因此,对偶性所持的"自然成对"的分析方法,能为语言研究所借鉴,在语言研究中存在可行性和实用性。

综上所述,"分形论"和"对偶性"不仅是数学和物理学中的重要概念,还能够为语言研究提供新的有效的方法论基础,能够被融合发展为可用于语言研究的理论和概念。因此,本文认为"分形论"和"对偶性"也能够为解释夸张这一修辞现象的识解机制带来新的启示,为本文提供理论指导。

三、夸张修辞的识解模型:基于分形的对偶推导模型

3.1 理论基础

3.1.1 转喻的对偶性推导模型

"转喻的对偶性推导模型"是解释转喻表达和理解的机制(徐盛桓 2021b),其图示如下:

其中,在转喻的理解上,该模型认为其关键在于将喻体对偶性地推导为一个同一且等价的目标本体,这一过程包括三个相互连接的步骤:首先,接受主体作为

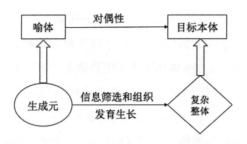

图 1　转喻的对偶推导模型

"认知搜索引擎",基于输入的转喻表达进行认知搜索(徐盛桓 2021b),发现同转喻表达相关的信息,并根据其所了解的表达者目的和与语境相关的百科知识,对转喻表达中的喻体和本体进行定位;其次,接受主体将喻体作为信息的生成元,通过信息交流、筛选、重组,对偶性地生成一个复杂本体,即目标本体(徐盛桓 2021b),此时,从喻体生成的本体同喻体之间存在异质同构性;最后,接受主体通过喻体与本体之间存在的"部分-整体"自相似性来验证喻体和本体之间的对偶性,即作为对偶体的两个组成部分的本体和喻体,存在部分与整体的补足关系。由此,接受主体通过喻体和本体之间的对偶性,来推导出转喻中的目标本体,从而达成对其的理解。

3.1.2　隐喻分形说

"隐喻分形说"采用分形视角来研究隐喻现象,并据此提出"概念-表象"关系来解释隐喻的本体和喻体之间的关系。其中,一个概念即为一个整体,其各种内涵和外延的内容即是这个概念的众多部分,为其分形(徐盛桓 2020a)。两者关系可图示如下:

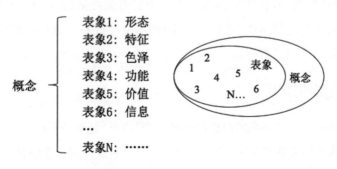

图 2　概念及其表象示意图

如图 2 所示,概念所代表的整体是"一次性并排嵌套的结构",即概念的不同表象并排地嵌套在整体概念的大结构里,与整体以各种方式相似(徐盛桓 2020a)。以此为基础,"隐喻分形说"认为本体和喻体的关系体现为概念和表象的关系。也就是说,隐喻中显性或隐性的本体是整体概念,而一个喻体则是这个事物概念的若干表象之一,即本体是一个能产生"分形"的整体,喻体是从"本体"中分形出来的部分(徐盛桓 2020b)。在本体和喻体关系的建构过程中,两者之间的相似性是隐喻存在的先决条件,这一相似性源于整体和部分之间的"自相似性"。具体来说,喻体将自己的表象信息转换到本体上,使得表达主体感受到本体所体现的喻体的某些信息(徐盛桓 2019),从而达成对隐喻的解读。

整体而言,"转喻的对偶性推导模型"说明了喻体和本体的关系,即两者存在"对偶性"的异质同构关系;同时,"隐喻分形说"所持的"整体-部分"自相似性特征,又能够为说明喻体如何对偶性地转化为本体提供具体路径。因此,两大理论间存在一定的互补关系。实际上,徐盛桓(2021b)及徐盛桓、华鸿雁(2021)对此已有提及:在转喻中,喻体是本体的一个分形,同其本体互为相似;两者构成一组对偶,且作为对偶体的两个组成部分的本体和喻体是部分与整体的关系。不过,上述研究并未对"对偶性理论"与"分形论"在语义修辞分析中的相互作用和内部关系作出详细阐述,因而本文拟进一步考察上述跨学科理论在语义修辞研究中的作用。

综上所述,"转喻的对偶性推导模型"和"隐喻分形说"分别以"对偶性理论"和"分形论"为指导,为分析转喻和隐喻的识解过程提供了思路,也为研究夸张、委婉语、谐音等其他语义修辞现象提供了理论基础。实际上,喻体与本体的对应关系并不单一地存在于隐喻和转喻表达中,在夸张修辞中,也存在喻体和本体之间的转换,前者具体指"夸张体",即实际表达中的夸张性话语,后者指"目标本体",即夸张性话语所描述的本体事物/事件,因此本文尝试基于分形论和对偶性理论,提出夸张修辞识解的分析框架。

3.2 模型的提出

从上述讨论可得,"转喻的对偶性推导模型"以及"隐喻分形说"对研究修辞话语中喻体和本体之间关系的建构具有重要意义,但将对偶性和自相似性分形进行结合并加以运用的研究并不多见。鉴于此,针对现有框架在解释夸张修辞识解机制中存在的优劣,本文运用"分形论"对"对偶性推导模型"进行修补,并提出夸张修辞识解的分析模型,即"基于分形的对偶推导模型"。该模型可以图示如下:

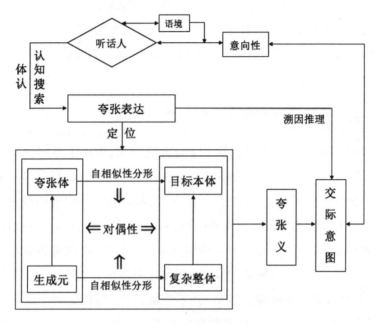

图3 基于分形的对偶推导模型

3.3 模型的描述

在该模型中,夸张表达的识解是在特定语境中,听话人在意向性的制约下,通过构建"夸张体"和"目标本体"之间的对偶性来达成的。具体来说,首先,听话人作为认知主体,基于其对现实世界的体验和认知,对输入的夸张表达进行认知搜索,并基于此定位夸张表达中的"夸张体"和"目标本体";其次,"夸张体"作为生成元,基于其与"目标本体"所共处的同一连续体,通过自相似性分形转换而推导出"复杂整体"(即"目标本体"),并据此建构"夸张体"和"目标本体"之间的对偶性关系;最后,听话人基于上述对偶性关系,能够获得夸张表达中相对完备的夸张义,并进一步推导出说话人的交际意图。其中,该识解过程是一个溯因推理过程;通过自相似性分形来建构"夸张体"和"目标本体"之间的对偶性关系是夸张修辞识解的关键。下面对该模型的运作机制进行阐述。

四、夸张修辞的识解过程阐释

本节将对夸张修辞识解过程中的重点环节,包括意向性的指导作用、以体认为基础的认知搜索、基于分形的对偶推导机制、交际意图的溯因推理过程等进行阐释说明。

4.1 意向性指导下的夸张识解过程

在夸张的识解过程中,虽然其认知主体是听话人,但由于意向性是人的心智能力的重要表征(Jacob 1997),修辞表达的意识活动发端且贯穿于这一活动的始终(廖巧云 2018),因此说话人的意向性实际上制约着夸张识解的全过程。意向性由意向内容和意向态度两方面构成(徐盛桓 2007),其中,意向内容是说话人实际想要表达的意思,表现为夸张表达中的本体,而意向态度就是说话人在使用夸张表达时具有的心理状态(邱晋、廖巧云 2014),包括赞美、感叹、憎恨等情感和态度。因此,听话人对夸张修辞的理解,并不是随意的,而是受制于说话人的意向性,即听话人需要根据夸张表达,来推导出说话人的意向内容和意向态度,并最终寻找出其交际意图。

4.2 以体认为基础的认知搜索

在理解夸张表达的过程中,听话人作为"认知搜索引擎",首先对语境中输入的夸张表达进行认知搜索,即在自己头脑里虚拟的信息网络中搜索与夸张表达相关的百科知识,从而同意向性的需要进行匹配(徐盛桓 2021b)。例如,在上文例(3)中,当听话人读到"五岭逶迤腾细浪,乌蒙磅礴走泥丸"时,就会在头脑中搜索与该诗句相关的背景知识,如搜索与"五岭"和"乌蒙"等相关的信息,进而得知该诗句是在红军长征的背景下所作,且"五岭"和"乌蒙"是山体,而"细浪"和"泥丸"则是诗人用来描述"五岭"和"乌蒙"的词汇。

然而,根据体验哲学所强调的"心智的体验性",由于概念是通过身体、大脑对世界的体验而形成的,并且只有通过它们才能被理解(Lakoff 1987; Lakoff & Johnson 1980, 1999),因此上述认知搜索并非是随意、偶然的,而是需以听话人对世界的体验和认知为基础。若听话人在过去未曾有过与某一夸张表达所传递信息相关的现实体认经验，则其对夸张表达的认知搜索可能受阻。例如，若听话人从不知晓"红军长征"这一史实，对"五岭"和"乌蒙"等地理知识也不甚了解，则其将无法在头脑中搜索到相关的百科知识，因此对该诗句的识解将会中断，须依靠额外的认知努力才能够恢复识解过程。同时，由于听话人对现实的体验和认知过程不是一蹴而就的，而是一个循序渐进、逐步清晰的过程（廖巧云、翁馨 2020），因此听话人在搜索夸张表达的过程中存在多次搜索的可能性，即需要通过多次、反复的搜索，或寻求外界帮助，才能获取与夸张表达相匹配的必要信息。

因此，听话人对夸张表达的认知搜索过程受制于其个人的体认基础，如果脱离了其对现实的体验认知，夸张表达的搜索将失去根基，识解将无法达成。

4.3 基于分形的对偶推导机制

基于上述对夸张表达的认知搜索，听话人将定位夸张表达中的"夸张体"和"目标本体"，并采用分形手段建构"夸张体"和"目标本体"之间的对偶关系。其具体步骤阐释如下：

4.3.1 认知定位

在特定语境下，听话人会根据认知搜索的结果来定位夸张表达中对应于"夸张体"和"目标本体"的语言单位，前者指夸张表达中用于夸大或缩小实际表达对象的语言单位，具有想象性和虚构性，后者指实际的表达对象，具有现实性和确定性。以例（3）为例，听话人对"五岭逶迤腾细浪，乌蒙磅礴走泥丸"进行认知搜索后，将确认"五岭"和"乌蒙"是现实世界中客观存在的事体，即"目标本体"；然而，"细浪"和"泥丸"虽然也可在现实世界中存在，但在该语境下具有临时性，是诗人头脑中假想的实体，即"夸张体"。

4.3.2 以分形为手段的对偶关系建构

在定位"夸张体"和"目标本体"后，听话人会将"夸张体"视为生成元来生成复杂整体，即听话人将生成元所包含个体所具有的性质、特征或关系进行筛选、交换、结合，并使其发育发展成为一个新的整体，从而达成信息的对偶性生长（徐盛桓 2021b）。这种信息的对偶性生长，是听话人通过"夸张体"和"目标本体"之间的自相似性分形而达成的。

首先，在某些性状和特征上，"夸张体"和"目标本体"存在于某些相同的连续体之上。例(3)基于夸张体"泥丸"，听话人能表征出其基本意义为"体积小、易掌控"，而目标本体"乌蒙"则包含"体积大、位于西南、连绵不绝、山势复杂、难以翻越、存在危险"等相关意义。就表面而言，在"体积大小"和"掌控难易度"方面，虽然"泥丸"与"乌蒙"具有不同的内涵属性，但两者的上述属性实际存在于相同的连续体内，即"体积大小"连续体和"掌控难易度"连续体，只不过两者在连续体上的取值大小不同。

其次，通过上述共有的连续体，夸张体能够进行自相似性分形，以此来推导出目标本体的特征。具体而言，夸张体将其具备的某些表象信息(如：形状、属性、功能等)逐级"转换"(transformation)(徐盛桓 2019)到目标本体上，从而使目标本体拥有夸张体的某些特征属性。例如，在"体积大小"连续体上，夸张体"泥丸"可以通过"体积非常小→体积小→体积中等→体积大→体积非常大"这一连续体，将其在体积特征上的信息即"体积非常小"，向连续体的右侧逐步转换至目标本体"乌蒙"的体积特征，从而使"乌蒙"在体积特征这一属性上与"泥丸"存在相似性。由此，夸张体和目标本体之间在某些特征维度上便存在自相似，前者是后者在这些维度上的分形，后者为前者的整体，且前者能够基于两者共享的连续体，通过自相似性分形逐步推导出后者。

最后，基于前文自相似性分形的结果，夸张体和目标本体之间能够建立对偶关系，即通过在连续体上的自相似性分形过程，目标本体获取了夸张体所具备的表象信息，两者之间存在对等性。基于此种对等性，夸张体便与包含更多信息的目标本体之间建构了对偶性关系，表现为两者在某些维度上存在异质同构的关系。

4.3.3 夸张义的形成

基于前文所述的对偶关系，听话人在夸张体和目标本体之间建立了更深层次的对立统一关系，并能够进一步将夸张体的某些特征等价于目标本体在同一维度上的特征，从而推导出基于对偶性关系的"夸张义"，即说话人希望听话人从夸张话语中获取的真实意义。以例(3)为例，听话人在红军远征的语境下，能够基于"泥丸"与"乌蒙"这一对对偶体在"体积大小"和"掌控难易度"上的等价关系，推导出其夸张义，即"红军视乌蒙山的体积与泥丸一样小，视翻越乌蒙山与掌控泥丸一样容易"。

4.4 交际意图的溯因推理过程

基于上述夸张义,听话人将通过溯因推理来反溯夸张表达的成因,以此来推导说话人的交际意图。溯因推理是从观察到的语言表达来反溯成因,以寻求最佳解释的推理,且语义修辞中的溯因推理突破了人们的一般认知,能够发现异常认知关系中事物具备的特征和状态(Josephson & Josephson 1994;廖巧云 2018)。在夸张修辞的识解中,听话人在两种表面完全不同的事物之间建构的对偶性关系,实际上就是一种异于常规的对等关系。例如,将"乌蒙"视为和"泥丸"具有同质性,便突破了人的一般认知规律。听话人便基于此种夸张义,在特定的语境下,以一种"不合逻辑"的推理方式,从观察到的夸张表达去反推说话人在产生夸张表达时的心理状态,以获得说话人实际的交际意图。

五、夸张修辞识解的案例分析

为初步验证该框架的可操作性,我们基于上文提出的夸张修辞识解的"基于分形的对偶推导模型",进行夸张修辞识解的范例分析。如:

(5)蜀道之难,难于上青天。(李白《蜀道难》)

例(5)是诗人李白在《蜀道难》中所作诗句。该诗以浪漫主义的手法,艺术性地再现了蜀道崎岖、惊险、不可凌越的雄伟气势。在该句中,李白将"攀登蜀道"与"上青天"并置,采用了扩大夸张的方式突出了蜀道难以攀登的特点。该句的识解过程可解释如下:

第一,听话人对该诗句进行认知搜索,以获得相关背景信息。在读到"蜀道之难,难于上青天"时,听话人将会在头脑中搜索"蜀道"和"上青天"这两个关键语言单位,进而确认"蜀道"是古代由长安通往蜀地的道路,该路山高谷深,难以通行,而"上青天"则表示通向天空,该事在古代难以实现。

第二,听话人基于其认知搜索的结果进行认知定位。听话人基于其世界知识和百科知识,将确认"蜀道"是真实存在于中国历史上的地理标志,因此"攀登蜀道"是具有现实物质基础的事件,是诗句真实想要表达的对象,对应于"目标本体"。然而,"青天"是古诗中常用来指向天空的特定意向词,代表古人对浩瀚天空的向往和憧憬,但由于古代并无相应的科学技术,因此"上青天"对诗人而言并不具备可实现性,仅是想象的结果,对应于"夸张体"。

第三,听话人基于上述认知定位,通过夸张体"上青天"与目标本体"蜀道"之间的自相似性分形,来建构两者之间的对偶性关系,并推导出夸张义。首先,"上青天"包含的基本特征为"不可能实现";对于"攀登蜀道"而言,这一复杂整体中包括难以实现性、危险性、沿途风光、登顶决心等内容。因此,在"事件可实现性"这一维度,两者处于同一连续体上,即"蜀道"在现实中是可被攀登的,而"上青天"在古代则是完全不可能实现的事件。其次,在"事件可实现性"这一连续体上,即在"完全不可实现→不可实现→实现难度中等→可实现→非常容易实现"中,听话人将夸张体"上青天"所具有的"事件可实现性"特征,即"完全不可实现",向该连续体的右侧进行逐级转换,最终将其投射至目标本体"攀登蜀道"上,使"攀登蜀道"这一事件具有与"上青天"类似的不可实现性。由此,生成元"上青天"便与"攀登蜀道"这一复杂整体之间在"事件可实现性"上具有自相似性,前者作为后者在"可实现性"维度的表象之一,依靠两者共享的连续体进行分形转换,逐步与后者建立"部分-整体"的自相似关系。再次,依靠"上青天"与"攀登蜀道"之间的自相似性,听话人将建构两者之间的对偶关系,表现为"上青天"与"攀登蜀道"对于古人而言的可实现性是类似的。最后,依据上述对偶性关系,听话人将"上青天"这一事件在"可实现性"上的特征等价于"攀登蜀道",进而推导出夸张义,即"攀登蜀道的难度和上青天一样,都是不可能实现的"。

第四,听话人在特定语境中,基于上述夸张义,反溯诗人李白在"蜀道难,难于上青天"中表达的真实交际意图。听话人一旦确定了该诗句的夸张义,便能发现李白将表面不相关、不匹配的"上青天"与"攀登蜀道"并列,是为了描绘入蜀道路的极度艰难,由此突显"攀登蜀道"的不可实现性,体现出诗人对惊险奇绝的古蜀大地的强烈感叹;同时,结合诗句创作的背景,也可进一步识别出诗人借蜀道之难寓功业难成的意向性。

由此,听话人对于"蜀道之难,难于上青天"的识解便能够达成。

六、结　语

本文采用跨学科视角,将"分形论"和"对偶性理论"结合,提出了分析夸张识解机制的"基于分形的对偶推导模型",并进一步通过案例分析了夸张的识解过程,初步论证了该模型的可操作性。在该框架下,听话人基于其自身的体认经验,对夸张表达进行认知搜索和认知定位,并基于定位结果,将"夸张体"作为生成元,基于"夸张体"和"目标本体"在某些特征上所共享的连续体,来进行"部分-整体"的自相似性分形转换,并据此建构起两者之间的对偶性关系,进而基于对偶性关系生成夸张义并反溯说话人的交际意图,最终完成夸张修辞的识解。其中,对于夸张表达的识解,其关键在于通过分形手段建构起的"夸张体"和"目标本体"之间的对偶性关系。

本文建构的夸张修辞识解框架,为夸张表达的分析提供了跨学科的新视角,能够为语义修辞识解机制的相关研究提供参考,同时也进一步论证了语言学研究移植和借用其他学科理论的可能性。

参考文献

布占廷　2010　《夸张修辞的态度意义研究》,《当代修辞学》第 4 期。

陈　平　2020　《理论语言学、语言交叉学科与应用研究:观察与思考》,《当代修辞学》第 5 期。

陈望道　1997　《修辞学发凡》,上海教育出版社。

范振强、郭雅欣　2019　《高层转喻视域下夸张的认知语用研究》,《当代修辞学》第 3 期。

高　策、乔笑斐　2018　《物理学中对偶性的本体论内涵及其意义》,《自然辩证法通讯》第 4 期。

高　群　2012　《构式理论视野下的夸张形式描述与解释》,《安徽师范大学学报(人文社会科学版)》第 3 期。

廖巧云　2008　《相邻关系视角下的"夸张"》,《外语教学》第 3 期。

廖巧云　2018　《语义修辞的识解机制》,《现代外语》第 1 期。

廖巧云、高梦婷 2020 《分形理论视域下歇后语生成机制新解》,《当代修辞学》第 3 期。

廖巧云、翁 馨 2020 《体认视阈下的反语生成机制研究》,《中国外语》第 5 期。

刘 倩 2013 《"夸张"为什么可能——"夸张"的意向性解释》,《中国外语》第 2 期。

刘 勰 2008 《文心雕龙》,上海古籍出版社。

刘向东、王 博 2021 《语言系统的分形与功能变异》,《外语教学理论与实践》第 2 期。

庞加光、许小艳 2011 《论夸张策略的顺应性》,《语言教学与研究》第 3 期。

邱 晋、廖巧云 2014 《心智哲学视域下的夸张修辞研究》,《当代修辞学》第 4 期。

宋长来 2006 《论夸张的关联性》,《外语与外语教学》第 4 期。

谭学纯 2010 《辞格生成与理解:语义·语篇·结构》,《当代修辞学》第 2 期。

王希杰 2004 《汉语修辞学》,商务印书馆。

徐盛桓 2007 《基于模型的语用推理》,《外国语》第 3 期。

徐盛桓 2019 《隐喻解读的非线性转换——分形论视域下隐喻研究之三》,《浙江外国语学院学报》第 5 期。

徐盛桓 2020a 《隐喻喻体的建构——分形论视域下隐喻研究之一》,《外语教学》第 1 期。

徐盛桓 2020b 《隐喻本体和喻体的相似——分形论视域下隐喻研究之二》,《当代修辞学》第 2 期。

徐盛桓 2021a 《交叉学科研究视域下理论概念的移用与发展——语言学科理论创新探究之一》,《天津外国语大学学报》第 1 期。

徐盛桓 2021b 《对偶性与转喻的理解和表达》,《当代修辞学》第 2 期。

徐盛桓、华鸿雁 2021 《跨学科语言研究的语言研究归省》,《西安外国语大学学报》第 3 期。

徐盛桓、黄 缅 2022 《"夸张"的表征与非线性研究——兼论夸张评价机制》,《当代修辞学》第 3 期。

赵文超 2016 《系统功能语言学中的概念意义分形思想》,《现代外语》第 5 期。

Falconer, K. 2003 *Fractal Geometry*. West Sussex: John Wiley & Sons Ltd.

Jacob, P. 1997 *What Minds Can Do*. Cambridge: Cambridge University Press.

Josephson, J. R. & Josephson, S. G. 1994 *Abductive Inference: Computation, Philosophy, Technology*. Cambridge: Cambridge University Press.

Lakoff, G. 1987 *Women, Fire, and Dangerous Things: What Categories Reveal about the Mind*. Chicago: The University of Chicago Press.

Lakoff, G. & Johnson, M. 1980 *Metaphors We Live By*. Chicago: The University of Chicago Press.

Lakoff, G. & Johnson, M. 1999 *Philosophy in the Flesh: The Embodied Mind and Its Challenge to Western Thought*. New York: Basic Books.

Mandelbrot, B. B. 1977 *Fractal: Form, Chance and Dimension*. San Francisco: Freeman.

Mandelbrot, B. B. 1982 *The Fractal Geometry of Nature*. San Francisco: Freeman.

Vicsek, T. 1992 *Fractal Growth Phenomena*. Singapore & New Jersey: World Scientific.

An Interdisciplinary Approach to the Construal Mechanism of Hyperbole

Liao Qiaoyun & Weng Xin

Abstract: By adopting an interdisciplinary approach, this paper, on the basis of Fractal Theory and Duality Theory, proposes the Fractal-Based Duality Inference Model to analyze the construal mechanism of hyperbole. This construal process can be described as follows. Firstly, listeners search and identify the related information about the hyperbole based on their embodied experience in certain contexts. Secondly, according to the results of epistemic identification, listeners, regarding the exaggerated vehicle as a generator, transform it through self-similarity based on the continuum shared by the exaggerated vehicle and the objective tenor, and thus construct a duality relationship between the two. Thirdly, based on the duality relationship, listeners obtain the exaggerated meaning of hyperbole and infer speakers' communicative intention. In this process, the key element is the duality relation between the exaggerational vehicle and the objective tenor, which is constructed through their self-similarity.

Keywords: interdisciplinary approach, hyperbole, construal mechanism, fractal, duality

(原载于《当代修辞学》2022 年第 4 期，
人大复印资料《语言文字学》2023 年第 2 期全文转载）

对偶性与转喻的理解和表达

徐盛桓

(河南大学外语学院)

提　要　转喻是语言运用中比喻修辞表达式的两大类之一。本文用对偶性研究转喻的理解以及其表达。转喻有表达功能和认识功能,它的理解及表达是靠部分—整体关系运作的。把它用作语言运用工具时,把喻体、本体作为一个系统,喻体是系统里的一个生成元,在主体的意向性和境况意识的主导下,生成元通过在系统内外的信息交流、筛选、重组,生成一个复杂整体,即目标本体的内容,这就达成了转喻的理解。这时喻体与目标本体是等价的、异质同构的,实现转喻中的喻体同本体的对偶性。运用转喻做表达,表达者以自己心目中的表达对象当作本体,通过以上的反方向推导,获得一个喻体。

关键词　转喻　表征　对偶性　目标本体

一、引　言

　　本文从研究主体的视角研究转喻。转喻表达时,本体是不在话语中表达出来的,但表达主体心目中已有表达对象,他会根据表达对象设计喻体;而研究转喻,研究主体看到的只是其喻体,这是研究转喻所必须注意的。研究转喻的表达和理解,既要注意理解是如何从喻体搜索本体,也要考虑表达时如何从所设想的本体设计出喻体。

　　本文用"对偶性"(duality property)研究转喻,但在论述过程中常要在比较的意义上提到隐喻。一般认为,语言的比喻修辞式表达(figurative language)最主要的是两大类:隐喻和转喻(Croft & Cruse 2004: 193)。隐喻固然是自古希腊亚里士多德开始就一直受到哲学家、逻辑学家、语言学家的重视,但转喻却在很长的一段时间里没有吸引研究者的目光,只是在二十世纪八九十年代认知语言学掀起了隐喻热之后,才又引起了研究者的注意;此后,对于转喻,认知语言学家发表了很多很好的见解,但当中难免有些看法值得商榷。故此本文在一个新的视域下,即对偶性(duality)视域下,重拾转喻的老话题,回归到讨论转喻的一些基本问题上来,例如其构成、标识、功能、表达、理解等有待思考的开放性问题(open question)。

这里所说的对偶性,不是指汉语表达所运用的"对偶"(俪辞)手法,而是一个物理学和数学的概念。"对偶性这个概念,不论在数学还是在物理学,都是极为重要的"(Zeidler 2009: 693),它在当代物理学和数学中是一个非常重要的角色,为数学理论的统一和物理学理论的统一提供有效的方法论基础。例如,从数学来说,有某农作物需要A、B、C、D四种肥料,某公司将A、B、C、D四种肥料按该农作物需要的比例混合成合成肥出售,也将A、B、C、D分别单独出售;合成肥料需要加工,买合成肥当然要比分别买单种的肥料花费要多。这里就有两道算题。生产方算题:公司如何分别定价,才能保证自己在有竞争力的前提下有最大的利润;使用方算题:考虑到分别施放A、B、C、D要用较多的工时以及可能的浪费,它们的价格如何核定才算合理而自己可以接受。如果将生产方算题作为原题,那么使用方算题就是相对的对偶题;原题有解或如何是最优解,对偶题也有解并有最优解。另外看看物理学的例子,光的波粒二象性就涉及对偶性。我们在中学物理课上就已经认识了光现象的波粒二象性。光子作为一种微观粒子,它的基本属性之一是在某种情况下显示出波动性,在另一种情况下又会显示出粒子性;波动性显示时粒子性不显著,反之亦然。这体现了它们的对偶性和互补。

上面数学和物理学的例子表明,对偶性是不同维度的现象之间所建立起的一种同一的、等价的、异质同构的转换关系,将表面看似完全不同的事物用一种对等或等价关系将它们紧密地相连起来,揭示出在看似不同的表象背后存在着的一种更深层次的一致性、同一性。

在转喻中,喻体可以指称、指代本体,这就看出了喻体、本体二者有一致性,这样的一致性是不同概念所指称事物的表象背后存在着的某种更深层次的一致性,这就是二者之间的对偶性;本体和喻体分别所指称的事物在特定的时空里,在认知主体意向性境况意识的主导下有对等的关系,这也就是互为对偶体。这样的对偶性指事物、现象超越自身的物理属性而具有异质同构性与和谐一致性。语言运用中的转喻,其对偶性揭示了事物的结构同语言结构的某种等价性。话语中使用的喻体同显性或隐性的本体想要表达的意思之间是一对对偶体,它们各自所在的直接的物理时空是不同的,却在语言运用中实现了变换下类空间的等价不变性。据此,可以将对偶性宽泛地定义为:不同事物或客体之间的某种等价关系。本文将这种等价关系看成转喻以及隐喻研究的总抓手,即实现喻体与目标本体的等价关系(equivalence)。

转喻是一种非字面义表达,转喻的表达就是"以某种事物表示其他事物",这就是表征(刘晓力 2010)。既然在表征中一事物 A 能够表示另一事物 B,说明 A、B 这两事物有同一性(identity)、等价性;在转喻中喻体可以指称、指代本体,这就看出喻体、本体二者有同一性、等价性,这就为用对偶性来研究转喻提供了现象学的根据;而在非字面义表达中,原用语同非字面义表达的用语也有同一性,所以也可以用对偶性来研究,这就为语言学研究一个方面的统一提供了一种有效的方法论基础。

本文讨论以人为认知主体,以自然语言为载体的语言交际所运用的转喻形式,从对偶性的视角,从转喻表达、理解语言符号以及信息传递所形成的推理过程,对转喻的一些基本问题重新做出审视,具体探讨如下三个问题:

1)如何通过表征从对偶性的角度刻画指称转喻[①],以体现转喻表达的对偶性本质;

2)对转喻的一些开放性问题,如标识、机制、功能等问题,即其构成、划界、规范问题,在对偶性视域下进行探讨;

3)转喻的语言符号,其符形、符义和符释是如何同认知主体的意向性和境况意识相互作用以形成符号链的,以及如何在对偶性视域下,在转喻表达和理解的过程中发挥作用。

二、比喻语言两大类:隐喻和转喻

隐喻和转喻的共通性是两者都是"喻",这使它们可以用"表征"(representation)来刻画。表征最基本的意义是"对其他事物的代替"(夏皮罗 157);或者说,"表征是以某种事物表示其他事物"(刘晓力 2010)。既然可以"代替",表明二者有同一

[①] 从转喻表达内容的角度,学界通常将转喻分为指称转喻、述谓转喻、言语行为转喻,其中的指称转喻是句中一个单一概念的指代,本文的例子均是此类。其余两种的原理与指称转喻同。下文转喻通指指称转喻。

性、等价性,因此也就具有了对偶性。

2.1 隐喻、转喻"譬称以喻之"的表征

"表征"可以用在很多学科中并可做多种说明。在语言表达中,表征的一种方法体现为以某种事物表示其他事物,使接受者好理解,这就是"喻"。"喻"其中一义是"使明白、使理解"(《简明古汉语字典》1986:877),隐喻、转喻就是"譬称以喻之"(《荀子·非相》),即用譬喻来使接收方较易明白、较易理解。"譬称以喻之"用现代认知心理学的话来说,就是以表征的方式来表达语义内容。在认知科学和认知心理学里,表征是用以表示在认知活动中,外部世界的事物或事件在认知主体心理活动中的再现,是知识的信息体在认知主体内的一种存在方式和心理反映。信息是对事物的本体及其在自然中所处秩序的测量方式的一种体现(Devlin 1991:2)。信息在认知主体心理空间里的事物之间流动,进行着能量和信息的交换,使得信息可以在心理空间里从一事物传递、交换到另一事物中去。在隐喻、转喻活动中,这样的信息流动是在认知主体的心理空间里进行的;隐喻、转喻里的喻体之于本体之所以能有"譬称以喻之"的意义,就是因为在有关事物自身的物理属性基础上,在认知主体意向性和语境的调节下,给出了这些有关事物之间的信息传递的表征关系。即在这种再现中,认知主体的心理活动中再现的某种事物(B)同外部世界的事物或事件(A)所建立起的信息交换,就是一种表征关系(廖巧云、徐盛桓 2020;龚玉苗 2020);既然能以心理表征的(B)表征外部世界事物或事件(A),它们就有变换下类空间的等价不变性,这种不变性就是对偶性。

广义地说,"表征"就是把对象呈现出来。因此可以把"表征"一般化地规定为:把某一对象表示出来的形式化系统。在隐喻、转喻的建构中,我们对此可以这样理解:隐喻、转喻就是在"表征"中对本体或喻体做出析解,在获得认识的基础上进行主观的抽象,认定这样的本体、喻体的搭配是合理的,然后用文字描述的手段作为一种形式化系统把这一搭配固定下来,这就成为一个隐喻、转喻表达式。隐喻、转喻研究,就是要通过对显性或隐性的本体、喻体的析解,来解释和说明有关对象所隐含的内在结构和特性,是符合自己所设定的隐喻、转喻的标准的;而本研究是以对偶性作为转喻的重要指标,就要在研究中论证说明,喻体同目标本体二者是如何获得变换下类空间的等价不变性的。以下用"隐喻、转喻表征示意图"先

说明隐喻、转喻的"譬称以喻之"的表征。隐喻、转喻的本体为什么会"衍生"出喻体，这二者一定有相关关系，这在下文还会分别详细说明；在做出说明之前，隐喻、转喻中本体、喻体这里的关系统称"相关关系"：这里，我们对廖巧云、徐盛桓（2020）的表征框架稍作变动，以适应本文的表达，形成如下图示（图1）：

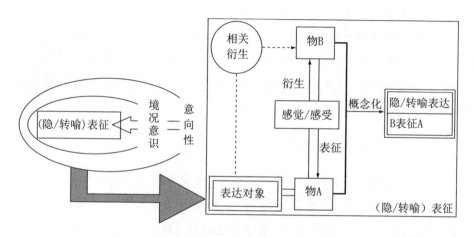

图1　隐喻转喻表征示意图

2.2　表征的心智计算性

认知科学的计算-表征主义认为，认知主体对事物、事件的认识在头脑中的呈现方式，体现为大脑对外界信息进行的加工，因之"计算"的形式化系统可以体现为心智的计算性表征（廖巧云、徐盛桓 2012；徐盛桓 2013），即对有关事物、事件的信息所发生的心理活动，产生出心理的感受，进而进行编码、转换、储存、提取等操作。"计算"的实质，是通过这样的"计算"过程，以便感受外部对象的状态，这就带来了心智的表征性。这就是说，外部事物、事件以"计算"的形式在脑海中再现出来，把对象物A通过感觉感受衍生出物B，以物B表征物A，这就可以把表征简单地说成"是以某种事物表示其他事物"的内在原理。这里有两个过程，一是心智里的感觉符号系统运作过程，另一是将心智里的感觉符号"落地"（grounding，前曾译"植入"）为外在符号系统（如汉语、英语、逻辑符号等），即实现其概念化的过程。这是一个物质（即表达对象，物A）变精神（大脑里的感觉符号，物B）、精神（物B）变物质（文字概念符号）的过程，这分别就是心理表征和语言表征。前者主要归为心理学研究,后者主要归为语言学研究。如何把感觉符号进行概念化,用语言形式表达出来,本文不研究,可参阅徐盛桓(2018b)。表征是认知主体的心智活动,一定是受主体的意向性主导以及境况意识制约的,如图 1 左边的小图所示,而右边的大图所示的就是表征活动自身。下文谈到表征活动,一定是在认知主体的意向性主导和境况意识的制约下进行的,不再一一详说。

按照认知科学家莱考夫和约翰逊的论述,"隐喻的实质是通过一物以理解和经验另一物"(Lakoff & Johnson 1980:5),这一说法表明他们认为隐喻思维是认知性的。可能因为在很长一段时间里转喻并不吸引研究者的目光,所以他们这里没有提到转喻,而是将转喻的功能说成指称与指代。

2.3 隐喻、转喻的表征

从语言表达来看,通过一物(B)以理解和经验另一物(A),(A)是表达主体想要表达之物,在隐喻、转喻中习惯称为"本体";(B)是用来充当建立起"譬称以喻之"的关系之物,称为"喻体"。由于本体–喻体有某种相关性,它们这一有相关性的连结提示了读者要由(B)想到(A),这样就有可能通过联想、想象,把将要表达的语义内容表达出来,这就实现了隐喻、转喻,例如:

(1) 中央成白道,裊裊踏蛇脊。(周邦彦《楚村道中》)

这是隐喻,以"蛇脊"(B)喻指窄小而弯曲像"蛇脊"那样的小道(A),用以描写作者在雨中摇摇晃晃地(裊裊)走在楚地农村窄小而弯曲的小道上的情景。"小道"相似于"蛇脊"是隐喻表达式所要求的,就是以"蛇脊"来理解和经验"小道"。相似就是二者的相关关系。

(2) 无人横催租,烹鲜会同井。(周邦彦《无题》)

这是转喻,"同井"就是用同一口井,指代"生活在同一个地方",还可以再进一步指代"生活在同一个地方(同用一口井)的老百姓"。古代,在不近河湖的地方,从井汲水是同日常生活联系在一起的,这就是以"井(B)"来理解和经验"日常生活的所在地(A)"。周邦彦写这首诗是在他任溧水县令尹期间;他为政清简,与民的隔阂比较小,他在诗中甚至把自己也写进去了:"令尹虽无恩,黠吏幸先免。唯当谨时候[当要谨守农时节候的时候],田庐日三省[音xǐng,察看]。"所以从表达者的意向性和上下文语境来看,将"同用一口井的老百姓"作为"同井"的目标本体是恰当的。

隐喻和转喻表达的过程就是这样依靠一个事物得到一种新感受、新认识的过程,也是一个通过记忆、联想、想象、推理寻找一致性、对偶性的过程。这种思维活动是靠认知主体的意向性主导的,因之"一事物究竟是如何与另一事物相关的,这就是表征内容和表征意向性问题"(刘晓力 2010)。"通过一物以理解和经验另一物"并不单纯只是一种语言现象,而首先是思维现象,这就是莱考夫和约翰逊在《我们赖以生存的隐喻》中做出的认知科学里程碑式的发现,这一发现颠覆了过去对隐喻的研究,引发了新一轮的隐喻热。隐喻热使语言学界想起了被冷落了多年的转喻,不少认知语言学家也开始重视转喻的研究。

三、隐喻、转喻的根本标识

既然比喻修辞格最主要的两大类是隐喻和转喻,那么在隐喻、转喻研究中首先遇到的一个重要问题就是:怎样区分隐喻和转喻?

《韦氏新大学词典》(*Webster's New Collegiate Dictionary* 1955: 722、724)认为,隐喻的本体、喻体有相似性和类推性(likeness or analogy),而转喻则是喻体有本体的某些属性并与之有关联(an attribute or being associated with)。该定义对隐喻说得很明确,对转喻却说得很模糊,因为任何非字面义表达中原用语同非字面义表达的用语的联系都在于喻体有本体的某种属性和与之有关联,例如隐喻的喻体与本体就不能说没有属性方面的关联;在格式塔心理学中有相似性原则,但就没有提到属性、关联一类笼统的说法作为原则。隐喻、转喻等这些修辞表达方式是人们在世世代代的语言运用中创造出来的,因此我们试图从大量的用例中做出总结。对于隐喻,"相似性"的说法是准确的,本体、喻体"二者具有相似性是它们能成为隐喻基本要素的必备条件",而且这样的相似不完全依赖于二者自身的物理属性,而是在运用主体自身经验基础上对事物进行联想、想象再加工的结果(徐盛桓 2020b)。

3.1 隐喻的相似关系

隐喻这里不多谈,因为一般已有共识,只举数例说明:

(3) a. 渐渐风弄莲衣,满湖吹雪。(陈维崧《琵琶仙》)

b. 桃花浅深处,似匀深浅妆。春风助肠断,吹落白衣裳。(元稹《桃花》)

c. 漠漠复雰雰,东风散玉尘。(白居易《酬皇甫十早春对雪》)

d. 情黯黯,闷腾腾,身如秋后蝇。(周邦彦《醉桃源》)

(3) a 的"雪"是喻体,比喻本体白色莲花的花瓣("莲衣");(3) b 的"白衣裳"是浅白色桃花的花瓣;(3) c 的"玉尘"是纷纷散落的雪粉末;(3) d 描写一位女子思夫未归而情黯黯、闷腾腾,词中把她比作秋后无力而飞不动的苍蝇。

隐喻中的喻体同有关的本体在某些方面是相似的,而且是整体地运用的。

3.2 转喻的部分-整体关系

对于转喻,根据例(2)("井"是所生活的地方的一部分)以及下面许多用例的分析,我们认为它的喻体与本体是部分-整体的关系,例如:

(4) a. 饮茶粤海未能忘,索句渝州叶正黄。(毛泽东《七律·和柳亚子先生》)(饮茶,上茶居,或约三五知已好友,点上一壶上好茶和几碟点心,广州人是谓"饮茶",是广州人的一种生活习惯;重庆谈判时,柳亚子先生为编《民国诗选》曾向毛泽东邀诗。"饮茶、索句"分别指代二人在广州、重庆的生活历程,均为生活历程整体的部分。)

b. 红袖楼头遥徙倚。(陈维崧《南乡子》)("红袖"指代年轻的女孩子。"徙倚"义为徘徊。"红袖"是女孩穿在身上衣着的一部分。)

c. 关河隔绝愁军马。(陈维崧《贺新郎》)("军、马"是战事的一部分,指代战事。这句是说,作者在汴京同家乡关河相隔,加上战事的发生,使人惆怅。)

d. 羌管弄情,菱歌泛夜,嬉嬉钓叟莲娃,千骑拥高牙。(柳永《望海潮》)("高牙"是太守级别的高官出行队列前面的大旗,用作喻体借指高官这一本体。"千骑拥高牙"意即队列有千骑拥戴着那位高官。"高牙"大旗象征太守身份,是他身份的一部分。)

e. 桃花候涨,竹箭比骙,汹涌洈潷。(周邦彦《汴都赋》)(这句话是说,桃花汛的水流像駃騠(音 juétí,良马名)跑得那么快,猛烈而顺畅。洈潷,音 guǐyì,表水流顺畅貌。北方农历三月桃花开花时节,河面解冻,河水涨成汛水,俗称桃花汛;这里的"桃花"就是指"桃花汛"。桃花汛是桃花开花时的一个表象。)

f. 丝竹扬州,曾听汝,临川数种。(陈维崧《满江红》)(这句话大意是说,我曾在扬州听你演唱汤显祖写的几个戏。其中,喻体"丝竹"指代演戏时伴奏所用的(隐性的)弦管乐器;喻体"临川"指代(隐性的)本体明朝戏剧家江西临川人汤显祖,并进而指代他所写的作品。"临川"是汤显祖的籍贯,这个"部分"提示了"汤显祖"这个整体;而"汤显祖"这个整体又反过来提示他的"部分",如他的成就,写了《紫钗记》《牡丹亭》《邯郸记》《南柯记》,这通常称为"临川四梦"。)

g. 弓旌搜俊良,圭衡略无遗。(周邦彦《赠常熟贺公叔隐士》)(古代招聘时摆出一把弓为标志招聘武士,以旌招聘大夫。弓旌指代招聘现场的本体。"圭"是古代容量单位,十粟为一圭,所量的东西较重;"衡"为古代之秤,秤的东西较轻,"圭衡"表示衡量有据,不遗贤良。"弓、旌"是招聘现场的一部分。)

h. 风轮雨楫,终辜前约。(周邦彦《一寸金》)(轮楫,指车轮与船桨,指代陆路和水路的行程,是水陆行程工具的一部分。)

i. 妾身似秋扇,君恩绝履綦。(刘孝绰《班婕妤怨》)(履綦,鞋带,是人的脚步的一部分;绝履綦,表示不再来。)

这些例子表明,转喻的喻体与本体就是部分与整体的关系,主要是通过部分认识、表征整体,或有时也通过整体认识、表征部分。如图 2 所示:

同时,这还带来另外一个重要的区别。徐盛桓(2020a,2020b)说到,任何一个概念都是一个包含了若干外延内涵内容的嵌套体。嵌套体的生成分两种:整体生成(wholesome generation)和迭代生成(iterated generation)。整体生成指这个概念所包含的外延内涵内容是整体生成的,如"雪"像"莲衣""玉尘"[(3)a、(3)c];概念"雪"可能有其他表象,如"飞起玉龙三百万,搅得周天寒彻"(毛泽东《念奴娇·昆仑》)、"忽如一夜春风来,千树万树梨花开"(岑参《白雪歌送武判官归京》)、"应是天仙狂醉,乱把白云揉碎"(李白《清平乐》)等等,它们作为隐喻表达,都是整个生成的,都同"雪"整个地相似,都被这个概念所嵌套起来。迭代生成指这个概念所包含的外延内涵内容作为表象同概念所指称的事物不一定有相似性,因为有关

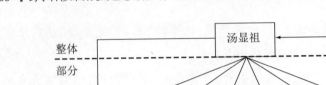

图 2 转喻本体、喻体的整体—部分示意图

的事物已经被分割成一个个的环节部分,但一定有关联,表象是概念所指称的事物整体的一个部分,是一部分、一部分积累下来的,如"生活的地方"就会有"井","战事"包括有"军队和战马"等;"汤显祖"作为一个整体包括了许许多多的表象,这些表象是迭代生成的,是迭代地包套在概念里。运用的时候,隐喻一般只用一个表象,因为已经是整个地相似了;转喻只用其中的一两个表象,如"枫林名一社,春汲共寒影"(周邦彦《无题》),这里的"春、汲"是古代农村老百姓生活的一部分:春米、汲水,用以指代"老百姓日常生活劳作";再如"军、马"[(4)c]"弓、旌"[(4)g]"轮、楫"[(4)h]"履綦"[(4)i]都是。这也是隐喻、转喻区分的一个标志。

这里所说的,就是隐喻、转喻运作所涉及的思维形态,我们分别称为隐喻思维和转喻思维的运用。在非字面义表达范畴下语言各种形式的运用,从根本来说主要是运用这两种思维。运用隐喻思维的修辞格首先是隐喻,还有就是通过相似这一手段实现的修辞格,如夸张、移就、拟人、拟物、委婉、低调陈述、谐音、反语等等,这些修辞格是在一定语境中和一定的意向性主导下对隐喻修辞格的放大、缩小,或反过来说或以其他方法来说;运用转喻思维的首先有转喻本身,此外就是含义(implicature)的表达,因为含义表达就是用有关概念的某一个表象来表达的。这里的表达格式分析起来,原用语同表达的用语,都有对偶性。

3.3 关于"转隐喻"

认知语言学有关于"隐转喻"(metaphtonymy)或"转隐喻"的研究(Croft & Cruse 2004: 218-219; Goossens 1990: 323-340)。所谓隐转喻或转隐喻,就是"在话

语的识解中,隐喻过程同转喻过程二者都有足够的分量(Croft & Cruse 2004: 218)。Croft & Cruse (2004) 转引 Goossens (1990) 的例子如:

(5) a. She caught the minister's ear and persuaded him to accept her plan.

b. My lips are sealed.

c. Anger slipped out of hiding.

对于(5)a 的运作,Croft & Cruse 的解释是这样的:首先对 ear 转喻地识解为"注意力"(attention),这就使 caught(the ear)中的 caught 要做隐喻处理:catch X's attention; catch X's attention 就被理解为 make X attend;也就是说,"耳朵"作为"听"的器官,人们从自身的经验感受到,听是要付出注意力的,所以"耳朵"可以提示"注意力","抓住耳朵"就是使人注意听。下面两例仿此。所以,这里所说的转隐喻其实是转喻、隐喻两个分别先后的过程,只是都发生在同一个事物上或在同一个话语里,这并不影响我们在上面所说的隐喻转喻区别的标识。

通过以上三点的分析,我们看到,转喻同隐喻各自的标识确实迥异。隐喻本体、喻体的相关关系是相似关系,转喻是部分-整体关系。

四、转喻研究几个开放性问题的探讨

人类面对的是一个物质世界。世界的物质又分化成许许多多形形色色的事物,自然的、人工的;一些事物又会酿成一些现象,自在的、社会的。事物和现象既是我们认识的对象和表达的对象,同时又可以作为认识的工具和表达的工具;就作为表达工具而言,正是"以某种事物表示其他事物"的表征所运用的,例如作为非字面义表达的隐喻、转喻的运用(字面义表达本文不论)。

"以某种事物表示其他事物"的表征的运用是人为设置的,是一个心理过程。这一心理过程造就了若干语言的表达式,例如隐喻、转喻就是其中的两种。所以隐喻、转喻等不是天生的,不属于自在领域的现象,不是"被给予"(the given)的,而是人为的,它们处于人们语言运用的规范空间,是人们在古今中外世世代代的语言运用的实践中创造出来的格式,"上天"并没有为此划界。所以在转喻研究中就有一些开放性的问题(open question)等待我们去探讨,而这些开放性问题,也正是转喻研究中的一些基本问题。

4.1 转喻的认识功能

第一个问题是转喻的功能。隐喻思维 Lakoff & Johnson（1980）已经说得很中肯很明确,这里就不说了。就转喻来说,汉语有不少成语是涉及从部分认识整体的,这就是运用了转喻思维,诸如"一叶知秋""以小见大""管中窥豹,可见一斑""见微知著",不带贬义的"以偏概全"等;其实,如果把"瞎子摸象"的贬义抽调而赋以阐释认识活动的新解,也可以说成是摸到一部分以后,再通过记忆、联想、想象、组合、推理等活动,进而获得在心理空间对"象"的整体的认识;又如我们对每年四季天气变化的整体认识,就是靠从孩童时积累下来的经验,从这样的部分认识推演出来的;再如统计学的抽样调查,其实就是通过部分来认识整体①。这样看来,隐喻思维、转喻思维都有认识功能和语言表达功能。

4.2 转喻运作的机制

对于转喻的运作机制,较早期,莱考夫同他的同事曾用理想认知模型（ICM）加以说明（Lakoff & Turner 1989）;之后,兰盖克认为转喻是一种参照点现象（reference-point phenomenon）,即把转喻喻体的概念实体称为参照点,正是这个参照点在心理空间为理解另一个概念实体即本体搭起一座心理桥梁（Langacker 1993: 1-38）。

理想认知模型和参照点理论都是认知语言学很重要的方法论工具和手段。理想认知模型是大脑里普遍的认知范型,是相对定型的心智结构和表征知识的模式,这使人联想起物理学上的"理想气体模型",以"理想"气体相对定型的结构和运动模式把握纷繁的气体运动规律;移用到转喻研究,就是以"理想"的认知模式来把握某种语言现象。参照点理论原是行为科学里的一种决策理论,人们如何决策都隐含着一定的评价参照标准,这就是参照点;移用到转喻中,按照转喻的参照点理论,目标本体如何得以确定,就是以喻体作为对有关信息进行筛选和组织的参照点。

---

① 通常,人们谈转喻都是说以喻体表征整体,但在很少情况下也有以整体的本体表征部分的喻体的,如"知否知否,应是绿肥红瘦"（李清照《如梦令》）中,"红绿"指代红花和绿叶,就是以红绿颜色的整体表征红绿色的花叶的部分。本文是以部分认识整体立论的,在遇到以整体认识部分时,大体是将部分和整体的地位反过来。可参看图2左右两边。

理想认知模型和参照点理论都有很广泛的应用和很强的解释力,都能很好地分析转喻的运作。它们在认知语言学里是重要的理论和模型,但在对某一语言现象单独进行专门的析解时,就难免不够专门化,不够深入、细致、具体。这是可以理解的,因为对有关模型和理论的阐释过程中提到可用以研究某一语言现象,就难免对语言现象的分析挂"万"漏"一"。

　　认知语言学也有运用突显(profile)来研究转喻的,认为"突显"是转喻研究的核心概念,如 Lakoff & Johnson (1980: 37)指出可用"突显"分析转喻;用较易感知、较易辨认,因而也较易记忆的部分做喻体来映射整体的本体(Croft 1993: 335–370);陆俭明(2009)也认为,"突显"是转喻的运作机制。

　　但我们知道,转喻中本体是不出现的;从上述的那些例子可以看出,有一些转喻的表达是难以发现它们喻体是如何比隐性的本体突显的,如"临川"之于汤显祖,"轮、楫"之于水陆路行程等;更何况在一般情况下,突显还有如下的特点:有生命-无生命、具体-抽象、活动的-非活动的、近的-远的等,前者要比后者突显(参见Langacker 1999: 199–200),而上面有限的几个用例都已表明,这很难照顾到每种情况;例如说,相对于一个活生生的皇帝,他龙袍下鞋子的鞋带却比他突显[(4)i],这就说不过去了。所以,用突显作为转喻的运作机制是不大切合实际的。我们准备建立一个"转喻对偶性推导模型"来说明转喻的运用。

4.3　隐喻、转喻孰为基础

　　一些认知语言学家认为,隐喻发端于转喻,转喻在隐喻表达的产生中起重要作用(Croft & Cruse 2004: 218);Taylor (1995: 124)认为,转喻可能比隐喻更加普遍、更为基础性;Barcelona (2003: 31-58)认为,转喻是隐喻映射的基础;而 Radden & Kövecses (1999: 17-60)则进一步认为,转喻更具本源性等等。总之一句话,隐喻的映射是通过转喻的映射实现的;从这个意义来说,转喻是隐喻之母。

　　根据我们上面的研究,隐喻和转喻二者都有自己根本的标识,是相对独立的语言表达形式,谈不上哪一个是哪一个的基础,哪一个更为本源。徐盛桓(2020a,2020b)根据分析理论提出,隐喻本体所用到的概念是一个有多个分形的整体,其分形就是其部分,其中一个分形就可能用作喻体,喻体是合规律和合目的的双重把握的选择。其实,转喻也是一样的。隐喻、转喻的本体与喻体都存在整体与部分的关系,只不过正如上文所说明的,二者有不同的相关关系:隐喻的本体与喻体是整个的相似,而转喻则只是提取同喻体有同一性、等价性的整体的一两个环节,所以对前者特别能感受其相似性,对后者则感受到其部分-整体的关系。所以这样看来,隐喻和转喻二者是各有特征的相对独立的语言表达形式,不存在哪一个是另一个的基础,哪一个更为本源。Croft & Cruse（2004: 218）认为,概念隐喻 MORE IS UP 是从转喻中生成的,例如"更多"（more）的沙、更多的书,往纵向堆起来,就使沙堆、书堆"高起来";据说这就是"更多"同"更高"在现实生活中和字面上的关联,除了可以说"现在书(沙)堆更高了",还可以说"价格高了""温度高了",这就是"转喻向隐喻延伸"。姑且勿论这里为什么是转喻向隐喻延伸;沙多了、书多了,就一定得堆高吗？还可以横向平摊;再如人多、树多、草多、花多、水多、雨露多、车多、高楼大厦多、5G 的用户多等等。所以我们主张不把隐喻、转喻拉扯在一起,它们各显其美、各尽其能、各司其职。或曰,把它们转化为统计图不是"高"了吗？这个要看统计图如何设计。如果把时间坐标设计为横向,"多"就不是增高了,就得不出 MORE IS UP 的概念隐喻了,也就谈不上转喻向隐喻延伸了。

4.4 小结

1. 隐喻、转喻表征可以形式化地表示如下:

f:［隐喻/转喻·相似关系/部分-整体关系］B → A

f 表示这是一个函数式;［ ］表示这个函数式所受的约束;→表示"表征",读如:在该函数式子中,设已按照隐喻/转喻规则所设定的相似关系/部分-整体关系的约束,那么 B 表征 A,隐喻/转喻实现;在约束关系分别设定之后,二者的表征过程与操作是一样的。这个函数式形象地表明,隐喻、转喻的本体、喻体的对偶性。

2. 这样,隐喻、转喻的根本区别就在于其喻体、本体是相似关系和部分-整体关系。值得注意的是,根据分形理论,隐喻、转喻的喻体都是他们各自的本体概念的一个分形,都是其部分,但这并不使二者可通约。

3. 隐喻、转喻的标识、机制、功能等,是其构成、划界、规范等的根本问题,作为转喻研究中的开放性问题也就是悬而未决的问题。创新从来都是以问题为导向的,所以值得研究。

五、转喻对偶性推导模型

我们提出"转喻对偶性推导模型"作为转喻表达和理解的机制。转喻的本体是不在语句里出现的,转喻的理解最基本的就是从喻体理解到本体内容指的是什么;这推导模型的基本过程是生成本体。把喻体和隐性本体作为一个系统,喻体是系统里的一个生成元,在主体的意向性和境况意识的主导下,生成元通过在系统内外的信息交流、筛选、重组,对偶性地生成一个复杂整体,即目标本体;这个目标本体同喻体是同一的、等价的、异质同构的,如图3所示:

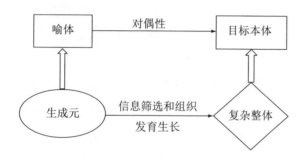

图3 喻体生成目标本体示意图

转喻表达在句中虽然不出现本体,但表达者心目中已有表达对象。按照我们的理解,转喻运用,表达者要将这个表达对象作为隐性本体,为它选择一个合适的配套喻体显性地放在话语里;接受者则要将看到的喻体回归到本体的内容;作为研究则还要为此阐明有关的生成机理。这个推导模型主要是作为转喻的理解而设计的,从喻体回归到本体的生成过程有三个相对独立而又相互连接的步骤,而作为转喻的表达,从心目中的本体配套出一个喻体是一个反过来的推导过程。

5.1 认知主体为喻体搜索配套的本体

主体(包括研究主体、接受主体、表达主体,以下统称认知主体)在研究中首先起到一个认知搜索引擎(representation cognitive search engine)的作用。认知主体是一个有意向性、目的性和有境况百科知识的主体,充当进行搜索的认知搜索引擎。"搜索引擎"是控制表征所有搜索功能的总程序,既在过程中进行搜索,也为表征目的的需要进行搜索,它在头脑里虚拟的信息网络中漫游,指向和发现同指向目的和语境境况有关的百科知识,然后从中抽取相关项,同意向性的需要匹配(廖巧云、徐盛桓2020)。

从接受主体来说,当他读到"饮茶粤海,索句渝州"时,他就要启动他的认知搜索功能,根据他所了解的表达者的目的和语境境况有关的百科知识,认定"饮茶、索句"是毛泽东与柳亚子在广州、重庆生活经历的片段,因此"饮茶、索句"就是表征二人在广州、重庆生活经历的喻体;又如"桃花候涨,竹箭比骏,汹涌湿潺"一句,根据他所了解的表达者的目的和语境境况有关的百科知识,并根据"涨""竹箭比骏""汹涌湿潺"等这些同水有关的表述,认定喻体"桃花"就是指代本体桃花汛水。

从表达主体来说,他要反过来说,即他根据他要表达的对象,选择这个对象的一(些)环节作为喻体。若A为本体,B为喻体,转喻就可以表达为"B是A",如"'饮茶'就是'在广州'""'桃花'就是'桃花汛'"等;但"B是A"这类语句拥有很强的概括性,相应地也就难免会有不确定性,因此通常不会孤立地存在,而是和有具体描写的语句同时出现,要在语句中体现本体和喻体事物的形状和特征,使接受者有可能据此发挥联想、想象、推理,从而能够把握住这喻体。从本体配套出喻体就是一个反过来说的推导过程,以下不再絮说。

5.2 认知主体将喻体作为生成元生成本体

通过喻体搜索本体,是为生成本体做准备。生成的过程是信息的传递、筛选、交换、结合、发育生长的过程。情境语义学(situation semantics)认为,自然语言最重要的功能不是表达真值,而是传递同外部世界有关的信息;主体所感知到的现实世界是一个个的情境(situation),交际中通过语言传递的是信息。语句之所以有意义,是因为一个情境包含了情境的信息,话语的意义被认为是若干信息元(infon)的汇集。所谓信息元,就是在一定的时空里某个个体所具有的某种性质、特征或与另外某个个体所具有的某种关系的实在(Barwise, Jon & John Perry, *Situations and Attitudes*, Stanford CSLI Publications 1999: 94-98)。因此转喻表达的本质也就可以体现为信息元的运用,就是认知主体对信息元所包含的某个个体所具有的性质、特征或关系进行筛选、交换、结合,并使其发育生成一个新的整体。例如"临川",历史上有名的"临川人"有多个,唐代的王勃就写道"邺水朱华,光照临川之笔"(《滕王阁序》),包括临川是这些名人的出生地、做官地等等,王勃前后就有"临川"名人谢灵运、王安石、晏殊、晏幾道、曾巩等等,现在人们常会以"X临川"称他们的集子或其人。这就是上文所说的"A是B"这类语句的不确定性。因此对于"临川数种",认知主体要根据他所了解的表达者的目的和语境境况有关的百科知识,认定"临川"是用表达对象的籍贯作为喻体,而"(临川)数种"则从"丝竹""听"以及下文叙述的同《南柯记》有关的内容,认定是表征表达对象所写的"数种"剧目,从而做出筛选、结合,发育成为目标本体,完成有关的转喻表达。另一例"轮楫",指车轮与船桨,在这一例中,这一转喻具体指代陆路和水路归家的行程。为什么车轮与船桨就是指代陆路和水路的归家行程?从百科知识看,坐车坐船当然是同水路陆路有关,然而周词有句云:"自叹劳生,经年何事,京华信漂泊。念渚蒲汀柳,空归闲梦,风轮雨楫,终孤前约。"前已约定要归家的,只不过现已辜负了这一约定。通常,人们将其他语句这些因素视为外在的语境因素,只是对语义会产生影响,而本文所依循的情境语义学将这些因素作为信息的组成部分,它们本身就处于语义之内,是转喻交际中的信息传递,因此可以将"风轮雨楫"生成归家的水陆路程,直接理解为归家的水陆路程。

5.3 认知主体验证喻体和本体的对偶性

我们曾说,在隐喻建构中,认知主体为一个概念择取它的部分表象作为喻体,相对于其本体、喻体的安排,并不是随意的,而是一种合规律和合目的的选择(徐盛桓2020a)。转喻也一样:本体是用概念表达的;我们知道,任何概念都是一个包含了若干外延内涵内容的嵌套体,概念的外延内涵同概念是同一的,而喻体表达的就是本体概念的某个外延或内涵内容的表象;这样来看喻体,喻体就是本体的一个分形,分形同其整体是互为相似的,这就提供了描述转喻系统整体对偶性生长的基本理论框架。

(6) 素肌应怯余寒,艳阳占立青芜地。樊川照日,灵关遮路,残红敛避。传火楼台,妒花风雨,长门深闭。亚帘栊半湿,一枝在手,偏勾引,黄昏泪。别有风前月底。布繁英,满园歌吹。朱铅退尽,潘妃却酒,昭君乍起。雪浪翻空,粉裳缟夜,不成春意。恨玉容不见,琼英谩好,与何人比?(周邦彦《水龙吟·梨花》)

这首词是说,像白色肌肤那样的梨花应该怕早春的寒气(这是隐喻),所以艳阳照射着草地,以保护那里的梨花。这是这首词的主题句。接着下面以一连串的转喻运用描写梨花:在樊川、灵关生长的梨花茂密得遮挡了阳光和山路,其他的花都敛避了。"樊川",汉武帝梨树园;"灵关",山名,此山以产梨著称,隋朝大臣谢朓《谢隋王赐梨启》有云:"味出灵关之阴。"梨树、梨花生长在樊川、灵关,就用樊川、灵关指代梨花,就像汤显祖生长在临川,就用临川指代汤显祖一样。这就验证了喻体和本体的对偶性。

该词下文运用同梨花有关的多种典故,渲染铺陈梨花的洁白,尽管通篇没有出现"梨花""洁白"的字眼。这充分体现了情境语义学的说法——自然语言最重要的功能不是表达真值,而是传递同外部世界有关的信息:

长门深闭:长门,汉宫名,如司马相如有《长门赋》,刘长卿曾作《长门怨》,秦观《鹧鸪天》:"欲黄昏,雨打梨花深闭门。"

一枝在手:白居易《长恨歌》:"玉容寂寞泪阑干,梨花一枝春带雨。"

满园歌吹:《长恨歌》有"梨园子弟白发新"句,记唐明皇开设梨园事。

朱铅退尽,潘妃却酒:朱铅,古代女子用以搽脸的红粉,朱铅退尽,比喻梨花的洁白无华;潘妃却酒,说的是南朝东昏侯妃子玉儿以皮肤洁白著称,却酒就是不喝酒,保持洁白的容颜,以喻梨花的洁白。

昭君乍起:从这句起转写梨花凋黄。《昭君歌·操琴》有云:"梨叶萋萋其叶黄。"

雪浪翻空:白色的梨花凋谢,飘落空中。

小结:非字面义表达有异质性、历史性、关系性、生成性(徐盛桓 2018a)。从喻体搜索本体的角度,喻体同本体是异质的,却生成有对偶性的本体,这是因为喻体是本体的一部分,它们之间是有历史渊源的,因而是有关系性的,从喻体生成的本体同喻体就有异质同构性。

六、结　语

转喻的喻体同本体之间靠对偶性架起了沟通的桥梁,使二者成了同一的(identical)世界。对偶性是隐喻、转喻表达乃至于非字面义表达的深层基础性机理。要使转喻研究深入下去,就要深入到理论中去,找寻理论的基础性机理,用这一机理作为转喻理论的内动力,这样才可以避免研究中的烦琐哲学,把握住它的核心机理。

恩格斯说:"世界不是既成事物的集合体,而是过程的集合体。"(《马克思恩格斯选集》第 4 卷 1972: 244)从过程角度看,一切的存在物都不是静止不动的,不是一成不变的,而是处于永不停止的生成和发展过程之中。转喻的本体、喻体从异质发展为有对偶性,就是一个永不停止的生成和发展的过程。

参考文献

龚玉苗　2020　《再论隐喻为什么可能——回归现象意识》,《当代修辞学》第 6 期。

刘晓力　2010　《进化-涉身认知框架下的"作为行动指南的表征理论"》,《哲学研究》第 6 期。

陆俭明　2009　《隐喻转喻散议》,《外国语》第 1 期。

廖巧云、徐盛桓　2012　《心智怎样计算隐喻》,《外国语》第 2 期。

廖巧云、徐盛桓　2020　《语言的表征与二阶表征——以隐喻运用为例》,《外语教学与研究》第 4 期。

[美]劳伦斯·夏皮罗　2014　《具身认知》,李恒威、董达译,华夏出版社。

徐盛桓　2013　《再论隐喻的计算解释》,《外语与外语教学》第 4 期。

徐盛桓　2018a　《非字面义表达研究论纲》,《英语研究》第 2 期。

徐盛桓　2018b　《语句的生成与解读——试从"植入认知"立论》,《浙江外国语学院学报》第 3 期。

徐盛桓　2020a　《隐喻喻体的建构——分形论视域下隐喻研究之一》,《外语教学》第 1 期。

徐盛桓 2020b 《隐喻本体和喻体的相似——分形论视域下隐喻研究之二》,《当代修辞学》第 2 期。

张 辉、孙明智 2005 《概念转喻的本质、分类和认知运作机制》,《外语与外语教学》第 3 期。

中共中央马思列斯著作编译局 1972 《马克思恩格斯选集》第 4 卷,人民出版社。

Barcelona, A. 2003 *Metaphor and Metonymy at the Crossroads: A Cognitive Perspective*. Berlin and NewYork: De Gruyter Mouton.

Croft, W. 1993 The role of domains in the interpretation of metaphors and metonymies. *Cognitive Linguistics* 4.

Croft, W. & Cruse, D. A. 2004 *Cognitive Linguistics*. Cambridge: Cambridge University Press.

Devlin, K. 1991 *Logic and Information*. Cambridge: Cambridge University Press.

Goossens, L. 1990 Meatphtonymy: the interaction of metaphor and metonymy in expression of linguistic action. *Cognitive Linguistics* 1.

Lakoff, G. & Johnson, M. 1980 *Metaphors We Live By*. Chicago: University of Chicago Press.

Lakoff, G. & Turner, M. 1989 *Morre than Cool Reasoning: A Field Guide to Poetic Metaphor*. Chigago: University of Chicago Press.

Langacker, R. W. 1993 Reference-point construction. *Cognitive Linguistics* 4: 1-38.

Langacker, R. W. 1999 *Grammar and Conceptualization*. Berlin and New York: De Gruyter Mouton.

Radden, G. & Kövecses, Z. 1999 Towards a theory of Metonymy, In: Ponther, K.U. & Radden, G. (eds.), *Metonymy in Language and Thought*. Amsterdam: John Benjamin.

Taylor, J. R. 1995 *Linguistic Categorization: Prototypes in Linguistic Theory*. Oxford: Clarendon.

Zeidler, E. 2009 *Quantum Field Theory I: Basics Mathematics and Physics*. Berlin: Springer.

A New Approach to Metonymy in the Perspective of Duality

Xu Shenghuan

Abstract: This paper explores the understanding and the expression of metonymy from the perspective of duality. Metonymy, one of the two types of figurative language in daily expression, has both epistemic and expressive functions. It works on its part-whole relation structure between the tenor and the vehicle. When it is used to work as a tool for expression, the tenor and the vehicle form a cognitive system, and the vehicle, working as the part, is a generator in the system. The generator, guided by the cognitive agents intentionality in a certain context, exchanges information within and outside the system, thus generating an objective tenor through the sieve and reorganization of the information.

Keywords: metonymy, representation, duality, objective tenor

(原载于《当代修辞学》2021 年第 2 期)

中西修辞对话

称名还是道姓？
——汉语和英语专名指称功能的对比分析

陈 平

（澳大利亚昆士兰大学语言与文化学院）

提　要　本文首先扼要叙述汉语和英语姓名的起源与发展，然后围绕汉语和英语姓名用作指称手段时表现出来的特点，侧重讨论四种相关现象，提出两个观点。四种相关现象是：1) 汉语历史上专名指称系统的复杂程度远远超过英语，历史上中国王朝对于姓氏的重视程度也远远超过英国宫廷；2) 当代汉语常用姓氏的覆盖率很高，同姓远远超过同名，姓氏的使用频率高过名字；3) 当代英语常用名字的覆盖率很高，同名远远超过同姓，名字的使用频率高过姓氏；4) 英语常用名一般都有一些变体，有的甚至达几十种之多。两个观点是：1) 除了单纯指称作用，姓名使用同时还传递其他信息，其中最重要的是表示双方熟悉程度，或彼此关系远近，从信息载荷角度出发，现代英语称名一般相当于汉语道姓，即James、Emily相当于"老李""小王"；2) 基于下面两条具有普遍意义的理论原理进行逻辑推衍，上述现象和观点是必然结果。这两条原理是：a. 语言成分的意义主要取决于它与其他相关成分在系统中的对立；b. 香农(Shannon)的信息熵原理——信号的出现概率与其信息量呈反比关系。最后讨论，本文的研究结果能给语言理论研究带来哪些值得进一步思考的问题。

关键词　汉语姓名　英语姓名　指称　系统中的对立　香农信息熵理论　基于概率的研究方法

一、导　论

汉语和英语在专名使用方面表现出显著差异，最早注意到这个现象的有赵元任的《中国话的文法》。书中写道:有一位叫"王铭山"的人在英语国家工作,将自己的姓名由汉字转写为拼音,同时入境随俗,按英语习惯,名字在前,姓在后,即 Ming Shan Wang。对于不懂汉语的同事来说,Ming 就是他的名字,用来称呼他时与其他英语名字无异,一般以降调 Ming\出现,汉字"铭"本身的阳平字调自然是完全没有了。办公室某位女孩叫他 Ming\,显然表明她知道他的名字,对他比以前熟悉了,但王先生明白,这种称呼方式就像使用普通英语名字一样,"什么特殊意义都没有"(he will understand that "it does not mean a thing")。但是,如果有人跟王先生说汉语,称他"铭 Ming/",保留阳平字调,除非此人是他太太,或是家中长辈,否则王先生会纳闷:"你是谁,居然叫我'铭 Ming/'?"(Who are you to call me Ming/?)。同样一个音节,用作英语名字和汉语名字的功能大不一样,使用英语名字称呼人是日常交往中的常事,一般不会传递什么特殊意义,而汉语名字使用上则受到很大限制,尤其是单音节名字,不是随便可以叫的(Chao 1968: 517-518)。Scollon & Scollon (2000: 135-137)举了一个类似的例子:一位叫 Andrew Richardson 的美国商人在飞机上认识了一位叫 Chu Hon-fai 的香港商人,交换名片后美国商人让香港商人称他为 Andy,而香港商人最希望的是两人以姓相称。香港商人还有个英文名字 David,美国商人如果不愿称他的姓氏 Mr Chu,也可称他 David。但是,美国商人坚持用中文名字 Hon-fai 而不是 David 称呼对方,自认为此举是表达对华人种族和文化的尊重与友好,结果惹得 Chu 先生内心非常不高兴,因为他认为只有少数人可以用他的中文名字 Hon-fai 称呼他①。

赵元任和 Scollon & Scollon 观察到的现象在当代汉语社会是普遍存在的。腾讯集团老板马化腾,英文名字是 Pony,阿里巴巴集团老板马云,英语名字是 Jack。公司

---

① Scollon & Scollon (2000: 136-137)还认为,在称名道姓问题上,Richardson 先生是美国人,喜欢对等靠拢(symmetrical solidarity),所以称名,Chu 先生是华人,喜欢对等尊重(symmetrical deference),宁愿道姓。作者将两人在称名道姓问题上的不同偏好归于文化差异,是一种很方便的做法,再分别加上两个鲜明的标签,足以解答初学英语或汉语的外国学生提出的这类问题。本文则提出,穿透表面现象深入问题本质,选择称名还是道姓,根本原因是英语和汉语姓名在信息载荷方面的差异。汉语告诉别人自己的姓氏,让别人以姓相称,英语告诉别人自己的名字,让别人以名相称,大多数场合下是出于同一动机:不想对方对自己知道得太多,或刻意保持一定距离。笔者在英语国家接听商家推销电话时做过多次测试,对方报出自己的名字后,接着追问对方的姓氏,很少有人愿意相告。又如前不久上海一位听众给北京一家自媒体平台打电话,阐述对某件事的看法,主持人数次请来电人报上姓名,但来电人坚持只报姓,不报名,双方在报名报姓问题上僵持了一两分钟。网站听众对此议论纷纷,有评论道,这种场合下只报姓不报名就近乎匿名。

员工非正式场合用 Pony、Jack 旁指甚至面称他们的老板,应该不会引起什么诧异。但是,能直接用他们的汉语本名"化腾"或连名带姓"马云"称呼他们的人,相信公司上下没有几位。另据媒体报道,一位名叫"何跃骥"(此处隐去真名)的地产老板,酒店登记只用英文姓名 Steven He,并规定周围人可以称他"何总",但不能叫他的中文名字。我们还注意到,遇到陌生人,问一声"贵姓"或"怎么称呼",是很普通的事情,但如问"请教尊姓大名",有人或许会稍感不快——你是查户口吗,问这么多干什么?萍水相逢,一般情况下可以告诉对方自己的姓,但连名字也说出来则不是每个人都愿意的。我们周围不太熟悉的人,往往只记得他们的姓,如"老李、小王、张处、王局"等,但不知道他们的名字该如何写,这应该是大家都很熟悉的情形。当代英语社会正好相反。陌生人互相介绍,除非是正式场合,一般都是给名字,不给姓。下面是我去年看电影《无暇赴死》(*No time to die*)时,随手记下的主角 James Bond 同初次见面的 Nomi 之间的对话:

  —What's your name?   你叫什么名字?
  —Nomi. Yours?   Nomi。你呢?
  —James, call me James.   James,叫我 James。

Nomi 是名字还是姓,电影中没有交代。下文会讲到,除了特殊语境,当代英语社会单独用姓称呼别人是很没有礼貌的做法,我们因此可以将 Nomi 作为该人的名字理解。James Bond 只介绍了自己的名字,没有说出自己的姓。与汉语中的情况相反,生活在英语国家的人对自己周围大多数认识的人,无论熟悉不熟悉,往往只知道他们的名字,不知道姓氏。

  基于上述语言事实,下文将首先扼要叙述汉语和英语姓名的起源与发展,然后围绕姓与名在英语和汉语中用作指称手段,侧重讨论四种现象,提出两个观点。四种现象是:1)中国历史上专名指称系统的复杂程度远远超过英国,中国王朝对于姓氏的重视程度也远远超过英国宫廷;2)当代汉语常用姓氏的覆盖率很高,同姓远远超过同名,姓氏的使用频率高过名字;3)当代英语常用名字的覆盖率很高,同名远远超过同姓,名字的使用频率高过姓氏;4)英语常用名一般都有一些变体,有的甚至达几十种之多。本文提出的两个观点是:1)除了单纯指称作用,姓名使用同时还传递其他信息,其中最重要的是表示双方熟悉程度,或彼此关系远近,从信息载荷角度出发,现代英语使用名字一般相当于汉语使用姓氏,即 James、Emily 相当于"老李""小王";2)基于下面两条具有普遍意义的理论原理进行逻辑推衍,上述现象和观点是必然结果。这两条原理是:a.语言成分的意义主要取决于它与其他相关成分在系统中的对立;b.香农(Shannon)的信息熵原理——信号的出现概率与其信息量呈反比关系。最后讨论,本文的发现能给理论语言研究带来哪些值得进一步思考的问题。

二、专名的形式、意义和指称属性

本文所说的"专名",不是"专有名词"(proper noun)的简称,而是"专有名称"(proper name)的意思。专名是否作为名词处理,各家做法不一。《马氏文通》以来的汉语语法论著,基本都将专名归入名词项下。《马氏文通》写道,"名字(词)共分两宗,一以名同类之人物,曰共名",如"禽""兽";"一以名某人某物者,曰本名",如"尧""舜"(马建忠 1898/2010: 28)。《中国话的文法》是为数较少的采取另类做法的汉语语法著作。该书认为,专名不是名词,两者语法上的区别在于名词前面可加"限定词+量词"[Determinative(D)+measure(M)],而专名则不可。专名、名词、代词、量词、方位词、D-M 复合词(如"三块""那次""这些个")等都是体词(substantive),共同点是一般都能担任句子的主语和宾语。

英语专名也有独特的语法特点。古英语名词有五种格的形态区别,到 14 世纪末,即中古英语后期,已经基本消失,曲折性语法手段大都由分析性语法手段取代,如早期的"所有格"(genitive),一般改用介词如 of 表现,例如 the tip of the iceberg"冰山浮出水面的部分",就不能说 the iceberg's tip。但有一个显著例外,所有格的用法在专名和少数普通名词(大都表示有生物体)上保留了下来,在现代英语中与分析性语法手段并存,例如 London's population 或 the population of London"伦敦的人口",两种用法都可以。

普通语言学领域里,虽然短语结构语法规则遵循大致相同的组织原则,但在形式表现方法上各家略有差异。比较常见的 NP 转写规则为 NP → (Det) N,但对于专名和代词,则一般不用这条转写规则而将 NP 直接转写为专名或代词,如 NP → Proper Name 和 NP → Pronoun。专名与其他名词性成分在语义方面差异更大。

20世纪初,罗素(Bertrand Russell)提出的"摹状词理论"(the theory of descriptions),是20世纪语言哲学最重要的理论之一,对语言哲学和语义学研究产生了巨大影响。该理论的要点是:只有逻辑专名才具有有指属性(referential),其他名词性成分均为无指。虽然从20世纪下半叶起,罗素的观点屡遭质疑,但当代从事形式语义学研究的许多学者依然秉持这种观点,详情参考Russell(1905,1919)、Chen(2015)、陈平(2015b)。用作指称手段的专名是定指(definite)成分,发话人使用专名指称某人某物时,通常认为受话人应该知道该语言成分在当时的语境中,所指对象是某个确定的、独一无二的人物,这个观点在当代语言研究中应该没有什么异议(Chen 2004)。

三、汉语的姓氏与名字

3.1 汉语姓氏

姓和氏在夏商周三代是两个不同的概念。关于姓的来源有多种观点,有源自远古族群的"图腾说",有源自族群最早居住的"地名说"等等。宋代郑樵所著《通志》是早期系统论述姓氏问题最有影响的著作。《通志》引《说文解字》,"女生为姓",接着解释"故姓之字多从女,如姬、姜、嬴、姒……"。由此可见,姓最早是源自母系,表示同一血缘和血统。氏的来源更为多样,包括封邑、爵位、官职等等,也可以姓为氏。关于氏的来源,《通志》共分出三十二类,此处不赘。《通志·氏族略第一》对秦汉之前姓氏特点的权威表述,常为学者引用(郑樵 1995:1—2):

> 三代之前,姓氏分而为二,男子称氏,妇人称姓。氏所以别贵贱,贵者有氏,贱者有名无氏。今南方诸蛮,此道犹存。古之诸侯诅辞多曰"坠命亡氏,踣其国家",以明亡氏则与夺爵失国同,可知其为贱也。故姓可呼为氏,氏不可呼为姓。姓所以别婚姻,故有同姓、异姓、庶姓之别。氏同姓不同者,婚姻可通。姓同氏不同者,婚姻不可通。三代之后,姓氏合而为一,皆所以别婚姻,而以地望明贵贱。

郑樵这段话讲了几个意思:首先,秦汉之前,姓氏是贵族专有,所谓贱者只有名,没有姓氏。其次，姓氏有别，男子称氏，妇人称姓。男子当然也有姓，但指称时只用氏，不用姓。"周公吐哺，天下归心"的周公，是周文王姬昌的四子，姓姬名旦，封邑在周，因此以周为氏。当时流传下来的文献都是称他的氏"周"，而不是他的姓"姬"，即"周公旦"（公是他的爵位）。汉朝的司马迁和唐代史学家刘知幾著作中称其"姬旦"，受到郑樵及清代学者顾炎武的批评，指出"三代之时无此语也"。姓和氏有重要的功能区别，姓以别婚姻，同姓是不能结婚的；氏以别贵贱，可以根据其来源，知道该家族社会地位的高低。随着地位或其他方面的变动，男人的"氏"是可以改的，但"姓"千万年不变。郑樵《通志·氏族略》还记载，姓氏开始浑而为一，是秦灭六国的结果，"秦灭六国，子孙皆为民庶，或以国为氏，或以姓为氏，或以氏为氏，姓氏之失由此始"。战国末期，姓渐渐向平民扩展，西汉时期姓氏还没有完全普及，但到东汉便从贵族到平民，人人都有姓氏了。虽然秦汉以后姓氏渐渐合而为一，但仍然起着别婚姻的作用，而家族贵贱的区别则往往可以根据其籍贯来定，如陇西李氏、清河崔氏、弘农杨氏、琅琊王氏等，都是声势显赫的世家大族。

自春秋时期开始的宗法社会，从天子、诸侯、卿大夫、士等，家族传承原则是传嫡不传庶，传长不传贤，对于姓氏的重视程度无与伦比，从此极大地影响了整个中国社会的各个阶层。上引郑樵那段话中就说，"坠命亡氏"是对诸侯的诅咒之词，氏的消亡就等于夺爵失国。顾炎武《日知录》也说"易姓改号，谓之亡国"。自秦始皇至清朝，中国历史上共出现83个王朝，408位皇帝，除非改朝换代，否则皇朝姓氏是绝不能改变的。唯一例外是北魏的孝文帝，他是鲜卑族，原名拓跋宏（467—499年），后将姓"拓跋"改为"元"，名"元宏"。孝文帝的改姓，是他推行全盘汉化的一个重要举措。此外，与北宋对峙的辽国皇族为契丹族，姓耶律，因仰慕汉高祖刘邦，兼用"刘"姓，可以说是改了一半。皇后一支则完全改用汉姓"萧"，以追摹萧何辅佐汉高祖旧事。《四郎探母》虽然是虚拟故事，但当时辽国临朝摄政的萧太后以及她的弟弟萧天佐却实有其人，都是契丹族，姓和名都汉化了。这在中国数千年王朝历史上都是极其罕见的例外。

三代时期，姓见于文献者计20—30之间，氏300以上；三代之后，姓氏合一；自东汉起，姓氏数目不断增加。因种种原因，不可能有精确数字传世，据不完全统计：

表1 历代姓氏数目

年代	著作	收录姓氏数目
北宋初期	《百家姓》	503
南宋郑樵	《通志·氏族略》	2255
明陈士元	《姓觿》	3625
1984	《中国姓氏汇编》	5730
1996	《中华姓氏大辞典》	11969
2002	《中国姓氏:群体遗传和人口分布》	22000+

中国历史文献留下记录的姓氏数目有两万以上。但是,如同汉字数目一样,虽然《汉语大字典》总共收入56000多汉字,但当代汉语常用汉字数目只有数千。汉语中姓氏积存总量与常用数量两者之间有巨大差异。2020年第七次全国人口普查结果约为13亿7000万人,常用姓氏约400个,前100个姓占总人口87%以上。其中前十位最常用姓为"李王张刘陈杨赵黄周吴",以它们为姓的总人口约为5.5亿,占全国总人口40%。最前面的五大姓"李王张刘陈",使用人口近4亿,占全国总人口的29%。

3.2 汉语名字

直到近代,汉语名和字是两个不同的概念。汉语名字的产生和使用,与姓氏有较大不同。可以根据有关特点,以1950年代初为界大致划出两个主要历史时期。

夏商周三代名字的由来和使用,可用《礼记》的三段话总结。1)《礼记·檀弓》"幼名,冠字"。孔颖达疏:"始生三月而加名,故云幼名。年二十,有为人父之道,朋友等类不可复呼其名,故冠而加字。"2)《礼记·士冠礼》:"冠而字之,敬其名也。君父之前称名,他人则称字也。"3)《礼记·杂记》:"女子十有五年许嫁,笄而字。"郑玄注:"女子许嫁,笄而字之;其未许嫁,二十则笄。"

从上引文献可以知道,出生后不久,家长会为新生孩子起个名,二十岁成人行冠礼的同时,尊长会给他起个字。字在意思上一般与名相关,或是相近,或是相反,对名的意思加以彰显、延申或对比。女子则十五岁行笄礼时,也会得到一个字。一般一人一字,但也有人有两个字或更多。汉代以后,出生后起的名叫"小名""乳名"或"小字",六七岁上学由长辈起个正式的"名",又称"讳"。名讳是不能随便用的,只有君主或长辈可以叫,其他人只能以字相称,表示对名及其主人的敬重。需要指出的是,虽然从东汉起,人人有名有姓,但只有出身社会地位比较高的人才有"字"。字的使用实际上也受到很大限制。首先,本人一般不能用字自称。其次,出于敬重而避用名讳的习惯逐渐延伸到字上。南宋程端蒙和董铢所著《程董二先生学则》告诫学生:"相呼必以齿:年长倍者,以丈;十年长,以兄;年相若者,以字,勿以'尔''汝'。书问称谓亦如之。"只有年纪相差无几的人之间,才能以字相称。年长者,往往用"姓+丈"或"姓+兄"等相称。

从三代开始便有所谓的人名避讳制度。君主和自家尊长的名字,谈话和书写时必须避用,以示尊敬。君主名字称作"公讳"或"国讳",举国遵守;自家尊长名字称作"私讳"或"家讳",家人及与这家人来往的其他人遵守。避讳不仅是社会礼俗,而且写入法律。"入门而问讳"(《礼记·曲礼》)是整个社会行为规范的一部分。

除了名和字以外,士大夫阶层也常常为自己取个"号"作为指称手段。三者的区别是:"名以正体,字以表德,号以寓怀。"取号寓怀的做法历史悠久,可以追溯到春秋时期,唐代以后日渐盛行。起号根据形形色色,可以是籍贯、出生地、居住地的山林湖泉,自己的书斋名称等,也可以缀以一些固定词语如"处士、道人、山人、居士"等等。可以是自取,也可以是旁人所取。同一人可以有多个号,如苏轼,除了字子瞻、和仲以外,还有"铁冠道人""东坡居士"等十多种号。号的主要功能除了表现本人的志向兴趣等以外,更是方便自己或旁人称呼。此外,用郡望、官职等作为指称手段,也是一种十分常见的现象。如王羲之,字逸少,又称王右军(右马将军);杜甫字子美,自号少陵野老,又称杜工部(检校工部员外郎);韩愈字退之,因郡望昌黎,又称韩昌黎。尊长为了表示对晚辈或身份地位比自己低的人的尊重,称名之外也可以称字、号、地望、官爵等。

出于敬重,避免用名而以字代替的称呼习惯,会造成一些人物的原名在社会上基本弃用,主要场合都用字代替本名,即所谓的"以字行"。这种做法直到20世纪中期之前都相当普遍,一些自民国时期便广为人知的人物,以字行世的不在少数。如复旦大学中文系的老先生以及几位著名人物,他们的本名反倒罕为人知:

  郭绍虞 名希汾,字绍虞,以字行
  朱东润 名世溱,字东润,以字行

陈子展　　名炳堃,字子展,以字行
刘伯承　　名明昭,字伯承,以字行
梁实秋　　名治华,字实秋,以字行
钱仲联　　名萼孙,字仲联,以字行

"姓名、字号、官职、郡望"等称呼方式并存的情形,一直延续到20世纪中期为止。值得指出的是,这些多种多样的指称手段只限于受过良好教育的社会阶层,在文盲率居高不下的漫长历史时期,占人口绝大多数的其他社会阶层,除了简单的姓名或绰号以外,是没有"姓名、字号、官职、郡望"这样复杂的指称系统的。

四、英语的姓氏与名字

4.1　英语姓氏与名字的起源与演变

欧洲各民族姓名起源与演变方式与中国不太一样,但在欧洲内部则基本相似。欧洲文明的源头古希腊没有姓氏概念,一般人只有名字,如柏拉图、亚里士多德等都是名字,不是姓。名字可分单名和复名两大类,前者由单语素构成,复名则选用一个以上的语素组合而成,社会层次较高的人一般都是取复名,如亚里士多德由 aristos(最好的)和 totalis(一切)组成,意思是"最好的一切",与中国人取名方式很像。需要辨别同名人的场合,往往名字后面再加上父名,以属格或形容词形式出现,还可以再加上所属家族和团体的名字或籍贯,以示区别。姓名制度与社会政治经济制度密切相关,这是中外历史上的一条共同规律。古罗马共和国和罗马帝国的强盛年代,社会管理方面有效率较高的制度,其中包括比较精细、准确地辨识居民身份的方法。对后世影响很大的"三名格式"就是在这个历史时期得到广泛应用。古罗马时期的名字一般由 praenomen、noman 和 cognomen 三部分组成。praenomen 相当于个人的名字,noman 是宗族、氏族名,cognomen 开始主要是区别同名人,可有可无,可以是表示身体特征的词语,也可以是父名,为个人专属,有的后来演变为家庭世代传承(hereditary)的名字,成了正式的姓氏,主要限于一些贵族家庭。随着西罗马帝国消亡,除了少数贵族,中世纪早期欧洲大部分人又恢复到有名无姓的状态。到了中世纪晚期,人口数量和居住密度逐渐增加,人名后面加上所谓的小名(byname)以互相区别的做法渐渐流行开来。小名一般取自父名(女性也用母名)、职业、籍贯、居住地、身体特征等等。如同早期的贵族姓氏，这些小名有的后来成了家庭世代传承的姓氏。

1066年诺曼征服(Norman Conquest)之后，法国人将名字后面加姓的习惯带进英国。英国民众起初在姓氏问题上比较随意，可用可不用，而且也不固定，可以改换。直至14世纪，英国人才开始普遍采用现代意义上的固定家族姓氏，加在名字之后。英语姓氏数量很多，主要原因一是作为其起源的小名数量很大，二是小名转为正式家庭姓氏前可以有多种变体，后来演变为词形差异很大的不同姓氏。

欧洲语言常用名字的数量向来有限，古罗马时期只有不到二十个，主要作用是区别同一家庭的兄弟姐妹。现代英语常用名字最早是诺曼征服带进来的，大多源自古日耳曼语，例如Robert、William等。随着基督教的传播，教徒家庭新生婴儿受洗时会得到一个教名，是他们终身所用的名字。现在大多数家庭由父母在孩子出生时直接命名。数百年间，英语也从希腊语、拉丁语、希伯来语、凯尔特语等语言陆续引进了一些常用人名。英语民族起名方式与中国人迥异，主要是选名，从现成的常用名字中挑选一个，而不是像中国人和古希腊人那样用词根造一个新名字。英语常用名字从过去到现在一直数量有限，所以重名程度非常高。下面是我们搜集到的相关数据(主要引自Galbi 2001；Guild of Name Studies 2022)。

13世纪中期至18世纪中期，英国五个常用名字John、Thomas、Robert、Richard和William占了男性总人口70%以上。1510年英格兰近50%的新生男儿所用名字是John(24.4%)、Thomas(13.3%)和William(11.7%)。1800年的英格兰和威尔士，最常用女性名为Mary，覆盖率高达23.9%，每四五位女性中便有一位叫Mary；最常用男性名为John，覆盖率为21.5%。最常用的前十名女性名字的覆盖率占当时女性总人口的82%，最常用的前十名男性名字覆盖率占男性总人口的84.7%。当代英格兰和威尔士，常用名集中程度降低了很多，但与姓氏相比还是非常高。1994年，最常用女性名字是Emily，占女性总人口3.4%，最常用男性名James占男性总人口4.2%；前十名最常用女性名占女性总人口23.8%，前十名男性名占男性总人口28.4%。常用姓氏的覆盖率则要低得多。1853年间英格兰/威尔士最常用姓氏是Smith，使用人口占总人口1.37%，最常用的50个姓氏占总人口不到18%；当代英语姓氏总数约为45,000，常用姓氏4500以上。英格兰/威尔士最常用姓氏是 Smith,使用人口为 1.15%;前十名最常用姓氏使用人口占 5.71%,前 500 名最常用姓氏占总人口 39.33%;相比中国五大姓覆盖总人口 29%,英格兰/威尔士最常用的 219 个姓氏才能覆盖总人口 29%。我们下面会指出,汉语和英语姓氏与名字在总人口中的使用频率,是理解各自用法特点的关键因素。

4.2 英国王室的姓名

与中国从三代至清朝所有宫廷上下都对姓氏极为重视相反,英国宫廷似乎对姓氏的态度要宽松得多,保留了早期英国的一些特点。

我们读英国历史会注意到,英国君主如 King Alfred、King Edmund 等都是只称名,不带姓,如与以前的君主同名,则用序号区别,如 King Edmund II、King Henry III,即二世、三世。这种用法延续至今。1917 年之前,英国君主只有名,没有严格意义上的姓,而是采用王室(House)名称代替姓的指别功能。王室名称一般来自君主或贵族本人或前辈的封邑,可以在君主名字后面加上"of 王室名",如 George IV of Hanover。汉诺威(Hanover)就是王室名,是德国北部的一个地区。哪怕换了王室或改朝换代,君主也只称名而不加姓。近代英国从 1714 年到 1901 年,七任英国君主都属于汉诺威王室。最后一任维多利亚女王 1901 年去世后,长子爱德华七世即位,以父亲的王室名 Saxe-Coburg-Gotha 取代汉诺威。1910 年,爱德华七世的长子即位,成为英王乔治五世。1917 年乔治五世正式宣布,采用温莎取代 Saxe-Coburg-Gotha,不但作为王室的名字,而且正式用作家族的姓。改名原因是 Saxe-Coburg-Gotha 是德国地名,当时正值第一次世界大战期间,英德互为敌国,换个英国名字 Windsor 以避免社会反感。当今英女王全名是 Elizabeth Alexandra Mary Windsor,因为以前有英女王名叫 Elizabeth,即 Queen Elizabeth of Tudor (1533—1603),遵循英国君主称名不称姓的规矩,现任英女王的正式称呼是 Queen Elizabeth II,即伊丽莎白二世女王[①]。

英王乔治五世(George V)的后代都姓温莎(Windsor)。1960 年,英女王和丈夫菲利普亲王决定将自己子女的姓从温莎改为蒙巴顿-温莎(Mountbatten-

---

① 严格说来,"二世"这个汉语翻译并不符合汉语习惯。汉语一般必须是世代相继才能用"数字+世",如秦始皇与秦二世。英国历史上后来称为伊丽莎白一世的女皇,在位时间为 1558—1603,与二世隔了 400 余年。而且伊丽莎白一世属于都铎王室,未婚无后,与二世并无血缘关系,两人只是碰巧同名而已。

Windsor），在温莎前加上菲利普亲王的姓蒙巴顿。蒙巴顿这个姓不是由菲利普亲王的父亲而来。亲王出生希腊，是当时希腊王子的独子，但小时候移居英国，由属于温莎王室的母亲家亲戚抚养成人，因此随了舅舅的姓蒙巴顿，他舅舅就是大名鼎鼎的蒙巴顿海军元帅。从 1960 开始，现任英女王后代依然属于温莎王室，但是姓蒙巴顿-温莎。不过实际上，英国王室成员现在使用姓的场合依然很少，而且并非所有的孩子都用这个姓。英女王长孙威廉王子的官方头衔是剑桥公爵（Duke of Cambridge），他在 2018 年第三个孩子的出生证上，姓名这一栏填的是"His Royal Highness Prince Louis Arthur Charles of Cambridge"，没有用蒙巴顿-温莎，而是以封邑 Cambridge 为姓，前面两个孩子在学校使用的姓也是 Cambridge。但是，威廉王子的弟弟哈里王子（Duke of Sussex），为儿子取的姓是蒙巴顿-温莎，而不是他的封邑苏塞克斯（Sussex）。

重名不重姓并不仅限于英国王室贵族成员。英国平民因杰出贡献被王室授予"爵士"（Knight）头衔以后，可以使用世袭贵族爵位最低一级准男爵（baronet）的头衔 Sir，女性获授爵士后的头衔是 Dame。平时该头衔可以连名带姓用在一起，但用作称呼时，后面只称名，不带姓。英国语言学家约翰·莱昂斯（John Lyons）因学术研究成就于 1987 年获授爵士头衔，别人当面正式介绍他时会说 Sir John，不能说 Sir John Lyons 或 Sir Lyons。

4.3 英语人名的变异形式

英语人名在正式形式之外还可以有多种变异形式，有的可达几十种之多，下面给出英语一些常用名的变异形式（引自 Crystal 2018 以及 https://en.wiktionary.org/wiki/Appendix: English_given_names 中的有关内容，并略有改写）：

Alexandra —Alex, Ali, Lee, Lexi, Sasha, Sandra, Sandy, Xandra

Anne —An, Ann, Nancy, Annie

Anthony —Ant, Anton, Nino, Toni, Tony, Tone

Benjamin —Ben, Benny, Benji

Catherine —Cat, Cath, Cate（Kate），Cathy（Kathy），Cassie, Katie, Erin, Rin

Charles —Charlie, Charley, Chuck, Chas, Chaz, Chip, Chucky

Christian —Chris, Chrissy, Ian

Christina —Tina, Chris, Christy, Christine

Christopher —Chris, Topher, Kit, Chrissy

Donald —Don, Donny

Dorothy —Dot, Dottie, Doll, Dolly, Dory, Dora

Edward —Ed, Eddy, Ned, Neddy, Ted, Teddy

Elizabeth —Bess, Bessie, Bessy, Bet, Beth, Betsy, Bette, Betty, Elise, Eliza, Ella, Elle, Elsa, Elsie, Libby, Liddy, Lilibet, Lily, Lisa, Lisbet, Lisbeth, Lissie, Liz, Liza, Lizbeth, Lizzie, Lizzy

James —Jim, Jimmy, Jay

John —Jack, Ian

Katherine —Kathy, Kat, Katie, Kate, Kit, Kitty, Katy, Karen, Erin

Leonard —Len, Lenny, Leon, Leo, Lee

Richard —Rich, Rick, Ricky, Dick, Dicky, Hick, Hickey

Robert —Bob, Bobby, Rob, Robby, Robin, Bert

Stephen —Steph, Steve, Stevie, Stevo

Susan —Sue, Susie, Suzy, Suey

Teresa —Tracy, Tracey, Terry, Terrie, Terese, Terri, Teri

Victoria —Vicky, Tori, Vick, Vicki

Virginia —Gina, Ginny, Ginger, Nia, Vergie,

Wendy —Wagger, Wiggy, Wiz, Wizard, Whizzy, Wen, Wendi, Wend

William —Will, Willy, Bill, Billy, Liam

英语名字变异形式大都采用缩略法构成，或是取前半部分，如 Alex（Alexander/Alexandra），Pat（Patrick/Patricia），或是取中间部分，如 Liz/Liza（Elizabeth），Bec（Rebecca），或是取后半部分，如 Bert（Robert），Rick（Frederick/Fredrick）。还有一些在变异形式后再加上表示小称的后缀-ie、-i 或-y，如 Lizzie、Vicki、Micky 等。另有一些变异形式的出现是由于历史原因造成的。例如，现代英语之前，以 w-开头的英语词借入苏格兰、爱尔兰等地使用的盖尔语时往往变成 b-，后来又反过来影响英语，William 的变异形式 Bill/Billy 很可能就是这么来的。有些英语名字发音完全一样,但拼写不同,如 Steven/Stephen、Catherine/Katherine、Vicki/Vickie/Vicky、Anthony/Anthoni/Anthonie/Anthoney,很容易拼错。名字主人有的不太在乎,有的则十分在意。

　　上面例举的英语名字的变异形式,英语称为 hypocoristic,即名字的缩略形式,一般又译为"昵称"或"小名"。不过,如果将其简单类比于汉语中"顺子""玲儿"这样的称呼,则可能会造成误解。前面提到,中国人传统上往往先有乳名或小名,再有大名,小名和大名形式和意义上可以没有关联。但英语民族出生证上都写正名,然后从正名衍生种种变异形式,有些可以看作小名,尤其是加上前面说的表示小称的语素。与正名相比,英语名字的变异形式一般用于日常交际,尤其是非正式场合,表示双方比较熟悉,加小称后缀的变异形式还带有亲切的意味。非常正式的场合通常还是使用正名。例如,美国第 42 任总统克林顿(Bill Clinton),以及第 46 任总统拜登(Joe Biden),他们本人和其他人在绝大多数场合都使用 Bill 和 Joe 两个名字,新闻报道也是这么用的。但在总统就职宣誓仪式上,两位都使用他们的正式全名:"I, William Jefferson Clinton …""I, Joseph Robette Biden Junior …"。不过,也有许多人几乎所有正式、非正式场合都用正名以外的变异形式,如美国第 39 任总统的全名是 James Earl Carter, Jr.,平时无论是自称还是他称,都是 Jimmy Carter,使用变异形式 Jimmy 代替正名 James。与上面提到的两位总统不同,即使在总统宣誓就职仪式上,他本人依然不用正名而使用变异形式:"I, Jimmy Carter…"。从这个角度来看,不宜将英语名字的变异形式完全等同于汉语的昵称或小名。

　　使用正名还是某个变异形式,在英语世界是一个非常个人化的选择,往往随场合、随交流对象而定,其中还可能有国家、民族和文化的因素在起作用,没有普遍适用的规律可循。有人几乎在所有场合都使用正名或同一个变异形式,有人正名和变异形式都用,但各自使用范围可能很广,也可能很窄。虽然从使用频率来说,英语名字的变异形式要比正名常见得多,大多数变异形式在文体效果上也要比汉语的昵称或小名正式得多,但外人切忌想当然地冒昧使用正名以外的变异形式。如果彼此不是很熟悉,除非事先打听清楚,或是对方在公开场合总是使用某个变异形式,为稳妥起见,还是以使用正名为宜。

　　18 世纪末以前,英语国家孩子与长辈同名是非常普遍的现象,一是因为可用名字数量有限,二是以此表示家族传承,是欧洲从古希腊时期以来一直流行的习俗。进入

19世纪之后，很多人将长辈的名字用作中间名(middle name)，放在自己的名字与姓氏之间，北美地区尤为常见。当代英语社会，亲子同名现象依然相当普遍。拜登总统便与父亲完全同名，只是附加 Jr（Junior）以示区别。有两位布什总统，老布什的全名是 George H（Herbert）W（Walker）Bush，名字和中间名 George Herbert Walker 是他外祖父的全名，被他联名带姓借了过来。小布什的全名是 George W（Walker）Bush，只比父亲的名字少了一个中间名 Herbert。将长辈的名字用作自己名字或中间名，以示对长辈的敬意，完全没有中国传统文化中避讳一说。

五、当代汉语和英语社会中姓氏与名字的使用

5.1 当代汉语社会姓名的使用

20世纪中期起，传统文人熟悉的那些字、号、郡望等指称方式，几乎完全消失，3000多年来，所有使用汉语的中国人首次采用基本相同的专名指称系统。

除了单纯指称作用，语言中姓名的使用同时还传递其他信息，其中最重要的是表示双方的熟悉程度，或彼此关系远近。如前所述，汉语名字的使用受到较大限制，《中国话的文法》提到的单音节名字"铭"可用场合极少，Scollon & Scollon（2000）提到的双音节名字 Hon-fai 稍好一些，但仍然不是可以随便叫的。再举一个例子，办公室有一位孟志伟处长，同事称他"老孟、孟处、志伟"的都有。对他以名相称的人一般都是同他比较熟悉、关系比较密切或年纪较长的人，年资较浅的同事是不可能称他"志伟"的。本文开头提到，如果彼此不很熟悉，尤其是萍水相逢似的初次见面，许多人可以告诉对方自己姓什么，但往往不愿意说出自己的名字，以免透露更多的私人信息。即使知道对方名字，往往也不一定愿意以名相称，既可能是彼此关系还没有熟悉到那个程度，也可能是刻意保持一定距离，以示尊重。一般来说，当代汉语社会以名相称，表现出来的蕴意是双方关系相当熟悉，彼此距离很近，显得比较亲切。

以称呼方式拉开距离以表尊重，在汉语和英语中是普遍存在的。如"陛下""阁下""足下"等都是避免直接指称，通过转指对方身旁的物体以示尊重。遵循相同原理，英语中的 Your Majesty、Your Excellency、Your Honour 等，所指对象为第二人称，但语法形式上应该后跟第三人称动词。当代汉语社会名字使用受到诸多限制，

因此面称和旁称时，使用姓氏便成了更为安全、自然的普遍做法。汉语姓氏绝大多数是单音节词，而现代汉语有避免独立使用单音节词语的强烈倾向，因此在采用姓氏作为指称手段时，往往得在姓的前面或后面加上其他语素，构成双音节或多音节词语。最常用的语素有"老小大"等，如"老张、小王、大赵"。二十世纪六十年代有一部电影，名字就叫《大李老李和小李》。这些附加语素其实并不一定总是作字面意思理解，它们主要功能是满足现代汉语双音节化的要求。30岁不到就被人称作"老+姓"，从年轻开始就叫"小+姓"，到了一定年纪旁人依然如此称呼（尤其是女性），这样的指称方式在当代中国社会往往并不觉得有什么不妥之处。如果是"欧阳、司马、端木"这样的双姓，最普通的称呼方式就是只用姓而不带任何附加词语。另一种常见的称呼方式是在姓的后面加上表示关系、身份、职务等词语，如"叔叔、伯伯、阿姨、先生、女士、师傅、老师、博士、局长"等等。

现代汉语双音节化的强烈倾向，使得一些原本双音节或多音节词缩略为单音节，与前面的姓构成一个双音节词语，如：

潘总（经理）　周董（事长）　王工（程师）
谢队（长）　陈处（长）　宋科（长）　李厅（长）　孟局（长）

这种双音节称呼语构成模式的能产性日益增强，下面这些说法，二三十年前似乎还不存在，但现在相当普遍，我们还不时会听到相同格式的新兴称呼方式：

孙院（长）　赵所（长）　李厂（长）　洪校（长）　钱部（长）　姜律（师）
郑村（长）　周组（长）　洪导（演）　徐编（辑）　宋教（练）　张政（委）

姓与亲属称谓构成的双音节称呼形式如"李丈""赵伯""王兄"等，古已有之，于今为盛。下面是最近在网上看到的一个实例：

一时间，邻里群、团菜群、购物群、购药群、楼栋群等各种名目的微信群出现了，热心为大家服务的朱哥、杨姐、周叔、梁婶、黄伯、汪姨、李姐、王姐、高哥、罗哥等等，纷纷主动出山，为大家排忧解难（摘自《闻修觅趣》）

姓氏后附语素主要是上面例举的两大类：一是亲属名称，二是职务头衔。单音节名字后面也常常附加一个语素构成指称形式，例如"根哥、莲嫂、红姑、泉叔"等等。有趣的现象是，这些场合下所用的后附语素一般表示亲属关系，表示职务头衔的语素与单音节名字连用会受到极大的限制,虽然不能排除这样的可能性,但到目前为止,似乎还没有见到如"根总、莲院、红处、泉厅"这样的称呼,其中原因值得探讨①。

双音节名字后附亲属名称是非常普通的组合,如"根生兄、翠莲姐",也可以与职务头衔连用。或许是因为汉语韵律关系,职务头衔不能以单音节粘着语素形式出现。可以说"建民局长""国华院长",不能说"建民局""国华院"。

值得强调指出的是,当代汉语社会以姓相称并不等于双方不熟悉。"潘总、谢队、孙院"之类称呼之所以显得比较正式,并不是因为前面用了姓氏,而是因为附加语素表示职务头衔,"潘哥、谢嫂、孙兄"这样的称呼就并不给人任何距离感,一般都是关系很近的人之间才用。许多认识了几十年甚至一辈子的人,惯用称呼用姓而不是名。同一单位同事和朋友之间,"老汪""小周"这样的称呼几十年如一日地用着。从二十岁开始被周围人称作"小王""小张",可能到六十多岁有人还是使用同样方式称呼他们,称呼人与被称呼人彼此之间毫无违和之感。当代汉语社会人与人以姓相称,既可以是在陌生人或不太熟悉的人之间,也可以是在关系十分密切的熟人之间,这应该是生活在当代中国社会,以汉语为母语的本族人的共同感觉和称呼习惯。

我们可以用标记理论(markedness)解释这儿讨论的现象。"标记"概念是20世纪上半叶布拉格功能语言学派提出来的,最早用于音位分析,后来研究对象扩展到形态、语法和语义成分,在当代语言学研究中得到非常广泛的应用。语言中相关的两个成分,如"医生"和"女医生",语义范围不一样,后者意义比前者丰富,专门化程度更高,除了表示职业,还表示性别;而前者意义比较广泛,只表示职业,对于性别则没有限定,可以指男性,也可以指女性。此处"医生"为无标记成分,"女医生"为有标记成分。有标记成分并不一定附加专门的形式标记。"轻重""大小""高矮"等成对的词组在许多场合中用法不同,反映了它们在有无标记方面的区别。"轻""小""矮"用在疑问句"那人有多轻/小/矮?"时,问话人已有那人轻/小/矮的预设,要问的问题是那人到底有多轻/多小/多矮;如换用"重/大/高",发问人就没有这样的预设,定位是中性的,那人有可能很轻/很小/很矮,也可能很重/很大/很高。这三对词语中的"轻小矮"是有标记成分,"重大高"为无标记成

---

① 对老人尊称用语的后附语素"老"在当代汉语中有一些比较特殊的用法,如陈望道先生,可以尊称为"陈老""陈望老""望老""望道老"或"道老"。表尊称的后附语素"公""丈"等也有一些比较特殊的使用格式。

分。需要语义中性的场合,一般都使用无标记成分,如"四两重""一粒芝麻大的细沙""三寸高的小泥人",不能将形容词"重、大、高"换成相应的有标记成分"轻、小、矮"。一般来说,无标记成分的出现频率高过相应的有标记成分。

当代汉语社会中,在选用专名作为指称手段这个问题上,名字和姓氏是彼此相对的一组成分。其中名字是有标记成分,除了指明身份以外,还带有"熟悉""关系近"的意思。姓氏则是无标记成分,在熟悉与否、关系远近方面没有明确定位,具中立性质,可以用于非常熟悉的人,也可以用于不那么熟悉,甚至完全陌生的人。可以用下面的示意图表现汉语姓氏和名字在有无标记方面的不同属性:

图 1　当代汉语姓氏、名字的标记属性

5.2　当代英语社会姓名的使用

当代英语社会连名带姓用作指称形式时,全名前面通常都得加称呼语或头衔,哪怕是最普通的词语如 Mr、Mrs、Ms、Miss 等。英国语言学家指出,像 Mary Smith 这样连名带姓前面不加任何称呼语用作指称形式,在当代英国社会则仅限于特定场合,如无线广播,或班上有同名学生的课堂等,其他场合一般不能这样用。写信给不认识的公众人物,如全名前面不加任何称呼语像 Dear Mary Whitehouse,则可能会引起收信人的不悦(参见 Greenbaum & Whitecut 1991: 465–466; Huddleston & Pullum 2002: 522)。偶尔也会听到有人以姓称呼别人,前面不加名字或任何称呼语。这种用法起源于早期的英国公学,后来在美国部分地区的私立中学渐渐流行开来,一些主要由男性成员组成的团体,如运动俱乐部,或军队、警察部队中也比较常见。该用法限于同伴或上级对下级之间的称呼,下级对上级不能这么用。当代英语社会对这种用法所持态度不一,有人觉得相当正常,尤其是工作场所同名者太多的情况下,但也有许多人觉得这种用法比较粗鲁,带有轻慢、甚至侮辱的味道。使用这种方式称呼女性尤需慎重,据 Greenbaum & Whitecut (1991: 465–466) 观察,以前这是称呼女佣或女犯才用的方式,但当代学术文献中也常会看到这种用法。

英语中有两个惯用语 on first-name terms 和 on a first-name basis，直译就是"彼此的关系到了以名相称的程度"，也有人译为"熟悉"或"称兄道弟"。需要指出的是，当代英语社会在以名相称这个问题上，过去半个多世纪与之前相比有了很大变化，上面这两个英语短语，现在已经完全不能从字面意义上来理解了。二十世纪六十年代之前，双方熟悉程度一般至少要达到两三分才可以称名，而且一般只限于长辈称呼晚辈，或是平辈之间。小辈称呼长辈、下级称呼上级往往还是用比较保守的"称呼语+姓"。此后，在称呼方式上社会风气有了很大转变，称名而不是道姓越来越普遍，称名取代了大多数以前一般是道姓的功能。根据笔者在英国、美国和澳大利亚长大的周围同事之间所做的调查发现，美国和澳大利亚称名取代道姓比英国稍稍早一些，也更普遍一些，至少要比上面几位英国语言学家书中描写的更为"进步"。两位五十多岁在澳大利亚长大的同事说，他们小的时候，父母总是要他们称呼同学的父母"Mr/Mrs+姓"，但是，他们自己孩子的同学和朋友，几乎从来没有人再用这样的"传统"指称方式称呼他们，而是直接叫他们的名字 Peter 或 Angela。

当代英语社会，至少是美国和澳大利亚，以名相称成了普通社交场合中的惯例，只有相当正式的语境中才用"称呼语+姓氏"的称呼方式。不认识的陌生人，如商店、饭店、酒店、机关单位的接待人员，或电话客服，清一色都是以名示人。陌生人彼此介绍之后，大多数情况下从此以名相称。对外英语教学的老师给非英语母语学生的建议是，一般情况下双方认识之后，便可转入以名相称。书写时也是如此，商家对于没有见过面的客户，通信以"Dear 名字"开头几乎成了惯例。当代英语社会使用"称呼语+姓"，如 Mr Smith 一般表示彼此有一定距离，是正式称呼方式，往往以此体现尊敬。通常情况下，认识多年的熟人之间不太可能仍然用"称呼语+姓"相称。但是，使用名字并不一定表示双方熟悉或关系近。在熟悉与否、关系远近的维度上，以名相称在当代英语社会中并不表现出明显的定位，可以用于十分熟悉的人，也可以用于才认识五秒钟的人，甚至是除了名字其他什么都不了解的陌生人，如店员、客服等。使用 Hilary 称呼某位女性，双方可以是熟人，也可以完全是陌生人，从她是小姑娘开始一直到老太太，别人可以对她用同样的称呼，用《中国话的文法》里的话来说，"什么特殊意义都没有"。这与我们前面讨论的现代汉语中"老汪""小张"等称呼的用法十分相似。

利用前面介绍的标记概念,可将当代英语社会用于指称形式的姓氏和名字的特点表示如下:

图 2　当代英语姓氏、名字的标记属性

比较上述当代汉语和英语社会姓氏和名字作为指称形式的用法,我们得出的结论是:除了单纯指称作用,姓名使用同时还传递其他信息,其中最重要的是表示双方熟悉程度,或彼此关系远近。从信息载荷角度出发,现代英语使用名字一般相当于汉语使用姓氏,即作为指称手段时,James、Emily 相当于"老李""小王"。

六、对汉语和英语专名指称功能使用特征的解释

现在要探讨的是,如何解释上面观察到的种种现象。我们主要根据两条理论原理,为汉语和英语专名使用特点以及两种语言在相关问题上的异同,提供系统的解释,探索位于相关现象深层的本质因素。

6.1　语言成分的意义主要取决于相关成分在系统中的对立

语言成分的意义不能孤立研究,必须将它们置于特定系统之中,结合同一系统中构成对立关系的相关成分进行分析,才能得到它们的准确意义。例如,英语中 Vice President (副总统、副校长、副总裁等)这个短语的意义,离开特定系统无法准确理解。在国家机构、大学和大多数商业公司里,它是紧接总统、校长、总裁之下的高级职位,但在国际投资银行中,它是一个从初级刚刚升到中级的职位,正常情况入职六年至八年便可获得这个职位,大致相当于中国职场上的科长。不同系统中,与 Vice President 这个词语对立的其他词语不同,它的意义也完全不同(详细讨论可参见陈平 2015a)。

说老北京本地话的人,第二人称代词严格区分"你"和"您",如果该用敬辞"您"的场合用了"你",旁人看来是很失礼的。但很多南方人说的普通话里没有"您"这个

词,所有场合都用"你",对方一般不会见怪。同一个"你"在两种语言系统中功能和意思不完全一样。老北京人有选择,"你""您"传递不同信息,很多南方人没有选择,用"你"丝毫没有表示不尊重对方的意思。

上面详细谈到,二十世纪中期之前汉语专名指称系统中,除了姓氏以外,有名、字、号、郡望等不同指称手段的区别,用字、号、郡望等是表示对对方的尊重,直接称对方的名讳则是限于尊长才有的权力,违反这个规矩是严重的失礼或冒犯行为。二十世纪中期以后,当代汉语社会专名指称系统中,只剩下姓和名的对立,或许还可加上位于边缘位置的小名、绰号等。不考虑出现概率较小的连名带姓的叫法,主要专名指称方式是在姓氏和名字之间进行选择。

当代汉语社会普遍慎用名字而多用姓氏,能否将这类现象归于传统汉语指称系统的影响? 笔者认为,虽然不能完全排除这种可能性,但它不应该是支配当代汉语社会专名使用规则的主要因素。理由有两点:

首先,谙熟并严守姓、名、字、号等使用规则的必须是受过良好教育的人。二十世纪中期之前数千年传统中国社会里,这些人从来都是只占总人口极小部分,绝大多数百姓与这些讲究并没有什么关系。其次,1950年开始接受学校教育成长起来的中国人,已经占了当代中国社会总人口的压倒性多数。以名、字、号等为标记的传统指称方式,除了或许在极小的圈子里还有些许遗留以外,已经完全退出全民共用的专名指称系统,姓、名、字、号等称呼词语的对立不复存在。诸如"年二十,有为人父之道,朋友等类不可复呼其名""君父之前称名,他人则称字也"以及避名讳等传统文化奉行的规矩,当代绝大多数汉语使用者可以说是闻所未闻,荧屏上放映的古装剧或民国剧,传统指称形式使用方面荒腔走板之处屡见不鲜。

既然当代汉语社会专名指称系统中没有了名、字、号等成分的对立,按理来说,对旁人以名相称不再应该像传统社会那样受到诸多限制,如同没有人会在意讲南方普通话的人第二人称代词只用"你"而不用"您"一样。但是,当代汉语社会里人们仍然本能地感觉到,自己名字透露的私人信息太多,不可随便给人,同时,不是很熟悉的人对自己以名相称,自己会感到很不自在。对别人是称名还是道姓,一般人都明白,分寸要拿捏得当,如果不是真的很熟,或是感到对方不愿意有人"妄托知己"套近乎拉关系,随意以名字称呼别人会非常不得体,这些情况下用姓几乎是剩下的唯一选择。但是,与汉语名字相比,英语名字的使用限制要少得多。有时同一人既有汉语名字又有英语名字,英语名字别人几乎可以随便叫,但用汉语名字称呼他则可能是一种冒犯。摆在我们面前的问题是,如果当代汉语名和姓使用上的显著分别以及与英语姓名在用法上的差异不能归于传统中国文化习俗的影响,那么,上文揭示的当代汉语社会汉语姓氏与名字在使用和理解上表现出来的不同特点,以及英语姓名和汉语姓名在使用和理解上的悬殊区别,到底是什么原因造成的?支配语言使用者行为和感觉的深层逻辑或隐形知识从何而来?香农的信息熵理论为解答这些问题提供了深刻而又简洁的答案。

6.2 香农的信息熵(entropy)理论

香农(Claude Elwood Shannon, 1916—2001)是美国数学家、信息工程专家,有信息论之父的美誉。他1948年发表的论文《一个通讯的数学理论》(A mathematical theory of communication)是奠定信息社会理论基础最重要的文献之一。

语言是信息交流最重要的工具。什么是信息,信息有哪些特点,深入理解这些问题对于语言研究是必不可少的。同样一个物体,可以有多种多样的指称形式;同样一个命题,可以由多种句式表现。发话人决定使用什么样的语言形式将自己要表现的意思告诉对方时,他必须对受话人的知识储备和当前注意力的焦点所在作出基本判断,并以此为根据,选择最佳的词语表现方法。发话人在具体语境中对这些问题的判断、预设和意向,构成语句的信息结构。受话人对有关内容是相当熟悉,还是一无所知,发话人语句组织的信息结构是截然不同的。这儿所用的信息概念与意义本身无关,指的是某个事件或信号的不确定性,用香农的理论来说,就是受话人对内容的意外程度,又称为"香农惊讶"(Shannon Surprise),或"香农信息"(Shannon Information)。你站在五楼看窗外下着大雨,身后有人对你说"下雨了",这句话意外程度为零,说话目的并非信息交流,而是寒暄(phatic communication)。反之,如果该人说"三楼失火了",他传递的就是意外程度很高、信息量很大的信息。香农这篇论文高度独创性的贡献,一是深刻地阐释信息的本质特征,二是用数学工具表现信息的量化方式。

从信息量化的角度看我们前面讨论的内容,可以将有关现象重新表述为:现代汉语社会中姓氏的信息量很低,名字的信息量相对要高得多,这也是上面提出的汉语名字是有标记成分的另一种说法;与姓氏相比,现代英语中名字的信息量很低。

我们的问题是,是什么因素造成了汉语和英语姓名在信息量方面的差异？根据香农的信息理论,这与它们的出现概率密切相关。香农理论对信息量采用对数的形式表示,底数为 2 时所用单位为比特 bit,公式为：$-\log_2 p(x)$。

信号的出现概率和信息量的关系可以从下面图表的函数曲线上看得十分清楚。横轴是出现概率,竖轴是以对数形式表示的信息量。信息量的大小取决于信号出现概率的高低,两者成反比关系。信号出现概率高,信息量就低；出现概率低,信息量就高。信号的出现概率如为 100%,信息量为零：

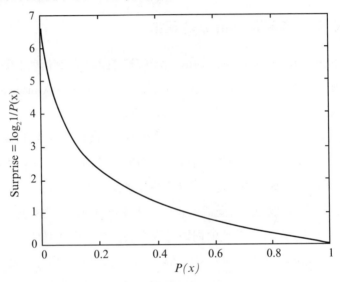

图 3　概率与信息量的函数关系(引自 Stone 2015: 32)

信息熵的大小并不取决于单一信号的结果,而是与所有可能同时出现的彼此独立的结果数量相关。数量多,拉低了平均概率,信息量就大；数量少,提高了平均概率,信息量就小。香农接受冯·纽曼(von Neumann)的建议,从热力学借用熵(entropy)的概念度量系统的信息量,指的是将变量每个可能出现结果的概率乘以其信息量,最后全体相加得出的总量。香农信息熵的计算公式为：

$$H(X) = -\sum_{i=1}^{n} p(x_i) \log p(x_i)$$

概率论的起源、发展与博彩业密切相关,我们采取香农(Shannon 1948)和相关著作中的常用方式,以抛硬币、掷色子和轮盘赌为例,说明上列信息熵公式是如何运用的,这有助于理解汉语和英语姓名在信息载荷方面表现出来的差异。

在硬币、三种色子(四面体、六面体与八面体)没有做假的前提下,根据大数定律,只要抛掷的次数足够多,硬币的一面或色子某个数字的出现频率无限接近它们的理论概率,分别为 50%、25%、16.67% 与 12.5%。将它们代入上面的公式,得出的信息熵分别为 1、2、2.58496 与 3 个比特。

表 2 硬币与三种色子抛掷结果的信息熵

投掷方式	概率	信息熵(单位:比特)
硬 币	50%	$\log_2(2) = 1$
色子(四面体)	25%	$\log_2(4) = 2$
色子(六面体)	16.67%	$\log_2(6) = 2.58496$
色子(八面体)	12.5%	$\log_2(8) = 3$

赌盘一般有 36 个数字,加上两个空格,钢球滚落哪个凹槽共有 38 种可能。有许多种玩法,最常见的是猜红黑和某个数字,红或黑出现概率为 47.37%,数字出现概率为 2.63%。代入上面的公式,信息熵分别为 1.07793 与 5.24792 个比特:

红黑 47.37% $\log_2(2.111) = 1.07793$ 数字 2.63% $\log_2(38) = 5.24792$

图 4 轮盘赌结果的信息熵

上面的例子充分说明,可能同时出现的结果数量少,出现概率就高,信息量就小,如掷硬币,单面出现可能性为50%,信息熵为1比特,赢率为1:1。同样一个数字如2,其出现概率在四面体、六面体和八面体色子中依次降低,信息熵则依次增加;轮盘赌猜数字,可能同时出现的结果有38个,单个数字出现的可能为2.63%,概率小,信息量就大,高达5.24792比特,其价值自然也高,赢率为1:35。用香农信息熵理论解释当代汉语和英语社会专名用作指称手段表现出来的有关特点,一切都显得顺理成章。汉语名字由汉字排列组合而成,理论上可能出现的数目是个天文数字,单个名字,尤其是双名的出现概率微乎其微,因此信息量大,辨识作用强,除非确有需要,一般不愿意随便说出自己的名字。能对某人以名相称,说明你掌握了对方姓名中信息量较大的部分,而且彼此关系较近。汉语姓氏的情况正好相反,最常用的五大姓覆盖率为总人口的29%,十大姓为40%,最常用的100个姓氏为87%。算出这些常用姓氏的信息熵技术上来说是做得到的,运算原理相当简单,但要搜集所需数据,费时耗力,既无多少理论价值,对于本文讨论的问题也并非必要。根据逻辑推理,结论就摆在我们面前:基于上面给出的已有数据,根据香农信息熵理论可以判定,相对于当代汉语中的名字和英语姓氏,汉语常用姓氏的出现概率非常高,因此信息量很小,与汉语名字和英语姓氏相比,辨识作用很弱,要找同名人不容易,同姓就太多了。自我介绍没必要细说时,可以简单说"我姓李,叫我老李吧"。当代英语姓氏与名字的信息量与汉语正好相反。如前所述,最常用的十个姓氏人口覆盖率为5.71%,最常用的500个姓氏覆盖率仅有39.33%。姓氏出现概率小,周围很难找到同姓人,因此信息量大。而名字则非常不一样,最常用的十个男性名字覆盖率为28.4%,最常用的十个女性名字覆盖率为23.5%。名字出现概率大,信息量就小。普通情况下介绍自己,无特别需要时往往只是说"I am James. Call me Jim."我们上面观察到,从指称功能和表现熟悉与否、关系远近来说,当代英语名字如James或Emily相当于汉语姓氏如"老李"或"小王",根据香农信息熵理论进行逻辑推衍,这也是我们所能得出的必然结果。从信息载荷角度看,基于概率与信息量的反比例函数关系,当代英语和汉语姓氏和名字在信息熵可比性方面,相对而言最接近的就是英语中的名字和汉语中的姓氏。

从上列香农信息熵计算公式与所举例子可以知道,提高概率,降低信息量的一个办法是减少可能同时出现的独立信号的数量;反之,降低概率,提高信息量的办法是增加可能同时出现的独立信号的数量。这两种方法在语言指称手段应用方面都有所体现。

  监狱又称号子，犯人一般都有监号，如末代皇帝溥仪在抚顺战犯管理所监号为981。使用监号的主要目的并不单纯为了保密，而是最大限度地降低指称符号的信息量。根据条例，犯人对监管人员有"警官"这个标准称呼。因为在指称形式上除了用和不用之外没有其他选择，监号和"警官"作为指称符号出现概率大，所以信息量低，除了单纯指称功能之外，无法表现个体身份以外的其他信息，适宜地体现了这个特殊环境中一切语言交流都是严格公事公办的性质。

  相反，增加可能同时出现的独立信号数量便起到降低概率、提高信息量的作用。从这个角度看问题，可以更透彻地理解为什么英语名字会同时存在多种变体。中古英语时期，英国社会常用名字数量比现在更少，人口覆盖率比现在更高，高度重名自然引发补偿或平衡机制，因此常用来表示名字小称的格式也比现在更丰富，高达九种之多。这样造成的效果是降低了常用名字单个形式的使用概率，因此，由此增大信息量，得以表现单纯指称功能以外的更多信息。William 在当代英语中同时有 Will、Willy、Liam、Bill、Billy 等种种变体，这些变体形式的存在降低了正名 William 的使用概率，提高了信息量，因此增强了它的表现功能，可以通过对变体的选择，反映发话人与受话人两人之间的关系，精细地传递前者对后者的种种态度。变体越是罕见，信息量越大。伊丽莎白女王二世的正名当然是 Elizabeth，她有个小名 Lilibet，本来是咿呀学语含糊自称时发出的音节，仅限于她与父母和丈夫之间使用，私密性很强。菲利普亲王逝世后，媒体说这个名字应该没人再用了，不料她的小孙子打算为新生女儿起同样的名字，以表达对曾祖母的敬意。前面提到，按西方国家惯例，后代接用长辈的名字本是很普通的做法，但这件事情引起一些异议。最后采取折中办法，取 Lilibet 的前半部分 Lili 这个常用名为新生曾孙女命名。其中原因应该是 Lilibet 这个名字出现概率非常小，因此信息量大，一些人认为，其他人再使用这个名字或许表现了本不宜表现的太多意思。

七、余　论

  本文的研究对象是当代汉语和英语姓名用作指称手段时展现出来的种种特点。要系统描写和深入解释相关现象，一是要将研究对象置入历时和共时系统之中，与相关成分进行对比;二是要揭示造成这些现象的根本原因。可以看到,香农的信息熵理论为透彻理解有关现象的本质,提供了有效的分析工具。

香农信息熵理论的柱石是概率统计。下面引用笔者去年发表的一篇文章中的一段话:

> 长期以来,语言学家惯用的语言处理方式是从最小的语言单位开始,基于结构组合原则由下至上逐层运算,对于句法和语义以及两者之间的对应也是利用这样的结构处理方法。从1980年代末期开始,计算语言学界另辟蹊径,在大数据基础上采用概率统计方式处理语言,取得很好的效果,成了计算机自然语言处理领域占压倒优势的方法。目前大为流行的利用神经网络手段的深度学习,在语言处理方面基本延续了这一原则。过去一二十年来的趋势是将基于组合规则的形式语法分析与概率统计方式结合起来,但依然是以后者为主。有理由相信,人脑在语言获得、理解和使用过程中,基于数据的概率统计原理也是语言机制的重要组成部分。从事语言理论和应用的学者所做的语言分析,基本还都是基于语法和语义规则的形式运算,如何充分利用计算语言学概率统计方面的理念和经验,还有很长的路要走。(陈平 2021)

概率因素在语言的形成、获得与运用机制中的作用,是理论语言学和应用语言学界普遍承认的,尤其是所谓的贝叶斯概率(Baysian probability),这些年来得到越来越多的重视。但是,对于概率因素的作用范围和功效大小,始终存在很大意见分歧。生成学派的创始人乔姆斯基在近年来的几次公开演讲中,都谈到概率在语言系统中的作用,但他认为概率因素的作用限于一些边缘领域,与语言核心部分关系不大。与乔姆斯基在概率因素问题上持不同意见的研究者大有人在。自然语言处理领域里概率因素的核心作用,早已毋庸置疑。许多理论语言学家也将概率因素更深入地纳入自己的理论体系,早期的突出例子有社会语言学家拉波夫(Labov),近来有构式语法主要代表人物之一的戈德伯格(Goldberg)。

"构式"显然是构式语法理论最核心的概念。根据经典定义,构式是语言形式和意义的结合体,其结构特点和语义解释不能完全根据普通语法规则和语义组合原则从它们的组成成分中推测出来,基本上是作为一个整体进行理解、习得、储存和使用。最典型的例子就是所谓的成语、惯用语等语言单位。多年来构式语法理论研究证明，构式概念远不仅限于成语和惯用语，而是适用于范围极广的的基本语言成分和结构。

Goldberg（2006:5）修改了早期的经典定义，请看下面的引文：

> 任何语型，只要其形式或功能的某个方面无法从它的组成部分或其他已被认定存在的构式中严格推测出来，便可认定为构式。除此之外，即使是完全可以推测出来的语型，只要其出现频率足够地高，人们也将其作为构式储存在脑海里。（Any linguistic pattern is recognized as a construction as long as some aspect of its form or function is not strictly predictable from its component parts or from other constructions recognized to exist. In addition, patterns are stored as constructions even if they are fully predictable as long as they occur with sufficient frequency.）

戈德伯格保留了原有定义，而新增定义完全基于语言成分的出现频率。这个修改显然是有充足理由的，扩大了构式概念的运用范围，可以认为是构式语法理论学界大多数研究者的共识。但是，笔者要指出的是，新增定义的指向范围实际上覆盖了原有定义所指范围的很大部分，以至于削弱甚至部分取消了原有定义的存在必要。如果形式和意义无法完全从组成部分推测出来，如成语惯用语之类的典型构式，那么该语型一定得首先满足高频率使用的条件，才能由使用者不经过常规语法语义解析，将其作为整体单位加以理解并储存在记忆中，以供需要时调用①。也就是说，只要高频率出现这样一个标准，便足以挑选出满足构式条件的语型。无论如何看待新增定义与原有定义的关系，毫无疑问的是，构式语法学界通过这个新增定义，将语言单位的出现频率提升到前所未有的理论高度。

本文的研究对象是耳熟能详的普通语言现象，本文证明，深藏在这些现象底层的是相关成分在系统中的对立，核心因素是它们的出现概率与信息量之间的函数关系。笔者想通过这样一个案例研究，显示概率因素是描写和解释语言现象的重要手段，或许也是终极手段。无论是语言成分和结构的形成规律还是语言运行机制，位于最深层体现其本质属性和运行规则的，是一方涵泳万物的概率世界。

---

① 位于这类语言单位对立面的，是许多语言学家认为最能体现语言创造性的语言成分。所谓语言创造性，指的是能说出以前从来没有人说过的句子，听懂以前从来没有听过的语句。

参考文献

陈　平　2015a　《系统中的对立——谈现代语言学的理论基础》,《当代修辞学》第 2 期。

陈　平　2015b　《语言学的一个核心概念"指称"问题研究》,《当代修辞学》第 3 期。

陈　平　2021　《语言交叉学科研究的理论与实践》,《语言战略研究》第 1 期。

马建忠　1898/2010　《马氏文通》,商务印书馆。

郑　樵　1995　《通志二十略》,中华书局。

Chao, Y. R. 1968 *A Grammar of Spoken Chinese*《中国话的文法》. Berkeley: University of California Press.

Chen, P. 2004 Identifiability and definiteness in Chinese. *Linguistics* 42(6): 1129–1184.

Chen, P. 2015 Referentiality and definiteness in Chinese. In: *The Oxford Handbook of Chinese Linguistics*, edited by William S-Y Wang & Chaofen Sun, Oxford: Oxford University Press: 404–413.

Crystal, D. 2018 *The Cambridge Encyclopedia of the English Language* (3rd ed.). Cambridge: Cambridge University Press.

Galbi, D. A. 2001 A new account of personalization and effective communication. Federal Communications Commission. http://www.galbithink.org and http://users.erols.com/dgalbi/telpol/think.htm

Goldberg, A. 2006 *Constructions at Work: The Nature of Generalization in Language*. Oxford: Oxford University Press.

Greenbaum, S. & Whitecut, J. 1991 *Longman Guide to English Usage*. London: Longman.

Guild of Name Studies 2022 Modern British Surnames https://one-name.org/modern-british-surnames/

Huddleston, R. & Pullum, G. 2002 *The Cambridge Grammar of the English Language*. Cambridge: Cambridge University Press.

Russell, B. 1905 On denoting. *Mind* 14. Reprinted in Zabeeh, Farhang, E. D. Klemke & Arthur Jacobson (eds.) 1974 *Readings in Semantics*. Urbana: University of Illinois Press: 141-158.

Russell, B. 1919 *Introduction to Mathematical Philosophy*. London: G. Allen & Unwin

Scollon, R. & Scollon, S. W. 2000 *Intercultural Communication: A Discourse Approach* (2nd ed.). Oxford: Blackwell Publishers.

Shannon, C. E. 1948 A mathematical theory of communication. Reprinted with corrections from *The Bell System Technical Journal*, 27: 379-423, 623-656.

Stone, J. V. 2015 *Information Theory: A Tutorial Introduction*. Sebtel Press.

By Given or Family Name?
A Contrastive Analysis of Proper Names as Referential Devices in Chinese and English

Chen Ping

Abstract: This study begins with a brief account of the origin and development of proper names in Chinese and English. It follows with a detailed discussion of four phenomena relating to proper names used as referential devices in the two languages and puts forward two propositions. The four phenomena are: (1) A much more complicated referential system involving proper names evolved through several stages in Chinese than in English, and more importance was attached to the family name by the imperial courts in China than has been the case with the British royal courts; (2) Chinese given names far outnumber family names in common use; (3) English family names far outnumber given names in common use; (4) English given names in common use usually feature multiple variant forms. The two propositions are: (1) In addition to simple referentiality, proper names also serve the function of indicating how close the relationship is between the addresser and addressee. English given names like "James" and "Emily" are functionally much closer to Chinese family names like 老李 "*Lao Li*" and 小王 "*Xiao Wang*" than to Chinese given names in terms of information load; (2) what is presented above ensues logically and naturally from two theoretical principles of universal validity: (a) the meaning of linguistic terms derive mainly from the opposition of related items within the system; (b) As elaborated in Claude Shannon's theory of information entropy, the values of the information of signals stand in inverse proportion to the probability of their occurrence. This article will end by exploring the implications of the findings of this study on issues of more general interest in theoretical linguistics.

Keywords: proper names in Chinese, proper names in English, reference, opposition within the system, Shannon's theory of information entropy, probability-based approaches

(原载于《当代修辞学》2022 年第 5 期，
人大复印资料《语言文字学》2023 年第 1 期全文转载)

语言的辩证性与修辞学的辩证：
修辞学与批判性思维能力培养[*]

邓志勇[1]   杨 洁[2]

（1. 上海大学外国语学院；2. 安庆师范大学外国语学院）

提　要　作为修辞理论的基石，修辞哲学揭示了语言的辩证性。这种辩证性体现在语言符号与其所指之间的辩证统一关系、语言符号的否定性以及语言中的否定现象之中。正是语言的辩证性使得修辞成为必要和可能。西方修辞学的理论及其应用体现了辩证特征，也体现了对思辨性、批判性能力的重视，这与当下的热门话题——批判性思维能力培养高度契合。为了加强大学生批判性思维和创新性能力的培养，有必要在高校中进一步加强修辞学教育。

关键词　语言的辩证性　修辞学的辩证　修辞学　批判性思维　修辞学教育

一、引　言

大学生批判性思维和创新性能力的培养是当下人才培养中的热点问题。近年来以"培养具备健全人格与专业知识、国际视野与文化自觉、创新精神与实践能力的复合型、国际化人才"为目标的"新文科"建设成了学者们关注的话题（王军哲 2020）。

批判性思维能力培养是高等教育中一个非常重要的问题。在很多国家，大学教育的基本目标之一就是教会学生批判性思维。近年来，著名的"钱学森之问"引起了各界对创新型人才匮乏的反思。不少学者也从各自专业的角度对如何培养批判性思维进行了探讨。彼得·费希万（2009）认为教授批判性思维既需要重视

---

[*] 本文是国家社科基金项目"跨学科视角下西方（新修辞学）及其创新的三维考察"（项目编号：18BYY219）的阶段性成果。

技能培训也需要关注心智习性；Procter（2020：444-457）提出了一种鼓励学生自己分析、反思和回顾课程模块的思辨性任务型教学方法；杨忠（2015）认为外语教学应参考语言运用中规约性和创新性的辩证关系，提出通过在中、高级外语教学阶段适当地将教学重点转移到语篇的方式，增加创新性意识的培养。

作为西方最为古老的学科之一，修辞学脱胎于法庭和议事会议上的论辩和演说，包括智者派在内的众多修辞学家们都以培养学生的批判性思维为己任①。然而，将修辞学与批判性思维培养相结合的研究并不多见。本文在修辞哲学和修辞理论两个层面论述修辞学与批判性思维的契合点，从而揭示修辞学教育在新时代人才培养特别是批判性思维培养方面的重要作用。

二、语言的基本特征：辩证性

2.1 语言的辩证性

修辞哲学是修辞学理论之基石。要全面准确把握浩瀚深邃的修辞学理论，必须探寻其底下深刻的修辞哲学思想。在修辞哲学看来，语言的一个重要特征是辩证性，这种辩证性对修辞学的影响巨大。语言的辩证性，是指语言系统本身及语言运用过程中的一种对立统一的双重性。首先，语言符号的辩证性体现在符号与其所指之间的辩证统一关系。语言学家索绪尔认为，虽然"能指"和"所指"如同纸的两面或者水分子中的氢和氧一样密不可分，但它们所代表的一个是"音响形象（声音在心里的痕迹）"，一个是"抽象概念"，两者都是"心理实体"，与外界无关，因此两者的关系是任意的、不稳定的（王寅 2013）。哲学家尼采也认为，人们总是用一种和客观事物无关的"语音形象"来表示该事物，因此，词语并非"基于事物的本质（事物的真实性）"（刘亚猛 2018：338）。语言符号与其所指之间虽无必然的、一一对应的关系，但通过人的大脑的意识建立了联系。语言作为人的创造物，一方面是人认识客观事物的途径，另一方面也使人与其自然环境相分离，或者说是超越了自然环境。当我们用"狗"这个词语去指代自然界的狗时，这只狗对于人的意义已经超越了其本身在自

---

① 在古希腊，"智者"（sophist）原指追求知识的人或知识渊博者，后因以训练言说技巧为名实则谋财而毁声誉，被贬为"诡辩者"。

然之中的意义而成为人类认知世界中的一个部分。当这个名词所指代的事物不在我们眼前时,它所对应的不过是关于狗的印象。同时,由于个人的经历不同,"狗"这一术语在人的脑海中所引发的狗的形象也不尽相同(Ogden & Richards 1923: 11)。

另一方面,语言系统的辨证性还表现在语言符号的否定性中。从语言符号的创造和发展来看,一个术语的产生即是对其他术语的否定①。语言中几乎每个术语都有一个对立面或反术语,换句话说,一个术语具有排除或否定他者的特征,这是辩证性特征的一个重要方面。一个术语的存在是建立在其他术语存在的基础之上的,它与其他术语形成辩证统一体。比如说"马车"这个词意味着这不是"人力车"或"汽车"等,"马车"的产生,是与区分其他类别的车相关联的,也就是说,"马车"是以其他类别的车的存在而存在的,"马车"与"非马车"构成正反的辩证统一体。再如,"路"这个术语的出现,是因为存在"非路"(即"没有路"),使用"路"就是要与"非路"区别开来。鲁迅先生曾经说过,"其实地上本没有路,走的人多了,也便成了路"。"铁路"这个术语的出现,是因为已有"公路""马路""水路"等术语,因此需要与这些各种各样的"路"相区分。如果没有其他"路"的存在,也就没有说"铁路"的必要了。"火车"这一术语的出现,是因为有"汽车""马车""脚踏车/自行车"等的存在,因此要与其他类别的车区别开来。同理,"黑人"这个术语的出现,是因为有"白人""黄种人"等,因此,面对不同肤色的人,有必要对其进行区分,故"黑人"与其他肤色的人形成辩证统一的关系。如果世上只有一种肤色的人,就没有必要使用不同颜色的词特意来强调这种肤色了。再如,说某人"富裕",就是说他不"贫穷","富裕"与"贫穷"互为反语,彼此以对方的存在而存在。试想,没有"贫穷",哪来的"富裕"?反之亦然,没有"富裕",何以说某人"贫穷"?因为"贫穷"乃"富裕"得以描述或比较而得出的结果。依此类推:"开心"意味着不"悲伤";个子"高"意味着不"矮";地面"潮湿"意味着不"干燥"。可见,人类语言中的一个术语与语言符号系统中的其他术语构成一种排他性的辩证关系,彼此相互依存。就语言系统而言,它的辩证性还体现在语言独有的现象即否定(negative)之中。语言系统内存在一种可以用来否定事物的特殊符号:"不"或"不是"(No/Not)。说它特殊,是因为否定仅存在于人类的语言符号之中,自然界中没有否定(Burke 1966: 9)。只有人类会说"这是什么,而不是

---

① 这里所说的"术语"不仅仅是一般意义上的诸如"房屋""电脑""手机"之类的名词,而是泛指人们使用的具有实意的语词,包括名词、形容词、副词等。

什么"。一切存在物皆是肯定的存在,但在语言符号系统中却有诸如"这不是花""天没亮""他不是学生""你不应该呆在这里"等表述。虽然它们在句法上都是否定形式,但事实上它们表述的状态却是肯定的:"这是树""天还黑着""他是教师""你呆在这里"等等。自然界的事物之间即使有关联,也是不自觉的,只有当人有了语言符号后才可把两者建立逻辑上的关联。进一步说,只有当人类创造了语言中的否定时,正说与反说才成为可能。其实,肯定与否定是辩证统一体,没有肯定的一面,就没有否定的另一面。所以,有了语言中的否定,便有了诸如"你要认真听讲,不要上课开小差""你应该谦虚谨慎,不要骄傲自满""你要认真学习,不要虚度年华""你要准时到校,不要迟到"等劝说性话语。

语言的辩证性在语言的使用中,尤其是使用语言给事物下定义时,可以看出。定义事物是人类认知事物的基本活动。在这种语言活动中,人们用 B 来定义 A,也就是说,在定义某事物时使用其他事物来定义它。新修辞学旗手肯尼斯·伯克(Burke 1945: 21-24)用 substance(质)一词来诠释这种辩证性。substance 意为事物的本质,但从词源上 substance 的前缀 sub-指"在下面",而 stance 的意思是某事物所处的"地点"或"位置"。这样看来,"质"本应指事物的"所处环境"(context)而不是事物本身。

2.2 语言的辩证性与修辞的关系

按照当代新修辞学的观点,修辞是诱发合作的行为,即使用象征行为使听众/读者如修辞者所希望的那样所思所想所行。语言的辩证性对修辞有着至关重要的影响。

首先,从修辞哲学的角度来说,语言中的否定特征使人道德化,从而使人有了价值判断和选择,进而有了修辞的动机。人类的语言系统不同于自然界中的信号系统,一个重要原因在于人类语言能够进行自我否定和自我分析。否定与理性息息相关。人是理性的动物,世上只有人具有理性思维。在很大程度上,人有了语言中的否定,才可能经历无数的"你不要……""你不能……""你不应该……""你别……"等修辞形式的话语,从而成为道德化的、价值判断的、理性的人。伯克认为较之命题式否定(It is not...),劝诫式否定(Thou shalt not...)具有更为重要的意义。他指出,劝诫式否定先于命题式否定产生,"否定是一个原则,一个想法,而不是一个事物的名称"(Burke 1966: 10)。他举例说:在"不可杀人"这一警告中,"杀人"虽然是一个肯定意义的概念,但"不可杀人"这一明确的警告中却包含了禁止、否定的态度和观点。一个孩子即使可能会受到禁令当中具有肯定意义的概念的诱惑(比如:杀人),但他是能够完全理解并接收到命令中的否定意义的。换言之,伯克认为与肯定性概念相比,否定性命题更具教化性,与道德观念和价值观紧密相连。人是语言和否定的创造者,但又被否定制约、教化和驱动。而人之所以甘愿被教化和驱动,与人孜孜不倦地追求完美的天性不无关系。被道德化与对完美的追求成为修辞的原动力。人类有了价值观念,就能够以语言/修辞对各种事物进行评判,并通过趋利避害、好中选优来进行选择。

价值观念因人而异,即便如此,有一点是基本一致的:人们一般都倾向于不断地往社会金字塔的上端攀登。追求完美是所有生物的天性,伯克甚至认为世间的一切都在追求完美或完满的道路上前行(Foss 1985: 175)。带有价值观的语言不断驱动并确保了人类不断向完美发展。一方面,法律、规则帮助建立和维系等级关系、等级精神,并使它们达到极致;另一方面,打破等级关系也需要修辞,因为受价值的牵引,或者说受"至善"的心理所驱动就必须打破现有的等级秩序。我们不能说巴黎市民摧毁巴士底狱事件仅仅是一个物理层面的动作,事实上,它代表了法国民众对王室专制统治的反对和抵抗,是底层人民渴望改变社会等级状态的反映,包含了追求"完美"的动机,乃是具有否定意义的修辞行为。

第二,语言的辩证性使修辞成为可能。如前所述,语言符号与其所指不是一一对应的关系,这就是说,一个事物可以由不同的语言符号形式来表述;一个语言表述在不同的人那里可能具有不同的意义/所指。人受其背景的影响,都有看问题的某种倾向/视角,或者说从过去"受训练"的方式来分析、理解当下的处境和解决问题。这表面上看似没有选择,但辩证地说,任何语言使用都是对其他语言符号的规避,任何人都有与其身份、背景相配的术语。语言的辩证性特征使修辞者具有选择的可能性,哪怕他的选择看起来是多么的自然而然甚至无意识,而选择则是一种饱蘸价值的修辞行为。正因为语言的辩证性特征,使用任何语言都是一种选择,都承载了修辞动机,反映了人的价值观。伯克认为,人类的行动与物理性的运动最大区别就在于,行动体现人的选择自由,并往往带有个人意愿或目的(有时可以是无意识的)(Foss 1985: 167)。修辞行动不仅意味着人能够做出价值选择,还意味着人可以通过语言符号向受众传达价值观,并通过各种修辞手段使他人接受自己的价值观。

第三,语言的否定性使论辩成为可能。语言符号的否定性特征表明了语言能够进行自我批判。如上所述,人类的符号系统之所以超越了自然界中其它的符号系统就在于它能够进行自我否定。赵汀阳(2000)认为:"只有当语言丰富到需要对语言自身的活动进行分析和讨论时,才需要否定某些东西,同时也就是建设性思维的开始。"否定性的存在意味着人类可以使用符号进行自我分析、反思、否定和评价;同时,人类可以针对他人使用的术语进行批判。不仅如此,因为任何术语的背后都隐藏着一个反术语,这就为论辩奠定了基础。正如智者的领袖普罗泰戈拉"针对一切事物都存在着两种相反(又都讲得通)的说法"(刘亚猛 2018: 57)。如果你说"某某是一个合格的教师"时,别人可能会反驳说"他是一个不合格的教师";如果你说"学英语有用时",别人可能会反驳道"学英语没用"。如此等等,不一而足。语言使用的背后隐藏着说话者诱发听众/读者合作的修辞动机。听众接受修辞者的观点往往都是从接受其使用的语词开始,认同其语词意味着或多或少认同其观点。论辩的"人性化"在一定程度上就体现在当修辞者使用某一语词时,其实也是在提供一种选择:你可以选择接受它或者是它的反面(或不同的地方);对于修辞者而言,他在使用某一语词时,由于语词隐含的否定性,他需要考虑论辩的另一方可能会持有的反论点,从而做好充分地进一步论辩的准备。

三、修辞学之辩证和批判性思维

3.1 修辞学之辩证的内涵

西方修辞学走过了两千多年的历史,无论其理论如何发展变化,辩证性始终是其核心内涵特征。根据亚里士多德"修辞学是辩证法的对应物"的观点(Aristotle 1954: 19),修辞可以定义为"在任何特定场合下寻求一切可利用的说服手段的功能"(Aristotle 1954: 24)。而伯克(Burke 1966: 43)认为,修辞是"用作为符号手段的语言在那些本性上能对符号做出反应的人身上诱发合作"。"诱发合作"是修辞的目的或者动机,其实现手段是"同一"(identification)。

古今修辞学经典定义表明,修辞学是建立在辩证的哲学思想之上的理论体系,是有关针对他者的劝说手段的话语策略建构的学问或知识体系。修辞是针对他者的行为,所谓"他者",即修辞的受众(听众/读者/观众)。早期传授辩论方法的智者派就有"对言"的观念,亚里士多德承袭了这一观点,认为修辞者针对每一个议题都应准备两个立论和证明,以"预见对方会采取什么论证手段",从而采取"更有效的反制措施"(刘亚猛 2018: 63)。"他者"不仅指在身体上独立于修辞者之外的其他个体,在思想上、意志上、情感上"他者"也独立于修辞者;有时"他者"甚至可以指言说者本人,比如他对自己说话(即自言自语)时。在整个修辞过程中,修辞的他者——听众(包括辩论的对手)——都在扮演着积极的角色,不断与修辞者进行思想、信息的交流和互动。

因此,亚里士多德浓墨重彩地强调了修辞者对受众因素的考量。他在《修辞学》一书的第二卷中用了十一个章节探讨听众的情感,包括:生气、温和、友爱、敌意、畏惧、羞耻、慈善、愤慨、怜悯、嫉妒和羡慕,他认为修辞者应了解引发这些情感的原因并想方设法使受众"处于适当的心境之中"(Aristotle 1954: 31)。修辞的他者性在伯克对"同一"的阐述中得到了体现与升华。"同一"原指将某一事物当作另一事物来看待,使两者相同或证明两者相同。伯克借用了这一术语,用以指修辞者与受众具有相同的质(substance),通俗地说,就是相同之处。伯克认为,两个独立的个体之间存在着既同一又相互独立的辩证关系。他与他者既相连又分离,"他"既是一个独立的质又与他者同质(Burke 1966: 21)。"同一是分离的补充。如果人和人之间完全同质,那么雄辩家就没有必要声明'统一(unity)'的存在了。"(Burke 1966: 22)如果说古典修辞学的关键词"劝说"暗示了修辞者与受众之间主动和被动的辩证关系,那么伯克修辞学理论的核心"同一"则体现了个体间求同存异的辩证关系。

3.2 批判性思维的辩证之内涵

虽然学术界关于批判性思维的理解不尽相同,但总体来说,作为一种能力/行为,批判性思维一般涉及:正确评价他人的论题;理性建构自己的好论题;识辨何时/何处存在论题;分析论题的不同组构成分。批判性思维要求人们将自己的信念/观点建立在好的论题的基础上,而好的论题是建立在缜密的思维和逻辑的基础之上的。比如图尔敏(Stephen E. Toulmin)的实用论辩模式以及亚里士多德的修辞三段论就展示了缜密的观点产生及推理的过程。批判性思维使我们不至于上当受骗,面对特定情境能够做出理性的决策,审视和监控自己的思维,认识自己的无知、偏见甚至错误。在持有任何观点时都能考虑到其对立面,辩证地看待问题,避免刚愎自用、固执己见、自欺欺人。

3.3 修辞学之辩证与批判性思维的契合点

修辞学的辩证特征使其与批判性思维形成非常关键的契合点:修辞学同批判性思维一样强调洞察力、对他者的敏感性以及逻辑思维能力,同时重视修辞者和听众/读者的品行与价值选择。传统修辞学认为,只有那些不确定的事情才属于修辞的范畴,凡是可以通过公式或法则推理出结果的情况都不属于修辞学的"辖区"(刘亚猛 2008:64)。既然结果不是必然的,基于或然性的修辞学必然要求修辞者从正反或不同的两个方面考虑问题,分析特定情景,审时度势,辩证地看待事物。同时,传统修辞学关注一切可利用的劝说或影响他人的资源,包括言语的、动作的、图像的等等,因此要求修辞者保持高度的敏感性,善于观察、思考和挖掘。

注重理性是修辞学的传统,好的演说、有力的论辩必须具备理性。修辞学的一个核心概念——理性诉诸——的真谛乃言说的逻辑性,其底下的哲学假定是:人是理性的动物。正因为人是理性的动物,理性行为乃人的典型行为;正如当代论辩修辞学家、哲学家图尔敏所说:"理性不仅仅是逻辑关系和语言行为的特征,更是人类行为的普遍特征。"(Foss 1985:91)因此,劝说他人或诱发他人合作时,修辞学都讲究言说者的合理性、逻辑性、缜密性;为此,修辞者不仅需要对自己的言说进行理性的判断,也要对"他者"做出理性的、价值判断。即使是修辞学的另外两个核心概念——人品诉诸和情感诉诸,理性也是内涵要素之一。亚里士多德认为,要劝说他人,修辞者要尽可能在字里行间建构好人品形象(包括"睿智""道德""友善"三个要素),这个理念在中世纪罗马修辞学家昆体良那里得以继承,他主张修辞者应该是"擅长言说的好人"。不管是好的人品特征,还是好人,要对其做出正确的判断,显然需要"理性";没有理性,则无法做出合理的、正确的判断。在情感诉诸中,理性同样是一个要素,因为任何情感都与事物相关联,情感的激发都涉及对事物的指涉,都涉及价值的判断,而对价值的判断乃是理性的判断。伯克(Burke 1950:55)认为:"你要说服一个人,只有用他那样的语言说话,使用相同的方法,使你的手势、语调、顺序、形象、态度、思想与他的一样,你才能说服他。"显然,作为修辞者,他必须对他者的相关情况做出理性的、合理的判断,否则修辞不可能成功。

四、修辞学理论在批判性思维培养中的运用

修辞学的辩证特征对批判性思维的培养具有重要的启示作用。古今修辞学理论众多,限于篇幅,下面仅运用三个代表性理论来展示批判性思维能力的培养。

4.1 "争议点"理论的运用

"争议点"理论的创始人是古希腊修辞学家赫尔玛格拉斯(Hermagoras of Temnos)。他认为,修辞行为的起因不是修辞的目标——劝说,而是劝说的原因,即:人与人之间"存在着的或者至少是潜在着的不同意见"(刘亚猛 2018:92)。既然如此,就有劝说的必要,而意见产生冲突的地方就是"争议点"(stasis)。赫尔玛格拉斯将争议点大致分成四种:事实争议点、定义争议点、品质争议点和程序争议点(Crowley & Hawhee 2004:15)。虽然争议点理论主要针对庭辩修辞,但我们在面对生活中富有争议的问题时都可以围绕事实、属性、严重程度以及处理的程序提出相关问题。比如,针对"老师指控学生考试抄袭"事件,根据争议点理论,我们可以提出四个问题[①]:

1) 关于事实:这个学生是否真的这样做了(偷看了别人的试卷)?

2) 关于性质:如果这个学生真的这样做了,他/她是偶然这样做的呢?还是为了抄袭才这样做?

3) 关于品质/程度:(该学生)只是快速地瞥了一眼呢?还是看了好长时间?

4) 关于如何处理:是以不及格处理这个学生?还是让其重考一次?还是不做任何处理?

争议点理论不仅为有争议的问题指出了思考的方向,也为辩论提供了一整套流程。言说者可以仅围绕一点进行辩论,比如该学生看其他人试卷在事实上是否成立?或者学生确实有看的动作,但争议点在于他/她只是偶然瞟了一眼,并未一直盯着,因此并未造成任何后果(试卷仍由自己完成)。修辞者也可以按照顺序依次展开讨论,下一个争议点总是建立在关于前一个争论点/问题已达成意见一致的基础上。争议点理论的运用对培养修辞的敏感性和对问题的洞察力是十分有用的,这是因为它在整个问

[①] 本案例来自美国著名修辞学家 Barry Brummett (2014) 教授在上海大学国际化小学期授课期间所作学术讲座"论辩的研究"(The Study of Argument)时使用的一个例子。

题解决的过程中提出了非常关键的四个问题,体现了潜在的听众/读者最有可能提出的反论和关切,反映了修辞者思维的缜密性和逻辑性。

4.2 图尔敏论辩模式

图尔敏在西方修辞学领域尤其是论辩修辞领域具有举足轻重的影响。他认为,任何结论的合理性都要经得起论证,因此一个充分展开的论题包括六个部分,即主张(claim)应当有以下内容做支撑:作为基本证据的事实/数据(data)、一般性证据或者说由事实到结论的理由(warrant)、一般性证据的支持(backing)、表明理由强度的限定词(qualifier)以及有可能在论证过程中遇到的反证(rebuttal)。来看这样一句话:你很可能会通过考试,因为你为此刻苦学习。为了使这一主张更有说服力,我们可以用图尔敏的模式来进行论证,详见下图:

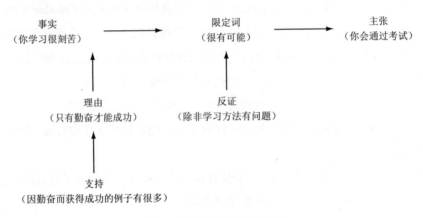

图1 图尔敏论辩模式应用

图尔敏论辩模式对人际交流的重要意义在于以下三点:1)所谓的论辩,并非只出现在唇枪舌剑、面红耳赤的针锋相对的论辩中,在日常交流中人们也常有意无意地使用论辩,与说理密切关联。2)理由和支持可信度越高,主张就越具有说服力。因此说话人必须要对理由和支持进行验证,以确保受众对事实的接受能顺利过渡到对主张的接受。在上述例子中,勤奋和成功之间的因果关系在一般情况下都是成立的,因此人们一般来说就能够接受这样的主张。3)对主张的更为完整的论证须要考虑反证。这一观点呼应了古典修辞学中"反论"的提法,只有论证了反论的错误性,才能更好地证明主张的正确。有学者就认为反证越多,论证的质量越高。同样,当反证被证实为正确,那么之前的观点就需要进行调整。比如,一旦论证了成功与否不仅仅和勤奋有关,而且还和方法有关,那么这个声明就存在缺陷,可靠性被怀疑,因此需要进行调整。反证的存在意味着对批判性思维、理性和公正的呼唤。不断的反思自身以及尊重受众的理性判断和自由选择是该论证模式对言说者的要求。图尔敏论辩模式对批判性思维能力培养的意义在于它提醒言说者在言说过程中必须言之有理,要以事实说话,否则难以使人信服;此外,言说者还要思路缜密,把潜在的反论考虑进去,或者说反思自己的言说可能存在的漏洞并想方设法弥补它。

4.3 伯克戏剧主义五要素之运用

伯克认为,人类行为是戏剧行为,或曰象征行为。(Burke 1966)人们通过修辞"来构成和表达他们对于处境的独特见解,建构一种对自己有利的现实来影响别人的观念或者行为"(邓志勇 2015:153)。作为一种分析方法,戏剧主义被用来分析对情境进行高度概括的修辞行为,或用伯克的术语来说是"动机"。伯克认为,可以通过梳理修辞者叙述中的五种要素来揭示隐藏在话语之下的修辞者的动机。现以2021年1月6日美国发生的一件震惊世界的事件——特朗普支持者闯入国会大厦并引发暴乱——为例。这场暴乱的起因为现任总统特朗普竞选失败,其数百名支持者聚集在美国首都华盛顿特区抗议竞选结果,随后抗议升级为暴乱。而就在同一天,特朗普曾发表演说,呼吁支持者抵制竞选结果。特朗普的这次演说的五要素分析如下:

修辞情境:特朗普竞选失败,美国国会将在同一天举行联席会议,确认选举结果;

行动者:特朗普支持者;

行动:"(支持者们)不停止、不退让",抗议不公正的选举结果;

目的:停止(民主党的)窃取行为,"拯救美国"(save America);

场景:华盛顿,国会大厦;

手段:集会。

特朗普在对集会者的演讲中说,选举结果是不公正的,是"假媒体"和民主党窃取"胜利果实"的结果,而他们的集会行为是拯救美国的正义之举,他呼吁"窃取不停止,我们不停止"。在这段演讲中,**目的**要素成为主导因素,决定了其他几个次要要素;也就是说,在竞选失败这样的大背景下,特朗普不断强调拒绝接受"不公正"的选举结果就是在"拯救美国",而为了这一目的,必然需要支持者们(**行动者**)在将举行联席会议的国会大厦前(**场景**)通过集会(**手段**)表达不满和抗议(**行动**)。特朗普演说的受众很可能会得出这样的结论:他们所做的一切都是为了一个"神圣的目的"(而不是特朗普自身的利益),为了这一目的,就必然要由他们在这样的时机、场所、以这样的方式来完成。用 Bitzer(1968)的修辞情景理论术语来说,当下美国社会(特朗普认为的)"不公正的"选取结果"呼唤"(calls into being)美国选民采取抗议、冲击国会的行动,从而影响国会山里议员们的思想、态度,进而纠正或改变这种选取结果,从而达到"拯救美国"的目的。伯克戏剧主义"五位一体"的分析方法对批判性思维能力培养的启示或者意义在于:任何人类行为都是修辞行为,其背后都隐含着某种动机,因此都可以通过五要素分析将之大白于天下,揭示修辞者应对修辞情景的阐释框架;换言之,通过这种分析,可以使人洞察和解释在什么情景下、出于什么目的、人们采取了什么修辞策略,并获得什么效果。一言以蔽之,运用戏剧主义方法分析人类话语或任何行为,能使人既知其然又知其所以然。

五、结语:关于修辞学教育的一点思考

批判性思维能力的培养是高校教育的重要目标之一,基于这一目标我们认为有必要在国内高校推广和发展修辞学教育。理由是:作为研究诱发合作的符号行为的学问,修辞学强调言说的理性和缜密性,关注他者存在及其潜在的不同观点,重视求同存异的策略,这与批判性思维高度契合。修辞学理论的语言哲学观肯定了语言的辩证性和否定性本质,而正是这种本质使修辞(包括论辩)的运作成为可能。修辞学的诸多理论都可以有效运用于日常的言语行为分析,从而帮助人们以批判性思维方式思考现实问题。本文虽然只展示了三种修辞理论对批判性思维培养的重要意义,但事实上,修辞学是针对他者的学问,是解释人们在什么情况下、为什么目的采取什么样的修辞策略,从而影响听众/读者,使其如修辞者所希望的那样所思所想所行的学问,其对批判性思维能力培养的重要意义是不言而喻的。

就修辞教育而言,美国高校的修辞教育值得我们借鉴。二十世纪六十年代,美国就有几个高校设有修辞学(或修辞学与写作)博士学位点,到了七十年代后期,这种学位点开始快速增长,到了 1993 年,已经突破 70 个(Brown et al 1994)。

现在，美国很多综合性大学都设有修辞学博士学位点，有些著名大学(如加利福尼亚大学伯克利分校)甚至还专门设有修辞学(或修辞学与写作)系，可见修辞学教育在美国受重视的程度。在我国现行的学科目录里，修辞学只是语言学下属的一个分支学科，与语音学、音系学、语形学、句法学、语义学、语用学平行。这种分类是我国主流修辞观的反映，比如，《现代汉语词典》(2002:1416)中就将修辞学定义为:"语言学的一个部门，研究如何使语言表达得准确、鲜明而生动有力。"王希杰(2000:60)、张会森(2002:1)、王德春、陈晨(2001:7)等著名学者也都将修辞学划归语言学。将修辞学视为语言学下属的分支学科，聚焦语言表达技巧(如辞格及其他优美语言表达)虽有边界清晰的好处，但负面影响也不能忽视，而且这种负面影响越来越大。人类的交际行为不仅包括语言符号的，也包括非语言符号的。当今越来越时髦的多模态语言学其实已经在表明，人类交流与互动的媒介是多方面的，广告修辞、影视修辞、视觉修辞等就是佐证。鉴于此，修辞学教育应该秉承一种大修辞观。

在当今全球化的时代，尤其是我国实施"一带一路"及"中华文化走出去"战略的背景下，修辞学教育的重要性和紧迫性尤其凸显。修辞学教育应充分挖掘修辞学的社会功能，以大修辞观来指导大学生的批判性思维能力的培养，甚至以大修辞观成为普通民众的共识为目标，将修辞学教育与公民教育相结合。

参考文献

[美]彼得·费希万、诺琳·费希万等 2009 《作为普遍人类现象的批判性思维——中国和美国的视角》，武宏志译，《北京大学学报》第1期。

邓志勇 2011 《修辞理论与修辞哲学:关于修辞学泰斗肯尼思·伯克的研究》，学林出版社。

邓志勇 2015 《当代美国修辞批评的理论与范式研究》，中国社会科学出版社。

李见恩、肖玲、杨汉超 2019 《图尔敏论证理论中的科学创新本质》，《自然辩证法研究》第7期。

刘亚猛 2018 《西方修辞学史》，外语教学与研究出版社。

金岳霖 2006 《形式逻辑》，人民出版社。

王德春、陈　晨　2001　《现代修辞学》，上海外语教育出版社。

王军哲　2020　《新文科背景下外语类院校一流本科建设探索与实践》，《外语教学》第 1 期。

王希杰　2000　《修辞学导论》，浙江教育出版社。

张　弓　1993　《现代汉语修辞学》，河北教育出版社。

王　寅　2013　《索绪尔语言学哥白尼革命意义之所在（之二）》，《外语教学》第 4 期。

杨　忠　2015　《从语言规约性与创新性辩证关系看外语教学中创新意识的培养》，《外语教学与研究》第 5 期。

赵汀阳　2000　《二元性和二元论》，《社会科学战线》第 1 期。

张会森　2002　《修辞学通论》，上海外语教育出版社。

Aristotle. 1954 *Rhetoric*. trans. by W. Rhys Roberts. New York: Random House.

Bitzer, L. 1968 The rhetorical situation. *Philosophy and Rhetoric*, (1): 1–14.

Brown, C., Meyer, P. & Enos, T. 1994 Doctoral programs in rhetoric and composition: a catalog of the profession. *Rhetoric Review*, (2): 240–251.

Burke, K. 1945 *A Grammar of Motives*. Berkeley: University of California Press.

Burke, K. 1950 *A Rhetoric of Motives*. Berkeley: University of California Press.

Burke, K. 1966 *Language as Symbolic Action: Essays on Life, Literature, and Method*. Berkeley: University of California Press.

Crowley, S. & Debra H. 2004 *Ancient Rhetorics for Contemporary Students*. New York: Pearson Education, Inc.

Foss, S., Foss, K. & Trapp, R. 1985 *Contemporary Perspectives on Rhetoric*. Prospect Heights, ILL: Waveland Press, Inc.

Procter, L. 2020 Fostering critically reflective thinking with first-year university students: early thoughts on implementing a reflective assessment task. *Reflective Practice*, 21(4): 444–457.

Ogden, C. K., & Richards, I. A. 1923 *The Meaning of Meaning*. New York: Mariner Books.

The Dialectical Nature of Language and the Dialectic of Rhetoric: Rhetoric and Cultivation of Critical Thinking

Deng Zhiyong & Yang Jie

Abstract: As the foundation of rhetorical theory, rhetorical philosophy advocates the dialectic feature of language, which manifests itself in the dialectical relations between symbols and their referents, and in the negativity of linguistic symbols and the negatives in language. It is the dialectical feature that makes rhetorical practice necessary and possible. Theories of Western Rhetoric and their application demonstrates a dialectic feature and connotes the emphasis on dialectical thinking and critical ability, which strongly conforms to the requirement of cultivating critical thinking and creativity for college students. Therefore, this paper holds that we should further promote rhetorical education in universities.

Keywords: the dialectic nature of language, dialectic of rhetoric, critical thinking, rhetorical education

(原载于《当代修辞学》2022 年第 2 期)

比较修辞学再界定的三个维度
——本质、事实及事件

毛履鸣

(美国犹他大学修辞写作系)

汪建峰 译

(福建师范大学外国语学院)

提 要 21世纪的比较修辞学是什么？比较修辞学者该如何界定这个学科以及如何推进这个学科？比较修辞学者又该如何研究非欧美修辞实践，譬如中国的修辞实践呢？本文拟对这些问题及其相关问题作出回答，构筑一个可供当下比较修辞研究者为参照的新辞屏(terministic screen)。首先，本文拟简要回顾对比修辞学、跨文化修辞学及文化修辞学的发展历程，重点阐述这些学科所提倡的文化转向，进而对这个转向进行反思。其次，本文将比较修辞学界定为一种实践和方法，作者主张比较修辞学研究者不再从本质意义上来谈论事实，转而从效用论意义上来探讨什么是事实，什么不是事实，即效用事实和非效用事实。之所以对事实做出这样的区分，是为了进一步凸显在跨文化话语实践中，什么是事实，什么不是事实，兹事体大，往往会造成话语事件，效用事实与非效用事实之间是一种唇齿相依的关系。再次，本文拟对罗伯特·奥利弗(Robert Oliver)出版于1971年的著述进行再解读，帮助读者辨认书中诸多独到的见解，以及显而易见的时空局限性。有些见解不同凡响，依然对当下研究颇有借鉴意义，当然也有些观点难以逾越时空的局限，需要加以反思，从中汲取教训。最后，作者拟对比较修辞学的未来表达自己的看法。

关键词 对比修辞学 跨文化修辞学 文化修辞学 比较修辞学 效用事实 非效用事实 话语事件

一、导　言

　　迈入 21 世纪,比较修辞学学者是时候静下心来思考一些问题了。比较修辞学是一个什么样的学科? 就比较修辞学这个学科称谓而言,什么是"比较"? 什么是"修辞"? 对此,学界迄今聚讼纷纭,尚无定论(Hayot 2014; Friedman 2011; Garrett 1999; Lyon 2015)。有鉴于此,比较修辞学学者该何去何从,如何对其加以重新界定和往前推进? 在以往的比较修辞学定义中,我们要么给出一个简单化的定义,要么给出的定义又过于抽象化,此等定义皆不可取,都很局促,甚或导致学科陷入危险境地。那么,我们该如何对其加以重新界定,既可以改变我们对这个世界的认知,又可以改变对我们自己的理解呢? 我们该如何对非欧美的修辞实践,特别是中国的种种修辞实践进行比较研究呢? 如此种种,都是我们所要关注的问题。下文,我们拟对这些相关问题作出回答,其目的在于为当下比较修辞学研究构筑一个新辞屏(terministic screen),或者说开辟一个新论域。首先,我们将推动比较修辞学(comparative rhetoric)与对比修辞学(contrastive rhetoric)、跨文化修辞学(intercultural rhetoric)及多元文化修辞学(cultural rhetorics)等学科进行对话。这些学科近年来都提倡所谓文化转向,尽管在转向所涉的范围及目的上有所不同;对此,我们作出阐述并指出,就比较修辞学而言,事情远非提倡文化转向那么简单;其次,我们拟对比较修辞学加以再界定,不再从本质论意义上来谈论什么是事实,什么不是事实,转而从有用论意义上来谈论什么是事实,什么不是事实,进而将研究重点转移至考查跨文化的话语事件,或者事件所涉各方的话语关系。再次,我们对罗伯特·奥利弗(Robert Oliver)的著作进行再解读,我们认为此书所揭示的欧美修辞传统与非欧美修辞传统之间的隔阂,以及此书所反映的问题具有时间上的局限性,但这些问题依然与当下具有相关性,我们依然可以从中汲取教训,有助于我们辨识今天在比较修辞学领域所遇到的问题。文章结尾,我们将对比较修辞学研究的未来发表自己的看法。

二、文化转向的困境：从对比修辞学、跨文化修辞学到文化修辞学

1966年，罗伯特·卡普兰（Robert Kaplan）发表了一篇对比修辞学的经典文章，题为"跨文化教育中的文化思维模式"。在文中，卡普兰认为二语教师应该在阅读和写作课中向二语学习者（ESL）讲授修辞和文化。卡普兰从约600位国际生的习作中抽取若干单独段落，对其行文结构进行分析，发现这些习作在修辞方面存在诸多差异，进而将其与本土学生行文的修辞特点进行了比对。卡普兰这篇文章不同凡响，颇具拓荒性意义，开辟了一个新论域，即对比修辞学研究。具体而言，卡普兰分辨出5种段落行文结构，分别对应于5个文化群体，配以图表的形式标出。他认为，每个类型都与每个文化独特的思维模式相对应。现在，这些示意图早已是对比修辞学研究文献中著名的涂鸦之作了。譬如，在英-欧说明文写作中，其行文所遵循的是线性路径，而闪语族人则基于一系列复杂的平行结构来建构段落。相较之下，东方人的论说，这里主要是指中国人和韩国人的论说，则呈现为另一种结构，东方人说话含蓄，他们习惯于"兜圈子，把圈子兜得越大越好"（Kaplan 1966）。这个特点在西方人眼里，可以说是"佶屈聱牙，过于含蓄，令人费解"（Kaplan 1966）。与此相似，在罗曼语和俄语中，段落行文往往呈现一定程度的发散性思维，在英语写作者眼里，简直可以说是"无所适从"（Kaplan 1966）。有鉴于此，卡普兰呼吁人们要更好地理解不同文化的论述结构，他进而将这些结构与英语行文结构进行比较，对不同文化的行文结构加以总结，形成特定的教学法，在教学实践中予以贯彻落实，向二语学习者讲授英语。

此文一出，后续出现了很多研究，聚焦不同文化的话语类型，以便更好地理解不同文化的修辞实践，应对英语非第一语言或母语的个体学习者的特定需求。不出所料，这些研究可谓其来有自，都是奔着卡普兰不甚严谨的论述来的；尤其是他关于5种不同文化论述类型的阐述，论述依据单薄，完全经不起推敲，加之方法论上有所欠缺，遭到质疑在所难免。此后一系列实证研究呈现一边倒的态势，证明卡普兰的观点漏洞百出，完全站不住脚。事实上，人们不禁发问，卡普兰的观点到底是他自己研究得出的结论，还是受到关于不同文化的话语类型的神秘性或刻板印象的影响所致。此外，该文还存在其他问题，包括作者对文化这个概念的理解

过于单一,如铁板一块(Atkinson 2004);文章还有过度倾向本土英语人士的问题(Matalene 1985);文章还把中国人、泰国人、韩国人都归入所谓"东方人"群体(Hinds 1990);将修辞类型和思维类型混为一谈(Severino 1993)。必须指出的是,Kaplan(1987,2001)本人此后也修正了自己在该文中所表达的一些观点。

我们对于对比修辞学的诞生和兴起这段简短且耳熟能详的历史所进行的回顾,不是为了聚焦人们已经熟知的显而易见的事情,而是探讨卡普兰的见解,也就是说,跨越语言界限的话语不仅在语法特征上迥然不同,而且在文类(generic)和修辞类型、读者与作者的期待、作者和作者权威诸方面也大相径庭。在卡普兰看来,这些差异的源头可追溯至文化差异;因此,我们有必要把这些差异置放于具体的文化语境中加以研究,这种研究应该是多视角的。卡普兰的这个见解既成为了对比修辞学学科观念的基石,又引发了旷日持久的论争,诸如对比修辞学的目标是什么,其研究方法又是什么,文化这个概念本身如何界定,学界至今依然争论不休(Li 2008: 13–15)。以康纳(Ulla Connor)的相关表述为例,在近期发表的著述中,康纳指出,卡普兰的观点虽然具有原创性,但也面临诸多挑战。譬如,造成修辞差异的源头可能是多元的,不大可能都是文化差异所致。有鉴于此,康纳主张用"文化间修辞学"(intercultural rhetoric)来替代"对比修辞学"或"跨文化修辞学"(cross-cultural rhetoric)。其目的是应对对比修辞学面临的诸多挑战,凸显写作乃是一个动态的过程,社会性是写作的本质特征。在康纳看来,"文化间修辞学"致力于"研究具有不同文化背景的人所写的书面话语"(Connor 2011: 2)。对于康纳来说,这个新称谓促进了跨语言和文化写作的多模态和互动性研究,同时为更加注重从动态和特定语境的角度来理解文化创造了必要条件(Connor 2004)。在康纳看来,在"文化间修辞学"这个称谓中,前缀 inter-(译为"……间")的使用,是为了强调一个事实,即"所有文化和社会实践都被其他文化实践所融合、渗透"(Connor 2008: 312)。因此,文化间修辞学可以带来的一个好处是,它可以照亮文化间的联系,而不是不同文化和修辞之间的区别。

从对比修辞学到文化间修辞学这一转变中,至少有三个地方值得我们进一步加以阐述:

其一,针对卡普兰的原创观点所提出的批评意见之一,与卡普兰对文化这个概念的理解有关,或者具体地说,卡普兰对文化的理解过于简单、思虑欠妥;在卡普兰的模式中,文化这个概念是铁板一块、一以贯之和一成不变的,显然,这个见解是站不住脚的。其二,卡普兰完全没有从理论和方法两个层面予以说明,不管文化这个概念如何界定,文化到底是怎样形塑和影响人们的写作活动,以及在一个国度内不同文化又是如何彼此互动、相互影响的。其三,从对比修辞学到文化间修辞学这个转变,目的是为了弥补卡普兰模式所留下的缺憾,进一步深化我们对文化这个概念的理解。我们必须认识到文化是动态的,不是一成不变的。有一种观点认为不同文化是内在一致的,是有共识的,这一观点必须受到挑战。

约翰·科马罗夫和简·科马罗夫(John Comaroff & Jean Comaroff)关于文化的定义颇有启发性,我们拟讨论这个定义,以进一步突出文化的动态特征。在《民族志与历史想象》一书中,他们认为文化是"一个语义空间,一个符号和实践的场域。在这个空间和场域中,人类对自我及他人进行建构和表述。因此,人类实际上也对社会和历史进行建构和表述。"进一步说,文化总是"历史场域中的文化",文化是一个"在历史场域中不断呈现的行动能指(signifiers-in-action)的集合,而这些能指具有实质和象征、社会性和美学维度"(John Comaroff & Jean Comaroff 1992: 27)。从这个定义的角度来看,作为一个"在历史场域中不断呈现的行动能指的集合",文化的根基总是在不断得到巩固或受到质疑,而且不同文化之间内在的不平衡的权力关系总是处于或得到维护,或受到挑战,或遭到颠覆当中。作为一个语义空间或我们称之为"充满竞争的话语场的集合",文化也代表一个修辞发明的着力点、干预点和嬗变点。下面,我们拟参照这个文化定义对比较修辞学进行再界定。

其二,从对比修辞学走向跨文化修辞学,人们愈发意识到,随着交流步入全球化时代,语言与文化之间的界限已进一步模糊,难分彼此,你中有我,我中有你。这一情况要求我们必须从语言与文化之间不可分割和相互依赖的角度来对人们的交流互动进行研究。但在这个过程中,还有一个问题尚未得到充分考虑,即跨国公司和技术全球化主义(technoglobalism)。当下全球化进入了一个新阶段,这个新阶段正在"为催生和激活语言的再定位与文化的碎片化创造条件",业已导致一个新情况的出现,也就是,"语言与国家、语言与国家记忆、语言与国别语言之间那一层'天然'纽带脱钩了"(Mignolo 1998: 42)。鉴于这种再定位、脱钩及再挂钩,不管什么人,做出何种努力,在对修辞和其他文化差异作出表述时,都不可能像以前那样,局限于一个具体的物理或国家界限内。相反,这种表述必须与一个空间场域所出现的各种急缺状况相关，修辞者必须针对各个急缺状况作出回应，这与他们所要表达和改变的经验有关，与他们致力于建构和成为其中一员的社区有关。换言之，任何关于修辞实践的研究都带有不同的语言和文化背景，因而都必须注意这种再定位——也就是说，关于修辞实践的研究如何才可以脱离其宗主国语境，修辞实践又是如何形成新的从属关系的，而这种从属关系必然带有话语内在不一致和龃龉不合的地方，必然与东道国语境有关。此外，同样的研究还需要注意介乎过去与现在、土著与外来之间愈发模糊的界限，以及这种界限所催生的第三或间性地带空间；在这里，人们生产新知识，建构新关系并进行新型的互动。由此来看，米格诺罗（Walter D. Mignolo）所谈到的那种"天然"纽带只在理论上存在，或者在这新空间里，这种纽带是不相关的。在这新空间里，我们摒弃了追根溯源和诉诸本质的惯常论调，一反常态地启用相互依存及相互联系的说辞。

为了进一步掌控和思考比较修辞学再界定所带来的困扰和挑战，我们需要关注修辞的"旅行"方式、原因、产生的影响以及修辞与新的话语环境磨合的情况。这样一来，我们就可以富有成效地认识和探讨一种持久的张力，假如这个张力不是一种困惑的话。一方面，我们认定某个特定修辞行为的必然性和相关性，是因为我们以为这个修辞行为是此时此地所面临的修辞急缺所造成的；另一方面，我们之所以认为同一个修辞行为具有必然性和相关性，是由于这个修辞行为于彼时彼地所产生的效果及所表述的内容造成的。这两个看法之间存在着一种张力。如若应对不当，这种紧张关系必定妨碍我们对他者甚至对自我的全面理解。更为糟糕的是，它可能使我们的论述陷入一种滑坡谬误，可能错误地把一种偶然性巧合理解为一种必然性，致使权宜之计胜过伦理责任。

其三，对比修辞学原初的理论见解，旨在将修辞学引入语言教学之中，使语言教学超越于句子进入话语层面，因为话语类型是受到相应的修辞传统影响的。此后针对对比修辞学的批评似乎更多聚焦于"对比"这个词语的意义，或更多聚焦于对比修辞学的侧重点，而对于"修辞"一词的语义或修辞学可以为对比修辞学提供什么潜在的帮助，则着墨很少。截至目前，不管从古希腊-罗马修辞范式的内涵还是外延来看，对比修辞学所借重的修辞维度主要停留在文本谋篇布局和文本组织结构上，其他方面则很少受到关注。有很多问题还没有进入对比修辞学的视野，或者说对这些问题的研究存在不足。例如，修辞是如何激活话语发明、干预及改变这个过程的;修辞如何才能对产生有效的交流有助益,修辞如何才能有助于催生新的话语同盟及新的研究和发现形式,等等。因此对于对比修辞学者来说,问题更多在于现有的修辞定义能够对对比修辞学有什么样的启发,能够引发什么样厚实的论述,而谁能够为对比修辞学提供一个更具包容性的修辞或文化定义,或就此而言,谁能够为跨文化修辞学提供一个更具包容性的修辞或文化定义。

近几十年来,在对比修辞学所倡导的文化转向以及这个转向被跨文化修辞学进一步接受的背景下,所谓"文化修辞学"应运而生。在"文化修辞学"首倡者中,史蒂文·梅洛(Steven Mailloux)是杰出的代表,在梅洛看来,文化修辞学是指"在文化生产和接受的社会政治语境内,对目标(文学和非文学)文本的辞格、论辩及叙事所进行的研究"(Mailloux 1998: 186),或者是指对"(目标)文化中的辞格、论辩及叙事的政治效果"进行批判性、教学性、历史性及理论性的研究,目的在于"从基于特定历史时刻的文化对话的政治机制中提取理论和现实意义"(Mailloux 2006: 40、129)。对于梅洛来说,文化修辞研究强调"修辞的政治本质和语言应用的研究",以及与之密切相关的权力问题和文化与语言应用之间难解难分的关系。正如梅洛所言,文化修辞学旨在"为文本及其后果确立意义和价值,对一般意义上文化行为的效果及特定意义上的语言应用进行分析"(Mailloux 2006: 40)。因此,可以说文化修辞学代表了一个十分正确的研究方向,这可以从两方面来讲:文化修辞学一方面致力于研究文化行为和语言应用的效果;另一方面其研究内容又包括"修辞传统的生产力和解释力""口头和书面修辞中的古典和现代修辞发明""可应用于口头、印刷及电子媒体的现代和后现代诠释学"以及"听觉、视觉及运动方面的文化技术"(Mailloux 2006: 129)。然而显而易见,梅洛的文化修辞学模式依然弥漫着欧美中心主义论调,与欧美经典修辞文本和修辞实践有着千丝万缕的关系。

还有一些对比修辞学学者,他们对文化与修辞之间的互惠关系情有独钟,矢志不渝地深入探讨。他们不仅主张对比修辞学应多点开花或开阔视野,使单一的文化修辞学(cultural rhetoric)转变为多元的文化修辞学(cultural rhetorics),还主张学术研究应尽量语境化,因为基于某个特定群体内的修辞实践的特性决定了文化和修辞的崛起方式(Bratta & Powell 2016)。从单一文化修辞学到多元文化修辞学,"修辞学"这个单词由单数变成了复数形式,大概是意识到各种特性,要求对特定文化社群内外的修辞行为的独特性、流动性及多元性进行研究。这说明进行有目的的自我反思并及时进行干预和改变也是非常重要和必要的。例如，鲍威尔等人将多元文化修辞学界定为研究意义的生产，而这种意义的生产是"在特定的文化社群内进行的"；且"这种意义的生产还是在多元语境、历史及知识系统中进行的"（Malea Powell et al. 2016）。对鲍威尔等人来说，修辞"总是一种文化"，而文化则"自始至终是一种修辞"（Powell et al. 2016）。进一步说，多元文化修辞学从一系列相互交叉、转换及变化的方法论和理论框架及关系中获得了启发，其中包括诸如修辞与作文研究、后殖民研究、去殖民化研究、性别研究及行为研究等，目的在于"构建传统、多元历史及多元实践中的关系"。因此，对于对比修辞学来说，若要从特定文化内部这个角度，来构建和发展有意义的理论架构，那么其核心要素有三：首先是讲故事，其次是在对本身历史和当下所处的位置与空间中进行深刻自我反思的基础上构建各种关系，最后是理论思考，旨在"沿着西方帝国主义构建起一个集知识体系、话语、社群及理论范式于一体的纵横交错的网络"。在"专刊导言：走入多元文化修辞学对话"中，菲尔·布拉塔 & 马莱阿·鲍威尔（Phil Bratta & Malea Powell）强化并进一步阐述如下一些理论特点：去殖民化、关系、群体（constellation）及故事。对于这四个特点，他们称之为"实践四要素"，是"多元文化修辞学学者在理论架构中必须予以统筹处理的四个维度"。

然而，必须指出的是，正如彼得·西蒙森（Peter Simonson）所言，认识到文化之于修辞研究的重要性始于 1960 年代末和 1970 年代，从那时候开始，修辞研究开始超越具体的文本和言语，而迈向象征、神话、意识形态、社会历史语境及广义的生活方式。无独有偶，正是在这个时期，有几位学者通过文化和比较研究这个视角，开始研究非欧美修辞及美国土著人修辞。罗伯特·奥利弗的著述是典型代表之一，可以算是比较修辞学研究的先驱，或者说应是比较修辞学研究的开山之作。我们也必须承认，关于修辞发明、干预及改变的观念，与同时期兴起的社会建构论有着千丝万缕的联系。在社会建构论者看来，"语言、象征、话语、文化实践及文本构成了人类的世界，为各种没有本质意义的现象提供意义"（Simonson 2014）。

形形色色的文化转向，虽然是对比修辞学、跨文化修辞学、单一文化修辞学及多元文化修辞学分别激发的，但它们有一个共同的方向，即：对于语言及其他象征实践来说，如果说它们不取决于政治、社会文化及物质基础，那么可以说与政治、社会文化及物质基础关系密切。文化转向在不同的时空背景下含义不同，具有多样性，用以解释这些多样性的理论很难一概而论,需要进行仔细而又深入的研究,结论要站得住脚。正是由于这些形形色色的转向,以及学者们在研究中集体性转向注意地域语境特征和人们的日常实践,一个再清楚不过的情况是,不同文化之间不止有一种关系,每一个文化修辞行为相较于另一个文化修辞行为,都具有同样的复杂性,都不可能是单纯的。那么,现在的核心问题是:我们要怎么样对这些多样而又复杂的修辞行为进行比较研究呢?而与此同时,我们又深知,我们自己的意识形态和立场正在不远处召唤着我们。换言之,假如比较修辞学的主要研究目的是产生反思性的接触,那么这种接触应该以什么方式进行,由谁来主导以及目的是什么呢?下文回答这些问题。

三、本质、事实及事件:比较修辞学的新辞屏

早在 2013 年 6 月,一群修辞与写作学者汇聚在美国堪萨斯州劳伦斯市,参加一个比较修辞学论坛,这是 2013 年美国修辞学会夏令营的一个活动。学者们花了一周时间审读了一些比较修辞学著述,对比较修辞学未来走向的建议及相反意见作出评估,为比较修辞学研究的未来勾画一个蓝图。在为时一周的研讨会末了,与会者发表了一份会议纪要,题为"关于比较修辞学研究内容和方法的宣言"。对于比较修辞学这门新兴学科而言,值此时刻,这份宣言意义非凡,理由不言而喻,它意味着比较修辞学学者第一次聚集在一起,既阐明了学科目标、对象及方法,又描绘了一个令人鼓舞而又具有包容性的未来。

根据这份宣言的精神,我们认为比较修辞学既是一种实践,又是一种方法。作为一种实践,比较修辞学的研究对象是话语和跨越时空的写作传统,其关注核心为话语和写作传统的历史性、特性及不一致性。与此相关的是比较修辞学学者矢志不渝地坚守信念,既要研究被边缘化、被错误表述或者完全被遗忘的话语及传统,又要干预和重构主流修辞范式、视角及实践,而这些范式、视角及实践毕竟具有历史偶然性,需要不断地予以再语境化。这个信念使我们有可能不仅将比较修辞学的立场扩及所有修辞行为,而且我们有可能在不同的修辞、历史及传统中对于意义的回响和流变形成一个更为微妙的理解和深刻的描述。

作为一种方法论,比较修辞学提倡一种基于"顺从语言"的生产意义的方法。

"顺从语言"这个说法是大卫·L.霍尔和罗杰·T.埃姆斯提出来的(David L. Hall & Roger T. Ames 2003: 229)。所谓"顺从语言",是指一种元-语言(meta-language),这个元-语言有两个特点:其一,它拒斥任何用以形塑和决定任何其他语境的外在原则或无所不包的语境观;其二,在从事比较研究中,它尊重地域性表述及解释框架。"顺从"(defer)一词含有"差异"(differ)和"敬重"(defer or yield)的双重语义,比较修辞学所强调的是认可和尊重其他修辞实践和传统的必要性,而不是要么吹捧要么贬低的两极化态度,比较修辞学强调修辞实践的多样性、流变性及独特性。比较修辞学提倡尊重当地历史及传统,应当与主流传统或业已得到认可者平起平坐,而不是将其边缘化并予以贬抑。此外,比较修辞学的理论主张是一切话语都是相互依存、相互勾连的,比较修辞学学者应该从这个理论主张出发,对一切话语实践的表述都应进行构建和规约,对自己的认知和存在方式以及他人的认知和存在方式及时地进行批判性反思,同时这也是一个去语境化和再语境化的过程(下文详述)。

将比较修辞学视为一种实践和方法,有助于消除偏见、非此即彼的二元对立看法以及一些人为的界限,这些偏见、看法及界限没有什么益处,只会影响人们建设性地与非欧美修辞打交道的种种努力;也有助于对全世界的修辞历史与实践形成一个更为丰富和完整的理解。与此同时,比较修辞学对宏大叙事不感兴趣,在宏大叙事中,一个放之四海而皆准的修辞规范,或者一个普通修辞学理论,适用于所有的社会。美国修辞史学家兼比较修辞学者乔治·A.肯尼迪(George A. Kennedy 1998: 1)支持这个看法,我们不以为然。从好处着眼,这种叙事或理论必将在跨文化背景下研究修辞理论和实践的多样性和独特性时面临极大的挑战;从坏处着想,这种叙事或理论必然弥漫着罗伯特·所罗门(Robert Solomon)所谓的"超然语言"(transcendental pretense,转引自Hall and Ames 2003: xiv)。在罗伯特·所罗门看来,这种超然语言是一种有害的西方民族中心主义思潮,其误以为西方的(地域性的)原则或金科玉律乃是普世之规范或标准,而非西方的原则都必须经过西方规范的洗礼来实现"正常化"或"标准化"。

正如我们在这里说的,比较修辞学同样不认为每一个可以想象的修辞事件或实践都产生了效果或作用。这一点看似显而易见,但人们对此却有很多模糊不清的认识。其中一个认识是,比较修辞学是一个可以自圆其说的行为,有其自身力量和目的,在过去,人们也是这样来定义文化的(Geertz 1973)。现在,比较修辞学概念已具体化为一种理论,其适用范围可以无限延伸和放大。实际上,比较修辞学已与很多研究形态结为学术同盟关系,如女性主义修辞、非裔美国人修辞、土著人修辞、少数族裔修辞及后殖民主义修辞等。另外一个认识是,顾名思义,比较修辞学本身已是一种比较行为,代表基本的认知、社会文化及知识论的义务(Friedman 2011)。既然比较修辞可以规约为一种实践,那么我们观察和实践比较修辞的方式应该与其他修辞行为所受到的观察和实践一样。概念具体化或化约行为,是与本质主义偏见或倾向背道而驰的,不管是具体化还是化约行为,都有可能使我们进一步偏离理性和相互依存的关系,而比较修辞学首先致力于培育和促进的正是理性和相互依存的关系。

为了克服本质主义偏见,我们在比较修辞学的理解上取得了新的突破。在 Eric Hayot(2014: 88)看来,所谓比较研究,决非只是出于认知、社会文化及认知等义务的驱动,简简单单地把两个或多个现有文本或其它象征作品拼凑起来。比较研究的目的在于"决定文本或象征作品的本质属性,确定其架构,将其置放于某个社会、政治或历史语境中"。而且,比较研究还应建构一种理论,以便什么时候要进行什么比较研究,就有什么理论可以派上用场。概而言之,比较这个行为本身不仅创造了其研究对象,还创造用以进行比较研究的理论,在此过程中,比较研究需要在不同的社区及多彩缤纷的世界里驻足逗留,倾听来自这些地方的不同声音,与这里的人们展开对话(Layoun,转引自 Friedman 2011)。因此,若论比较修辞学的本质是什么,那么这个本质一定是指多样性(因为比较研究这个行为本身在数量上是不可穷尽的)和独特性(因为每个比较行为本身是独一无二的,在语境上都具有偶然性)。

由于其多样性和独特性,比较修辞学必须被认为是一种施为性动作,必须被认为是一种付诸实践的行为,按照戴安娜·泰勒的说法,比较修辞学的作用可以是"一个过程、一种实践、一个认知、一种传播方式、一种实现以及一种干预世界事务的方式"(Diana Taylor 2003)。比较修辞学可以是一种言语力量,可以在其一切言语语境中产生效果,从这个角度来说,比较修辞学参与了"去语境化"和"再语境化"过程;即一方面,这个去语境化和再语境化的过程通过比较研究这个施为性动作,使比较修辞学理论建构的斧凿痕迹或偶然性显露无遗,从而使其自身的研究方式和修辞理论框架去自然化(denaturalize),在这个意义上,比较修辞学实现了去语境化;而另一方面,这个去语境化和再语境化的过程,促使比较修辞学与包括主流修辞学在内的其它修辞学以及各种文化观念的母体展开对话,这些观念母体较之比较修辞学理论可以说在人工斧凿方面有过之而无不及。对话的结果是,主流修辞学的规范和标准,再也无法被认为具有普适性,再也无法被认为是所有修辞学的本质观念,在这个意义上,比较修辞学实现了再语境化。在这个过程中,比较修辞学与任何其它比较研究一样,"触发了一个动态的无可解决的吊诡",在这里通约性和不可通约性这一组概念被置于"一种动态的戏动关系,具体体现在用斜线号隔开的不可/通约性(in/commensurability)这个单词中,前者表示分隔,后者表示联系"(Friedman 2011),而且比较修辞学有"能力和潜能用新的认识论对象来取代旧的,当然这取决于哪些权力在支持这个辞旧迎新的项目"(Radhakrishnan 2009)。

比较修辞学要获得成功,要建设性地与各种跨越时空的话语和写作传统展开对话,将其焦点置于这些话语和传统的历史性、特性及不一致性,那么比较修辞学就必须与这个本质主义偏见或与一个长久却又偏狭的做法分道扬镳,比较修辞学曾长期持有对其他修辞传统的偏见,以为其他修辞传统也就那么一套东西。比较修辞学必须丰富和扩大与文化和一切言语情境的关系。因此,对比较修辞学而言,要面对的核心问题不是"修辞在目标文化里是什么",而是"使用者在目标文化里可以做些什么,是如何做到的"?或者,借用爱德华·胥亚帕(Edward Schiappa 2003: 7)的一个说法,比较修辞学的核心问题是"什么是效用事实"。

在胥亚帕看来,人们在研究事物的定义时,主要寻求两种事实:有一种研究采取的定义形式是"X是什么",这种研究侧重于X是什么,而非X是怎么使用的。Schiappa(2003: 7)将通过这种质问来获得的定义性事实称为"本质事实"或"真值"定义;另一方面,通过质问事物的用法来获得的另一类事实,其兴趣点在于个体言说者和作者在特定场合中是如何使用X的。胥亚帕将这类通过质问事物的用法而获得的定义性事实称为"效用事实"(Schiappa 2003: 7)。对于胥亚帕来说,那种针对定义所采取的"自然主义态度",是他要加以去自然化(批判)的,因为这个态度忽略了两类事实之间的区别,认定两类事实殊途同归,指向同一个事物(Schiappa 2003: 9-10)。另一个基于实用主义的方法将效用事实当作"价值宣认(事物应该如此)",以区别于"事实宣认(事物本来是这样)"。实用主义方法将定义视为一种"修辞驱动",这一方法暴露了定义所无可避免及必然激发的劝服过程,并在此基础上参与了关于定义的论争。

从"何为修辞"这个问题出发,我们可以大致判断出定义者的理论参照框架,定义者对于事实的看法是本质事实论,认定存在一个客观现实,事实是针对客观现实的本质反映,人们对这个客观现实的看法应该是一致的,是没有冲突的。相较之下,从"修辞有何效用以及修辞如何发挥效用"这个问题出发,我们又朝着事实效用论迈进了一大步,更进一步地笃信有多种方式供使用者用来实施话语发明、话语干预、话语改造,甚至如梅洛所言,可以从多方面对他所谓的"文本效果"进行质问。在梅洛看来,文本是指"任何值得诠释的对象",这对象可以是"口头语、书面语、非语言实践或人类任何种类作品"。至于效果,可以是特定历史时刻的文化对话的政治机制,也可以是人文科学的修辞再构想中的权力-知识关系。可以看出,梅洛促进了"关于文化中转义辞格、论辩及叙事的政治有效性的研究"(Mailloux 2006: 40;亦可参阅笔者之前有关文化修辞的论述)。梅洛关于文本效果的观念与胥亚帕关于效用事实的论述有着异曲同工之妙,二者都强调了修辞与文化的密切关系,也强调了话语实践的有效与无效及有意与无意。

必须强调的是,定义必然涉及和激发文本的效果或说服的过程,但这个过程不是固定和一成不变的。相反,这个过程总是在实现之中,总是充满争议。在这个效果或这个过程得以经历和流通之前,它们都必须经过再谈判和再调整。更为重要的是,那些已被抹去或省略的文本的形式、效果及说服过程,都必须公开而又系统地得以回忆、复原或复述。意义往往会超出文本的字面意义,所指表达的意义往往超过能指表达的意义,这就要求我们说出已说的意义,说出未被说过的意义(Foucault 1973: xvi),因此,文本的效果、文本超出的意义及缺失的意义(也即有争议的意义、被遮蔽的意义、被排除的意义以及被抹去的意义)都需要呈现出来,这就给我们提出了两个要求:其一,我们应该反复阅读那些文本中修辞或诠释关注目标尚未得到识别的地方,在这些地方,只有未经确认的痕迹或缺失可以提供佐证;其二,我们应该揭开造成意义缺失或不可见的背后原因以及条件。如果我们做不到这两点要求,那么我们对修辞行为和权力-知识关系的理解就会打折扣。有些信仰和实践的存在被认为是重要的,而另一些信仰和实践则在某个特定历史时期被边缘化了,声音遭到了压制甚或完全被遗忘。二者之间动态的和相互包容的关系被模糊到了很严重的地步,以致那些在场的信仰和实践或效用事实被认为是向来都没有争议点的,或者不会轻易受到话语不一致性及关系破裂的影响。因此,随着比较修辞学将重点转向效用事实或文本效果,它必须面对被抹杀和删除的个案,复原那些被埋葬、被剥夺资格及被排除在秩序之外的修辞知识。简而言之,比较修辞学必须竭尽全力寻求第三个类型或用法,也即我们所说的非效用事实。所谓非效用事实,是指通过如下提问而获得的事实:对于研究中的文化,使用者不在做什么事情?以及为何不做?造成他们默不吭声或不作为的原因是什么,是极端的情感或激情,是直接的地域语境,还是对效用事实起到滋润作用的宏观社会文化语境?他们在做的事情有没有可能代表非常重要的在场的事情而不只是在场的事情?他们没有在做的事情,有没有可能是我们由于理论上的盲点而看不到,或是我们承继下来的"强烈情感"所致?使用者对哪些问题表示关切?哪些答案在他们看来是问题的正确答案?

  对于比较修辞学而言,转向和动用非效用事实,其确切含义是什么?首先,这个转向意味着比较修辞学放弃了学科内在的二元对立思想,在这个二元对立思维模式中,非效用事实与效用事实构成一种对立关系,非效用事实是有害的或不可接受的。假如非效用事实和效用事实都源自于社会、文化及语言规范的力量,又使社会、文化及语言规范的力量持久存在,那么这样看来,非效用事实就不应该是效用事实的对立面或阴暗面。那么,效用事实就不应该被认为是自然而然的,是没有争议的,或被认为是空穴来风。实际上,非效用事实体现或隐藏着导致自我边缘化及为效用事实所摆布的条件。换言之,不管是效用事实,还是非效用事实,都是相互包容的,代表修辞现实的阴、阳两面。阴和阳是中国哲学、自然科学及修辞学史上两个重要的概念。我们将效用事实和非效用事实与阴和阳形成一组搭配,目的有两个:其一,在于进一步强调效用事实和非效用事实在运行中相互依存和渗透的机制;其二,不管是与欧美修辞本身互动,还是与非欧美修辞进行互动,这个相互依存和渗透的机制都必须得到认可和尊重。在一个地方是阳,而在另一个地方则是阴,反之亦然。阴阳相对,任何一方都不可独立于另一方而存在。同理,欧美修辞传统中的非效用事实或潜在的存在,在另一个修辞传统里可能是效用事实或显白的存在,反之亦然。任何一方都不可能独立于另一方而存在。强调二者之间相互依存的关系不仅可以为二元对立的逻辑提供一个有说服力的替代品,而且在弥合效用事实和非效用事实之间的鸿沟方面往前迈进了一大步,代表造成二者之间鸿沟的条件已受到挑战和得以重组。无独有偶,对这个效用事实和非效用事实的互相依存关系的再确认,相当于打通了"是什么"与"不是什么"或存在与缺失之间的任督二脉。

进一步说,比较修辞学的侧重点转向非效用事实,并非意味着简简单单地将现有的效用事实高于非效用事实这个等级思想翻转过来,正如有人可能会尝试这么做,使得昨天的非效用事实高于今天的效用事实。实际上,这样一种时来运转虽然要么是出于好意,要么是完全有充分的理由这么做,但它依然弥漫着学科内二元对立的思想,也因为这个原因,它不认可为效用事实和非效用事实提供观念基础的阴-阳机制,或不认可效用事实与非效用事实之间所形成的在差异中求共存的做法。相反,我们呼吁比较修辞学转向非效用事实,是为了揭露效用事实和非效用事实其实都是一种话语建构,效用事实和非效用事实是相对的,是为了质询或改变给予非效用事实和效用事实以意义和合法性的条件。此外,采用非效用事实这个说法意味着将第三条路径带入比较修辞学的对话;这样一来,一方面使效用事实与非效用事实之间的鸿沟有效弥合了,另一方面又使效用事实和非效用事实与本质事实之间的隔阂消除了。因此,无论是效用事实或非效用事实,还是本质事实,其中一种事实相对于另外两种事实所获得的特权地位是站不住脚的和不相关的。现在,在比较修辞学转向非效用事实之后,三者之间动态和相互依存的关系包含非效用事实在内。在这个转向过程中,我们可以更好地识别和激活那些声音被压制、被移位或被完全遗忘的理性,这是我们更完整地理解发生在一切言语语境中的修辞行为的前提。

假若我们以上论述是站得住脚的,那么比较修辞学的研究对象就不应该是本质事实。因为本质事实所要追问的是,在文化研究中"什么是修辞"这个问题。相反,比较修辞学的研究对象应该是效用事实和非效用事实。这样的话语实践所致力于追问的是如下一系列问题,如:"说话者的修辞目的是什么?""说话者进行象征和生产意义的话语实践的目的何在?""说话者的修辞策略是什么?""在特定文化中,有哪些行为是说话者不做的?何以如此?""他们没有在做的事情,有没有可能是我们由于理论上的盲点而看不到,或是我们承继下来的强烈情感所致?"等等。对这些问题的回答,不仅使人们获得启发,明白效用事实和非效用事实是怎么使用的,为什么人们以这样的方式使用效用事实和非效用事实,也为人们进行话语干预和改造提供了一个崭新的空间。如前所述,我们再次强调,将非效用事实这个说法带入比较修辞学研究视野,其目的在于非效用事实这个说法为比较修辞学研究开辟了第三条路径,但这不是要翻转学科概念的等级,也不是要倒转砝码,以便效用事实和非效用事实可以挪地盘,这样一来,二元对立逻辑和本质主义偏见可以继续大行其道。相反,比较修辞学的非效用事实这个概念召唤我们进入一个第三空间,它是一个主体间存在(interbeing),在这里人们可以就没有时间维度的关系和新的替代品也即非效用事实公开地给予考虑,并就其多种研究形式进行热烈讨论。譬如,我们可以停下来追问,何谓非效用事实?我们可以开始询问,用"非效用事实这个概念来思考"有什么益处(Lévi-Strauss 1964: 89)?又如,非效用事实这个概念是否可以创造"公开的条件来迎接新的事物和新的研究形态"(Sauss 2003)?非效用事实是否能够提供备用方案以解决二元对立逻辑所产生的问题?或者,非效用事实是否有助于推陈出新,扩大我们对历史性、特定性及不一致性的学术生态的信念?

作为比较修辞学的研究对象,或者就此而言,作为其他任何一种比较研究,效用事实和非效用事实实际上可以用一个更为简洁的说法来阐述,那便是话语事件。从事件这个角度来说,较之考究事物(当然是具有历史性、独特性及不一致性的事物)本身是什么样子的,效用事实和非效用事实所追问的是:各个事物之间在特定时间和特定场域中是什么关系?超越于时间和场合它们之间又是什么关系?他们的文本意义及象征意义与"一个为大家所接受的叙事"的关系,不再"要么是佐证,要是颠覆"的关系,这个叙事含有"开头、中间及结尾,从时间顺序来看,所有叙事环节合乎时间的逻辑"(Ballif 2014)。相反,这取决于这些事件是否及如何"发酵",产生和改变了理性,这些理性违背了线性时间性,是在社会、政治、历史的无用及有用场合中得到体现的。简而言之,他们的文本意义及象征意义取决于人们生产这些意义是否为了为阴-阳的修辞现实提供例证。

我们从话语事件这个角度来消除效用事实和非效用事实之间的等级差异这个做法,与巴里夫近来一个提议(Ballif 2014)具有异曲同工之处,巴里夫呼吁人们挑战"规范历史想象"。在"规范历史想象"下,"不管一般会发生什么,已经发生了什么以及将会发生什么,一切都呈现线性发展态势,都是对过去发生了什么,正在发生什么以及将会发生什么的历时性延续"。显然,巴里夫受到德里达相关论述的影响,在她看来,事件是"无法化约为一个时间化事件或一个时间点的",事件需要史学家"对规范性历史叙事发起挑战,强调事件之为事件的偶发性"。我们侧重于研究事件之间的相互依存性、理性以及偶发性,这代表修辞学史书写的具体的一个步骤,或这代表比较修辞学研究往前迈进一步,推动比较修辞学研究超越传统的线性时间概念,超越关于定义性界限的基于本质主义和规范的认定。

四、重读罗伯特·奥利弗:洞见、不一致性及原动力

作为一个学科,比较修辞学在过去几十年里取得了长足的发展。比较修辞学者吕行最近发表了一篇文章,题为"21世纪比较修辞学的任务与方法"。在这篇文章中,吕行呼吁比较修辞学者中致力于修辞与写作研究的从业人员将四个主要研究领域确定为学科的义务。这四个主要研究领域是:推进不同文化的修辞学文本的研究,尤其是那些在历史上受到压制、被边缘化及被刻板化的文本;吸收本地独具文化特色的表述,扩大接触区和修辞语汇;比较研究不应局限于"古希腊与其他文化",而应扩及所有群体和文化之间;运用比较修辞学来处理全球共同体面临的真正问题(Lu 2015)。这四个研究领域也可以用我们前述的话语来讲,即发掘或阐述先前未曾阐述的(非效用事实);发展顺从语言,摈弃任何外在的原则或无所不包的语境观,顺从当地表述及混合的分析框架;聚焦话语事件及其偶发性。

上述这些关于比较修辞学未来走向的表述或四个研究领域,是个值得参考回顾的参照点。奥利弗于1971年出版的《古代印度与中国的交流与文化》是比较修辞学研究特别是印度与中国修辞研究的开山之作。重读这部经典之作,我们想找出奥利弗提出的洞见以及论述的不足之处,并以此作为比较修辞学现在与未来可资借鉴的原动力或教训。

早在1950年代初,奥利弗就敦促我们研究亚洲修辞,以便开阔修辞研究的视野。长期以来,修辞研究一直是以亚里士多德修辞思想研究及欧美修辞传统为主的。奥利弗的比较修辞研究始于1950年代(1954,1956),贯穿1960年代(1961,1969),这些研究最终汇聚于《古代印度与中国的交流与文化》一书,此书是印度与中国修辞传统研究的奠基之作。

奥利弗大作长盛不衰,在今天依然有参考价值,主要是因为奥利弗研究印度与中国修辞的方法值得借鉴。在其大作中,奥利弗开门见山地指出,其目标是以中国

和印度的术语来研究古代中国和印度的修辞理论和实践,而不是以西方的术语来研究(Oliver 1971)。每一种文化都有独一无二的价值体系,并都受其影响。因此,任何试图从外部研究其文化,都必须小心翼翼。奥利弗认为,做不到这一点,就相当于"以尺子来丈量海水"(Oliver 1971: 3)。奥利弗决定不将柏拉图-亚里士多德修辞观念强加于印度和中国修辞传统,因为催生柏拉图-亚里士多德修辞学诞生的条件在古代印度和中国是不存在的(Oliver 1971)。他也不打算透过西方的透镜来判断显而易见的东西方差异,取而代之的应该是发现这些修辞确实代表了哪一种可能性的欲望。譬如,在西方自古希腊以来,修辞一直被理解是一种独立的、专门的知识;而在古代印度和中国,修辞不是一种独立的研究,而是整体世界观不可或缺的一部分。这个差异虽然很容易让人得出冒失的结论,但它并未导致奥利弗认为古代印度和中国没有修辞。相反,这个差异仅仅是使一个事实得到了确认:在东方,修辞对于其他人类知识是极其重要的,被认为是一般化哲学思考的不可或缺的一部分(Oliver 1971: 10、260)。因此,比较修辞学的终极目标,"不是发现东方的修辞,而是找到一个办法来识别和表述东方修辞,这既可以让西方人理解东方修辞,又不至于使东方修辞失去其整体特征。"(Oliver 1971: 11)因此,早在1971年,奥利弗就明白有必要寻找和诉诸当地或本土的修辞术语或非效用事实来对东方的修辞实践进行表述。可以说,这是对非欧美修辞实践和理论进行表述的一个重要时刻。从某种意义上说,奥利弗大作预言了一个未来,在这里更多的接触区被打开,广受欢迎,人们提出了更多的具有文化特性的术语和范式。

但是,需要追问的是,奥利弗是否兑现了他开篇所承诺之事?他是否克服了那个缺陷范式?在这个范式中,希腊-罗马和/或欧美修辞范式被用来对非欧美修辞进行评估,然后指出非欧美修辞达不到欧美修辞的要求或者结果更糟?在奥利弗大作末了,他是否做到了不以西方人的透镜来观察古代印度和中国的修辞?他是否根据自己从经验中获得的理论和范式来解读中国修辞?他是否依然认为古代印度和中国的修辞是个十分重要的研究对象?

然而,不幸的是,奥利弗做不到以东方的修辞术语来评判东方的修辞。我们所憧憬的那个未来,依然遥遥无期。例如,奥利弗虽然试图从东方的修辞术语来表述古代印度和中国的修辞实践,但他所赖以表述的源文本最后被证明是不可靠的。不可避免地,他所得出的结论要么流于笼统概括,要么都是些刻板印象。如在该书第六章《中国的修辞语境》中,奥利弗仅用第二手资料就讨论"言说"在中国古代的传统运用特征,当然他的讨论也涉及了其他特征。他发现在中国古代,人们言说的主要指导性原则是礼节,具体体现于五个基本的关系之中——君臣之间、父子之间、夫妻之间、兄弟之间以及朋友之间(Oliver 1971: 92)。人们通过维护这些关系,以创造社会和谐的氛围,但也付出了个性受到压制的代价(Oliver 1971: 91-92)。奥利弗所依据的文本是《中庸》,该书是中国古代论述礼仪和礼节的专著,相传为孔子贤孙所撰。毫无疑问,《中庸》作为中国古代论述人生修养境界的一部著作,其重要性不言而喻,但若仅凭此书的只言片语就断定礼是中国古代言说的指导性原则,则未免言过其实。若如此,隶属"五经"之列的《礼记》和《诗经》该摆放在什么位置?在《礼记》和《诗经》中,有大量关于礼仪和礼节的论述,对先秦时期中国人的言行举止规范影响甚巨。还有《论语》这部儒家经典之作,书中含有大量孔子关于礼的论述,孔子论说为人者如何通过遵循礼仪礼节来实现内心的道德修养。这又该作何解释?除非这些著述都被纳入考量,除非人们充分利用中国古代关于礼的多种多样论述,否则,任何关于礼的意义的讨论,或就此而言,任何关于中国古代修辞活动的讨论,无论在论述的广度还是在深度方面都是极其欠缺的。

　　如前所述,比较修辞学未来的核心问题是扩大我们的接触区,发掘各种文化中的修辞文本,或使其重见天日。这些文本在过去都是声音被压制、被边缘化或被完全遗忘的(即非效用事实)。奥利弗在书中引用了耶稣会会士讲述的传教故事,这是否可以当做比较修辞学未来的开端?或许不可以。在解释中国古代的人们何以对言说如此谨小慎微这个现象时,奥利弗转引了法国传教士杜赫德(Du Halde)的看法。杜赫德著述颇丰,其关于中国的论述很大程度上成为了18世纪欧洲人对亚洲的看法(Oliver 1971: 94)。奥利弗的努力注定是徒劳的,因为杜赫德本人根本就没有涉足中国,其关于中国的叙说主要是参考了其他耶稣会会士的相关报道。因此,奥利弗关于中国的叙说非第一手资料,中间至少转了两手。因此,这样的研究所得出的结论,是非常可疑和值得怀疑的。

　　杜赫德有过这样一个观察,他认为中国古人热衷于诵读前人言说,擅长模仿雄辩滔滔的表达,言辞之雄辩滔滔,主要体现在语言风格上,必须简洁而又神秘(Oliver 1971: 96)。奥利弗据此得出结论,认为"中国古人特别喜欢墨守成规""什么是惯常做法,他们就遵循什么"(Oliver 1971: 96)。这个结论具有本质主义的化约陷阱,致使一个看法在西方不胫而走,久盛不衰,这个看法是,中国古人谦逊有余,创新不足,只会鹦鹉学舌,模仿前人说辞。奥利弗进而指出,中国古人对逻辑不感兴趣,既不喜欢给事物下定义,也不喜欢将其分门别类,因为"在中国古代,直觉判断被认为是获致真理的不二法门"(Oliver 1971: 259、10、126)。

至少可以说,此种论述有着很大的缺陷:

其一,它落入了二元对立的陷阱,在此种论调下,欧美逻辑与中国直觉形同水火。类似这样的论说无论对欧美修辞传统,还是中国修辞传统,可以说是成事不足,败事有余。在这个例子中,我们首先需要注意的是:在欧美修辞传统或中国修辞传统中,逻辑与直觉中哪一个是显白的存在,哪一个是潜在的存在;他们的形式各是什么,功能各是什么,最后,我们还需要确定其原因是什么。对于奥利弗来说,他在当时所面临的任务以及对于我们来说,当下及未来所面临的任务,不是将一个修辞传统与另一个修辞传统对立起来,据此证明二者有着极大的差异,而是想方设法促使一个修辞传统与另一个传统展开对话,这个对话必须既在同一个传统内展开,又在两个传统之间展开。换言之,无论是当年摆在奥利弗面前的任务,还是当下及未来摆在我们面前的任务,都是要说清楚道明白逻辑用法与直觉用法是什么关系,目的在于发掘它们置身其中的理性域(loci of rationalities),视其为话语事件。实际上,我们想要说明的是,比较修辞学要想持久地维护其学科地位,比较修辞学学者就必须把理性域视为学科安身立命的存在理由。

其二,不管什么人,只要对中国古代文人墨客的言行举止稍微熟悉一些,都很可能得出一个不同凡响的看法。理由很简单,中国古籍文本中有着大量下定义、做类比及进行演绎推理的例证。的确,这些例证充分说明,中国古代文人较之古希腊-罗马文人,完全配得上逻辑大师的称谓,其逻辑造诣可谓有过之而无不及。譬如,以墨家为例,特别是墨子到了晚年十分热衷于挖掘知识的源头,构建理性的论辩体系以及形成必要的标准以用于进行归纳和演绎推理(Lu 1998: 208-222;Graham 1978)。有学者指出,墨家诸子偏爱使用链式推理(chain-reasoning),其形式为"因为……所以"或"虽然……但是",以此来进行归纳推理(Kirkpatrick 1995)。

与此相似,如果我们将目光转投向当下,正如刘璐在《当下中国修辞与写作语境中逻辑之管窥》一文中所言,一个相同的结果呼之欲出。在刘璐看来,与一个中国人写作不讲逻辑的常规见解相反,当代中国的写作实践中,实际上形式逻辑与辩证逻辑并行不悖。由于在中国的思想史中辩证思维所受到的重视,辩证思维作为马克思意识形态的一部分,于20世纪初首次被引进中国之际,中国人就对辩证逻辑表示了欢迎,中国人之所以喜欢辩证逻辑,是因为它有利于解决复杂的问题(Liu 2009: W104)。我们再一次强调,在当代中国,逻辑是得到发展和广泛运用的,中国人比较喜欢用逻辑指代辩证逻辑,要是我们看不到这一点,那就意味着我们采取了一种圆凿方枘的做法,致使欧美逻辑(即形式逻辑或本质事实)与中国式逻辑(辩证逻辑或非效用事实)形成对立,使后者处于与实际情况不符的境地。当然,一个被证实的情况是,逻辑在中国经历了一个改造、利用及再发明的过程。如果有人据此认为中国式逻辑(非效用事实)与欧美逻辑(本质事实)分属不同的范畴,那么这就大错特错了(Liu 1995: 25–29)。现在,我们回过头来看欧美修辞辩证逻辑,在欧美相当长的一段时间内,修辞辩证逻辑是受压制的,可能只是一种潜在的存在,或者更为糟糕的是,修辞只是被视为非效用事实,其作用在于平衡和协调不同的观点,辩证被理解为是发现真理的方法。

在本文开头,我们试图将比较修辞学界定为一种实践和方法。这么做的目的有两个:首先,与非欧美修辞传统及实践进行对话,或为它们发生声音,这是一件令人焦虑不安的事情;其次,同样令人焦虑不安的还有另一个事情,是与我们欧美修辞传统及实践本身进行对话,为它们发出声音。我们的主要目标是要终结效用事实的经典或至高地位,是要大声说出效用事实和非效用事实,使之受到学界的重视,这样一来,我们就可以带着一种态度促进对话主义,使论述更为厚实,也可以更好地意识到我们所提出的观点会产生什么样的效果。

当然,期望奥利弗(在他那个时代)所进行的比较修辞学研究按照我们(今天)这个路径来进行,假如这在时间上没有落伍,那显然也是不现实的。话虽如此,但我们对这个历史鸿沟进行一番审视和反思,是有启发意义的。奥利弗的比较研究来龙去脉是什么?其原因又是什么?当我们思考比较修辞学研究怎么样做才有一个更加美好的未来时,我们可以从这些比较研究中汲取什么教训?例如,在奥利弗关于孔子修辞思想所做的论述(Oliver 1971: 137)中,他认为孔子主张提出想法或阐述立场时应遵循守旧和传统的原则,而不提倡抛出个人的见解。其论据是孔子《论语·述而篇》第一章语句:"述而不作,信而好古,窃比我于老彭。"(Ames & Rosemont 1998: 24)但是,如果我们将这句话置于《论语》全文语境来看,以及孔子关于自我的论述来看,孔子认为一个人的过去和将来都是一个人社会化进程中不可或缺的一部分,那么奥利弗所引《论语》语句就不能作为佐证,证明孔子如据称那样反对个人表达思想,在语言上推陈出新。从这个(新)语境来看,孔子《论语·述而篇》第一章语句实际上可以看作为孔子毕生努力的一部分,孔子毕生致力于推陈出新,述中有作。这是孔子自我修养和自我实现的整体的一部分。事实上,孔子并未将继承传统与推陈出新对立起来。孔子既强调继承传统的重要性,又强调开拓创新的重要性:"子曰:我非生而知之者,好古,敏以求之者也。"(《论语·述而篇》第十九章;Ames & Rosemont 1998: 25)

由于论述不够扎实以及未能从顺应语言这个角度来进行比较研究,奥利弗在其大作中所做论述存在一个明显的缺陷:多处结论沦为笼统概括,难以自圆其说。最明显的失误见诸大作最后一章,在本章中,奥利弗基于其对印度古代修辞和中国古代修辞的研究,开始大谈特谈亚洲修辞实践。特别是他为亚洲修辞实践总结出九个"要点"或界定性特征。在全书中,奥利弗勾勒了其所理解的印度修辞传统和中国修辞传统,并分别将其与印度文化和中国文化勾连起来。但是,不管奥利弗在大作最后一章得出什么结论或"要点",它们充其量只适用于印度和中国修辞实践。他认为印度和中国修辞实践可以代表整个亚洲的修辞实践,而且确实是这么说的,这实在是把印度和中国修辞无限放大了。不论印度和中国的修辞实践在历史上产生了多大的影响,任何人都不可以据此认为亚洲其他国家就没有属于自己的本土修辞实践,或者认为印度和中国的修辞实践是亚洲其他地方的修辞实践的唯一源头。若持有这样一个看法,那是不符事实的。此外,就印度或中国的修辞传统而言,其内部也有不同的修辞理论和流派,不可一概而论。这些在印度或中国的修辞传统内部的不同理论和流派,虽然可能不如佛教或儒家思想那样是显白的存在,它们却可以再次给我们提个醒:任何基于本土文化的修辞必须都是异质性和多维的。

综上所述,奥利弗在其大作中失误不少。另外,美好的设想不一定有美好的结果。那么,我们可以从中汲取什么教训呢?尽管奥利弗在开篇(Oliver 1971: 261)中信誓旦旦地表示要"以亚洲本土的术语"来言说印度和中国的修辞传统,而实际上却根本做不到这一点,其论述依然在不知不觉中表现出对于欧美修辞术语和规范的执着和忠心耿耿。譬如,他所总结的九个"要点"的前两个:"中国修辞实践的主要功能是促进社会的和谐,而不是使言说者个人或其受众个体获益",中国修辞实践强调"坚持读者所喜闻乐见的表述类型的价值……但不鼓励言说者采用独具个人风格和方法的表达",与此同时,中国修辞实践"不鼓励创新"(Oliver 1971: 261-262)。字里行间所流露出的,与其说奥利弗是在用亚洲本土的术语来表述亚洲修辞实践,毋宁说是用欧美修辞术语来言说印度古代和中国古代修辞实践。

显然,以欧美的修辞术语来表述非欧美的修辞实践及理论这个做法,是奥利弗大作中论述缺陷的始作俑者。具体而言,这个做法首先致力于在非欧美修辞实践中发现本质事实,其次以主流修辞传统的术语和规范加以衡量,最后在对非欧美修辞实践所做的表述中,非欧美修辞实践的本土术语要么被忽略,要么声音完全被压制。对于当下修辞与写作从业人员来说,这里有一个教训值得汲取,有一个挑战需要加以面对:在我们与非欧美修辞实践及传统对话并为其发声时,我们需要付出怎样的努力才可以避免以欧美修辞术语来表述非欧美修辞这个倾向?随着我们的思考超越于传统的范畴、二元对立思维及固有偏见,在我们想象迄今看不见、摸不着的非欧美修辞实践有可能被看见和被接触到时,我们要怎么做才可以承认和应对我们的局限性?或者我们要怎么做才可能承认和应对琼斯·J. 罗伊斯特(Jones J. Royster)所谓的"裙带关系"呢?

五、结　语

在本文开头,我们说过,想为 21 世纪的比较修辞学研究确立一个新辞屏。我们想要构筑一种叙事,可以重新标定本质事实、效用事实及非效用事实,为对话、深刻的论述、想象或再想象打开一片新空间。与此同时,写这篇文章,我们也想呼吁大家注意三个长期存在的紧张关系,这三种关系都是我们这些处于当下全球接触区的比较修辞研究者所必须面对的:首先,关于比较修辞研究的设想与实际研究的结果之间存在着紧张关系;其次,比较修辞研究所得出的结论或观点的广度和确定性与支持该结论或观点的证据之间存在紧张关系;再次,比较研究个案所取得的成果,与我们这个领域将会发生什么之间有着张力(在吕行所说的比较修辞研究的未来得到确认之前)(Lu 2015)。还有最后一点:一方面,我们已知关于全球其他修辞传统及实践的认知,在此基础上我们将如何与这些全球其他修辞传统及实践进行对话以及为它们发声;另一方面,为了开始了解这些全球其他修辞传统及实践,形成与它们进行对话的特定方式,我们为它们发出声音。在这两个方面之间也存在着棘手的紧张关系,假如这种紧张关系不是永久的。

为了弥补这个差距,我们不仅应该继续拒绝二元对立思维、固有偏见及传统界限,我们还必须形成新的创造性的方法。这些方法与其说是为了促进社会个体之间和谐共处,毋宁说是为构筑叙事的表述域(loci of enunciation)提供使能条件。这些叙事致力于为一个相互竞争的话语场的集合寻求历史性、特性及不一致性的表述。因此,我们号召所有比较修辞学从业者向着这个目标迈进,这个目标是21世纪比较修辞研究的核心问题。

参考文献

Confucius 1998 *The Analects of Confucius: A Philosophical Translation*. Roger T. Ames and Henry Rosemont Jr. (trans.). New York: Ballantine Books.

Atkinson, Dwight 2004 Contrasting rhetoric/contrasting cultures: why contrastive rhetoric needs a better conceptualization of culture. *Journal of English for Academic Purposes*, 3(3): 277–290.

Austin, J. L. 1962 *How to Do Things with Words*. (2nd ed.) J. O. Urmson and Marina Sbisa (eds.). Cambridge and London: Harvard University Press.

Ballif, M. 2014 Writing the event: the impossible possibility for historiography. *Rhetoric Review Quarterly*, 44(3): 243–255.

Bratta, P. & Powell, M. 2016 Introduction to the special issue: entering the cultural rhetorics conversations. *Enculturation: A Journal of Rhetoric, Writing, and Culture*. Issue 21 (April 20, 2016). http://enculturation.net/entering-the-cultural-rhetorics-conversations.

Butler, J. 1997 *Excitable Speech: A Politics of the Performative*. London and New York: Routledge.

Comaroff, J. & Comaroff, J. 1992 *Ethnography and the Historical Imagination*. Boulder: Westview Press.

Connor, U. 2011 *Intercultural Rhetoric in the Classroom*. Ann Arbor: University of Michigan Press.

Connor, U. 2004 Introduction. *Journal of English for Academic Purposes*, 3: 271-276.

Connor, U. 2008 Mapping multidimensional aspects of research: reaching to intercultural rhetoric. *Contrastive Rhetoric: Reaching to Intercultural Rhetoric*. Ulla Connor, Ed Nagelhout, and William V. Rozycki (eds.). Amsterdam: John Benjamins: 299-316.

Connor, U. 2002 New directions in contrastive rhetoric. *TESOL Quarterly*, 36: 493-510.

Foucault, M. 1973 *The Birth of the Clinic: An Archaeology of Medical Perception*. A. M. Sheridan Smith (trans.). New York: Pantheon.

Friedman, S. S. 2011 Why not compare? *PMLA*, 126: 753-762.

Garrett, M. 1999 Some elementary methodological reflections on the study of the Chinese rhetorical tradition. *International and Intercultural Communication Annual*, 22: 53-63.

Geertz, C. 1973 *The Interpretation of Culture: Selected Essays*. New York: Basic Books: 10-11.

Gilyard, K. & Taylor, V. E. 2009 *Conversations in Cultural Rhetoric and Composition Studies*. Aurora: The Davies Group.

Graham, A. C. 1978 *Later Mohist Logic, Ethics and Science*. Hong Kong: The Chinese University Press.

Hall, D. L. & Ames, R. T. 1995 *Anticipating China: Thinking through the Narratives of Chinese and Western Culture*. Albany: State University of New York Press.

Hayot, E. 2014 Vanishing horizons: problems in the comparison of China and the west. In *A Companion to Comparative Literature*. AliBehdad and Dominic Thomas (eds.). Malden and Oxford: Wiley-Blackwell: 88-107.

Hinds, J. 1990 Inductive, deductive, quasi-inductive: expository writing in Japanese, Korean, Chinese, and Thai. In *Coherence in Writing*. Ulla Connor and

Ann Johns (eds.). Alexandria: TESOL: 87-101.

Lao Tzu 2003 *Dao De Jing ("Making This Life Significant"): A Philosophical Translation*. Roger T. Ames & David L. Hall (trans.). New York: Ballantine Books.

Kaplan, R. 1966 Cultural thought patterns in inter-cultural education. *Language Learning*, 16: 1-20.

Kaplan, R. 1987 Cultural thought patterns revisited. In *Writing across Languages: Analysis of L2 Text*. Robert Kaplan and Ulla Connor (eds.). Reading: Addison-Wesley: 9-22.

Kaplan, R. 2001 Forward: what in the world is contrastive rhetoric? *Contrastive Rhetoric Revisited and Redefined*. Clayaan Gilliam Panetta (ed.). Mahwah: Lawrence Erlbaum Associates: vii-xx.

Kaplan, R. 2005 Contrastive rhetoric. In *Handbook of Research in Second Language Teaching and Learning*. Eli Hinkel. Mahwah: Lawrence Erlbaum: 375-391.

Kennedy, G. A. 1998 *Comparative Rhetoric: An Historical and Cross-cultural Introduction*. Oxford and New York: Oxford University Press.

Kirkpatrick, A. 1995 Chinese rhetoric: methods of argument. *Multilingua*, 14(3): 271-295.

Legge, J. 1971 Prolegomena. In *Confucius: Confucian Analects, the great Learning and the doctrine of the Mean*. Trans. James Legge. New York: Dover Pub.: 1-136.

Lévi-Strauss, C. 1964 *Totemism*. Trans. Rodney Needham. Decatur: Merlin Press.

Li, X. M. 2008 From contrastive rhetoric to intercultural rhetoric: a search for collective identity. In *Contrastive Rhetoric: Reaching to Intercultural Rhetoric*. Ulla Connor, Ed Nagelhout, and William V. Rozycki (eds.). Amsterdam: John Benjamins: 11-24.

Lipson, C. S. 2009 Introduction. In *Ancient Non-Greek Rhetorics*. Carol S. Lipson and Roberta A. Binkley (eds.). Anderson: Parlor Press: 3-35.

Liu, L. 2009 Luoji (Logic) in Contemporary Chinese rhetoric and composition:

a contextualized glimpse. "symposium on east-west comparative rhetoric studies." *College Composition and Communication*, June, W32-W121.

Liu, L. H. 1995 *Translingual Practice: Literature, National Culture, and Translated Modernity—China*, 1900-1937. Stanford: Stanford University Press.

Lloyd, G. E. R. 1996 *Adversaries and Authorities: Investigations into Ancient Greek and Chinese Science*. Cambridge and New York: Cambridge University Press.

Lu, X. 1998 *Rhetoric in Ancient China, Fifth to Third Century B. C. E.: A Comparison with Classical Greek Rhetoric*. Columbia: University of South Carolina Press.

Lu, Xing 2006 Studies and development of comparative rhetoric in the U.S.A: Chinese and western rhetoric in focus. *China Media Research*, 2(2): 112-116.

Lu, X. 2015 Comparative rhetoric: contemplating on tasks and methodologies in the twenty-first century. *Rhetoric Review*, 34(3): 266-269.

Lyon, A. 2013 *Deliberative Acts: Democracy, Rhetoric, and Rights*. University Park: The Pennsylvania State University Press.

Lyon, A. 2015 Tricky words: "rhetoric" and "composition". *Rhetoric Review*, 34(3): 243-246.

Mailloux, S. 1998 *Reception Histories: Rhetoric, Pragmatism, and American Cultural Studies*. Ithaca: Cornell University Press.

Mailloux, S. 2006 *Disciplinary Identities: Rhetorical Paths of English, Speech, and Composition*. New York: Modern Language of Association of America.

Mao, L. 2003 Reflective encounters: illustrating comparative rhetoric. *Style*, 37(4): 401-425.

Mao, L. 2014 Thinking beyond aristotle: the turn to how in comparative rhetoric. *PMLA*, 129(3): 448-455.

Mao, L. & Bo, W. 2015 Bring the game on. *Rhetoric Review*, 34(3): 239-243.

Mao, L. (ed.) 2015 A symposium: manifesting a future for comparative rhetoric. *Rhetoric Review*, 34(3): 239-274.

Matalene, C. 1985 Contrastive rhetoric: an american writing teacher in China.

College English, 47: 789-808.

Mignolo, W. D. 1998 Globalization, civilization processes, and the relocation of languages and culture. In *The Cultures of Globalization*. Fredric Jameson and Masao Miyoshi (eds.). Durham: Duke University Press: 32-53.

Mignolo, W. D. 2007 Delinking: the rhetoric of modernity, the logic of coloniality and the grammar of de-coloniality. *Cultural Studies*, 21: 449-514.

Oliver, R. T. 1954 *Syngman Rhee: The Man behind the Myth*. New York: Dodd.

Oliver, R. T. 1956 Speech training around the world: an initial inquiry. *The Speech Teacher*, 5: 102-108.

Oliver, R. T. 1961 The rhetorical implications of Taoism. *Quarterly Journal of Speech*, 47: 27-35.

Oliver, R. T. 1969 The rhetorical tradition in China: Confucius and Mencius. *Today's Speech*, 17: 3-8.

Oliver, R. T. 1971 *Communication and Culture in Ancient India and China*. New York: Syracuse University Press.

Powell, M., et al. 2014 Our story begins here: constellating cultural rhetorics. *Enculturation: A Journal of Rhetoric, Writing, and culture*. Oct 25, 2014, http://enculturation.net/our-story-begins-here.

Radhakrishnan, R. 2009 Why compare? *New Literary History*, 40: 453-471.

Royster, J. J. 2000 *Traces of a Stream: Literacy and Social Change among African American Women*. Pittsburgh: University of Pittsburgh Press.

Saussy, H. 2003 Comparative literature? *PMLA*, 118(2): 336-341.

Schiappa, E. 2003 *Defining Reality: Definitions and the Politics of Meaning*. Carbondale and Edwardsville: Southern Illinois University Press.

Severino, Carol 1993 The "doodles" in context: qualifying claims about contrastive rhetoric. *The Writing Center Journal*, 14(1): 44-61.

Simonson, P. 2014 Rhetoric, culture, things. *Quarterly Journal of Speech*, 100: 105-125.

Starosta, W. J. 1984 On intercultural rhetoric. *International and Intercultural Communication Annual: Methods of Intercultural Communication*, 8: 229–38.

Starosta, W. J. 1999 On the intersection of rhetoric and intercultural communication. *International and Intercultural Communication Annual: Methods of Intercultural Communication*, 22: 149–61.

Taylor, D. 2003 *The Archive and the Repertoire: Performing Cultural Memory in the Americas*. Durham: Duke University Press: 15.

Xiao, X. S. 1995 China encounters darwinism: a case of intercultural rhetoric. *Quarterly Journal of Speech*, 81: 83–99.

Xiao, X. S. 1996 The hierarchical *ren* and egalitarianism: a case of cross-cultural rhetorical mediation. *Quarterly Journal of Speech*, 82: 38–54.

Xiao, X. S. 2002 "The assimilation of western learning": an overlooked area of intercultural communication. In *Chinese Communication Theory and Research: Reflections, New Frontiers, and New Directions*. Wenshan Jia, Xing Lu, and D. Ray Heisey (eds.). Westport: Ablex: 121–30.

Zhuangzi 2013 *The Complete Works of Zhuangzi*. Trans. BurtonWatson. New York: Columbia University Press.

Redefining Comparative Rhetoric: Essence, Facts, and Events

Mao Luming

Abstract: What is comparative rhetoric in the twenty-first century? How should comparative rhetoric scholars go about defining and advancing it? How should they study non-Euro-American rhetorical practices like Chinese rhetorics comparatively? This essay aims to address these and other related questions and to develop a new terministic screen for comparative rhetorical studies in the present. First, this essay rehearses contrastive rhetoric, intercultural rhetoric, and cultural rhetoric (s) to highlight and further complicate the cultural turn each has enacted. Second, it defines comparative rhetoric as both a practice and a methodology by moving away from facts of essence to embracing facts of usage and facts of nonusage, to foregrounding eventfulness and interdependence. Third, it revisits Robert Oliver's 1971 groundbreaking work to help identify, and draw lessons from, the key insights and glaring gaps evidenced in this work and still relevant or resonant in our own time. Finally, this essay concludes by offering a few remarks about the future of comparative rhetorical studies.

Keywords: contrastive rhetoric, intercultural rhetoric, cultural rhetoric, comparative rhetoric, facts of usage, facts of nonusage, eventfulness

（原载于《当代修辞学》2021 年第 4 期，
人大复印报刊资料《语言文字学》2021 年第 11 期全文转载）

"共情修辞"的学理渊源与机制构建

李 克 朱虹宇

(山东大学翻译学院)

提 要 "共情"与"修辞"之间具有深厚的学理渊源,体现于修辞人文主义、情感诉诸、受众观、认同观与"共情"的关联。对"共情"的适切调用和融合不仅是对修辞中"情感"概念的升华,更是对修辞发展之人文主义倾向的巩固。基于此,我们尝试提出"共情修辞"概念。"共情修辞"在修辞说服观与认同观的基础上产生,传统修辞的权力关系因此被人文主义表征,在继承传统的基础上弱化或完善,这是话语的进步,亦是通过修辞所反映出的人类社会的进步。

关键词 "共情修辞" 人文主义 情感诉诸 受众 认同

一、引 言

西方修辞学的发展呈现出愈加浓厚的人文主义色彩,受众似乎"无声胜有声"地在修辞中逐渐掌握更多"话语权",此时修辞对受众情感的关注具有两层意义:一是推动取得预设的修辞效果,二是巩固修辞的人文主义特质。前者与传统情感诉诸的使用并无二致,后者则增添了新修辞情境下对尊重、平等理念的偏重,显露出共情痕迹。修辞中对共情的使用全面客观又不失人文温度,似乎是新时代修辞情境催生出的理想化修辞模式之一。基于此,我们提出如下问题:是否能够通过构拟一种新型修辞模式,将共情与修辞以理念化的形式糅合,为古罗马"人文主义修辞文化"(李瀚铭、刘亚猛 2019)的沿袭做出现代阐释?

"共情"虽与"修辞"具有学理关联,但是真正建立一套较好糅合两个学科理念的机制或理论是宏大而困难的。本文将尝试构拟"共情修辞"学理机制,使共情理念不至湮没于修辞大潮,亦使带有人文主义特征的修辞发展不至脱离共情内核。

二、从说服到认同:修辞发展的人文主义倾向

历史的偶然中,时有经过漫长时间洗练与学统沉淀之后得以印证的必然。西赛罗(Cicero)作为重要的修辞学家,也是"首先意识到人文主义之内容的人"(牟宗三 2003: 208)。如果说这是一个巧合,那么牟宗三(2003: 2008)通过西赛罗的思想所推衍出的人文主义的内容——"人性与人的品位……不能离开社会生活中的言词举动",则不得不说彰显了修辞与人文主义之必然关联。西赛罗时期的人文主义是"否定自己而想进于文,而 14、15、16 世纪,所谓文艺复兴时的人文主义,则是否定中世纪封建社会与教会所传下来的积习之桎梏"(牟宗三 2003: 212)。从否定自己到否定他人再到挣脱约束实现人性的自觉,这一漫长的人文主义演变过程激励着修辞的发展演变。

2.1 "说服"对人文主义的制约

在修辞语境中,说服是修辞者通过刻意的努力推动受众在观念或行动上朝向修辞者所预设的方向做出改变。结果与预设完全吻合,则说服目的可谓达成,说服行为产生效果;但结果与预设不吻合,该过程仍被视为完全意义上的修辞。因为修辞的内蕴在于对行为、内容、情境等要素合理性的分析、借鉴与发展,对效果的评价只占据不产生关键影响的小部分,我们可将其解释为"修辞研究的基本属性是描写性和解释性,不是规范性和评价性"(埃默伦 2020)。

如此已足以避免修辞研究陷入马基雅维利主义及唯结果论的漩涡而受人诟病,然而说服与"强制"或"操纵"的本质关联却使其难逃厄运,这一点在古希腊时期出现的被视为"诡辩家"的群体中可见一斑,甚至有的修辞者只能自我韬晦,以"隐形"之术做"显形"之功。以说服为核心的修辞是否真的使用言语强制手段在受众中施行说服目的? 我们认为此种见解有失偏颇,如果不得不谈及修辞者在修辞目的的驱使下做出的改变——为影响受众观念与行为而刻意为之的姿态,则需要追溯到修辞存在的前提——或然性。说服与其说是通过语言进行操纵,不如将其释为对修辞或然性的填补。

从修辞者与受众的修辞地位来看,说服的作用目标归于受众,但是主动权明

显落在修辞者身上，修辞者睥睨整个修辞活动并通过修辞行为在自身修辞能力范围内施加影响，说服成为唯一目的。不难看出，以说服为核心的修辞存在以受众为靶的解读风险，当修辞或然性显著到足以使受众知晓其掌握"生杀大权"，但修辞者仍以说服者的单一角色自居之时，修辞就无怪乎受到诟病，尤其在人的尊严受到前所未有之重视的人文主义时代，任何带有不平等和贬低意味的话语都难以赢得人心。当前修辞学处于一边是改变传统理念以迎合时代新需求，一边是沿袭两千多年的深厚学科根基之际，新修辞学的阐释以及认同观的出现，不仅保留了修辞学中经论证的灼见，也吸纳了新时代的人文主义精神，与传统修辞学并行不悖的同时还对修辞学重振之势大有助力。

2.2 "认同"对人文主义的继承与宣扬

认同观指修辞者通过某种修辞范式在与受众共同利益的基础之上获得其认同（identification）或与其达成同质（consubstantiality）。认同核心理念为修辞者通过修辞行为获得受众对某观点或行为等的认同，在本义上强调态度层面上对修辞者持有的肯定，但是同样可在行为层面上显露出符合预期方向的挪移。观察认同相对于说服发展出的新修辞特征，不难发现，认同观实则沿袭了说服观之核心，"受众""改变""目的"等关键词在两者中均被凸显，然而为何"认同"逐渐被视为评判修辞行为是否有效的绝对因素（张晶、许子琪 2009），占据新修辞学的中心地位并得到延续发展？

修辞理论的发展仰赖于同社会主流认知和信仰的契合。人文主义强调人的价值，其双重含义——作为世界观和历史观的人文主义和作为伦理原则和道德规范的人文主义，无一不赋予个人价值和平等主义以特殊关注，而认同观正是在此潮流中突破修辞传统瓶颈并显露出与社会的粘合性。虽然认同观对说服观具有显著沿袭性，但是说服是修辞者的说服，认同是受众的认同；修辞地位的"易换"充分说明受众摆脱了接受说服的绝对被动角色，其对修辞结果的关键作用受到关注并通过修辞重心的转换得以明示，体现的是"相互尊重、积极健康的修辞观"（陈小慰 2017）。此修辞观蕴含的平等与尊重是人文主义精神之核心。正是认同观对人文主义精神的把握才助推修辞开拓新的疆域并获得长远发展，此时作为"思想重塑力的修辞"（黄海容 2014）真正以思维模式的身份形塑着时代思潮。

由是观之，修辞发展始终带有人文主义特质，源于古罗马的"人文主义修辞文化"又得以在现代修辞研究中回归。虽然我们并未像昆廷·斯金纳（Quentin Skinner）专事人文主义修辞的发展或像维科执着于"以修辞为核心的人文主义教育传统"（李瀚铭、刘亚猛 2019），但这并不表示人文主义在修辞中的式微，反而更加坚定了我们对人文主义之铺垫性作用的肯定，该作用非流畅和显化的表述不能达，即需要使用适切的修辞诉诸来呈现。

反观修辞学数千年的发展历程，理性诉诸的概念未发生大的迁移，对理性诉诸的认知稳定在一定区间，然而情感诉诸与人格诉诸却历经坎坷，尤其情感诉诸数度徘徊在被贬抑甚至消弭的边缘，经过艰难的辩证与检验之后才得以回归正统地位。情感在修辞中的影响与效用实则不容小觑，尤其在修辞人文主义发展倾向日益凸显的当下，受众对情感需求的不断增进又将修辞中的情感诉诸或对恰当情感的调用推至新高度，可以认为对情感的关注是对当前修辞学中人文主义精神的延伸。

三、情感的凸显、隐蔽与回归

修辞传统中，"以理服人"的"服人"效果似乎不言自明，一旦"理"到位，人自然会"服"。但是越来越多的理论与实践表明，纯粹的"讲理"貌似难以打动情感充盈的普通受众，没有情感的修辞行为未免容易落入学究式的、刻板的甚至带有强输性质的反作用修辞圈套。由是观之，只讲理不讲情是成功修辞者避之不及的修辞行为，实现情与理的适切交融符合修辞人文主义特性。情感在修辞学研究历史中历经了跌宕起伏的认可过程，大致可概括为凸显、隐蔽与回归三种状态，这一过程与修辞学整体的发展相似但不重叠。修辞学因外部环境的改变而做出的"自我收敛"是修辞全部要素而不仅是情感的隐蔽，因此情感的三种状态是在修辞较为平稳的发展态势之下做出的对比观察。

亚里士多德最早强调，修辞虽然关乎受众如何做出判断，但是他们似乎在不同的情感状态下做出的判断也不同（亚里士多德 1991），用廷德尔（2018）的话来说就是："受众都是以理性的方式被情感说动……情感可以被激发或减弱，相应地，判断也会受到影响。"斯蒂芬妮·卢波尔德（Stefanie Luppold）甚至将对情感的激起视为亚里士多德经典定义中所承认的终极目标(Simon 2020)。此"情感"指受众的情感,修辞者使受众产生特定情感状态,目标是"情感引导"。随后"三诉诸"经西塞罗的再次阐发得以登上更广阔的研究舞台,证明古希腊修辞学发展繁荣之时情感已成为可独当一面的修辞研究领域。

但是情感真的已经成为人人可谈、人人在谈、人人会谈的修辞领域了吗?恐怕并非如此。当"'客观'地研究被认为完全独立于话语的那个'现实'并对它做出准确表述"(刘亚猛 2018:276)成为主流,修辞逐渐与传统修辞大异其趣,"屈从于提倡专门化研究的科学方法"(刘亚猛 2018:277),被"科学化"的修辞暗示出情感的销声匿迹。尽管笛卡尔、培根等逻辑学家都在践行着情感诉诸,却在言论表面对其大加鞭笞,笛卡尔甚至"要求从话语中剔除一切感官和感情因素"(刘亚猛 2018:281),以或然性为基础的修辞自然遭受前所未有的滑铁卢。但是已经存在并发展长达千年的学科不太可能就此没落,虽然科学的发展卓有成效地改变了社会运行与人际沟通模式,人类本性却并未被也不可能被颠覆,说服或获得认同仍然拥有广阔"市场",即使这意味着以暂时牺牲情感为代价。

从表面暂时摒弃关注受众情感的修辞将注意力转移至逻辑推理和对朴实无华文体的锻造。逻辑推理符合科学主义的典型特征,也是传达所谓证据具有启人心智之功用的适切表述。对朴实无华文体的热衷压抑了人的意志的"自由奔放、难以确定"(Bizell & Herzberg 1990:720,参见刘亚猛 2018:297),但是这种自我隐蔽若是顾全大局所不得不采取的割舍,则也可谓是"舍小家为大家"的目光长远的壮举。

随着研究者对修辞学研究的视角愈加客观与全面,对情感诉诸的认识逐渐转变,情感在沉寂之后终于再次浮出"自我韬晦"的水面而立于修辞研究大潮;这说明人文主义始终是修辞发展势不可挡的倾向,对充斥着情感、情绪、主观态度等的人类行为进行研究,不可能摆脱情感而得出纯粹"理性"的结论。这一看法虽未成主流,却也产生了一些令人振聋发聩的观点,其中拉米(Lamy)对于情感的关注与研究,在理性时代即将到来之际显得既大胆又鲜明。他在对修辞者说服过程的研究中秉持"激情至上"原则,认为"修辞的成败得失在很大程度上取决于修辞者对激情的利用"(刘亚猛 2018:292)。修辞者面对意见相异的受众之时,必须潜移默化地影响受众情感,才能产生符合预设期待的修辞效果(Hartwood 1986)。这一观点凸显了拉米对传统情感诉诸的全面继承与拓展。维科对情感的重视更是达到前所未有的高度,将修辞的对象认定为人类的情感而非理性(刘亚猛 2018: 299)。

在人文主义与个人主义等思潮的多重助推下,情感摆脱纯粹主观主义的错误外壳,逐渐被视为修辞中重要的甚至起决定作用的因素,把握受众情感状态并将其纳入采用何种修辞策略成为修辞学者首要关心的问题。当我们对修辞中的情感有了符合人文主义发展思潮的认知之后,应该做出何种改变?更具体地说,应该如何把握受众情感?如何将其与修辞行为融合?如何深化修辞的人文主义性质?前人的研究并未就这些问题给予我们充分启示,当转而以情感为起源点从心理学、哲学中找寻答案时,共情与修辞强有力的凝合性与发展的同向性足以让我们为之一振。

共情字面虽含"情"字,却并非只在情感层面达成"共",还对认知有"共"的要求。没有情感的 empathy 无法称之为"共情",不过其在认知维度的拓展让我们认识到要理性地"共"情,认知的前期准备是一种对后期情感与共的铺垫。当认知达到一定高度,什么情该"共"、什么情不该"共"就已明了,和谐而适当的共情氛围才有可能形成,该氛围中的修辞有效性也将随之提升。

四、"共情"——情感与理智的糅合

"共情"来源于德国哲学家费舍尔(Robert Vischer)1873年提出的德语词 Einfühlung,用来表达"人们把自己真实的心灵感受主动地投射到自己所看到的事物上的一种现象"(郑日昌、李占宏 2006)。随后共情演变为复杂的心理过程并被区分为情感共情和认知共情两种路径:前者指以相同的情感对他人的情感做出回应,感他人所感;后者指扮演他人的角色或采用他人的视角,看他人所看(Gladstein 1983)。不过认知视角的终点仍然落于"情",即知晓他人"所看"是为了廓清他人"为何感"以及自己"为何感"。情感共情作为自上而下受刺激驱动的自动化过程(黄翯青、苏彦捷 2012),建立于自我和他人的相似性基础之上,带有人类本能色彩并通过情绪或情感感染实现。认知共情则加入了后天的学习与经验成分,以智力理解和理性区分为基础,通过推测他人处境进而产生特定趋向的心理机制。认知共情的产生使我们在沉浸于与他人相同或相似的情感之时保持清醒的"客体化"

或"第三者"视角(黄嚣青、苏彦捷 2012),抑制"自我中心化偏差"(张慧、苏彦捷 2008),认识到自身情感来自外界并对对方情感做出判断与推理。

对共情的解读已经不再囿于纯粹情感或者纯粹理智的范畴,两者甚至更多元素的糅合才能将共情拼接为完整的心理机制。神经科学证据曾表明共情"不仅仅是被动观察情感线索的结果,而且还受到语境的评价和调节"(de Vignemont & Singer 2006: 437)。不过,情感是共情毋庸置疑的核心,以起始点、路径、手段、结果等形式贯穿始终。认知,或曰以思维的形式调节共情的路径,自上而下地影响情感共情,将其控制在共情者的理智范围之内,避免共情产生者在呈现过程中因过度共情或缺乏共情而阻碍沟通。由是观之,共情并非"非情感即认知"的二元对立模型,而是情感与理智的一体,也是人类作为情感动物在进化过程中衍生出的高级思维模式,同时又因其对人际沟通的推动而催生出促进友好、缓解矛盾或解决冲突的社会意义。

在社会生活中,"通过理解自己与他人心理状态的差异来协调自己与他人的行为是社会交往成功的关键"(张慧、苏彦捷 2008),而当差异显著到难以调和之时,我们也要认识到"要想消弭经济利益的冲突是不可能的,要想消弭价值观的差异也是不可能的,一个家庭之所以能够不解体,最可能也是最需要的、最有价值的就是情感的沟通和共鸣"(胡范铸 2017: 97)。不仅是家庭,个人、民族和国家等团体之间的交流同样需要"情感的沟通和共鸣",因为"伦理的、共情的对话将促进更好地理解分歧并带来宽容与文明"(Teich 2008: 20)。共情在交际中与人类情感本质契合,亦与理智思维相洽,其启示在人文主义学科中无远弗届,对人文主义特质显著的修辞学来说尤其深刻。

五、"修辞"与"共情"的学理渊源

亚里士多德在对情感诉诸做出概念界定时就指出其包含与"共情"(sympathy)类似的情感(Wisse 1989: 75),鉴于现代所探讨的 sympathy(同情)于 1991 年才正式被艾森伯格(Eisenberg·N)界定为与悲伤或关心等相关的情感,而在此之前对 empathy 及 sympathy 的研究并无清晰界限(Cuff *et al.* 2016),因此两种说法的混淆使用容易将我们引入迷雾。通过对两个概念的探索可知,"共情"关注的是共情者与被共情者之间的相似的情感及对该情感的认知,而"同情"则强调同情者对被同情者的悲悯,且不需要与被同情者达到"同形状态"(condition of isomorphism)(de Vignemont & Singer 2006)。此外,亚里士多德在其修辞学论述中并未谈及与"怜悯受众"相关的修辞思想,因此我们可以推断出被亚里士多德囊括于情感范围内的"同情"实则是现代学者所划归为共情范畴的情感。

亚当·斯密观察到"同情"是人类的特殊而重要的情感类型,他认为"同情"就像"共鸣的琴弦","同情并非因情感本身的性质而得以界定,而是由'行为者'(agent)与'旁观者'(spectator)能否达成一致的情感共鸣所决定。"(钱辰济 2015)斯密在《道德情操论》中还指出,旁观者的情绪"总是同他通过设身处地的想象认为应该是受难者的情感的东西相一致的"(斯密 2020: 7),同时又清醒地认识到自己局外人的身份而克制情感;这与罗杰斯在为共情划定界限时所着重提醒的共情过程中的"'as if'条件"不谋而合(Rogers 1959),因此其所阐述的"同情"其实同样是当下我们普遍认可的"共情"。斯密笃信修辞性文本与"共情"之间具有同构性,修辞辅助"共情"的实现,"共情"只有通过修辞的路径才能被激活并转化为在交流中产生影响的要素,这也正是斯密思想中对"同情为'体',修辞为'用'"的加权。

修辞与"共情"的联结并不限于一"内"一"外"的合作,"共情"作为独立的概念体系,在修辞中不仅存有与其深度对应的理念,而且两者在哲学原理及对人文主义的发扬上有诸多相通之处。不过对共情的相关提及在近年大有大众化倾向,"共情"概念早已从形而上的学术探讨,抑或形而下的心理咨询等专业范畴流入畅销书内容之列,并成为人际沟通交流"制胜法宝"之一。然而零零散散的表面化应用除消耗共情的学理内蕴之外对概念的发展无甚功用,除非真正挖掘"共情"与关涉赢得他人认同的修辞之内核联结,并对两者的结合运用做出展望,才能在发挥共情影响的基础上,推动修辞步入"文化更新和学术创新"(刘亚猛 2004: 253)的跨学科研究,彰显修辞"不拘一格、异类杂陈、兼容并蓄……的内部张力"(刘亚猛 2004: 253)。纵览修辞要点并结合修辞发展,我们发现修辞的人文主义发展倾向、情感诉诸、受众观、认同观分别与共情彰显出深厚的学理渊源和人文主义同源性,修辞运作的心理机制在与共情的结合中尽显无遗。

5.1 修辞人文主义与"共情"

人文与理性并非背道而驰,"物化与僵化"才是人文主义的反抗对象,科学与理智一元论是科技的发展,却也是人文的欠缺,因此"人文主义必然要提升上去,彻底透出,而成为指导文化生命前进之最高原则"(牟宗三 2003: 236)。依此,重视理性认知与情感指向的共情具有了填补人文主义发展之不足的优势,共情者萌生出与被共情者相似的情感并清醒认识到自身他者身份。这与完全沉浸于对方情绪或过于客观甚至冷漠对待他人事件形成对比,可被视为两者之间带有经优化后的人文主义色彩的修辞中庸之道。人文主义修辞所秉持的平等、尊重等理念无一不昭示出共情的深度参与,也可认为与修辞发展历程中的人文主义倾向相伴而来的是愈发突出的共情侧重。将共情显化于修辞是发展趋势的召唤,对共情的无意深藏或有意隐蔽都是修辞发展的损失及对人文主义倾向的背离。

5.2 情感诉诸与"共情"

在修辞中绵延发展的情感诉诸究其本质就是对受众情感的侧重并将激起其特定情感状态作为实现修辞目的之前的必经之路(Aristotle 2007)。当受众的情感"处于最易于接受说服的状态"(刘亚猛 2018: 69),修辞目的的实现即在咫尺间。对受众情感的"知晓—掌握—(内化)—转变"过程暗示修辞者已对受众达到精准的认识并具有将认识化为修辞策略的能力。西塞罗的"共情的修辞人格"(秦亚勋、姚晓东 2019)就是通过率先实现共情进而构筑修辞人格来影响受众情感的诉诸。至此,情感诉诸对共情的依赖已然通透明晰。除却修辞转化阶段,情感诉诸始终都将"共情"作为其依托,共情能力低下的修辞者是无法精准认同受众情感的,自然也无法取得令人满意的修辞效果。值得注意的是,与情感诉诸相关联的共情偏向认知共情,因为修辞行为携带的修辞目的使修辞者必须具备第三者视角,但是情感共情的参与不论从机制还是路径上看都以其情绪感染性、主观性、即时情境性等特征对情感个体产生交际价值。

5.3 受众观与"共情"

柏拉图认为修辞者能够赢得受众"归根结底不是因为他们掌握了真理,而是他们能够了解听众的狭隘和偏见,从而迎合这种狭隘和偏见"(宋连胜、晋伟 2017),虽然我们如今对这种看法的一概而论性与其对受众的操纵倾向持保留立场,不过脱离对受众的了解,修辞则成为自说自话、没有交际意义的行为。只有同时诉诸受众的理智与情感,才有可能促使受众采取修辞者预期中的行动(刘亚猛 2018)。无独有偶,认知共情与情感共情贴合了修辞者对受众理智与情感的理解需求,前者以客观认识和逻辑分析为路径在了解受众处境的基础上做出对其情感状态的研判,后者则以情绪感染等充盈情感色彩的方式与受众达至"情感共同体",由此共情能力是全面认识受众并做出合理修辞行为的前提。坎贝尔认为修辞目的的实现关涉受众"期待的是一个什么样的修辞者"(刘亚猛 2018: 311)以及修辞者能否塑造与此相符的形象。如果不诉诸共情而仅凭既往常规划定受众所期待的修辞者形象,修辞目的只会愈加难以实现。对受众的多维了解是修辞中不言自明的条件,但是从哲理层面论及作为修辞根基观念的受众似乎是紧迫的任务,因为只有对传统的受众操纵观做出有理有据的驳议,才能在新修辞情境下构拟修辞者与受众的恰当关系。如果没有共情的参与,这种关系的构拟难以实现。

5.4 认同观与"共情"

认同观出现的背景为 20 世纪社会急剧发展之际,当个人自我封闭的状态被打破,原先对他人与世界的认知亟需转变甚至重塑。修辞作为"研究误解和消除误解的方法"(Richard 1936),将"认同"作为社会洪流中修辞者取得受众信任的途径,与主流思想同向,实现了学科的自我发展与服务社会的相洽。21 世纪以来,全球一体化仍然以不可扭转的趋势深化,但这种趋同将阻碍多元发展。对求同存异的呼声愈发高昂之际,认同观在修辞者与受众皆带有强烈个体特色的情境中显露出不易察觉的空白,而共情对参与者的绝对顾及则弥补了认同观貌似会消弭特色这一点瑕疵;如此恰当的借鉴与调和恰逢其时,为已具强大解释力和实践力的修辞开拓出新的张力空间并融入更鲜明的人文主义内蕴,也是对罗杰斯在界定共情一开始就强调的"如果在交流中没有共情中的他视角,说话者就与对方达成了完全认同"(Rogers 1959)这一观点的考虑。共情的介入有益于在"化解疏远"(dissolve alienation)(Rogers 1975: 6)的前提下达成合理认同,从修辞角度来说,这是对传统认同观的批判性发展。

由是观之,"修辞"与"共情"这两棵貌似相距甚远的大树却在地下纵横交错,早已产生了不可分割的根系,在哲学或实践层面都流溢出强大的凝合力,两者在概念上的相通与实践中的糅合推动我们思索如何将它们以正式的、系统化的、有研究前景的方式结合起来;然而鲜见将这两大在人类社会中起重要作用的理念在哲学、伦理、理论或实践维度真正结合起来的研究,"共情修辞"的提出成为应情境召唤的因应之策和应有之义。

六、"共情修辞"概念探析

国外学者并未将"共情修辞"(rhetoric of empathy)作为正式概念提出或作出定义性和应用性的阐释,不过有的学者对它的研究可被视为徘徊于共情修辞研究边缘但始终没有激活概念核心的"预研究"。例如,Kulbaga(2008)使用了"rhetoric of empathy"分析《在德黑兰读〈洛丽塔〉》(*Reading Lolita in Tehran*)一书如何在修辞与教学路径中通过共情连接女性读者,这是对修辞之共情功能的验证。Blankenship(2013)在其博士论文中创建了"rhetorical empathy"的概念并将焦点落于"主体的改变",其中的主体是以共情为背景的行为主体而非修辞的行为主体。我们在最新研究中发现 Lee(2020)正视共情在修辞中的作用并将其与情感诉诸在同一语境下阐发,他所说的"rhetoric of empathy"是意图引起受众共情的带有理想主义色彩的修辞目标。修辞者关注受众情感、客观情境以及尽可能实现共情等都是有章可循、有路可达的阶段性目标,但是如何促使受众产生共情?多数修辞者的修辞目的是否真的能够在不违背伦理的前提下心安理得地激发受众产生共情?这只能存于构想而很难在修辞者—受众这一根深蒂固的修辞关系中经受住人文主义的考验。Zhao(2012)具有前瞻性地将"rhetoric of empathy"置于跨文化交流的背景中探讨,挑战了传统修辞中"施事-受事"这一被视为颠扑不破的修辞者-受众关系,提出使用"施事-施事"或曰"主体-主体"理念来进行跨文化的主体间性交流,显示出人文主义影响下对受众地位的提升。双向的共情参与的确是理想状态,不过因其难以掌握反而增加了修辞的不确定性,因此修辞者的共情仍需被视为修辞行为原点。

6.1 共情修辞机制

基于"修辞"与"共情"作为两大学科概念所涵盖的内容、两者之间的渊源与联结以及国外学者对"rhetoric of empathy"的研究脉络，我们在坚持修辞者之修辞行为主体性的前提下，认为"共情修辞"应是包含修辞目的、受众、修辞者、共情、修辞策略等主要元素的运作机制。我们强调"共情修辞"是一种修辞运作机制，原因在于共情不只流于修辞文本表面，而是植根于修辞者思维层面的始源性修辞元素，从修辞发端就影响修辞者的决断并影响整个修辞过程的走向。李克、朱虹宇（2020）曾就"共情修辞"概念及其对当今社会交流方式可能带来的改变初步做出阐释。此处我们在原有概念基础上对其加以完善与细化，并再次将其界定为：在修辞目的的驱动下，修辞者有意识地使自己进入对受众的共情状态，在能力范围之内达成与受众情感的时间同步和类别同向，并能够清楚判断受众和自身情感类型及来源，区分受众和自我表征，随后设定并施行修辞策略，这一修辞运作机制可被称为"共情修辞"。"共情修辞"机制可大致图示如下：

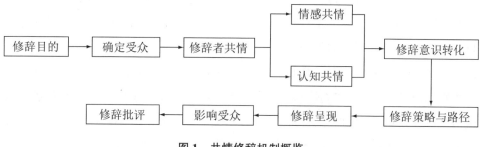

图 1　共情修辞机制概览

修辞目的是修辞行为的起始点和驱动力，若无法在修辞过程中找到驱使修辞者做出特定修辞行为的目的，则该修辞行为应归属于带有随意性或偶然性的自然言语行为而非修辞行为。胡范铸（2016）认为："当行为主体明确地意识到自己是在努力追求言语行为'有效性'的时候，他是在修辞；当他没有明确认识到自己在努力'追求有效性'的时候，只要是在'使用语言实现自己意图'，其实也是在修辞。""有效性"所依附的对象正是修辞目的，修辞目的的达成表明修辞行为"有效"。说服或认同是整体视角下的修辞目的，具体修辞目的依具体修辞情境而定。修辞目的是修辞区别于自然无序语言的关键,共情修辞过程中,确定修辞目的这一行为发生于修辞者有意识进入对受众的共情状态之前,不过若修辞者而后决定调整或颠覆原本修辞目的,转而在共情的推动下确定新的修辞目的,这种情况也可谓合情合理,凸显出共情修辞对于修辞效果抑或结果的影响。

共情过程指修辞者有意识达成与受众的共情,此时共情是一种认识、情感及实践模式,是包含行动在内的过程而非最终状态(Rogers 1975: 4)。我们强调"有意识",首先因为修辞目的的存在表明修辞行为是修辞者"有意为之",共情修辞也是我们试图提倡在适宜修辞情境中使用的修辞模式,因而修辞者自然有必要也必将在有意识的共情状态下做出修辞行为;其次因为情感共情中包含情绪感染等人类本能反应,但是修辞行为的目标性使我们需要摒弃无意识的情绪或情感感染,即使涉及情绪感染,也是有意识状态下受修辞目的驱使的情绪感染。共情修辞中的"有意识"能够使修辞者始终保持共情研究者在研究初始阶段就提倡的他视角,如此才能使共情者以客观的视角产生"旁观者清"的效果,也才能将共情修辞控制在修辞目的可影响且修辞研究可及的范围内。

受众的选择和限定直接关系到后续修辞策略的设定。当受众的范围和类型有了明晰界限,修辞者的共情才有落脚点,此时受众可被视为"被共情者"。修辞者以自身共情能力为极限值,与受众达成情感上的时间同步,避免因时间的提前或滞后而脱离受众的即时情感范围,使情感表征无法在修辞情境中发挥有效性。此外,情感类别是否同向也左右着共情修辞行为结果。若将情感视为连续统,极端积极与极端消极情感分属连续统两端,修辞者对受众的情感虽难以实现程度完全相等,却至少要在方向上具有同向性,因为共情之"共"正是强调共情者与被共情者共享情感氛围,此氛围的范围越小,两者情感距离越小,显然相反情绪类别的双方对情感范围的无限拓展已然越出共情范畴,因此我们强调类别同向。共情修辞对情感程度不做要求,因为修辞者的共情能力因人而异,共情程度亦不尽相同,而且完全的程度一致几乎无法达成,只能无限接近最高值。此外,同向范围内共情程度的高低与共情修辞效果并不成正比,修辞者面对极度悲痛的受众时无需产生同等程度的悲痛情感,但是一定程度的低落、伤感等同向情感却必不可少。

情感同步仅通过情绪感染等具有情感传染性质的途径即可实现,无法在情感共情之后通过有效的修辞手段发挥共情的积极作用。因此我们还需强调修辞者对认知共情的调用,当其能够把握整体修辞情境,才能了解受众的客观及主观处境,进而判断受众的情感类型及来源。仅认识受众情感、被受众情感感染还远不能达到认知共情标准,修辞者需知晓自身与受众相似的情感直接来自于受众,间接来自于修辞目的及修辞行为,自我和受众的意图表征及随后的修辞表征都有本质区别,当修辞者客观认识到自身的旁观者视角但是又对受众的状态感同身受,才可达至认知共情。

"共情准备"之后,修辞者已有意识理性认识受众主观情感及客观状态,此时设定和施行修辞手段已水到渠成,虽然修辞呈现过程仍与个人修辞能力有关,不过共情的实现有裨于修辞者与受众成为"情感共同体",而修辞者在与受众情感趋向一致的情况下则有更小几率做出违背对方情感的修辞行为。认知共情与情感共情两种模式要求修辞者有必要在保持清醒的"他视角"的同时激活"理性的情感",共情氛围一旦形成,不仅能够激发修辞者随机应变的修辞创意,也能在受众身上产生超出情感调控而有可能扩展至世界观、价值观和行动等范围。共情修辞作为理念指引,并非必须拥有专属于该领域的或带有共情色彩的修辞策略和手段,因此实践中修辞策略的选择源自普通意义上的修辞策略范围并依修辞情境而定。

整体而言,"共情修辞"不再将修辞视为"雄辩艺术",而是沿袭了经斯金纳扭转之后的修辞趋向——"修辞发明",即修辞文本生产的原理机制与过程(李瀚铭、刘亚猛 2019),并与修辞学研究追求言语交际的有效性合流,形成较强的理论衍生力和现象阐释力。

6.2 "共情修辞"定位

"共情修辞"是我们秉持符合修辞情境、取得更佳修辞效果的基础上提出的新型修辞模式,其本质偏向于向修辞者提供始源修辞思维模式,然而这不是对传统以说服或认同为前提的修辞行为的否定和替代,更非提倡其成为唯一修辞模式。经过形而上的学理延伸和形而下的实践验证,共情被视为促进修辞顺利进行的要素之一,因此我们充分利用共情的现实意义,将其从一直被忽视或遮蔽的幕后转至台前,因此共情修辞的出现基于共情本身对修辞发展的借鉴意义而非纯粹以推陈出新为目的而强行衍推的概念。

6.3 概念纠偏

修辞的产生奠基于或然性,对情感诉诸的剖析又因关涉人的情感而带有主观评判性,因此共情修辞作为融合两种不确定性的概念,不免存在需重限定和解释之处。本文中的纠偏重点聚焦于:带有强烈人文主义色彩的共情修辞是否追求修辞关系的绝对平等?共情修辞是否将情感置于首位而对理性置之不理?共情修辞与传统情感诉诸的区别及其发展体现在何处?共情修辞与同样强调人文主义的"邀请修辞"(Foss & Griffin 2020)有何关联?针对这些原则性问题,我们将作出简要阐释并以此廓清共情修辞概念的边界:

1)"共情修辞"与"绝对平等"。从说服到认同,修辞之核心概念的人文主义流变彰显出受众地位的提升以及修辞者对待受众态度的转变,邀请修辞的出现亦佐证了该变化趋势。但是主客体地位真的能够发展为绝对平等,修辞者与受众的关系可以脱离话语实践中历来重视的权力关系吗?答案显然是否定的。权力关系浸透于所有话语实践,修辞活动中因修辞目的的显然存在更无法摆脱权力关系框架的制约。修辞者在修辞情境中由主观能动性驱使萌生修辞目的,即使受众的地位得到重视与提升,修辞目的的产生已注定修辞者处于修辞权力关系上游。权力关系使得修辞者对情感的处理需格外小心,一旦陷入操纵论陷阱,受众的情感变易为与修辞者对立的状态,修辞过程的顺利进行就会失去保障,遑论实现修辞目的。

并非没有学者注意到情感维度的修辞权力关系,Zhao(2012)所提倡的"主体间性的情感关系"(intersubjective emotional relationships)就是对传统施"情"-受"情"关系的颠覆,将受众视为与修辞者处于同一情感层面的主体。双主体的修辞情感关系的确能够解决一直以来饱受争议的修辞权力问题,但是其完美主义色彩未免让人怀疑其是否具有实现的可能。一言以蔽之,修辞者-受众关系在修辞过程中必然存在,人文主义的参与只是消弭其中过于明显的足以对修辞效果产生消极影响的部分,却无法撼动本质性的权力关系,因为一旦修辞中的权力关系消失,修辞是否还是修辞就值得另议了。因此,共情修辞虽然给予受众足够的"掌控权"以夯实修辞的人文主义特征,不过修辞者与受众在权力关系中的位置或许可以朝向中间位置挪移,却谈不上"僭越"。共情修辞试图助推修辞者自身达至对受众的共情,带给受众被共情的关怀与尊重,绝对平等并非共情修辞的追求,也并非单凭共情修辞概念与实践可至。

2)"共情修辞"与"理性"。"共情修辞"构拟于情感诉诸之上并将情感诉诸拓展至带有更强烈人文主义色彩的高度,但这并不表示情感处于科学与理性主义的对立面或者后者存在的前提即是抹杀前者。虽然情感与理性确实长期以来分属两种思维状态,但是在修辞行为中同时运用情感与理性才可彰显对受众的洞察,于此有两点值得注意:第一,情感是所有人类的基本特性之一,抛却情感谈问题似乎不仅非理性,而且不可想象,即使是科学主义中提倡的用科学说话或用证据说话,同样都发生于预设的话语大环境,其中受众率先产生对修辞者的信任情感并决定进行下一步的正式倾听与信息筛选;第二,共情所涵盖的认知共情是对现实的影射,与理性之内涵同源且在修辞情境中同向发展,因此共情修辞并非是违背现实、理性或逻辑的纯粹情感煽动,而是在结合情感与认知的双向修辞思维导向之下的行为模式,其对情感的侧重不是湮没认知与理性的借口。

3)"共情修辞"与"情感诉诸"。共情不等于情感,共情修辞不等于情感诉诸。情感诉诸的应用首先体现于对受众情感的侧重,继而采取修辞手段调整受众情感至易于接受修辞者影响的状态,对情感的涉及分设于源头与结果。共情修辞是糅合理念、手段与行为的综合概念,贯穿修辞活动始终,修辞行为由共情激活,对共情的使用虽然同样强调源头与结果,但是过程中修辞者始终将对受众的共情纳入考量,在显化的修辞输出中可以选择以共情性表述将思维状态传达给受众并使其意识到自身在认知上的理解与情感上的共通。情感诉诸意图通过传递信息对受众产生影响,而共情修辞则不仅强调关注受众的情感状态与信息中情感的传递,还对修辞者的情感提出要求,具有过低共情能力的人无法产生共情修辞行为或最终的行为效果不如人意。简言之,共情修辞中的"共情"是修辞者的共情,情感诉诸中的"情感"是受众的情感,然而修辞者对情感诉诸的使用及研究者对其必要性与有效性的肯定,是验证共情修辞合理性的首要条件。

4)"共情修辞"与"邀请修辞"。"邀请修辞"强调平等与尊重,致力于打造充满理解的修辞氛围,其中受众有权依据修辞者的修辞呈现做出任何选择,因为修辞者只"提供"观点并邀请受众参与讨论。我们肯定邀请修辞所强调的对受众的尊重,但也不免怀疑绝对的尊重甚至"让位"是否抹杀了修辞的说服或认同内核,成为对传统修辞观的矫枉过正。"共情"虽然同样强调尊重与理解,却并非为了尊重和理解而摒弃修辞目的,其一切行为表现致力于修辞目的的达成,说服受众或使其认同,然而修辞目的作为客观的驱动修辞活动进行的必要条件,却并不表示抹杀共情修辞行为的人文关怀特征。在修辞者正式与受众做出互动之前,前期的共情准备有可能使修辞者因更深刻与全面地理解受众而调整甚至颠覆修辞目的。"邀请修辞"与"共情修辞"是两个视域下的修辞概念,前者是对传统修辞的"补充和修正"(enrich and amend)(Bone et al. 2020: 36),而后者则是与传统修辞平行,是在新时代修辞情境之下以情感为趋向的修辞模式。

七、余 论

  我们从哲理层面剖析了"共情"自始至终就和"修辞"难解难分的渊源,并在此基础上尝试构建了"共情"概念以及运作机制。修辞的发展历经跌宕,和修辞渊源颇深的共情在定义和研究重点上虽然时有变动甚至依人不同(Decety & Jackson 2004),但是其在发展历程中却无甚扰攘,始终扮演人类情感与现实生活中的积极角色。至此,当我们将共情视作修辞的仰赖或将良好的修辞效果视作共情的归宿,共情修辞开两者显化结合之先河,对今后的多维度发展带来启发。

  任何新概念、新理论的产生和发展都建立于继承与创新之上,共情修辞亦是如此,其合理性、有效性及研究价值非一文能尽,需经不断的检验和修正。我们希冀通过本研究廓清修辞一直以来摇摆于逃避与正视之间的对待情感的态度,摆正情感在修辞中不可替代的重要地位;以共情修辞为引擎,将"共情"正式融入修辞研究并探寻其促进人文主义修辞发展的路径。共情修辞是修辞系统中连接古今与学科内外的概念综括与发展,我们之所以着重墨于"共情"与"修辞"的学理联结与历史研究渊源,正是要突破概念的机械叠加而真正将"共情"融于修辞范畴,发挥其对促进达成修辞目的和平衡修辞机制内权力关系不可湮没的作用。

参考文献

  陈小慰　2017　《"认同":新修辞学重要术语 identification 中译名辨》,《当代修辞学》第 5 期。

  [荷兰]弗朗斯·H.凡·埃默伦　2020　《从"语用-辩证学派"看现代论辩理

论与亚里士多德的渊源》，秦亚勋译，《当代修辞学》第 4 期。

胡范铸　2016　《理论与现象：当代修辞学研究的五十个问题》，《当代修辞学》第 2 期。

胡范铸　2017　《国家和机构形象修辞学：理论、方法、案例》，学林出版社。

黄海容　2014　《作为西方思想重塑力的修辞》，《中山大学学报（社会科学版）》第 1 期。

黄翯青、苏彦捷　2012　《共情的毕生发展：一个双过程的视角》，《心理发展与教育》第 4 期。

李瀚铭、刘亚猛　2019　《修辞与昆廷·斯金纳的学术身份》，《当代修辞学》第 2 期。

李　克、朱虹宇　2020　《共情修辞研究助推民心沟通》，《中国社会科学报》第 A03 版。

刘亚猛　2004　《关联与修辞》，《外语教学与研究》第 4 期。

刘亚猛　2018　《西方修辞学史》，外语教学与研究出版社。

牟宗三　2003　《牟宗三先生全集》第九卷，联经出版事业有限公司。

钱辰济　2015　《亚当·斯密的同情与修辞——共和主义传统美德的现代转型》，《政治思想史》第 1 期。

秦亚勋、姚晓东　2019　《语用身份与修辞人格的理论渊源及伦理之维》，《当代修辞学》第 6 期。

宋连胜、晋　伟　2017　《柏拉图的修辞哲学思想》，《学术交流》第 5 期。

［加］廷德尔　2018　《修辞论辩与受众的本质——关于论辩中受众问题的理解》，汪建峰译，《当代修辞学》第 1 期。

［英］亚当·斯密　2020　《道德情操论》，蒋自强等译，商务印书馆。

［古希腊］亚里士多德　1991　《修辞学》，罗念生译，生活·读书·新知三联书店。

张　慧、苏彦捷　2008　《自我和他人的协调与心理理论的神经机制》，《心理科学进展》第 3 期。

张　晶、许子琪　2009　《修辞的核心：不是说服而是认同——从"认同"理论看奥巴马的演说》，《修辞学习》第 6 期。

Aristotle 2007 *Rhetotik*. Krapinger, G. (trans). Stuttgart: Reclam.

Bone, J., Griggin, C. & Scholz, T.M. 2020 Beyond traditional conceptualizations of rhetoric: invitational rhetoric and a move toward civility, in S.K. Foss & C.L. Griffin (eds.) *Inviting Undersanding: A Portrait of Invitational Rhetoric*. London: Rowman & Littlefield: 33–57.

Cuff, B., Brown, S.J., Taylor, L. & Howat, D. 2016 Empathy: a review of the concept. *Emotion Review*, 8(2): 144–153.

De Vignemont, F. & Singer, T. 2006 The empathic brain: how, when and why?. *Trends in Cognitive Sciences*, 10(10): 435–441.

Decety, J. & Jackson, P. L. 2004 The functional architecture of human empathy. *Behavioural and Cognitive Neuroscience Reviews*, 3(2): 71–100.

Foss, S. & Griffin, C. (eds.) 2020 *Inviting Understanding: A Portrait of Invitational Rhetoric*. London: Rowman & Littlefield.

Gladstein, A. 1983 Understanding empathy: integrating counseling, developmental, and social psychology perspectives. *Journal of Counseling Psychology*, 30(4): 467–482.

Hartwood, J. T. (ed.) 1986 *The Rhetorics of Thomas Hobbes and Bernard Lamy*. Carbondale: Southern Illinois University Press.

Kulbaga, T. A. 2008 Pleasurable pedagogies: reading Lolita in Tehran and the rhetoric of empathy. *College English*, 70(5): 506–521.

Lee, C. 2020 The rhetoric of empathy in hebrews. *Novum Testamentum*, 62(2): 201–218.

Richards, I. A. 1936 *The Philosophy of Rhetoric*. New York: Oxford University Press.

Rogers, C. R. 1959 A theory of therapy, personality and interpersonal relationships as developed in the client-centered framework, in S. Koch (ed.) *Psychology: A Study of A Science, vol. III. Formulations of the Person and the Social Context*. New York: McGraw Hill: 184–256.

Rogers, C. R. 1975 Empathic: an unappreciated way of being. *The Counselling Psychologist*, 5(2): 2–10.

Simon, N. 2020 Investigating ethos and pathos in scientific truth in public discourse. *Media and Communication*, 8(1): 129–140.

Teich, N. 2008 The rhetoric of empathy: ethical foundations of dialogical communication. *The Journal of the Assembly for Expanded Perspectives on Learning*, 14(1): 12–21.

Wisse, J. 1989 *Ethos and Pathos: From Aristotle to Cicero*. Amsterdam: Adolf M. Hakkert.

Zhao P. 2012 Toward an intersubjective rhetoric of empathy in intercultural communication: A rereading of Morris Young's Minor Relvisions. Rhetoric Review 31: 60–77.

On the Theoretical Underpinnings and Mechanism Construction of Empathy Rhetoric

Li Ke & Zhu Hongyu

Abstract: Empathy is supposed to involve profound theoretical affinities with rhetoric in terms of its relationship with humanism in rhetoric, pathos, audience, and identification. The appropriate integration of empathy is not only the sublimation of the concept of "emotion" in rhetoric, but also the consolidation of the developmental tendency of humanism in rhetoric. Based on the concepts of "persuasion" and "identification," empathy rhetoric weakens and adjusts the power relationship in traditional rhetoric, demonstrating the progress of discourse as well as the development of human society reflected in rhetoric.

Keywords: empathy rhetoric, humanism, pathos, audience, identification

(原载于《当代修辞学》2021 年第 4 期)

"情感转向"与西方修辞研究的自我更新

刘亚猛

(福建师范大学外国语学院)

提 要 当代西方正经历着一个双重意义上的"情感转向":在公共领域,"后真相"时代的来临及社交媒体在交流实践中开始享有主导地位,使得情感攀升为形塑舆论的显要甚或主要手段;而在学术领域,对"情动"及情感的研究兴趣持续高涨,已经蔚为继"语言学转向""文化转向"之后席卷社会科学及人文学科的又一新潮流。作为学术史上最早对情感做出理论阐述并且深度介入公共交流实践的一门学科,修辞如何因应这一双重转向提出的众多挑战,关系到它在"情感时代"的学科发展前途。就"情感转向"的缘起提出一个更为广阔的历史视角,利用该转向提供的概念资源审视并更新修辞学与情感相关的传统论述,就当前公共话语中流行的交流模式进行富有新意及解释力的理论阐发——这些都是致力于使修辞学顺应这一新语境的学者当前正着力探索的新研究方向。

关键词 情感转向 修辞研究 诉诸情感 "后真相"修辞 理论更新

"情感转向"(the affective/emotional turn)是20世纪末在欧美学术界出现,21世纪以来持续发展并日渐引人注目的一个跨学科研究趋向。这一趋向以情感作为研究焦点及核心概念,尽管争议不断,是否产生深远影响也有待进一步观察,却已经获得不少论者的推崇,甚至被誉为"晚近思想史上一个深刻而且具有挑战性的发展"(Tarlow 2012)。跟先前风靡西方学界的"语言转向"及"文化转向"一样,这一以"转向"自我标榜的学术风潮也已经引起国内不少学者的浓厚兴趣,成为文学批评、哲学等领域的一个热门话题。特别是最近几年,相关学者就这一新"转向"接二连三地推出颇有深度的介绍,就其理论形态、谱系脉络及学术影响进行了比较详尽的阐述(陆扬2017;刘芊玥2018;郑国庆2019等)。由于他们的努力,"情感转向"在国内人文社科领域已经不是一个陌生的概念。

国内针对这一话题的研究成果有两个突出的特点:其一,相关译著及论著几乎毫无例外地聚焦于被认为是当代西方情感理论发展的两条基本脉络,即加拿大哲学家布莱恩·马苏米(Brian Massumi)对源自斯宾诺莎并经德勒兹承继的情动(affect)理论的新阐发,以及美国女性主义批评及酷儿(queer)理论的先驱之一伊芙·塞吉维克(Eve K. Sedgwick)对心理学家西尔文·汤姆金斯(Silvan Tomkins)情感理论的再解读,"情感转向"被广泛地等同于这两条脉络及其所提倡的"非认知"(non-cognitive)"情动"观;其二,对这两条脉络的译介、梳理及描述,包括对马苏米及赛吉维克理论观点的讨论及评价,大都是在这一转向的欧美引领者及倡导者所提供的论述框架或者说在他们所构筑的语境内进行的。尽管相关学者对目前采用的研究方法及进程已经开始反思,如意识到"由于翻译工作的滞后,导致国内读者对西方情感理论的了解不仅有限,还存在一定偏差"(郑国庆 2019)或"现有的研究成果或是总体性的思潮扫描,或是局限于单个理论家,鲜有针对某个引起广泛讨论的特定主题展开的学术整理"(杨玲 2020),但即便是这些自省,所针对的也无非是译介情感研究中的"欧陆哲学脉络"及"女性主义和酷儿理论脉络"时涉及的平衡及尺度等问题,并未跳出这两个学派自设的论述框架,从一个更广阔的视角对"情感转向"作出批判性审视。事实上,由于受这一框架的局限,国内学界对这一新思潮的了解所存在的"偏差"远不止已经被意识到的。例如,现有研究成果依据欧美"情感转向"倡导者的自我表述认为这种新研究取向"用基于身体的情感取代认知的核心地位,用情感理论取代结构主义和后结构主义的理论范式"(杨玲 2020),"从而超越了基于修辞学和符号学的研究范式"(刘芊玥 2018)。然而,这一理解并不曾得到这些倡导者之外其他对"情感"感兴趣的人文社科学者的普遍认可,在这一转向始发二十余年后的今天看来,所谓"取代""超越"更不无夸大其词之嫌。著名美国文学理论史学家约翰·布伦克曼(Brenkman 2020: 1)在回顾"情感转向"的发展过程时提出的一个见解很有代表性:

  对各种"转向"应该多长个心眼。哲学传统此前一直关注着思想、心智、理解、知识及精神等问题。语言学转向使哲学家们开始看到语言在人类认知上所起的根本作用并质疑跟传统范畴关联的一些受到珍爱的概念。然而在接下去近百年间对语言、符号、话语、文本、隐喻、指号过程(semiosis)的走火入魔引发了对无所不在的文本性(textuality)及能指首位的反拨,也就是情感转向。不管是语言学转向还是情感转向,那些在其旗号下提出的学术观点虽然听起来像是具有革命性的智力成果,其实不过是发现了过去的话语卷幅中一些迄今未被注意到的褶皱而已,谈不上是与原有话语的某种认识论意义上的"割席"。

眼下的"情感转向"岂止谈不上与关于情感的既有学术话语尤其是"基于修辞学和符号学的研究范式"实现了真正的切割,这一转向中风头最健的"情动理论"在著名女权主义学者克莱尔·海明斯(Clare Hemmings)看来本身就是一个修辞及符号构筑。海明斯并不否认"情动在当前的语境中可以成为一个不无意义及价值的评论焦点"(Hemmings 2005),然而她指出这一概念之所以迅速赢得大量关注,是因为其鼓吹者夸大并利用了"后解构"时代在文化研究界萌生出来的三种疑虑,即:主体的建构模式能否充分解释人作为个人及作为群体在这个世界上的处身,定量实证路径及文本分析方法能否充分解释我们希望理解的社会领域的谐振(resonance)问题,"权力/抵抗"或"公众/私人"这些作为文化研究立论基础的基本对立能否充分解释当前的政治进程(Hemmings 2005)。针对这些疑虑,赛吉维克和马苏米分别提出了"不受内驱力(drives)及社会意义约束"因而享有"自由"以及"处于批判性阐释的可及范围之外"因而能够"自主"的"情动"概念,以之作为"修辞手段"来"说服"那些"忧心忡忡的理论家",使他们将情动视为摆脱文化研究似乎业已陷入"僵局"(impasse)的一条有价值的"出路"。对于那些觉得文化理论的基本设定及实践规范已经束缚了话语创新手脚的理论家,情动应允的"自由"及"自主"听起来的确十分诱人,然而:

> 马苏米和赛吉维克所提倡的与其说是一种新方法,不如说是一种新的学术态度——一种对于不具社会文化属性的事物的态度或信念。马苏米的建议不是大家试着找一找,看看是否有外在于文化的事物,而是大家都认定的确存在着外在于文化的事物。这一建议仅对那些想率先为"文化转向"发讣告的学者有用(a useful proposition only if one's academic project is to herald the death of the cultural turn)。

"情感转向"是一场关于"情感"的学术论辩

如果说海明斯2005年提出的修辞分析使我们对"情感转向"如何应运而生——也就是其发生的学术背景及诱因——有一个独特而富有启发的洞察,在近二十年后的今天采用同一视角也将使我们对这一"转向"随后的发展,尤其是对其眼下所呈现的话语形态及结构,有同样独到的观察。将当代"情感转向"置放在修辞的视域内,我们所看到的首先是一个围绕着"情感"这个基本概念,尤其是围绕着是否存在着外在于文化规范及社会关系,与语言、认知、意识无涉却在很大程度上制约着人类行为的"情动"这个核心问题,而铺展开来的一个多元论辩场域。

不管是一般意义上的"情感研究""情感科学",还是在此基础上形成的"情感转向",对"情感"这个核心概念加以辨析都是理论构筑的首要,同时也是最具挑战性的问题。美国学者埃里克·舒斯(Eric Shouse)曾经融合马苏米及赛吉维克的理论,通过对feeling(感情)、emotion(情感)及affect(情动)的比较简明扼要地提出一组定义。根据舒斯的考证,在情动理论的框架内,feeling指的是与个体此前的经历相关并以这种经历为标记的一种感觉,具有个体的私密性和传记性(personal and biographical);emotion是feeling的投射或展示,这种展示可以是真实的,也可以是虚矫的("装出来以满足某些社会期待");而affect指的则是身体经验,然而未被意识到的一种(刺激的)强度,总是先于或外在于意识,是身体在特定情境中为采取行动预作的准备(Shouse 2005)。

这些定义尽管因为通俗易懂并有助于"情感转向"相关知识的普及而被广为引用,却并未能得到涉足情感研究的各个学术领域的普遍认可。对情感词的界定实际上呈现出众说纷纭、莫衷一是的局面。就"情感转向"这一名称而言,由于受该思潮早期的标志性论著《情感转向》(The Affective Turn: Theorizing the Social)(Clough & Halley 2007)的影响,许多学者也跟着将它称为affective turn,但也不乏称之为emotional turn的。在采用affect(及其派生词)的相关学者中,不少人将它和emotion用作可以相互替代的同义词,所以在实际应用中affect指的究竟是具身的(embodied)、"先于或外在于意识"的"情动",还是受意识及认知支配的"情感",抑或是包括feeling、passion、mood在内的所有情感用语的上位词,往往要在具体语境中通过细致辨析才能分清。例如,在赛吉维克理论脉络的源头即汤姆金斯及保罗·艾克曼(Paul Ekman)的心理学术语系统中,emotion 被界定为一种普世、天生的生理性及神经性反应,而艾克曼的门生、行为生态学家艾伦·弗里德隆德(Alan Fridlund)则认为 emotion"并非内在生理过程的标记,而是用于促进社会互动的一种复杂的交际信号",是"旨在提高社会性的一种策略手段。它仅从语境中获得意义,不能脱离语境运作",从而赋予同一术语截然相反的意义 (Lanzoni 2019)。又如,在心理治疗的术语系统中,affect 经常用来指称人们的 feelings 如何通过动作、语调、姿势及脸部表情表露出来,是外显及主体间性的,而 emotion 则是内在及主体性的(Brenkman 2020: 18)。而"情动"这一概念虽然可以追溯到斯宾诺莎理论,马苏米等学者赋予它的当代意涵与这一概念的原始意义却颇有区别。"根据斯宾诺莎的说法,affect 最好被理解为世间的实体(entities in the world)相互触动及被触动(affect and to be affected by one another)的任何方式",而在当代情感理论体系中,affect 是"先于(个人感情)经验而存在、产生这些经验并赋予这些经验以其特质的那些作用力(或许是能量流),……(情动)不是我所感觉到的,而是使我产生这种感觉的那些作用力"(Shaviro 2016)。两相比较,差异非常明显。

面对这一纷纭复杂的局面,有独立见解的学者们往往另起炉灶,推出自己的工作定义。如哲学家迈克尔·哈特(Michael Hardt)在为上文提及的《情感转向》一书撰写的前言中就明确指出应将 affects 视为"同时骑跨在心智与身体、行为与激情的分界线上"(affects straddle these two divides: between the mind and body, and between actions and passions)(Clough & Halley 2007: xi)。这一理解与将 affect 与理性及情感割裂开来的流行见解大相径庭。"非表征理论"的创始人、著名英国人文地理学家奈杰尔·斯瑞夫特(Nigel Thrift)是"情感转向"的积极倡导者。他在斯宾诺莎相关论述的基础上进一步将"情动"界定为"先于"情感"的发生而在体内生成的力量及强度,这些力量及强度能在人与物之间传递,产生变化并使人/物的聚合体进入运动状态",从而将"物"也纳入了情动主体的范畴(Hill et al. 2014)。尽管如此,斯瑞夫特却也不能不意识到"我们应该直面的问题是 affect 可以用于表达许多不同的意思,不存在关于它的一个稳固的定义"(Thrift 2004: 59)。

"情感转向"核心概念缺乏"稳固的定义",而且不仅未能逐步趋向共识,反而随着时间的推移越发歧杂多元。这一情况所反映出的是一个国内现有研究忽略了的事实,即情感研究是一个"处于分裂状态的领域"(Lanzoni 2019)。实际上,马苏米和赛吉维克于1995年分别发表的关于"情动"的经典论文在引起对情感的广泛研究兴趣的同时,也引发了针对这一新潮理论的尖锐质疑和批判,有关"情感转向"的争议从来就没有停止过。例如,著名社会心理学家及话语理论家玛格丽特·韦瑟雷尔(Margaret Wetherell)明确反对将情动归属于无意识、不受意识支配、与话语无涉的范畴,认为应将它理解为由无意识的肢体反应(如出汗、战栗、红脸)、其他肢体行为(如趋前或回避)、主观的感情及其他感受、认知处理(如感知、注意、记忆、作出决定)、语言报告(如感叹或叙事)及交际信号(如脸部表情)等融合而成的一种具有动态性及互动性的组合或聚合,是一个带有混杂(hybrid)性质的概念(Wetherell 2012: 62)。基于这一认识,她提出了用以取代"情动"(affect)的"情感实践"(affective practices)概念,将这一替代性概念界定为"征用身体的常规及潜在功能并使之融入意义生成过程及其他社会及物质形态而形成的组构(figuration)"(Wetherell 2012: 19)。又如,曾对这一"转向"产生过较大影响的《情感的文化政治》(Cultural Politics of Emotion 2014: 207-208)一书的作者、著名女权主义及后殖民主义理论家莎拉·艾哈迈德虽然也经常被归类为"情动理论家",却在该书第二版的"后记"中明确表示她并不认可"情动"这一概念,不赞成将"情感"(emotion)和"情动"区分开来,使之分别与意识/意图以及生理/身体挂钩,成为相互对立的概念。在她看来,"情感"(emotions)本身就"涉及触动及被触动(affecting and being affected)这两类躯体过程(bodily processes),或者说情感事关我们与物体及他者发生接触",那种认为"情动"与"情感"分属于"不同的序端"(order)、遵循着"不同逻辑"的观点,在理论上是说不通的。

具有生理学及心理学背景的著名科学史学家露丝·莱斯(Ruth Leys)在其2017年的新著《情动升发的谱系及批判》(The Ascent of Affect: Genealogy and Critique)中更通过对20世纪中叶以来情感研究历程的回顾,揭示出汤金斯-艾克曼的实验心理学理论,即存在着不具认知性、意图性及文化差异的"基本情感",不仅观念基础相互矛盾,所设计的实验方法也存在不容忽视的缺陷。莱斯在书中对人文社科领域以马苏米及赛吉维克为代表的情动理论倡导者提出了尖锐的批评,指出他们引用了一些关于情感的"科学"研究成果(如情动的生成先于意识、评价、意图的发生等)以区分情动和情感,论证情动与认知、意图、语言、意识形态、文化等无涉,却完全没有意识到自己所依赖的实证研究项目本身从构思、设计到执行其实都存在问题,其成果及结论在情感科学领域内部争议很大,完全不形成共识(Ross 2019)。这些学者不仅未能意识到自己所引证的"科学"其实"很不扎实"(shaky),而且还无视接受这些"科学结论"将带来的极其令人担忧的社会、政治后果:假如情动是"自治"的,也就是说,受情动驱使的身体反应不为认知制约、不受意图及意识控制,人们还怎么能为自己的感情及行为负责(Rosenwein 2020)?

迄今为止贯穿于"情感转向"发展历程的实际上是马苏米-赛吉维克理论脉络及对该脉络的激烈批判的交织。这一结构特征使得不少对"情感转向"的观察倾向于将它看成是两种情感观的对立互动。正如《共情——一个概念的历史》(*Empathy: A History*)的作者——专注于研究心理学、精神病学及神经科学发展史的著名学者苏珊·兰佐尼(Lanzoni)所描述的那样:"相互对立的一方认为情感无不带有意向性、意义及对客体的评估;另一方则认为情感(emotions)主要生成于身体及亚个体(即完整个体的生物、化学等构成成分)层面,情感反应是天生的,客体对于情感所起的作用无非是引发了这种固有反应而已。"或者如历史考古学家莎拉·塔罗(Sarah Tarlow 2012)所指出的:"情感研究的众多路径……大体上可以排成一列,一端为心理路径,另一端为建构路径。在心理路径端情感被理解为某种身体的躁动,源于人脑,是荷尔蒙作用的产物,也是所有现代人类所共有的一种生物功能。在建构路径端情绪不被视为普世的,不仅某一情境带有的情感内容在不同文化语境内各不相同,而且真正的情感体验也具有习得性和社会性。"另外一些针对"情感转向"的概览则倾向于在其进程中区分出几种有明显差别的并行路径,如人文学者亚伦·钱德勒在这一"转向"生成的话语中鉴别出三个大不相同的研究方向:1)源于达尔文的情感观,即情感是机体对生存环境的适应(因而是普世的);2)源于斯宾诺莎的情动观,即情感是机体触动/感应和被触动/感应(to affect and to be affected)的方式(因而是个体的生理、心理反应);3)源于亚里士多德在《修辞学》中对情感的定位,即情感是社会关系及社会互动的产物(因而是社会性及主体间性的)。第三个方向,即修辞路径,反对将情感普世化,不认可将情感反应主要视为个体生理或心理现象,而是试图透过相关的历史或经历理解个体的情感反应,观察这种反应如何"在特定话语中发挥修辞及施事功能"(Chandler 2008)。又如上文提及的人文地理学家斯瑞夫特从当代社会思想对情感的认识中区分出五个学派:首先最引人瞩目的是"情感程序"学派,这一学派以情感受内在生理程序驱动为基本设定,该设定源于达尔文对情感的阐释,聚焦于被认为是泛文化(pan-cultural)的短期身体反应(short-term bodily responses);其次是认为身体反应导致情感状态的詹姆斯–兰格(James-Lange)理论,安东尼奥·达马西奥(Antonio Damasio)传承了这一理论,提出"情感–感情"(emotion-feeling)是大脑新皮质通过下脑中枢的中介对身体所受刺激的感知;第三是希尔文·汤金斯学派,这一学派主要关注情感(affects)和内驱力(drives)的区分,认为情感可被转移到许多对象并得到满足,内驱力则只针对固定对象;第四是德勒兹学派,该学派认为情动代表着不服管训(unruly)的身体具有的摆脱社会约束自行其是的能力;第五是源于亚里士多德,强调体源性动能(corporeal dynamics)的心理社会(psychosocial)学派。这一学派反对将情感视为内在于人体并为所有人平等享有的生理–心理视角,针锋相对地提供了"或许可以被称为情感的政治经济学"的不同理解。按照这一理解,情感是在处身于政治、历史语境中的行事者(agents)之间形成的。将某些情感分派给某一些人,对某些情感实行囤积及垄断,有系统地剥夺某些人对某些情感的享有——这些都有助于造就某一类政治主体。情感导致选择性的想象及遗忘,褒扬或谴责,允许和压制,从而是由"一个动态社会领域的轮廓线"(contours of a dynamic social field)构成的(Thrift 2007: 223–225)。

"触动与被触动":情感转向与修辞理论的自我更新

综合时空维度对"情感转向"整个话语领域进行"测绘"(mapping)呈现出的这种"横看成岭侧成峰"的现象,与对相关核心概念赋义形成的众声喧哗现象一样,都表明该"转向"极为复杂多元,绝非"马苏米–赛吉维克"脉络所能概括。而在一位人文学者和一位社会科学家分别绘制的两份该领域"全域地形图"中,尽管所勾勒出的主要地标及走向差别很大,源于亚里士多德的"修辞路径"却不约而同地被标记为主要流派之一。这一事实进一步表明关于情感的经典"修辞研究范式"不仅没有在"情动"思潮的冲击下遭到被"超越"、被边缘化甚至被废弃的命运,反而因为受这一思潮的"触动"(affected)而再次焕发生机,反过来作为一个主要理论模式"触动"(to affect)并推动着这一"转向"继续朝前发展。

关于情感的修辞视角之所以引起广泛关注，成为这一当代热门研究的主要路径之一，在很大程度上得益于两个相互关联而且都跟美国修辞学者丹尼尔·格罗斯（Daniel M. Gross）有关的出版事件。格罗斯与德国修辞学家安斯加·凯曼（Ansgar Kemmann）于2005年合作编辑出版了一部名为《海德格尔与修辞》（Heidegger and Rhetoric）的专题论文集，集中讨论海德格尔1924年在马堡大学开设的一个跟修辞密切相关的讲座提纲。在这份一直到2002年才得到发掘出版的详细提纲中，海德格尔对亚里士多德《修辞学》第二册中有关pathos（诉诸情感）的论述进行了深刻的哲学解读，并在他自己"基础本体论"（fundamental ontology）的框架内重新界定了情感与存在的关系。格罗斯自己的专著《从亚里士多德〈修辞学〉到现代脑科学——一部不为人知的情感研究史》（The Secret History of Emotion: From Aristotle's Rhetoric to Modern Brain Science）紧接着于2006年付梓。在这部专著中，格罗斯重新审视了情感研究与修辞传统的深厚渊源，强调修辞在当代情感理论中理应享有一个不可或缺的重要地位。这两部出版物被修辞学者戴维·彼尔德（David Beard）认为"合而考虑堪称一项重要的理论及史学成就"（Beard 2008）。之所以合起来考虑才称得上是一项重要成就，是因为两部著作其实就是格罗斯所从事的修辞/情感研究项目的一体两面。前者对海德格尔就亚里士多德修辞学的情感观作出的哲学解读进行了修辞再解读，强调海氏对亚里士多德《修辞学》的阐释赋予"情感"的修辞视角以丰富的现当代哲理内涵，从而拓展了修辞情感理论的跨学科应用范围并提升了其阐释能力。后者则针对修辞情感理论长期遭受忽略（因而"不为人知"）的现状，以海德格尔对亚里士多德情感论的哲学整理为范例及依托，重构了一个具有突出当代相关性的修辞学情感研究传统，使之成为"情感转向"中一个得到广泛承认的主要流派。

其实，修辞在"情感转向"过程中发挥的作用并不仅仅是为一个多元的研究领域增添了一条与其他范式并行的路径。我们仔细审视钱德勒和斯瑞夫特所提供的情感研究"领域图"，则很清楚，在所有被区分出的范式中只有修辞强调情感的社会属性，坚持认为情感是社会关系及社会互动的产物，而其他范式都只不过是将情感视为内在于人体并为所有人平等享有的生理-心理学派的不同分支。而正如彼尔德在评论格罗斯的两部作品时指出的，修辞的情感理论之所以能"与享有支配地位的众多心理生理模式对着干"（a theory of emotion that cuts against the dominant psychophysiological models），不仅在于"修辞学将情感当作一种社会现象加以讨论具有悠远而丰富的历史",更在于对这一学科的"概念域"(conceptual field)的理解得到了"极大的扩展"(greatly expand(ed))(Beard 2008)。这一"扩展"——更准确地说是修辞理论的更新——最突出地表现于对"诉诸情感/pathos"这一修辞基本范畴——尤其是对"情感/pathos"和"道理/logos"在修辞理论体系中的相互关系及相对价值——的再认识。

在受到"情感转向"思潮的冲击之前,西方修辞研究主流所关注的一直是以logos为中心的话语如何影响受众的理解、态度及行为,尤其是受众作出判断与决定的过程。对于情感在修辞过程中所发挥的作用,主流修辞学家即便有所触及,也一直未能完全走出"在修辞互动中诉诸情感不合法或不尽合法"这一根深蒂固的传统观念的阴影。之所以"根深蒂固",是因为这一传统认识源于亚里士多德在其《修辞学》(1354al 1-18、24-26)开篇提出的一个观点:

> (流行的修辞手册作者)对说服的本体即修辞论证(enthymemes)不着一言,却将注意力集中于跟这门艺术不相干的话题,因为唯一内在于这门艺术的是证明(pisteis),而詈辱以及怜悯、愤怒等情感无关(案情的)事实,仅用于对陪审员施加影响。……通过撩拨起陪审员的愤怒、嫉妒或怜悯而扭曲他们(的裁决),正如将一把直尺掰弯后再用于度量,是错误的。

尽管亚里士多德随后又将情感(pathos)和人格(ethos)及道理(logos)并列为修辞的三大类说服手段,对他上述观点的解读因而也一直存在争议,但是情感在说服中的应用是否合法或完全合法,一直困扰着《修辞学》的历代读者及西方修辞理论的传承人。一直到20世纪下半叶,论辩研究界仍有不少人将"诉诸情感"(argumentum ad passiones)视为"谬误"。多数修辞研究学者虽然认识到情感对于修辞实践是一种不可或缺的诉求,但并没有将它当成和"logos/道理"完全平起平坐的说服手段。有关"pathos"在现代修辞理论体系中的主流观点,从20世纪最负盛名的西方修辞理论家之一帕尔曼(Chaim Perelman 1979: 57)的以下评述可见一斑:

> 修辞,也就是亚里士多德所创建的那门通过话语进行说服的艺术,并未否认人格及情感诉求在说服行为中所发挥的作用,但它坚持认为证明(proof),也就是诉诸道理(logos),才是最重要的(说服手段)。得到道理支持的意见最为周到(the best considered opinion)。

帕尔曼针对三大诉求相对重要性所重申的这一传统观点在当代情感思潮的冲击下已经谈不上是修辞学界的共识了。修辞学者卡斯特里（James Kastely）于2004年发表了一篇有关修辞与情感关系的概览，指出由于受众并非白纸一张，而是将自身的"生活经历及既有兴趣"都带到修辞互动中来，"人格及情感诉求绝非仅仅是辅助性的说服方式。相反，它们对于（导引受众）就实际问题或美学问题做出判断必不可少，是完全自立的说服方式"（Kastely 2004: 224）。假如说否认情感诉求在修辞实践中仅发挥辅助性功能已经是对传统认识的明显修正，随着海德格尔对亚里士多德《修辞学》别具一格的解读——以及格罗斯对这一哲学解读的修辞再解读——在人文学科各领域尤其是修辞学者中引发广泛兴趣及讨论，对情感的认识论地位尤其是对情感与道理这两个修辞范畴之间关系的再思考进一步冲破了"独立""平等"这两个概念限定的范围，进入观念变革的"深水区"。

在以"亚里士多德哲学的基本概念"为题于1922年开设的讲座提纲中，海德格尔将修辞界定为"此在（Dasein）能于其中清晰地进行自我阐释的学科"，从而一方面用亚氏《修辞学》提供的理论资源丰富了他自己提出的存在主义哲学思想，同时又从多方面"用哲学术语对修辞传统提出了重大修正"。例如，他将语言重新理解为"植根于共同享有的情绪（shared moods）、人类机构及由这些机构构成的非顺序（nonchronological）历史的话语"；认为"人类在构筑话语机构的同时也为这些机构所构筑"；指出在从事这些机构构筑的活动中，人类"同时是（亚里士多德所说的）施动者及受动者，推动者及被推动者"等等（Gross & Kemmann 2005: 1-3）。在这些针对修辞观念基础的新认识中，引起修辞及话语研究界最大兴趣的莫过于海德格尔就情感作为修辞的一个基本诉求提出的见解。正如格罗斯（Gross & Kemmann 2005: 4）所概述的：

> 海德格尔将pathos/情感（涵盖了passion、affect、mood、emotion等概念的语义）界定为使logos即理性话语成为可能的条件，使命题思维（propositional thought）得以从中发现其目标及动机的实质（substance）。假如不借助情感，我们的离身心智（disembodied minds）就得不到支撑因而无以自立，我们的关注就毫无来由，我们就将缺乏作出判断的时间和地点，就完全没有参与讨论、从事话语交流的动机。

海德格尔不仅将 pathos 确定为 logos 的"可能性条件",还进一步认定"情感是理性话语(logos)的基底而非其补充",而 logos 则由于其"根基是日常的情感性境况",因而在本质上是"衍生性的"(derivative)(Gross & Kemmann 2005: 6-7)。这些论点从根本上颠覆了西方修辞传统中承继自柏拉图的一个价值阶(hierarchy of values),即理性高于情感,情感影响或妨碍了作出正确判断所要求的理性思维。

在海德格尔修辞观的影响下,当代西方修辞研究领域围绕着情感进行的理论探索不断深化。一个近例是著名人文学者约翰·布伦克曼(John Brenkman)2020 年出版的《情绪与辞格——情感的修辞学及诗学》(*Mood and Trope: The Rhetoric and Poetics of Affect*)一书。布伦克曼在书中采用海德格尔的情感论作为自己的出发点,通过对亚里士多德的再解读,进一步细化及深化了我们对修辞意义上的情感即 pathos 的认识。他以亚里士多德在《修辞学》第二册给"恐惧"及"愤怒"分别下的定义——"因为想象到迫近的危险而产生的一种痛苦或不安"及"在自身或家属受到他人无端蔑视后产生的夹杂着痛苦的报复欲望"——为例,指出在亚里士多德看来,"言说者假如试图激发或压制受众的恐惧感,就必须使后者想象到他们即将遭受的痛苦或摧残。同理,言说者假如试图让受众持续地感到愤怒,就必须使后者想象到报复能带来的快感",而这也就是为什么昆提利安会提出"能很好地应用 *phantasia*(想见)这一辞格,使不在场事物的形象在受众眼前真实般地浮现,这样的修辞者表达情感的能力最强"(Brenkman 2020: 9-11)。由此,布伦克曼推导出"想象内在于情感""情感与辞格密切关联""情感在话语中表现的关键在于'发言'的'发'(*énonciation*)而非'言'(*énoncé*),也就是说,不在于所说的内容,而在于'说'的行为或'表达'本身"等观点,并进而提出应将情感视为"复杂的组态(configurations),是想象、社会感知、希望、感觉的混成(compounds)","修辞作为说服及比喻的艺术,……无法脱离感情、情感、情绪,而感情、情感、情绪更谈不上能脱离修辞"(Brenkman 2020: 15)。

这些观点的推出进一步展示了海德格尔对亚里士多德情感论的哲学阐释,经由格罗斯及布伦克曼等学者的修辞再解读之后,在多大程度上引发了修辞理论内部围绕着"pathos"这一经典范畴进行的"情感转向",以及这一"转向"给修辞的传统理论形态带来了何等的变化。事实上,修辞理论在"情感"思潮的冲击下发生的观念变革远不止上文提及的这些表现。一些修辞学者在女性主义情感研究传统的基础上,不仅重申了情感的社会属性,还就建构情感的修辞视角提出了更为激进的设想。例如,修辞学者莎莉·斯坦伯格(Shari Stenberg)在探讨情感与修辞教育的关系时明确反对将情感视为个人的、内在的、被私下体验的"自然化情感观念"(naturalized conception of emotion),提出应将情感重新概念化,理解为"情动与判断紧密交织而形成并经由身躯获得体验的一个社会及历史建构",这一建构"将个体置于象征符号的控制之下,以复杂及相互矛盾的方式与社会秩序及其意义结构捆绑在一起"(Stenberg 2011)。以此为出发点,斯坦伯格对流行的"情商"观念及"情商"教育热潮提出了严厉的批判,指出"情商"观念所界定的"表达情感的正确方式"——即在"正确的时刻"表达"正确的"感情或克制感情的表达——无非是用理性主义来规训情感,或者说用 logos(理性话语)来压制并控制 pathos(诉诸情感)的又一尝试。在"情感修辞"的框架内,斯坦伯格强调是文化和社会语境以及这些语境对身处其中的个体的期待,形塑了情感的表达和我们随后对这种表达的解读。并且,她主张应将情感视为"知识生产的关键来源",将情感反应和反思视为"创造新知识的资源",认识到情感在教育和修辞实践中都发挥着关键作用(Stenberg 2011)。

另外一些修辞学者则从马苏米阐释的生物主义"非表意强度"(asignifying intensity)情动理论中获得灵感,从相反的方向推动修辞情感理论的更新。在采取这一不同路径进行的探索中,颇具代表性的是修辞学者凯文·马里内利(Kevin Marinelli)通过反思著名修辞学家埃德温·布莱克(Edwin Black)20世纪中叶提出的"训勉修辞"(exhortation)概念,对修辞的情感维度和认知维度之间的关系提出的新思考。一直到20世纪中叶,基于亚里士多德《修辞学》传统阐释的西方现代修辞理论认定情感只能通过信念(belief)被激发起来。也就是说,修辞者要想根据修辞意图使受众进入某一特定情感状态,就必须在陈述中先提及某些能达至煽情目的而又为受众所相信的事实。布莱克对这一学术共识提出了异议,在1965年出版的《修辞批评方法研究》(*Rhetorical Criticism: A Study in Method*)一书中,布莱克以他称为"训勉"的一类修辞话语(如极具鼓动性及冲击力的布道)为例,指出受众"在这一类别(的修辞交动)中并非先接受了某一信念然后才有强烈的情感体验,甚至也不是在接受信念的同时发生这种情感体验,而是先(在修辞者煽情语言的影响下)有了强烈的情感体验,然后才产生了某种信念。可以说是情感产生了信念,而非反之"(Black 1965)。

假如布莱克将这一现象推而广之,作为修辞理论重新认识情感与认知在修辞交动中相互关系的一个关键参照,则修辞学或许提前半个世纪就已经开始实行自己的情感转向。然而,正如马里内利指出的,针对从训勉修辞中发现的先有情感才萌生信念这一现象,布莱克(Marinelli 2016)的后续推理却是:

> 强烈、具体、绝对的语言引发了与理性思辨无涉的情感(pathos devoid of rational argumentation),使(修辞对象)进入一种感情浓烈(intense emotional state)甚或是癫狂(frenzy)的状态。不过受众马上被迫做出一个理性决定:或者醒悟到自己上当受骗(having been duped),或者对这一感情经历进行认知化处理再予以接受(cognitively commit to one's emotional experience)。

也就是说,他显然认定只有当煽情语言所引发的情感被理性地转化为正儿八经的信念之后,修辞者与受众的交动才算得上是一种"训勉"。对于布莱克的这一看法,处于情感转向时代的马里内利并不以为然。他以诺贝尔文学奖获得者加西亚·马尔克斯《霍乱时期的爱情》中一句广为引用的话——"我不信真有上帝,但我怕他"(I do not believe in God, but I am afraid of him)——为范例,指出现实生活中人们的情感倾向及受本身偏爱影响的判断完全可以由他们所不相信的概念内容(ideational contents)所引发。在修辞交动过程中,情感未必一定由信念激发,也未必转化为信念,情感与认知的关系远比布莱克半个世纪之前所认定的复杂。

尽管他也从格罗斯提出的情感理论中获得灵感,马里内利致力于探讨的是修辞交动如何牵涉到包括生物、生理因素在内的物质现象即所谓"感情的具身化"(emotional embodiment)。为此,他也部分接受了马苏米的情动理论,对生理性的"情动"和社会性的"情感"加以区分。不过,他还是认定情感既非"纯认知性"也非"纯生物性",而是二者"合一而成的意识内容"(unified conscious content),从而与将"情动"视为"非认知"的"纯生物性"范畴的马苏米-赛吉维克学派保持明显距离。在这一被称为"情感-物质修辞"的新研究框架内,马里内利将修辞过程涉及的"情感"(emotion)理解为生理性的"核心情动"(core affect)被"前景化"之后带来的"愉悦或不悦感与关于外部世界的感官信息有意义地结合起来"(pleasure or displeasure and sensory information from the world are bound in a meaningful way)而生成的"心智表征"(mental representation)。基于这一理解,他提出"即便煽情语言的应用未能使受众形成确定的信念,这种应用所产生的核心情动仍然造成不可小觑的影响。……经由情感的中介而生成的心境(disposition)与明确的信念很难甚至无法区分清楚,二者之间的关系完全是流动不定的。情感和认知之间的区分因而变得模糊了"(Marinelli 2016)。

"后真相时代"的"情感转向"对修辞批评提出的挑战

马里内利就修辞交动中情感与认知维度的关系提出的新主张不仅有深刻的理论意义,而且提高了修辞对话语实践的阐释能力。一些往往被熟视无睹的常用表达,如在美国竞选政治圈子中广为流行的警句"人们或许不记得你都说了些什么,但是绝不会忘记你的话带给他们的感受"(They may forget what you said — but they will never forget how you made them feel),或入选中国2021年度"十大网络用语"的网红表达"我看不懂,但我大受震撼",都牵涉到认知与情感在修辞层面上的复杂关系。对这类流行用语的理解及阐释必然会从马里内利的新论述中得到不少启发。作为学术史上最早对情感作出理论阐述并且一向深度介入公共交流实践的一门学科,修辞学"情感转向"有别于其他领域类似"转向"的一个特点就是不将自己局限于抽象的理论层面,而是注重思考政治、社会、文化实践涉及的情感因素,或者说在更新修辞学的情感理论时始终将当代实践中遭遇到的现实问题尤其是难题放在心上。

一个长期困扰修辞学界的难题是西方政治经济理论界从亚当·斯密提出《原富》开始,在过去近三百年间围绕着资本主义市场经济一直进行着的激烈论争。反对资本主义的理论和学说尽管深刻雄辩,这一制度带来的贫富悬殊、阶级分化等弊端也是不争的事实,但为资本主义辩护的理论观点在西方却始终更加深入人心,难以被有理有据的激进批判所撼动。这一现象理所当然地引起修辞学家的极大兴趣,他们从语言应用、论辩结构、意识形态内涵、价值诉求、对受众及公众的形塑等方面分析西方"经济修辞"的内部结构、张力、演化及现状,然而始终无法令人信服地解释为什么以传统修辞标准衡量似乎更具说服力的反资本主义理论却一直无法压倒亲资本主义理论。修辞学者凯瑟琳·查普特(Catherine Chaput)2019年出版的著作《市场情感与政治经济学辩论涉及的修辞问题》(Market Affect and the Rhetoric of Political Economic Debates)尝试在"情感转向"提供的理论框架中重新思考这个问题,她透过"情感"辞屏再度梳理、分析、比较了双方的论辩交锋得出令人耳目一新的结论:批判资本主义的理论之所以在论争中在理却未能胜出,甚至难以针对公众产生明显的说服效果,是因为"亲资本主义理论话语以情感作为自己的核心诉求,而在反资本主义理论家的论述中,情感却总是引人注目地缺位"(Abbott 2020)。用查普特(Chaput 2019:137)自己的话说:

> 批判资本主义的经济学理论将那些自己无法解释的经济行为一概看成是非理性、受惑于迷思的行为。由于情感以不易觉察的方式引导着经济决策,而(对资本主义的批判)却将情感行为排除出理论的考虑范围,所以只能让自己被理性/非理性这一虚假的二元对立所束缚。而鼓吹资本主义的话语则始终将市场看成是一种情感力量,认为这种力量在人们做出基于理性思考的决定之前,或者在做出理性决定的同时,就已经并一直影响着人们的行为。

查普特得出这一结论的理据是她从当代"情感"理论以及与情感相关的文化理论中拮取的一些新观点,如"情感"涵括了"存在于感情、感觉及日常实践之间的所有那些多种多样的关系""无意识的体源性因素在意识得以发挥其作用之前就开始影响我们对物质世界及我们如何与物质世界互动的理解",社会成员的"感觉结构"(structure of feeling)或"感觉到的生活质量"(felt quality of life)应被纳入并改变我们对"经济基础"的理解等等。在由这些观点构成的一个新认知框架中,市场被重新理解为一种"情感力量"(affective force),是"在我们自身生活经验内循环着的那些非常真实的情感能的名物化"(the nominalization of the very real affective energies circulating throughout our lived experiences)(Chaput 2019:2)。在围绕西方经济体制的论辩话语中,一个关键性的区别于是乎清晰地浮现出来:批判资本主义理论话语一直未能将情感纳入自己对"经济基础"的概念化,使之成为其修辞诉求的一个关键成分;而从亚当·斯密开始,亲资本主义理论话语却始终将"看不见的手"确立为关于市场的核心概念隐喻,用"同情"来解释正义、仁慈等道德情操产生的根源,鼓励社会成员放手追求"幸福"。两相比较,前者过于理性化的论述未能在修辞效果上压倒后者感性诉求的原因就不难解释清楚了。

查普特所关注的无疑是关系到构筑及解构西方现行经济体制合法性的宏观修辞问题,但对于修辞理论界而言,这毕竟只是一个呼唤着新解的老问题,当前面对的一个真正迫切也更为棘手的大难题则是如何把握网络化时代西方社会文化的基本特征，更新对当代修辞实践语境的总体认识。谈及21世纪以来西方社会展现出的时代特征，人们首先想到的就是《牛津词典》2016年遴选出的年度词"后真相"。的确，考虑到21世纪以来西方乃至全世界公共事务的发展态势，同时也考虑到"后真相"被普遍接受的定义，即"关系到或表达了在形成舆论的过程中诉诸情感及个人信念比诉诸客观事实发挥着更大影响力的情形"，尤其是定义中的"情感""事实""舆论""影响"等关键词全都属于修辞话语的核心词汇这一绝非巧合的事实，修辞学对"后真相"研究产生浓厚兴趣是理所当然的。《牛津词典》推出在西方舆论界引起轰动的这个2016年年度词不久，修辞研究领域首屈一指的理论刊物《哲学与修辞学》（Philosophy and Rhetoric）就筹划并于2018年延请著名修辞理论家芭芭拉·比塞克（Barbara Biesecker）担任客座编辑，推出一期"后真相"研究专辑。比塞克在该专辑的"导言"中归纳了修辞学界关于"后真相"的几种看法，如它指的是"危险地被正常化了的言说场景""当代的交际语境""表达男性歇斯底里的话语"等，并在福柯、德里达有关"真相"的诸多论述的基础上，提议将这一概念理解为美国自1980年代以来一直在发展着的"真相政治经济学"（political economy of truth）的一个"独特变异""特别适用于新自由主义后期治理结构对真相的一种独特管制方式"（Biesecker 2018）。与此同时，另一位著名修辞理论家史蒂夫·富勒（Steve Fuller）也在他于同一年出版的新著《"后真相"与知识的权力游戏》（Post-Truth: Knowledge as a Power Game）一书中通过诘问关于"后真相"的负面定义由什么人提出，矛头指向谁，修辞意图是什么，认定该定义区分出的"真相信奉者"及"后真相信奉者"其实不过是希望按照当前规则继续玩"知识游戏"（knowledge game）的那些人和试图改变这一游戏现有规则以便自己能够从中获利的另外一拨人（Fuller 2018: 53—54）。

比塞克和富勒所提供的视角都犀利深刻、极富启发，但很显然，他们都只是试图在已经遭到"情感转向"强力冲击的后现代主义旧阐释框架内探讨"后真相"这个新问题。他们将注意力聚焦于"真相"与"事实"，忽略了"后真相"定义的核心语义成分，即比"事实"更具影响力的"情感诉求"。以布鲁斯·麦康米斯基（Bruce McComiskey）为代表的另外一些修辞学者倒是将审视的目光主要投向"情感"与"事实"在"后真相"定义中的对立，尤其是情感促成舆论演变的机制。在这些审视的基础上，麦康米斯基提出"后真相修辞"这个派生概念，将之界定为在"后真相时代"流行的"用废话充当真知,以仇外冒充爱国,用诉诸人格与感情取代讲道理"(bullshit parading as truth, xenophobia parading as patriotism, and ethos and pathos parading as logos)的交流方式(McComiskey 2017: 33)。在以这种方式进行交流的过程中,"不理会真值或推理(truth-value or reasoning)(这两项话语基本要求)的废话及假新闻巩固并强化了受众的既有信念,而假如修辞者能在策略性地应用废话及假新闻之前就通过诉诸感情控制这些信念,则(这两项策略的)说服效果将更强。"(McComiskey 2017: 27)麦康米斯基并以时任美国总统特朗普的交流手段为例阐明上述定义,在对特朗普的几篇关键演说详加分析的基础上,他总结了这位擅长煽情尤其是精于在公众中撩拨起怒火的"后真相修辞家"的代表性实践:

  用怒气冲冲的修辞将"另类右翼"受众煽动起来,使受众将郁积在心中的愤懑毫无顾忌地公开表露出来。其结果是这些人对疯狂的言论和虚假的新闻不仅不问事实全盘接受,而且将这些(失智)言论及(虚假)新闻在社交网页上广为转发传播。……源于特朗普人格的一些情感,如愤怒,于是乎在美国一些极端保守的受众成员心中引起了共鸣。

  不管是在针对特朗普的个例分析还是在他有关"后真相修辞"的一般性论述中,麦康米斯基的批评锋芒始终指向 pathos(诉诸情感)在修辞实践中的应用,只不过他的基本观念依然停留在"情感转向"之前学界就三类修辞诉求的相互关系及相对价值一度形成的共识。情感及人格诉求对他来说依然远不如理性话语的应用来得正当,甚至与后者形成对立关系(ethos and pathos parading as logos)。麦康米斯基对特朗普政治修辞操作的分析清楚表明:在他看来,诉诸情感——而非"事实"及"理性"论辩——不仅不尽合法,而且可能带来危险的后果,所以既是"后真相修辞"的突出表现,也是其变质堕落的主要肇因。观念的滞后决定了麦康米斯基对"后真相"开展的修辞批评未能超越以传统媒体为代表的西方公共话语的口径,也跳不出这些媒体设定的议程。他只是徒然以学者的身份被卷入自由主义建制派与强势崛起的右翼政治集团在公共领域开展的一场派系斗争,未能像扬·斯莱比(Jan Slaby)、克里斯蒂安·冯·舍夫(Christian von Scheve),尤其是乔迪·迪安(Jodi Dean)等学者那样,在"情感转向"提供的一个更加开阔的理论视野中探讨当代西方话语实践的社会文化框架及基本特征。德国学者斯莱比和冯·

舍夫致力于从情感的角度探讨当代西方出现的社会政治新形态,在他们为专题论文集《情感社会及其关键概念》(*Affective Society: Key Concepts*)撰写的"导言"(Slaby and von Scheve 2019: 1-2)中,两位学者为我们提供了对这一新形态的总体观察:

> 情感(affect and emotion)业已支配着 21 世纪初叶的社会政治生活话语。在政治领域,对正在兴起的民粹主义思潮和政治争论新风格的描述往往突出其带有的煽情及对立化情感(emotionalizing and affectively polarizing)等特征。对日益高涨的宗教冲突的描述通常也采用情感视角(affective lens),强调愤怒、愤慨、冒犯等感情因素是这些冲突久拖不决的重要原因。对资本主义经济体制的研究越来越倾向于认为这一体制不仅剥削了人们的认知能力及体力,还利用了他们的各种感情及情感(feelings and emotions)并从中获利。社交媒体的实践同样表现出强烈的情感倾向,将意见不合的个人及群体当作敌对方,以毫不掩饰的敌对甚至粗暴的方式和他们交流。……当前这一从各种情感的角度理解及描述社会领域的倾向,即所谓"情感性自省"(emotional reflexivity),并不局限于公共领域及政治辩论。在这一倾向出现之前,学术界许多学科业已开始了一个"情感转向。"……在社会和行为科学领域、人文学科及文化研究领域进行的研究早已提出情感跟人之所以成为人密不可分,它们构成了人类生存及其社会性必不可少的基础。……人类的共存在一个深刻的意义上事关情感。

这些对当前欧美公共及学术话语及交流特征的全景式观察,以及上文讨论的《牛津词典》对"后真相"的界定,无不提醒我们西方社会正在经历的实际上是一种同时席卷公共及学术领域双重意义上的"情感转向"。对当代话语交流形态方式的学术讨论假如未能意识到这一点,未能以新出现的"情感社会"为正在浮现的语境并自觉融入一个全方位的"情感性自省",而是继续拘泥于"前情感转向"时代的设定、规范、标准及路径,就谈不上有真正的相关性及阐释能力。而正如美国著名左翼人文学者乔迪·迪安的批评实践所表明的,对"情感社会"新现实的敏锐把握往往导致对变化中的修辞实践的深刻洞察及相应的理论创新。

迪安从社会互动及人际交流业已"网络化"这一现实出发,得出当下西方正在经历的实际上是一个"以交流作为资本主义生产、分配及流通核心环节的交流资本主义（communicative capitalism）时代"这一基本结论（Dean 2021: ix）。她通过对以社交媒体为代表的网络化社会互动的细致观察与分析，进一步认定"由于情感的流通快于思想的流通，交流资本主义网络是情感性的"（Dean 2021: x）。迪安并非第一位注意到情感在当代西方体制的运作中发挥着特殊作用的理论家，包括马苏米及斯瑞夫特等"情感转向"主要倡导者对此都已经有所论述。例如，马苏米曾指出由于资本主义市场已趋"饱和"，资本急于提高"通过多样化造就细分市场的能力"，强化情动（affect）并提升其"多样化"于是乎成了提升这种能力的关键。有鉴于此，"甚至是最出格的情动倾向（the oddest of affective tendencies），假如能产生利润，都不会有任何问题"。由于资本"绑架了情感（it hijacks affect）以便提高利润预期""说资本主义为情感定了高价，还真不是一种比喻（It literally valorises affect）"（Zournazi 2002: 224）。而斯瑞夫特也指出现代西方体制的支柱性机构即大公司不仅是政治实体，还是情感实体（emotional entities），甚至可以说是"情感的大杂烩"（affective soups）。这些公司通过操弄各种各样的情感（如愤怒、得意、嫉妒、失望、耻辱、痛苦甚至是暴力等）而造成的情感依附（emotional attachments）是其组织结构的基础。情感工程化（emotional engineering）作为一个传统不仅在公司的人力资源及营销等部门蓬勃开展，并且如今已经延伸到产品设计等部门（Thrift 2007: 243）。这些论述所涉及的无疑是斯瑞夫特上文提及的"情感的政治经济学"，只不过两位学者都仅在关于资本主义的经典理论框架内讨论情感如何被"绑架"或"操弄"以创造尽可能多的剩余价值，不仅未能将当代西方社会运作的新特点考虑在内，且马苏米还用自己描述为"自治自为"、不以人的认知及意图为转移、不受文化语境约束的"情动"指称在这一语境中明显属于社会文化现象范畴的"情感"，造成认识上的混乱。迪安的论断则着眼于真正带有突出时代特征的"网络化交流"，将"情感"确定为"交流资本主义"的基本属性而非仅仅是为其所操弄的盈利手段。她之所以推导出这一结论，首先是因为以互联网为典型的复杂网络具有的基本特征，如自由选择、择优连接、不受限制的发展等，决定了在这些网络中被器重的是信息的流通能力及交换价值而非信息的内容。这意味着"我们赖以进行交流的渠道所奖赏的是数量：点击及分享的数目越大越好"。这种对数量的注重造成两个后果：一方面，由于"在一个越来越强求我们给予不间断、无休止、无限量关注的场合，人们没有时间对所有（信息）作出回应、评价或思考""作出反应需要的时间越短,反应就越容易",所以入网信息的"实际内容,甚或是……所发表言论千差万别这回事,都没有人在意。……那些论证有力、实话实说,对真正值得关注的事务卓有见解的表达(由于信息处理需要较多时间)难得受到关注或者仅受到最低限度的关注";另一方面,由于"在这些网络中,情感(emotions)要比思想流通得更快",信息越能激发情感就享有越高的交流地位:

> 激愤(outrage)的流通能力大大超过严谨的论辩。……精妙的言论由于要想关注得花费太多时间,因此难以留下什么印象。人们能产生印象并记在心里的是那些具有强烈冲击力的言辞,这些言辞要么令人怒不可遏,要么使人觉得荒谬绝伦,要么让人感到萌宠可爱,甚至可以是一些给人以莫大安慰的套话。(Dean 2021: ix)

迪安对"交流资本主义网络"的基本特征即其"情感性"的这些解释为我们了解"后真相修辞"提供了真正的洞察。这些洞察上承布伦克曼在讨论"情感修辞"时提出的观点——"情感在话语中表现的关键在于'发言'的'发'(énonciation)而非'言'(énoncé),……不在于所说的内容,而在于'说'的行为或'表达'本身"(见上文),下接加拿大学者梅根·博勒(Megan Boler)和伊丽莎白·戴维斯(Elizabeth Davis)最近提出的倡议,即:当代话语研究应该着重关注"恐惧、恶心、激愤以及愤恨等情感如何被用于攫取注意、产生利润、操纵政治意见、左右选举结果""新闻平台及通讯社如何通过将感情商品化以吸引读者",以及"数字化时代,情感(如何)通过复杂的方式成为驱动媒体及政治的核心引擎"(Boler & Davis 2021: 1),使我们意识到"情感转向"已经为修辞批评领域带来了何等深刻的变化。

这些变化明显增强了修辞对当代话语实践独特的阐释能力。以社交媒体中饱受诟病的交际群体"同类聚合"倾向(homophily,即社交媒体使用者只跟自己有相似志趣、意见的网友结群互动)以及由此产生的"回声室效应"(echo chamber effects,即互联网使用者只搜寻、接触跟自己既有见解一致或近似的信息或言论)为例,对于这一现象的标准解释应用了"认知失调"(cognitive dissonance)及"选择性接触"(selective exposure)理论,即人们所接触到的信息假如支持了自己所持的意见,就将产生积极正面的感觉,而假如与自己所持意见不合,则将造成心理上的紧张与压力,由此,人们倾向于接触跟自己观点一致并有助于强化这种观点的信息及议论。不过,有关网络上"同类聚合"现象的大数据研究表明这一源于心理学的理论由于未能将复杂的社会、文化、历史语境因素考虑在内,其应用带有明显的局限性(Colleoni, et al. 2014)。迪安从西方当前所处的是"一个以交流作为资本主义生产、分配及流通核心环节的时代"以及"交流资本主义网络是情感性的"这两个大前提出发,对"同类聚合"现象提出了一个基于情感因素,因而与"认知失调"理论大异其趣的解释。迪安认为对网络上出现的"同类聚合"现象的理解不能脱离网友的上网经历尤其是情感经历,她吁请关注一个情况,即:

> 在经历过新闻组内的激烈争论(flame wars)、恶意挑衅帖子(trolls)、网络骚扰(Gamergate)、网络霸凌(bullying),通过发送叙事颠覆他人对现实的认识(gaslighting),充满谎言及仇恨的数据流(streams of lies and hate),更不用说人肉搜索(privacy violations)及发送数不清的广告等网络事件之后,社交媒体的使用者编辑了自己的联系人名单,希望网上的互动不至于增加他们的愤怒,而愤怒已经成为交流资本主义的首要情感。

这一情况表明在"交流资本主义"这一总体语境中,当"愤怒"已经成为"首要情感","情感失调"比"认知失调"更能贴切地解释网络上出现的结群现象。"同类相聚"之所以使主流理论界倍感焦虑,是因为这一倾向被认为将导致社群的碎片化及政治观点的极端化,与自由主义意识形态倡导的"公共领域"(public sphere)理念背道而驰。对此,迪安在讨论的回应也同样发人深省:

> 一些自由主义的分析员批评这些(相互孤立的群体因互不交流而形成的)所谓"信息深井"(information silos)。他们似乎认为线上的互动依旧受着"公共领域"理想的指引,因而鼓励社交媒体使用者找出与自己意见不合者,通过和他们接触交流寻求共同立场。人们不清楚这些自由主义者是装傻呢(disingenuous)还是从来没有上过网。他们难道不知道跟自己小圈子之外的人在网络上进行数字互动时双方根本就缺乏进行政治讨论必须有的基本共识,彼此所认知的现实并非一码事,使用的词语虽然一样,所表达的意思也各不相同。……从志趣相投的网友处得到的支持使他们得以抵御一波接一波愤怒的冲击。碎片化、两极分化恰恰是适应象征(秩序)效力衰落的群众性手段,并非个人缺陷。(Dean 2021: xi)

这些与众不同的洞察和别具一格的结论展示了在"情感转向"大潮中坚持情感的社会属性、被斯瑞夫特称为"情感的政治经济学派"的修辞范式为像迪安这样具有敏锐语境意识的学者提供了多少创新的可能性。

结语：我们应该怎样看待西方修辞领域正在经历的"情感转向"

正如本文开头所指出的，"情感转向"在中国学术界并非是一个完全陌生的概念。席卷西方理论界的这一新思潮业已引起中国学者的高度重视及评价，在相关译介或论述中，"新千年以来西方人文社会科学领域最热门的理论之一""继文化转向之后的又一重大研究维度转变""日益成为……西方关注的焦点"等总括性判语不绝于耳，但对于这一"转向"为什么如此"热门"，为什么会"成为焦点"，为什么我们必须加以关注，尤其是怎么使译介过程同时也是对"情感转向"的再语境化过程，却大都语焉不详甚至避而不谈。

本文的讨论从两方面拓展了对"情感转向"外延及内涵的认识：首先，形塑并构成这一"转向"理论内核的不仅有强调情感的生物-生理层面的"马苏米-赛吉维克"学派，还有坚持情感的社会-主体间属性的修辞学派，或者可以说其构成不仅包括已被广泛译介的"达尔文-汤姆金斯-赛吉维克"谱系及"斯宾诺莎-德勒兹-马苏米"谱系，也包括了被有意无意忽略了的"亚里士多德-海德格尔-格罗斯"谱系；其次，当前西方的"情感转向"不仅见之于学术领域，也同时发生于"后真相"或"情感社会"时代的公共领域，也就是说，我们正在见证的是一场具有深刻政治、社会、经济、文化内涵及动能的双重"情感转向"。公共领域"情感社会"的浮现才是引发并推动学术领域情感思潮涌动奔腾的真正"震源"，也是跟"情感转向"相关的学术研究及理论探索的终极语境。未能意识到这一点，将审视的目光仅投向学术性"情感转向"甚至是其理论形态的一个局部，就远谈不上对这一"转向"的前因后果、来龙去脉及历史意义的真正把握。

针对学术领域的"情感转向"，我们固然可以如布伦克曼所言，将它看成学术这一永不休止的会话进程中一个未必带来"革命性"变化的新话轮，但也应意识到，促成话题转换的是前一个话轮中的对话——或者说文本生产——业已出现边际效应递减，难以再产出新问题、新视角、新方法、新思想，必须另辟蹊径，才能提高文本生产力及生产率,满足不断翻新、更新、创新,不断提高阐释能力这些对学术的基本要求。一门学科是否成功地实现"情感转向",归根结底要看它能否借助这一新思潮的推动实现自我革新并反过来以自己的新路径、新实践丰富情感研究的内涵,拓展其应用范围,提升其对社会文化实践的干预能力。按照这一标准衡量,西方修辞学可以说是在"情感转向"中弄潮冲浪、脱颖而出的一个要角。面对新潮的"情动"理论的冲击,修辞学者不仅没有放弃亚里士多德的情感观,反而通过这一传统观念的哲学化,围绕着对 pathos 与 logos 关系的再思考,对自身的理论形态实行了一系列深刻的革新,巩固并强化了自己独有资源的阐释优势,从而得以在相关理论前沿保持一席之地,为"心理社会学派"争得对"情感转向"的部分阐释权。不仅如此,修辞学还在重新界定自己所处的社会文化语境的同时,将注意力投向发生于公共领域的"情感转向",对网络化了的西方公共领域以"后真相时代"等名义正在发生的这种"转向"提出不落俗套、发人深省的突破性阐释,有望对当前的政治社会实践作出积极的干预。西方修辞学在"情感转向"中的这些突出表现,不仅对研究这一"转向"的中国学者,而且对致力于学科建设的中国修辞学界,都具有启发与借鉴的意义。

参考文献

刘芊玥　2018　《"情动"理论的谱系》,《文艺理论研究》第 6 期。

陆　扬　2017　《"情感转向"的理论资源》,《上海大学学报(社会科学版)》第 1 期。

杨　玲　2020　《羞耻、酷儿理论与情感转向：以美国学界为中心的考察》,《文艺理论研究》第 6 期。

郑国庆　2019　《情动/情感理论专题主持人语》,《广州大学学报(社会科学版)》第 4 期。

Abbott, B. 2021 Review of *Market Affect and the Rhetoric of Political Economic Debates. Quarterly Journal of Speech*, 107(1): 101-104.

Beard, D. 2008 Review of *The Secret History of Emotion. Rhetoric Society Quarterly*, 38(1): 109-112.

Boler, M., and Davis, E. (eds.) 2021 *Affective Politics of Digital Media: Propaganda by Other Means*. London: Routledge.

Biesecker, B. 2018 Guest editor's introduction: toward an Archaeogenealogy of post-truth. *Philosophy and Rhetoric*, 51: 329–341.

Brenkman, J. 2020 *Mood and Trope: The Rhetoric and Poetics of Affect*. Chicago: University of Chicago Press.

Chandler, A. D. 2008 Introduction to focus: the affective turn. *American Book Review*, 29(6): 3–4.

Chaput, C. 2019 *Market Affect and the Rhetoric of Political Economic Debates*. Columbia: University of South Carolina Press.

Clough, P. T., with Halley, J. (eds.) 2007 *The Affective Turn: Theorizing the Social*. Durham: Duke University Press.

Colleoni, E., Rozza, A., & Arvidsson, A. 2014 Echo chamber or public sphere? predicting political orientation and measuring political homophily in Twitter using big data. *Journal of Communication*, 64: 317–332.

Dean, J. 2021 Preface. In Megan Boler and Elizabeth Davis (eds.). *Affective Politics of Digital Media: Propaganda by Other Means*. London: Routledge: viii-xi.

Fuller, S. 2018 *Post-Truth: Knowledge as a Power Game*. London: Anthem Press.

Gross, D. M., and Kemmann, Ansgar eds. 2005 *Heidegger and Rhetoric*. Albany: SUNY Press.

Gross, D. M. 2006 *The Secret History of Emotion: From Aristotle's Rhetoric to Modern Brain Science*. Chicago: Chicago University Press.

Hemmings, C. 2005 Invoking affect: Cultural theory and the ontolggical turn. *Cultural Studies*, 19(5): 549–551.

Hill, T., Robin C., and Joeri M. 2014 Non-representational marketing theory. *Marketing Theory*, 14(4): 377–394.

Kastely, J. L. 2004 *Pathos*: rhetoric and emotion. In Walter Jost and Wendy Olmsted (eds.). *A Companion to Rhetoric and Rhetorical Criticism*. Oxford: Blackwell Publishing: 221–237.

Lanzoni, S. 2019 A review of *Ascent of Affect: Genealogy and Critique*. *Journal of the History of the Behavioral Sciences*, 55: 266–268.

Leys, R. 2017 *The Ascent of Affect: Genealogy and Critique*. Chicago: University of Chicago Press.

Marinelli, K. 2016 Revisiting Edwin Black: exhortation as a prelude to emotional-material rhetoric. *Rhetoric Society Quarterly*, 46(5): 465–485.

McComiskey, B. 2017 *Post-Truth Rhetoric and Composition*. Logan: Utah State University Press.

Perelman, C. 1979 *The New Rhetoric and the Humanities: Essays on Rhetoric and Its Applications*. Dordrecht: D. Reidel Publishing Company.

Rosenwein, B. H. 2020 A review of *Ascent of Affect: Genealogy and Critique*. *American Historical Review*, 125(1): 197–198.

Shaviro, S. 2016 Affect vs. emotion. *The Cine-Files*, 10: 1–3.

Shouse, E. 2005 Feeling, emotion, affect. *M/C Journal*, 8(6).

Slaby, J., and von Scheve, C. (eds.) 2019 *Affective Societies: Key Concepts*. London: Routledge.

Stenberg, S. 2011 Teaching and (re) learning the rhetoric of emotion. *Pedagogy: Critical Approaches to Teaching Literature, Language, Composition, and Culture*, 11(2): 349–369.

Tarlow, S. 2012 The archaeology of emotion and affect. *Annual Review of Anthropology*, 41: 169–185.

Thrift, N. 2004 Intensities of feeling: towards a spatial politics of affect. *Geografiska Annaler*, 86B (1): 57–78.

Thrift, N. 2007 *Non-Representational Theory: Space, Politics, Affect*. London: Routledge.

Wetherell, M. 2012 *Affect and Emotion: A new Social Science Understanding*. Los Angeles: London: SAGE.

Zournazi, M. (ed.) 2002 *Hope: New Philosophies for Change*. New York: Routledge.

The Affective/Emotional Turn and Self-renewal of Western Rhetoric

Liu Yameng

Abstract: A two-fold "affective/emotional turn" is currently sweeping across the West. In society at large, with the emerging of the "post-truth" era and the rising of social media as the most popular mode of communication, emotional appeal has fast gained in importance as a means of shaping public opinions. In the academia, an interest in the study of affect/emotion has kept spreading and growing since the turn of the century, and has been widely recognized as the research trend *du jour* in place of the linguistic or the cultural turn. One of the areas of studies most visibly affected by and involved in this double "turn" is rhetoric. A discipline credited with the earliest systematic treatment of emotions and an enduring tradition for intervening in public affairs, rhetoric has been actively participating in the on-going affective/emotional turn. It offers a deeper and broader historical perspective for understanding the origination of this new "turn". Availing itself of the trend's impacts, it has revamped its own conceptualization of *pathos* and other emotion-related issues. And it has proposed innovative interpretations in emotional terms of the networked "post-truth" communicative practices. By thus affecting and being affected by the emotion-centered academic and social practices, rhetoric is opening up new possibilities for its own theoretical development and practical application.

Keywords: the affective/emotional turn, rhetorical studies, *pathos*, post-truth rhetoric, theoretical renovation

(原载于《当代修辞学》2022 年第 3 期)

修辞研究的
多维视野

基于语料库的修辞研究:特征、议题与意义*

胡开宝　张丽莉

(上海外国语大学语料库研究院)

提　要　基于语料库的修辞研究本质上是语料库语言学与修辞研究之间的有机融合,其特征主要表现为语料库方法的应用、定量研究和定性研究相结合以及微观描写和宏观揭示相结合。主要议题包括基于语料库的消极修辞、积极修辞、修辞接受、视觉修辞和比较修辞等研究领域。基于语料库的修辞研究一方面推进了修辞研究方法的变革,另一方面深化了修辞研究的内涵。

关键词　语料库　修辞研究　特征　议题　意义

一、引　言

修辞学,顾名思义是关于修辞即人们建构话语并取得理想交际效果的言语交际行为的研究。根据陈汝东(2004:6)的观点,修辞是人类以语言为主要媒介的符号交际行为,是人们根据具体的语境,有意识、有目的地建构话语和理解话语以及其他文本,以取得理想交际效果的一种社会行为。

纵观其发展历程,修辞研究已有数千年的历史。在西方,修辞学研究滥觞于亚里士多德(公元前384—前322)的《修辞学》(*On Rhetoric*),历经古典修辞学(公元前5世纪—公元5世纪)、中世纪修辞学(5—14世纪)、文艺复兴时期修辞学(15—16世纪)、新古典修辞学(17—18世纪)和新修辞学(20世纪初至今)等发展时期。古典修辞学时期以亚里士多德为代表,亚里士多德把修辞活动当作劝说与

---

* 本文受国家社科基金重大项目"中国特色大国外交的话语构建、翻译与传播研究"(批准号:17ZDA319)的资助,特此鸣谢。本文在2021年12月4—5日复旦大学举办的"纪念《修辞学发凡》问世90周年暨第十二届'望道修辞学论坛'学术研讨会"上宣读。

诱导的艺术,用于说服他人,使他人的信仰与行为服从于自己的意志。新修辞学认为修辞是人类固有的社会行为,修辞的目的不是劝说,而是关注如何运用言辞去促进人际沟通与理解,如何采用修辞手段解决社会问题,缓和社会矛盾。

在我国,修辞学的发展大致分为两大阶段,即传统修辞学发展阶段和现代修辞学发展阶段。传统修辞学发展阶段始于春秋战国时期,直至20世纪。在该阶段,我国修辞学研究取得了以《文心雕龙》和《文则》为代表的诸多重要成果。现代修辞学发展阶段自20世纪初开始,直至今日。20世纪80年代之前,我国修辞学研究主要为引介并运用欧美和日本修辞学思想。其时,一批颇具影响的修辞学著作正式出版发行,其中就有陈望道的《修辞学发凡》(上海大江书铺,1932)。

自20世纪90年代以来,我国现代修辞学研究表现出与语言学、文学、美学、社会学、政治学、心理学等诸多人文社会学科的紧密融合,成为一门具有边缘性跨学科性的交叉学科,如陈汝东的认知修辞学研究(2001)、刘亚猛的西方修辞学史研究(2008)和谭学纯的广义修辞学研究(2008)等。此外,视觉修辞研究近年来也引起学界的关注(刘涛 2021)。

应当指出,国内外传统修辞学研究大多运用内省法,多依赖于个人感悟,往往主观性较强,缺乏充分的事实依据或证据的支撑。为此,学界近年来开始尝试采用语料库方法开展修辞研究(张永伟、顾曰国 2018;刘美君、杨佳铭 2020;张培佳、冯德正 2020)。然而,遗憾的是,学界尚未充分认识到语料库在修辞学研究中的价值,也未深入讨论基于语料库的修辞学研究的特征、议题和意义。为此,本文将基于此展开讨论,以廓清学界关于基于语料库的修辞研究的模糊认识。

二、基于语料库的修辞研究的特征

2.1 基于语料库的修辞研究的界定

基于语料库的修辞研究指以语料库的应用为基础,依据修辞学及其他相关学科的理论和原则,在大规模语料考察和数据统计与分析的基础上,对言语交际活动规律及其效果所进行的研究。该领域研究一方面从词汇、语句、篇章、语体和风格等层面探讨包括修辞建构形式和方式在内的修辞表达特征和规律,另一方面分析修辞接受的规律及趋势。

2.2 基于语料库的修辞研究的特征

基于语料库的修辞研究形成于语料库语言学与修辞研究之间的有机融合,其特征主要表现为语料库方法的应用、定性研究和定量分析相结合以及微观描写和宏观解释并重。

2.2.1 语料库方法的应用

长期以来,国内外传统修辞研究主要采用内省式和诱导式等研究方法,研究结论往往会失之于主观片面。内省式方法指研究者根据直觉和主观判断,提出关于修辞本质和修辞过程的假设,然后选择少量例证对假设进行证实或证伪。诱导式研究方法指运用实地调查或实验的方法开展研究,创设一定条件或控制相关变量,诱导受试对象产生一定的反映,并在统计和分析相关数据的基础上,分析修辞策略、修辞效果和修辞过程。运用诱导式方法能够在一定程度上保证研究的客观性和科学性,但仍然存在两方面的缺陷:1) 由于实验条件或其他相关因素的限制,受试者的数量有限,往往不能代表他们所代表的群体;2)诱导式研究所依据的数据源自于受试者的判断,研究结论的科学性受到一定程度的影响(胡开宝 2012)。

基于语料库的修辞研究推崇语料库方法的应用,作为一种电子化和自动化的语料汇集平台,语料库可以提供大规模语言事实或言语交际例证。利用语料库,研究人员可以在很短时间内根据研究需要提取研究所需的语言事实或修辞现象,从而为言语交际活动及其效果的描写提供便利。利用语料库技术,我们可以在对大规模语料进行数据统计和分析的基础上,分析言语交际活动的规律性特征,修辞学研究因而更加客观、科学。必须指出,语料库语言学之所以能够与修辞学融合并由此形成基于语料库的修辞学研究这一全新的研究领域,主要是由于两者之间存在共性:其一,修辞研究以语言运用为主要研究对象,而语料库语言学强调对语言运用的分析;其二,修辞研究以修辞现象的描写为基础,而语料库在描写基础上进行大数据分析的优势使得其完全可以应用于修辞研究。

2.2.2 定量研究和定性研究相结合

定量研究指提取关于研究对象的数据,并对数据进行检验和分析,以测定关于研究对象特征的数值或求出因素间量的变化规律,以获取有意义的结论(胡开宝 2012）。一般而言，在基于语料库的修辞研究中，定量研究方法的应用具体表现为以下几方面：1）利用语料库软件，统计并分析具体文本或篇章的类符数、形符数、标准类符/形符比、词汇密度和高频词频等数据，这些数据体现了具体语篇的词汇应用趋势和特征，可以应用于语体或风格特征的分析；2）以典型词汇为检索项，提取与具体修辞手段运用相关的语句，并在统计这些语句应用频率的基础之上，分析具体语篇或话语在修辞手段应用方面所呈现的趋势和特征；3）统计和分析具体语篇或话语句法特征的数据，包括平均句长和典型句式结构的使用频率，并基于此分析语体风格或修辞手段应用的频率和趋势；4）依据词汇应用频率和关键性确定具体语篇的高频词和关键词，分析这些词汇的搭配，探讨具体语篇或话语所塑造的机构形象；5）对相互比较的数据之间差异进行卡方检验，以检验这些数据之间是否具有显著性差异。有必要指出，基于语料库的修辞学研究尽管推崇语料库方法和定量研究方法的应用，但并不排斥定性研究方法。定性研究指依据一定的理论和经验，以及社会现象或事物所具有的属性，深入研究事物的具体特征或行为及其背后的规律。通常，基于语料库的修辞研究在对语料进行定量分析的基础上，依据修辞学理论和其他相关理论，采用演绎和归纳的方法，分析具体修辞现象或修辞过程的特征和内在规律。

2.2.3 微观描写与宏观解释并重

基于语料库的修辞研究凭借语料库在语言描写方面所具有的技术优势，从词汇、句法、语义和语篇等微观层面对修辞现象和修辞过程进行描写，分析消极修辞和积极修辞手段的应用、语体风格、话语修辞所构建的机构形象以及修辞效果。事实上，对修辞现象进行微观层面的描写是揭示修辞行为和修辞过程规律性特征的前提条件。此外，基于语料库的修辞研究同样强调在对修辞现象和修辞过程进行充分描写的基础之上，从宏观层面分析修辞现象和修辞过程所呈现的趋势和规律性特征的成因，以及包括社会意识形态因素在内的制约因素。

三、基于语料库的修辞研究的主要议题

基于语料库的修辞研究的主要议题包括基于语料库的消极修辞研究、积极修辞研究、机构形象修辞建构研究、修辞接受研究、视觉修辞研究和比较修辞研究等。

3.1 基于语料库的消极修辞研究

消极修辞最早由陈望道在《修辞学发凡》一书中提出,指根据交际目的和情境,采用常规的表达方法,使语言表达明白、准确、通顺的一种修辞手法。基于语料库的消极修辞研究指以语料库的应用为基础,对具体语篇或话语在语音、词汇或句式等层面的消极修辞所开展的研究,包括语音修辞研究、词汇修辞研究、句式修辞研究和篇章修辞研究。

3.1.1 语音修辞研究

语音修辞指凭借音韵的应用,对语言进行创造性组合,赋予语言以音韵之美。利用语料库,我们可以具体词汇为检索项,提取并分析叠音词和拟声词等的应用频率和分布特征,探讨这些词汇在语音层面所产生的表达效果。孟令子、胡开宝(2015)利用语料库方法,分析了莎士比亚戏剧梁实秋译本、朱生豪译本和方平译本中AABB式叠词应用的趋势、特征及其效果。研究发现这些叠词的应用不仅增强了戏剧台词的语气和语式,而且有助于强化人物情感,使人物形象更为鲜明,戏剧冲突更为强烈,有助于表演和欣赏。

3.1.2 词汇修辞研究

词语修辞指从词语意义和搭配等入手对语言表达进行润色,以提高语言表现力,产生最佳的语言表达效果。凭借语料库的技术优势,一方面我们可以获取具体语篇或话语的高频词、关键词、类符/形符比、词汇密度和平均词长等方面的数据,并在分析这些数据的基础上考察具体文本词汇应用的总体趋势和特征;另一方面,我们可以从高频词或低频词的搭配,或者高频搭配和低频搭配入手,分析一些超常规搭配是否违背或突破了句法层面的要求和语义选择限制,在考察这些搭配应用趋势和特征的基础之上,对其应用的效果及合理性进行分析。与常规搭配相比,超常规搭配往往比较夸张,产生新奇、特别的表达效果。此外,我们还可以考察典型词汇应用的频率和特征,如色彩词汇和词类活用现象等,并基于此探讨语言表达的效果。王琴(2019)利用鲁迅小说汉英平行语料库,从临时词、移就定中搭配、拟人隐喻动词和心理动词等角度,对蓝诗岭翻译的鲁迅小说英译本中的创造性及其效果进行分析,发现这些创造性取得的效果主要为:1)使译文表达简洁、灵活,人物形象和意象得到凸显;2)拓展了语义表现空间,译文表达更富新意,增强了译文语言表达的语境协调性和适应性；3）拓展了对人物的表现维度。

3.1.3 句式修辞研究

句式修辞指选择特定句式或对不同句式进行组合，使语言表达生动、有节奏感。基于语料库的句式修辞研究涵盖句式结构应用总体趋势和特征的考察和典型句式结构应用特征的分析。前者包括平均句长以及单句、复句和反问句的使用频率。后者侧重于典型句式结构应用的频率和特征及其效果的研究，如把字句、被字句和使字句等。胡开宝（2009）利用莎士比亚戏剧英汉平行语料库，对《哈姆雷特》梁实秋译本和朱生豪译本中"把"字句应用的频率和特征进行分析，发现这两个译本均频繁使用"把"字句，成功再现了英语原文的处置意义和态度意义。

3.1.4 篇章修辞研究

基于语料库的篇章修辞研究旨在以语料库为研究平台，对篇章中语言运用组织与运用规律及其效果进行的研究，其研究内容主要包括篇章衔接与连贯、篇章结构、叙事视角和语体特征研究。

篇章衔接指篇章内部成分之间的语义关系，分为照应、替代、省略、连接和词汇衔接。连贯指篇章部分之间意义相互关联，并在整体上表现为意义一致性。篇章衔接与连贯研究可以人称代词、指示代词、连接词、高频词及其语义相关词为检索项，提取并分析包含这些词汇的语句出现的频率及其上下文，从所指、替代和词汇衔接角度考察篇章的衔接与连贯及其与篇章整体性和交际性之间的关系。

篇章结构指篇章的组织方式，可以划分为问题-解决型结构、概括-具体型结构、比较对比型结构、因果型结构和逻辑事理顺序型结构等。其中，因果型结构包括先果后因型和先因后果型结构；顺序型结构包含时间顺序型和事件发生逻辑事理次序型结构。采用语料库方法，我们可以通过词频列表的方式观察具体篇章中频繁出现的衔接词汇或与其语义相关的词汇，以分析具体篇章的结构安排及其效果。

叙事视角通常分为主观视角和客观视角。主观视角采用第一人称代词"我"，也称为内视角，指叙述者从某个人物的感觉和意识角度去传达一切；客观视角采用第三人称代词，包括全知视角和有限视角。前者指叙述者全知全觉，所知道的比任何人物都多；后者指叙述者所知道的比所有人物都少，即有限视角。叙事视角研究可以人称代词为检索项，提取包含人称代词的索引行，分析具体篇章中高频出现的人称代词及其搭配，并就此探讨具体篇章的叙事视角。黄立波（2011）对老舍《骆驼祥子》及其英译文本的叙事视角进行分析,发现《骆驼祥子》倾向于采用主观叙事视角,而其英译文本倾向于采用客观叙事视角。

语体特征研究指关于不同语体或不同言语类型的语言特征研究。通常,依据语言运用的特征和方法,语体可分为口头语体和书面语体。书面语体可以分为新闻语体、法律语体、文学语体和应用文语体等。利用语料库技术,我们可以分析不同语体的词表和高频词、词簇、形符/类符比、平均词长、词汇密度、不同音节词汇占比、关键词及其搭配、平均句长、名词化、典型词汇与句式结构应用频率和特征以及篇章结构等,从词汇、句法和语篇层面分析不同语体的语言特征及其成因,重点分析不同语体特征的语境制约因素。刘艳春(2019)运用收录17个语体、库容超过210万词的自建语体语料库,从72项语言特征角度分析汉语语体变异的趋势和特征。研究表明,汉语语体变异主要表现在"突出个人立场的互动VS客观精确信息""一般性叙事VS专业化说明""突出情感态度VS突出逻辑关系""复杂语法结构VS简单语法结构"等7个维度。该研究所提出的这7个维度在我国传统口语语体与书面语体、正式语体与非正式语体等的基本对立之外,将汉语语体研究拓展至信息密度、语类类别、语法结构、主体介入、情感态度和时间指向等维度。

3.2 基于语料库的积极修辞研究

基于语料库的积极修辞研究旨在利用语料库技术,分析具体篇章中积极修辞手法应用的特征及其效果。一般而言,汉语修辞手法主要包括明喻、暗喻或隐喻、拟人、拟物、借代、夸张、排比、反复、用典、双关、移就、委婉和通感等修辞方式。凭借语料库的技术优势,我们可以与修辞手法相关的词汇为检索项,提取包含这些修辞手法的语句及其上下文,分析这些修辞手法应用的频率、趋势及其产生的效果。

具体而言,我们可以提取并分析包含"像""好像""犹如""仿佛"和"宛如"等的语句,考察明喻应用的趋势和效果;识别并分析高频名词和高频动词的前后搭配以及重复使用的词语或句式结构,并基于此分析排比、对比和粘连等修辞手法的应用。我们可以"一""百""千""万"等数字为检索项,提取具体篇章中夸张手法实例,并分析这些修辞手法应用的特征,如"一日千里""一尘不染"等。此外,我们还可以问号为检索项,提取并分析具体篇章中的所有问句,并分析其中设问句和反问句使用的频率和效果等。

关于隐喻的研究,我们可以隐喻的源域词汇或目标域词汇为检索项,提取并分析源域或目标域相关的所有隐喻表达式,考察隐喻在话语构建中的作用与效果。安昌光(2019)基于COCA语料库,对"希望"(hope)隐喻进行研究,考察其始源域的主要构成,探求"希望"隐喻的认知理据。研究结果显示,"希望"隐喻的主要源域有:光和火、细小和绵长之物、水和风等流体,其隐喻映射是以人们对始源域的体验和认知为基础的。

3.3 基于语料库的机构形象修辞建构研究

形象是人们对事物的观念、印象或看法。根据《现代汉语词典》(2012),形象指能引起人的思想和感情活动的具体形态或姿态,文学作品中创造出来的生动的、具体的、激发人们思想感情的生活图景,或文学中人物的精神面貌和性格特征。机构形象指个人或团体对某一机构相对稳定的认知和评价。机构形象既有物质层面形象和符号层面形象之分,也有塑造端形象和接受端形象之别。物质层面形象指人们亲眼目睹某一机构的所作所为所形成的对该机构的主观印象或看法,符号层面形象则指由于包括语言文字在内的符号对人们产生影响而形成的关于机构的印象。塑造端形象指通过行为和符号所塑造的形象,接受端形象是机构的行为或关于机构的符号对受众产生影响并给受众留下的印象。

基于语料库的机构形象修辞建构研究旨在以语料库为研究平台,在分析具体语篇或话语的语言特征,如高频词、关键词、人称代词、名物化和情态动词等的基础上,探讨具体文本中所建构的机构形象及其内在机理。基于语料库的机构形象修辞建构研究的主要领域包括新闻语篇、政治语篇、学术语篇和文学作品中的机构形象修辞建构研究,以及机构形象的历时演变研究等。

袁飘、李广伟(2021)在古典修辞学视域下,采用语料库方法,以武汉抗疫期间《纽约时报》和《人民日报》(海外版)刊发的文本为研究对象,采用定性研究和定量分析相结合的方法,分析中国抗疫形象的基本特征及其修辞建构。作者认为中国抗疫形象的修辞建构主要采用了伦理策略、情理策略和论理策略,为"去污名化"行动提供路径。

3.4 基于语料库的修辞接受研究

修辞接受,又称为修辞效果,指修辞产品或修辞行为对受众产生影响,导致受众的立场情感或态度发生变化,并采取修辞主体所期望的行动。本质上,修辞是有意识、有目的地建构话语,取得理想交际效果的言语交际行为,其过程包括言语表达和言语接受。长期以来,国内外修辞研究一直关注言语表达研究,而对于言语接受或修辞接受研究没有给予充分关注。随着新修辞学的兴起,修辞接受研究开始进入学界的视野之中(谭学纯等 1992)。

基于语料库的修辞接受研究,旨在利用语料库技术分析修辞产品或修辞行为对受众所产生的影响。一方面,我们可以利用收录修辞作品的历时性语料库,通过提取语料库的元数据信息,包括修辞作品的出版商、出版时间、具体版本和发行情况,对具体修辞作品的传播与接受趋势进行分析;另一方面,我们可以建设并应用收录关于具体修辞作品或修辞行为的新闻报道、评论文献或研究文献的语料库,分析这些文献的高频词、关键词及其前后搭配,探讨受众对这些修辞作品或修辞行为的认知和态度。此外,我们还可以利用记录修辞行为全过程的多模态语料库,考察具体修辞行为所激起的读者反应或情感,并基于此分析具体修辞行为的修辞效果。吴清月(2019)从 Amazon、Goodreads 等全球知名图书网站收集英语读者关于金庸作品英译本的评价,建成"金庸作品英译国外主要图书网站读者评价"语料库,并利用该语料库分析英语读者对金庸作品英译的评价,发现英语读者对金庸作品的评价以中性评价为主,一些评价表示对该英译的高度认可。

3.5 基于语料库的视觉修辞研究

近年来,随着信息技术的发展,图像已日益发展成为交际的重要方式。在这一历史语境下,修辞研究出现图像转向,并最终形成视觉修辞研究。视觉修辞是"一种以语言、图像以及音像综合符号为媒介,以取得最佳的视觉效果为目的的人类传播行为"(陈汝东 2005)。视觉修辞研究以媒介文本、空间文本和事件文本为研究对象,分析运用视觉文本并建构视觉话语,实现劝服、对话和沟通目的的原则和方法,其研究内容主要包括视觉语法分析和视觉话语分析。视觉语法分析侧重于分析视觉文本的意指原理、要素关系和意义法则,具体涵盖形式结构分析、语义规则分析和语图关系分析。视觉话语分析关注视觉文本的话语机制及修辞原理,包括意指系统分析、修辞结构分析、认知模式分析、视觉框架分析和视觉论证分析。

基于语料库的视觉修辞研究旨在以视觉文本语料库或多模态语料库的应用为基

础,分析视觉修辞的属性和功能。我们可以建设并利用收录不同主题、不同语域、不同修辞功能的视觉文本并进行标注的多模态语料库,如广告多模态语料库、外交多模态语料库、微笑多模态语料库等,对视觉文本的视觉语法、视觉修辞的属性、修辞结构、修辞策略以及修辞效果开展研究。首先,我们可以在考察大量视觉文本的基础之上,分析不同语类或不同主题视觉文本的构成要素、结构以及要素之间的相互关系,总结并归纳这些视觉文本的视觉语法。事实上,我们只有在对大量视觉修辞现象进行分析的基础上才能揭示视觉语法,而语料库在大规模视觉修辞现象的考察方面具有得天独厚的技术优势。其次,利用已进行标注处理的视觉文本语料库,我们可以分析不同种类视觉修辞文本在修辞结构、修辞策略和修辞效果等方面呈现的趋势和特征。具体而言,我们可以利用语料库技术和数据挖掘技术,分析不同视觉修辞文本中,视觉隐喻、视觉暗指、视觉转喻和视觉用典等修辞策略应用的频率和趋势,以获取关于视觉文本修辞结构的客观而正确的认识。再次,我们可以利用专门的多模态语料库,分析不同国家媒体对同一修辞事件进行专门报道的视觉文本的主题、修辞结构和修辞功能之间的异同及其背后的社会文化因素。最后,我们可以利用收录关于具体视觉修辞产品或行为评论的视觉修辞评论语料库,分析这些文本的高频词和关键词及其搭配,探讨修辞受众对于该产品或行为的关注热点和态度,并基于此揭示其修辞效果。刘美君、杨佳铭(2020)基于自建的陶瓷艺术文本语料库,从陶瓷形状的描述性文本切入,对中文陶瓷文本中特殊隐喻和转喻等修辞策略的应用进行分析。研究表明,陶瓷文本中不仅存在单层隐喻或转喻映射关系,也存在繁复连绵的隐喻或转喻映射关系,呈现多层次的概念转换;自然实体是陶瓷隐喻和转喻最常使用的始源域,其中人体占最高比率。

3.6 基于语料库的修辞比较研究

基于语料库的比较修辞研究旨在以语料库的应用为基础,从消极修辞、积极修辞、机构形象修辞建构、修辞接受和视觉修辞等视角切入,对不同历史时期、不同语类、不同国家以及不同修辞主体的修辞产品和修辞行为进行比较,分析这些修辞产品和修辞行为之间的共性和差异,阐明这些共性与差异背后包括诗学传统和意识形态等在内的社会文化因素。

其一,凭借语料库技术的优势,我们一方面对同类修辞产品或修辞行为的修辞建构方式或修辞策略的应用在不同历史时期所表现的差异及其演变趋势进行分析,揭示其成因及其背后的制约因素,可以考察不同时期文学作品中消极修辞和积极修辞应用的趋势和特征,分析不同时期广告作品在视觉修辞方面呈现的特征及其发展趋势;另一方面,我们可以比较不同语类的修辞产品或修辞行为在语音修辞、词汇修辞、句法修辞和语篇修辞以及修辞手法应用等层面所表现的异同,并依据修辞学及相关理论分析这些异同的成因。

其二,我们可以采用语料库方法,从消极修辞和积极修辞角度,对不同国家的同一语类或同一主题修辞产品或修辞行为的语体特征和修辞手法的运用进行比较研究。窦卫霖、王宇婧(2011)以中美两国领导人自1988年至2010年关于可持续发展的公开演讲以及相关政府文件为研究对象,采用语料库方法对两国官方话语中的词频和关键词进行比较,发现美国关于可持续发展的话语大多与环境、能源有关,中国关于可持续发展的话语拓展到了社会、经济、人口、农业等广泛领域。作者认为这些差异形成的原因主要是因为中美两国国情的差异尤其是可持续发展形成模式的不同。

其三,我们可以对不同说话主体的讲话或文章在消极修辞特征或修辞手法应用等方面所呈现的特征和趋势进行比较,并探讨这些特征和趋势的成因。Iraungu(2016)依据语料库语言学理论和亚里士多德修辞学理论,以习近平主席与奥巴马总统在四个不同国际场合(非洲、亚洲、欧洲、南美)所作的18篇演讲为研究对象,对两位领导人对外讲话中概念隐喻应用的特征和意义进行计量对比分析,并从外交思想、对象文化特点以及文化内涵等层面对两位领导人在概念隐喻应用方面差异的成因进行分析。研究结果表明,在国际场合的讲话中,习近平主席一共使用了740个隐喻,奥巴马总统一共使用了637个隐喻。这说明外交演讲话语中隐喻使用不可能是偶然的,而是有意识的并且普遍的。习近平主席所用的隐喻传递了团结和包容的思想,奥巴马总统所用的隐喻传递了民主的思想。

其四,我们可以利用语料库技术,对同一修辞行为或修辞产品在不同国家的修辞接受趋势和特征进行比较,并揭示这些趋势和特征背后的原因。例如,我们可以在分析国际主流媒体对于我国一年一度召开的"两代会"报道的基础上,探讨不同国家对于我国"两代会"修辞行为的认知态度和判断。我们还可以分析中国古典文学作品和现当代文学作品在不同国家的传播与接受。此外,我们还可以分析我国所采取的重要战略举措在不同国家接受的趋势。胡开宝、陈超婧(2018)采用语料库方法对英美印等国主流媒体关于我国"一带一路"倡议的报道,探讨了该倡议在英美印等国传播与接受的趋势和特征及其背后的意识形态。研究表明,英国认可并积极参与"一带一路"倡议,而美国在认可"一带一路"倡议实施对于经济发展好处的同时持怀疑的态度,认为该倡议会对地缘政治产生负面影响。印度对"一带一路"倡议持强烈的反对态度,认为"一带一路"倡议带有地缘政治的野心。

四、基于语料库的修辞研究的意义

本质上,基于语料库的修辞研究是语料库方法与修辞研究之间的有机融合。事实上,语料库方法的应用不仅有助于修辞研究对大规模语料的考察和数据统计,而且延展了修辞研究的内涵与外延。从这个意义上讲,基于语料库的修辞研究不仅意味着修辞研究方法发生重要变化,而且意味着由于语料库方法的应用,修辞研究的内涵得到深化。

4.1 基于语料库的修辞研究推动修辞研究方法的变革

前文述及,传统修辞研究较多采用定性研究方法,研究人员往往据个人的主观判断,在观察个别修辞现象或修辞事实的基础上,总结或归纳修辞属性、修辞特征和修辞功能,研究结论不够客观、科学。而基于语料库的修辞研究推崇语料库方法在修辞研究中的应用,研究人员可以在考察大规模修辞现象或修辞事实的基础上,从语音、词汇、句式和语篇等不同层面切入,就相关研究课题开展全面而深入的研究,从而获取关于修辞本质或修辞规律的客观而正确的认识,修辞研究因而具有了更充分的事实依据。此外,语料库方法还促动定量研究方法在修辞研究领域的广泛应用。利用语料库及相关软件,我们可以获取关于修辞表达和修辞接受等方面的数据,修辞研究因而拥有更为客观、可信的数据支撑。还应指出,利用语料库的技术优势,不仅能够发现平时不太容易观察到的修辞现象和修辞事实,而且能够基于大规模语料的分析归纳出修辞现象的共性特征和模式。这些共性特征和模式对于揭示修辞规律和修辞本质具有十分重要的意义。

4.2 基于语料库的修辞研究深化了修辞研究的内涵

具体语篇或话语的语体特征研究是修辞研究的重要基础。无论是消极修辞或积极修辞层面的修辞表达研究,还是机构形象的修辞建构研究和修辞接受研究,都离不开对具体语篇或话语的语体特征研究。然而,由于在文本分析方面缺乏必要的技术支持,语篇或话语语体特征的研究一直不够深入。不过,基于语料库的修辞研究充分发挥语料库技术优势,从不同层面对具体语篇的语体特征进行深入、细致的描写,并基于此分析修辞规律和修辞本质,从而使得修辞研究获得全新的发展动力。

近年来,修辞接受研究开始受到学界的关注。然而,该领域的研究大多为定性研究,关于具体修辞产品或修辞行为接受趋势和特征的分析缺乏充分的事实支撑和数据支持,往往带有一定的主观性。基于语料库的修辞研究在对大量修辞事实或修辞现象进行语料库考察和相关数据分析的基础上,分析受众对具体修辞现象或修辞过程的看法和态度及其背后的制约因素,修辞接受研究因此拥有了更充分的客观事实支持。更为重要的是,由于语料库提供的技术支撑,我们可以阐明受众对于修辞产品或修辞行为认知和态度的具体内涵,而不是笼统地把受众的态度界定为消极或积极。从这个意义上讲,基于语料库的修辞研究在一定程度上深化了修辞研究。

五、结　　语

本文较为系统地分析了基于语料库的修辞研究的特征、主要议题和意义。我们认为基于语料库的修辞研究形成于语料库语言学与修辞研究之间的有机融合,其议题主要包括基于语料库的消极修辞研究、积极修辞研究、修辞接受研究、视觉修辞研究和修辞比较研究。基于语料库的修辞研究不仅推进了修辞研究方法的变革,而且在很大程度上深化了修辞研究的内涵。然而,基于语料库的修辞研究才刚刚起步,其研究广度和研究深度尚有很大的上升空间。为此,未来应当积极开展基于语料库的修辞研究,尤其是基于语料库的消极修辞研究、修辞接受研究和视觉修辞研究,以拓展、深化修辞研究。

参考文献

安昌光 2019 《基于语料库的"希望"隐喻研究》,《中国石油大学学报(社会科学版)》第 6 期。

陈汝东 2001 《认知修辞学》,广东教育出版社。

陈汝东 2004 《当代汉语修辞学》,北京大学出版社。

陈汝东 2005 《论视觉修辞研究》,《湖北师范学院学报(哲学社会科学版)》第 1 期。

窦卫霖、王宇婧 2011 《中美可持续发展官方话语分析——基于语料库的批评话语分析》,《商务英语教学与研究》第 1 期。

胡开宝 2012 《语料库翻译学研究:内涵与意义》,《外国语》第 5 期。

胡开宝 2009 《基于语料库的莎剧〈哈姆雷特〉汉译文本中"把"字句应用及其动因研究》,《外语学刊》第 5 期。

胡开宝、陈超婧 2018 《中国特色大国外交术语英译在英美印等国的传播与接受研究——以"一带一路"英译为例》,《外语电化教学》第 2 期。

黄立波 2011 《基于双语平行语料库的翻译文体学探讨——以〈骆驼祥子〉两个英译本中人称代词主语和叙事视角转换为例》,《中国外语》第 6 期。

刘美君、杨佳铭 2020 《陶瓷文本中特殊的修辞策略》,《当代修辞学》第 2 期。

刘涛 2021 《视觉修辞学》,北京大学出版社。

刘亚猛 2008 《西方修辞学史》,外语教学与研究出版社。

刘艳春 2019 《汉语语体变异的多维度分析——基于 17 个语体 72 项语言特征的考察》,《江汉学术》第 3 期。

孟令子、胡开宝 2015 《基于语料库的莎剧汉译中 AABB 式叠词应用研究》,《外国语》第 1 期。

谭学纯、朱玲 2008 《广义修辞学》,安徽教育出版社。

谭学纯、唐跃、朱玲 1992 《接受修辞学》,上海教育出版社。

王琴 2019 《基于语料库的蓝诗玲鲁迅小说翻译创造性比较研究》,上海交通大学博士学位论文。

吴清月 2019 《金庸作品英译读者评价语料库研究》,《绍兴文理学院学报(人文社会科学)》第 2 期。

袁　飘、李广伟　2021　《古典修辞学视域下的中国抗疫形象构建研究》,《昆明理工大学学报（社会科学版）》第 2 期。

张培佳、冯德正　2018　《基于修辞结构理论的多模态语料库研究》,《当代修辞学》第 2 期。

张永伟、顾曰国　2018　《基于大规模语料库的情感与修辞互动研究》,《当代修辞学》第 3 期。

中国社会科学院语言研究所词典编辑室　2012　《现代汉语词典》,商务印书馆。

Irungu, W. M.　2016　《习近平与奥巴马国外演讲话语概念隐喻计量分析》,浙江大学博士学位论文。

Corpus-based Study of Rhetoric: Features, Topics, and Significance

Hu Kaibao & Zhang Lili

Abstract: Corpus-based study of rhetoric is essentially an integration of corpus linguistics with rhetoric. It is featured by the use of corpus methodology, the combination of quantitative research with qualitative research, and equal emphasis on description on the micro level and explanation on the macro level. The main topics of corpus-based study of rhetoric include corpus-based research on negative rhetoric, positive rhetoric, the acceptance of rhetoric products or rhetoric acts, visual rhetoric and rhetorical comparison. The research in the field will bring about a big change in the methodology of rhetoric study, and promote the study of rhetoric as well.

Keywords: corpus, rhetoric, features, topics, significance

（原载于《当代修辞学》2022 年第 4 期）

再议语言信息结构研究

陆俭明

(北京大学中国语言学研究中心/北京大学中文系)

提 要 本文第一部分对"信息"和"信息的载体"作了进一步的阐述。第二部分说明语言信息结构包括句子信息结构和篇章信息结构,而传递信息不是仅仅依靠句子信息结构,更是凭借篇章信息结构,所以研究语言信息结构,既要研究句子信息结构,也要甚至更要研究篇章信息结构。第三部分说明凭借语言传递信息会形成一个信息流,信息流中包含众多的信息元素,它们不会在一个平面上,因此必然要加以组合,以便使信息流具有结构的性质,从而确保信息传递的顺畅性、连贯性、清晰性、稳定性。第四部分说明:目前大家对"主语"和"话题"在认识上很纠缠,原因是没分清它们是不同层面的概念——主语是语言句法层面中"主-谓"式句子结构的重要组成部分,话题则是由语言传递的信息所形成的信息结构的重要组成部分,二者必须分清。第五部分说明了需进一步探究的问题和眼前要做的研究。

关键词 信息 语言信息结构 句子信息结构 篇章信息结构 主语 话题

我国现代意义上的修辞研究,望道先生是奠基者。望道先生生前一再教导我们说:"我们的憧憬原本不是在守成,而是在创新。"①我们应该像望老那样,不断进取,不断创新,不断开拓修辞研究的新领域。我曾在《消极修辞有开拓的空间》②一文中用具体语言事实说明"从语言信息结构的视角研究分析语言里的种种修辞现象,应列入修辞研究的范围",也是修辞研究可以进一步开拓的一个空间。然而真要做到这一点,我们必须对语言信息结构本身开展必要的研究,逐步加深对语言信息结构的认识,以促进修辞研究。本文旨在进一步探究、认识语言信息结构,限于篇幅本文仅谈以下四个问题。

---

① 参看《陈望道全集》第一卷,浙江大学出版社,2011年,第376页。
② 参看陆俭明《消极修辞有开拓的空间》,载《当代修辞学》2015年第1期。

一、怎么认识"信息"?

"信息"一词使用非常广泛——信息时代、信息高速公路、信息化、信息处理、信息技术、信息管理、信息经济、信息论、信息库……那么到底怎么认识"信息"? 从哲学的角度来说,物质、能量、信息被认为是自然界属于同一层次的客观存在, "是构成宇宙的三个基本要素"①;也有学者认为它们是"自然客体的三种属性"②, 或"宇宙三基元"③。"物质、能量、信息三种资源中,物质资源相对比较直观,能量资源比较抽象,信息资源更为抽象。"④

"信息是什么?"如何给信息下定义? 信息论的创始人申农(Shannon,一译"香农")认为,信息是用以消除随机不确定性的东西。而控制论创始人维纳(Wiener)则认为信息是我们适应外部世界进行交换的内容的名称。我国认知语言学家徐盛桓认为,语言学所说的信息指的是以语言为载体所输出的消息内容⑤。钟义信(2013)则指出:"迄今,科学文献中围绕信息定义所出现的流行说法已在百种以上。"⑥总之,"信息是什么"事实上至今众说纷纭,莫衷一是,因为有关信息的方方面面的问题目前都还是一个问号。譬如:信息是不是物质的属性? 信息是不是物质的存在方式? 信息是否等于规律? 信息是事物之间的差异,还是事物之间本质的、必然的联系? 信息是否等价于意识? 信息能否是一个哲学概念,甚至成为元哲学或第一哲学范畴? 信息是否可认为是不脱离物质的形式因、动力因、目的因? 信息与知识是否相同? 对于人来说,信息能被如实地认识吗? 信息本身是否也有进化? 信息具有自己独立运动的规律吗? 如果有,信息规律应包括哪些内容? 信息的性质与特征到底是什么? 信息是否可以分类? 如何分类? 依据什么

---

① 参看田爱景《关于信息能、信息学三定律与知识创新模型》,见马蔼乃、姜璐、苗东升、闫学杉编《信息科学交叉研究》,浙江教育出版社,2007年。
② 参看杨伟国《中外认识自然客体三种属性的进程与回顾——信息思维之刍议》,《周易与现代化》1996年第8期。
③ 参看张学英《知识、科学及知识经济和信息经济的界定》,《当代经济》2004年第10期。
④ 参看钟义信《从"信息-知识-智能统一理论"看信息科学》,见马蔼乃、姜璐、苗东升、闫学杉编《信息科学交叉研究》,浙江教育出版社,2007年。
⑤ 参看张今、张克定《英汉语信息结构对比研究》,河南大学出版社,1998年。
⑥ 参看钟义信《信息科学原理》,北京邮电大学出版社,2013年,2.1.1。

分类？等等①。本文不去讨论上面这些问题。我们研究语言信息结构，目的还是为了有助于解释语言中的种种现象，解决语言研究中的一些问题，所以我们只关心跟语言相关的一些信息问题。《现代汉语词典》将"信息"释为"信息论中指用符号传送的报道，报道的内容是接收符号者预先不知道的"。这种说法值得商榷：其一，所传送的信息不一定都是"报道"性的；其二，所传送的内容未必都是"接收符号者预先不知道的"。信息有已知信息/旧信息和未知信息/新信息，因此信息不一定都是接收符号者"预先不知道的"；信息有"有效信息"和"无效信息"之分，那"无效信息"对接收符号者来说虽然都是已知的，但也是信息。从语言研究的角度说，我们将"信息"仅朴实地理解为"人用音义结合的符号传递的、让接收者知晓的内容"。稍微科学一点，也不妨可以表述为：

  信息是人对客观存在的事物与现象，以某种音义结合的符号为载体，发送出的指令、消息、情报、数据或信号等所包含的可传递、可感知、可提取、可交换、可处理、可利用、可再生的内容②。

  在科学发展史上，信息是较晚被发现并加以研究的。这也可以理解，因为"人类的认识规律总是从直观而逐渐至于抽象。因此，在社会发展的历史进程中，人类必然最先利用比较直观的物质资源（自古开始，不断发展），然后及于较为抽象的能量资源（近代崛起，不断深化），再至于信息资源（现代兴起）"③。信息的发现、对信息的研究、信息论的创立④，极大地推动了科学和人类社会的发展；从哲学理论上来说，突破了传统对物质、能量的认识，把物、能、信放在同一层次去思考，

---

① 参看黄小寒《对信息的提问与讨论》，见马蔼乃、姜璐、苗东升、闫学杉编《信息科学交叉研究》，浙江教育出版社，2007年。
② 这里专指人类的"语言信息"。须知，动物也可以传递信息。"动物之间传递信息的方式有三种：物理信息、化学信息和行为信息。例如蝙蝠的回声定位属于物理信息，动物通过分泌性外激素、标记激素等属于化学信息。蜜蜂跳舞、孔雀开屏等行为属于行为信息。"(https://zhidao.baidu.com/question/144757147.html)
③ 参看杨伟国《中外认识自然客体三种属性的进程与回顾——信息思维之刍议》，《周易与现代化》1996年第8期；钟义信《从"信息-知识-智能统一理论"看信息科学》，见马蔼乃、姜璐、苗东升、闫学杉编《信息科学交叉研究》，浙江教育出版社，2007年。
④ 现在一般将美国克劳德·申农(Claude Elwood Shannon)誉为"信息论"的鼻祖。一般认为1948年申农发表的《通信的数学理论》(A Mathematical Theory of Communication)标志着信息论的诞生，并奠定了狭义信息论的基础。

信息不是物质,因此信息必须有载体。物质、能量、信息这三大存在,只有"物质"是物质,能量和信息本身并非物质,它们本身不能单独存在,都必须依附于一定的载体。能量必须以物质为载体,且只有通过物质才能呈现。因此有学者甚至建立了这样一个等式①:

"能量的载体"="物质"

那么信息的载体是什么?是不是也是物质?是不是也只能是物质?许多学者已经研究证明,信息的载体当然首先是物质,最常见的是以某种结构和序列所形成的、起着储存、复制或传递信息的符号系统②,这不妨可称为信息的"物质载体"。但是,专家们也研究指出,信息的载体不限于物质,信息本身也能成为另外一个信息的载体。"信息可以是另一个信息的载体"③,这可称为信息的"信息载体"(information carrier)。事实也是如此,例如,有人问:"现在几点了?"答话说:"收垃圾的卡车刚过去。"这答话实际给了问话者两个信息:甲、"收垃圾的卡车刚过去";乙、"现在刚过七点半"。那后一个乙信息"现在刚过七点半"就是通过甲信息"收垃圾的卡车刚过去"来传递的,因为对话双方都知道"收垃圾的卡车每天都在七点半左右过去"。甲信息实际起了传递乙信息的载体的作用。因此我们可以确信:

"信息的载体"="物质载体"+"信息载体"

"物质载体"是说信息"以'物质形态'作为载体";"信息载体"是说信息"以'信息形态'作为载体"。杨伟国先生在《"信息的载体"与"信息载体"差异的深思》一文中第一个明确提出并论述了区分"信息的载体"和"信息载体"这两个概念的必要性(许多论著将这两个概念相混同),这无疑是很有意义的。

二、还需进一步认识"语言信息结构"

人与人之间交际,人与人之间信息的传递可以凭借多种手段。音乐、舞蹈、绘画、雕塑乃至古代的烽火、谍报人员在窗台上放的一盆鲜花,以及侦察兵运用的手

---

① 参看杨伟国《"信息的载体"与"信息载体"差异的深思》,见马蔼乃、姜璐、苗东升、闫学杉编《信息科学交叉研究》,浙江教育出版社,2007年。
② 引自中国大百科全书总编辑委员会《自动控制与系统工程》,中国大百科全书出版社,1991年。
③ 参看杨伟国《"信息的载体"与"信息载体"差异的深思》,见马蔼乃、姜璐、苗东升、闫学杉编《信息科学交叉研究》,浙江教育出版社,2007年。

势等,都可以是信息的载体,都可以用来传递信息。而最重要的一种手段,是语言文字,这是最主要的一种载体。我们所说的"语言信息结构",就是指凭借语言符号这一载体传递信息所形成的信息结构。对"语言信息结构"虽已有所论述,不过我们对它还需进一步认识。

从语言的本体性质上来说,语言是一个声音和意义相结合的符号系统。这个符号系统服务于人与人之间的交际,它是一个复杂的适应性音义结合的符号系统。人们凭借语言所传递的信息,就是说话者对客观事物或现象的种种多姿多彩、错综复杂的感知所得。说话者要将自己对客观事物或现象的种种感知所得传递给听话者,我们推测中间会进行两次复杂的加工。

第一次是说话者在自己认知域内所进行的加工,主要是将自己通过某些感觉器官所感知形成的直感形象或直觉加以抽象、升华,由此形成意象图式;再运用内在语言将其进一步加工为概念结构、概念框架。这大致可表示如下:

ⅰ→ 客观世界(客观事物、事件或事物之间客观存在的关系等);

ⅱ→ 通过感觉器官感知而形成直感形象或直觉;

ⅲ→ 在认知域内进一步抽象由直感形象或直觉形成意象图式;

ⅳ→ 运用内在语言(I-Language)①将认知域中形成的意象图式加工为概念结构、概念框架。

第二次是说话者根据自身的交际意图、言谈交际环境、听话人情况等的不同或变化,将自己在认知域中已形成的概念结构、概念框架运用外在语言(E-Language)转化为所要传递的信息。大致可表示如下:

ⅴ→ 认知域中形成的概念结构、概念框架投射到人类语言②,形成该概念结构、概念框架的语义框架;

ⅵ→ 该语义框架投射到一个具体语言,形成反映该语义框架的句法格式③;

ⅶ→ 物色具体词项填入该句法格式,形成该句法格式的具体的句子。

---

① "内在语言"(Internal Language,简称 I-Language)是乔姆斯基首先提出的概念,跟"外在语言"(External Language,简称 CE-Language)相对。内在语言在人脑心智之中,外在语言就是我们通常说的语言——音义结合的符号系统。参看 Chomsky, N. *New Horizons in the Study of Language and Mind*. Cambridge: Cambridge University Press, 2000.

② 指 I-language。

③ 包括核心结构和边缘结构的句法格式。边缘结构里的句法格式称之为"构式"。

人类语言中音义结合的符号,虽有语素、词、词组/短语、小句、句子等,但是正如吕叔湘先生所指出的,其中语素、词、词组(短语)属于静态单位,小句、句子属于动态单位①。吕先生的说法是有道理的,符合语言实际情况。实际上我们听到的就是小句、句子、句群、篇章,至于语素、词、词组(短语),那是语言学家为研究语法从小句、句子、句群、篇章中自上而下分析出来的。因此,能用来传递信息的只能是动态单位小句、句子、句群、篇章等。而言语表达的基本单位是句子。因此,只有句子信息结构或篇章信息结构之说,没有"语素信息结构""词信息结构"或"词组/短语信息结构"之说。句子是由词"组合而成"的,所以人们常说"词是句子的建筑材料"。要运用外在语言系统中的动态单位句子来传递说话者要想传递的信息,得解决好两个问题:第一个问题是"作为句子的建筑材料的词如何组合成句"来为传递信息服务？第二个问题是如何确保信息传递的清晰性、连贯性、稳定性、顺畅性？我们知道,传递一个复杂的信息,往往需要用到十几个乃至更多的词,假如只是孤立地列出一个一个的词,一方面孤立的词义不能形成关联语义,更无法生成句义,另一方面就量上而言也会受到"人的认知域的记忆功能'7±2'的受限程度"的制约(Miller 1956)②。因此,借以传递信息的句子,其内部所包含的若干个词,必须依据所传递的信息的复杂程度,进行层层打包、组块,最好还能给个标记。

譬如,要传递一个"存在"事件。说到"存在",必然有个存在物,也必然有个存在的处所,还要有将存在处所与存在物之间相联系的链接成分。现代汉语里最典型的存在句是"处所成分+'有'+'(数量)名'成分"那样的存在句,填入具体的词语便产生一个个存在句。那动词"有"实际起着链接的作用。例如:

　　(1) 床上有病人。　　　　　(2) 床上有被子。

这就是说,按照汉人的民族心理,要传递一个存在事件的信息,习惯于将存在处所作为话题置于句首,将存在物作为传递他人的主要信息(可称为"句子的信息焦点")置于句尾。我们将例(1)、例(2)存在句记为**甲类存在句**。如果要同时表明存在物是以何种状态或方式存在着的,现代汉语里就将那链接成分换为"动词+

---

① 参看吕叔湘《汉语语法分析问题》,商务印书馆,1979年,第31页。吕先生认为"一般讲语法只讲到句子为止",句群、篇章、段落的分析"是作文法的范围",所以他未将句群、篇章列入动态单位。
② 参看 Miller G A. The Magical Number Seven, Plus or Minus Two: Some Limits on Our Capacity for Processing Information. *The Psychological Review*, 1956: 81-97。

'着'"(亦可改写为"V 着")。例如：

(3) 床上躺着病人。　　　(4) 床上叠着被子。

那"V 着"实际同时起着链接的作用。我们将例(3)、例(4)存在句记为**乙类存在句**。上述存在句可表示如下：

	存在处所	链接	存在物
甲	NP_L	有	NP
	床上	有	病人。
	床上	有	被子。
乙	NP_L	V 着	NP
	床上	躺着	病人。
	床上	叠着	被子。

链接部分的语形长度是有限的；而表示存在处所和表示存在物的语形长度可以因为"要求指示得尽可能清楚明白"而很长。例如：

	存在处所	链接	存在物
甲	NP_L	有	NP
	张三前天刚从王府井买的床上	有	一个发着高烧的病人。
	张三前天刚从王府井买的床上	有	三床红锦缎被面的新被子。
乙	NP_L	V 着	NP
	张三前天刚从王府井买的床上	躺着	一个发着高烧的病人。
	张三前天刚从王府井买的床上	叠着	三床红锦缎被面的新被子。

从理论上来说，在"床上""病人""被子"前还可以加限制性或修饰性成分。然而，再怎么长也始终会将指明"存在处所"的词语看作一个整体，将指明"存在物"的词语看作一个整体，始终让句子保持"存在处所—链接—存在物"这样一个词语链，也可以

说是"语块链"。这样就便于信息接受者解码理解。这里有个问题:为什么词语再多还是能保持三块呢?那是因为有标记在那里指示。什么标记?就是"有"和"V着"——只要在"有"或"V着"这标记之前是个处所成分,在这标记之后又有个表示事物的"数量名"成分,就只能是传递"存在"事件的信息①。学界有"标记"论之说,一般将标记视为一种语言现象。事实上,表面看是语言现象,实质上还是特殊的"信息传递标记",服务于信息传递。因此说,语言之所以是一个具有层级性的复杂的符号系统,就是由"传递信息"这一语言的最本质的功能所决定的。

总之,语言最本质的功能是传递信息,语言是传递信息的主要载体。现在一般认为,语言信息结构应包含"句子信息结构"和"篇章信息结构"两大类。句子信息结构是语言信息结构最基本的结构。"句子信息结构"跟语言中的"小句、句子"相对应;"句子信息结构"以上的大小信息结构统称为"篇章信息结构",这是一种"跨句的信息结构",跟"句群、段落、篇章"相对应。实际上在人与人的交际中,信息的传递主要或者说大量的是凭借篇章信息结构。上面曾举过这样一个例子②:

(5) 有人问:现在几点了?
答话说:收垃圾的卡车刚过去。

例(5)这一问一答的对话本身就构成一个语篇。"有人问"的询问通过"答话说"的回答,获知了所要问的时间信息。再看例(6)③:

(6) 医师:今天ø[膝盖]怎么样?
笔者:喔,我膝盖,教堂没有开会。

例(6)读者对"笔者"的答话会感到茫然,但"医师"明白,因为上一次问诊时有过这样的对话:

(7) 医师:今天ø[膝盖]怎么样?

---

① "NP_L+V 着+NP"是个歧义句式,所以对"NP_L+V 着+NP"句式来说,不一定只能表示"存在"信息。关于"NP_L+V 着+NP"歧义之说,可参看朱德熙《在黑板上写字》及相关句式》§4C_1 和 C_2,《语言教学与研究》1981 年第 1 期。
② 参看陆俭明《重视语言信息结构研究 开拓语言研究的新视野》,载《当代修辞学》2017 年第 4 期。
③ 该例引自屈承熹《话题的表达形式与语用关系》,见徐烈炯、刘丹青主编《话题与焦点新论》,上海教育出版社,2003 年。

笔者:ø[膝盖]还是有点儿痛,因为今天早上教堂开了个很长的会,会议室的冷气冷得不得了。

这两个例子所传递的信息都不是仅仅依靠句子信息结构,都是凭借篇章信息结构。这说明,研究语言信息结构,既要研究句子信息结构,也要甚至更要研究篇章信息结构。

三、语言信息结构和信息流(information flow)

凭借语言的小句、句子、句群等语言的动态单位所传递的信息会形成一个像流水那样的"信息流"。information flow 这一术语,在国外功能语言学界广为使用。功能语言学派认为,语言的功能就是传递信息,就是将信息由言者/作者传递给听者/读者。而在交际的过程中,不同的概念无论在信息传递者言者/作者的大脑里,还是在信息接受者听者/读者的大脑里,都处于动态的认知状态。因此凭借语言这一载体传递信息形成"信息流"是很自然、很容易理解的。切夫使用了"信息流"这个术语(Chafe 1994),但包括切夫在内的功能语言学界对"信息流"没下明确的定义。切夫一直关注意识(consciousness)在语言使用中的地位,因此他更多的是从意识这一视角来识解"信息流"。他认为,意识具有动态性,这种动态性体现在信息与信息的不断更替上。思维的组织和传递与语言密切相关,正是思维把语言一步步向前推进。因此切夫说"语言是一个动态的过程"(Language is a dynamic process),只是一般人感觉不到罢了;对于使用中的动态语言我们可以用"流动的小溪这一隐喻"(captured with the metaphor for a flowing stream)来加以描写。这条小溪从某个角度说也可理解为"思维流"(the flow of thought);正是思维把语言向前推进。切夫也很注重语篇分析,因此他又认为,语篇分析实际就是探究并明确使思维流朝着特定方向流动的"驱动力"(A basic challenge for discourse analysis is to identify the forces that give direction to the flow of thought)①。

那"信息流"里到底会包含哪些成分? 以往谈到信息,一般都只谈论已知/旧

---

① 参看 Chafe, Wallace (1994), *Discourse, Consciousness, and Time: The Flow and Displacement of Conscious Experience in Speaking and Writing*. Chicago: Chicago University Press。

信息（given information）、未知/新信息（new information）。Chafe（1994）则提出了三种不同性质的信息：

活性信息（active information）：即已经激活的信息，也就是已知信息（given information）；

非活性信息（inactive information）：即原来没有激活的信息，也就是未知信息（new information）；

半活性信息（semiactive information）：即原来是半激活的信息，也就是"可推知信息"（accessible information，也有学者译为"易推信息"①）。

这对研究语言信息结构有启迪。事实上对于"信息流"应探究其中到底会包含多少、会包含哪些不同的信息元素？这是需要深入探究的问题。就目前的认识而言，我们认为，在信息流中，一般会包含如下信息元素：

(a) 说话者所要谈论的话题；
(b) 说话者最想要传递的、对听话者来说是未知的新信息；
(c) 说话者所传递的、对听话者（即接受信息者）来说是属于已知的信息；
(d) 说话者所传递的、对听话者来说可推知的信息（accessible information）；
(e) 所传递的信息都会有一个信息焦点，如果那信息焦点属于"非常规信息焦点"，那一定会有"焦点标记"那样的信息元素；
(f) 为使听话者便于了解与明白所传递的信息而附加的某些背景信息；
(g) 为表明不同人际关系而所附加的种种情态信息；
(h) 为确保所传递的信息前后能衔接并顺畅传递而附加的衔接性信息；
(i) 某些标记性信息元素；
……

在信息流中，这众多的信息元素显然不会共处在一个层面上。这样，信息流中这众多的信息元素也必然要加以组合，以便使信息流具有结构的性质，从而确保信息传递的顺畅性、连贯性、清晰性、稳定性。至此，我们大致可以这样来界定"语言信息结构"：

语言信息结构是指在人与人之间进行言语交际时，凭借语言这一载体传

---

① 参看方梅《篇章语法与汉语研究》，见刘丹青主编《语言学前沿与汉语研究》第三章，上海教育出版社，2005年。

递信息所形成的由不在一个层面上的种种信息元素组合成的以信息流形态呈现的一种结构。

不言而喻,语言信息结构如同语言一样,也会有它自己的结构系统和内在规律。不过目前我们对语言信息结构认识得还不是很清楚,仍需深入探究。

四、"话题"与"主语"何以会纠缠?

句子信息结构,现在一般公认由"话题"和"评述"两大部分构成。现在对于语言信息结构讨论得比较多的还是"话题"。

说到话题,人们就会联想到句子的"主语",特别是讨论汉语的话题。按说"话题"和"主语"是不同领域、不同层面的概念——话题是由语言传递的信息所形成的"信息流"这一信息结构的重要组成部分;主语是语言句法层面中"主–谓"式句子结构的重要组成部分。这两个概念怎么会纠缠不清?我们认为主要是某些有影响的说法把人们的认识搞糊涂了。

在汉语语法学界,大家最早是从赵元任先生《中国话的文法》一书中知道"话题"这个概念和术语的。赵先生在该书的"2.4 The Grammatical Meaning of Subject and Predicate"(主语和谓语的语法意义)这一小节里明确地说:

> The grammatical meaning of subject and predicate in a Chinese sentence is topic and comment, rather than actor and cation.(在汉语里,把句子中的主语和谓语的语法意义理解为"话题"和"评论"比看做"动作者"和"动作"更为合适。)

并加以举例来证实自己的观点①。现代汉语语法学界最先接受赵先生观点的是朱德熙先生。朱先生于 1982 年在商务印书馆出版的《语法讲义》"7.1 主语和谓语"这一节中说:"说话人选来做主语的是他最感兴趣的话题,谓语则是对于选定了的

---

① 现在一般都认为,最早敏锐地发现汉语句子的这种特性的是赵元任先生。其实,最早发现此汉语特性的是陈承泽先生。他于 1922 年由商务印书馆出版了《国文法草创》一书,书中一开始就强调"研究中国文法"应是"独立的非模仿的"。"何谓独立的非模仿的?"陈承泽先生在说明时首先就提出了"标语–说明语"之说,并认为其是"国文所特有者"。陈先生说,汉语"文法上发展之路径,与西方异"。他以"鸟吾知其能飞"为例,说明汉语有不同于"主语–谓语"的"标语–说明语"结构,上例中之"鸟"即为"标语"。他所说的"标语"就是现在我们所说的"话题",他所说的"说明语"就是现在我们所说的"评述"。由于《国文法草创》并未谈论句法,所以陈承泽先生未能对"标语–说明语"之说作进一步具体说明,学界也鲜有人知。

话题的陈述""说话人选来作话题的往往是他已经知道的事物。"从此赵先生这一"汉语的主语就是话题"的观点立刻为我国现代汉语学界所接受。尽管人们也意识到主语是语法结构上的概念,话题是语言表达上的概念,但还是都将它们归入语言范畴,由此就形成了"主语话题等同"观。

Li & Thompson（1976）从语言类型学的视角,将语言区分为两大类型:主语优先语言(如英语)和话题优先语言(如汉语)。他们认为,"话题–评述"结构是汉语的一种基本句子结构,在描写汉语句子结构时,除了"主语""宾语"这种语法概念外,还应包括"话题""评述"这样的基本概念①。注意,他们认定"话题–评述"结构是汉语的一种"**基本句子结构**"。

兰布雷希特（Lambrecht）是语言信息结构研究的主要学者之一。Lambrecht（1994）认为信息结构是**句法**的一个层面。"话题"是一个"话语概念",同时也是个"**语法概念**"。他举了下面的句子:

(8) The children went to school.

兰布雷希特认为这是个主谓句,同时也可以是但不一定是一个"话题–述题"结构②。

徐烈炯、刘丹青（1998）也明确表示"我们把话题看作一个**句法结构的概念**""从成分分析的角度看,话题与主语、宾语一样是句子的基本成分";他们甚至提出了"句法话题"之说③。

陈平（2004）一方面承认"'话题–陈述'结构本质上属于话语和语用范畴",另一方面又接受 Gundel（1998）的"**句法话题**"之说。他认为句子的形式和意义可以从许多不同的角度进行分析,除了句法结构、语义结构、韵律结构等外,所谓信息结构（information structure）也是句子组织的一个重要方面④。徐杰（2005）将"话题"作为一个**句法特征**来看待,认为"'主语'和'话题'是性质完全不同的**语法范畴**,前者是一种普通的句法成分,跟'主语''宾语'等句法成分同类,而后者原本是

---

① Li, Charles & Sandra A. *Thompson*, *Subject and Topic: A New Typology of Language*, Austin: University of Texas Press, 1976.
② 转引自徐烈炯、刘丹青《话题的结构与功能》,上海教育出版社,1998年,第11页。
③ 参看徐烈炯、刘丹青《话题的结构与功能》,上海教育出版社,1998年。
④ 参看陈平《汉语双项名词句与话题–陈述结构》,《中国语文》2004年第6期。

一个语用概念,它进入形式语法的运算系统后即转化为一个语法特征[+TOP]。"①

上述有影响的学者的论述都明显地不愿扯断"话题""话题-评述"结构跟语法/句法的关系,而且一般学者也都如此认识②。而上述观念致使汉语学界对"话题""话题-评述"结构认识更不清楚。汉语语法学里的"主语"借用自印欧语(主要是英语)的"subject"。众所周知,印欧语是"形态语言",在"形态语言"里,作为一个句子,其谓语核心动词必须是"定式动词"(finite verb);定式动词具体形式要根据主语的性、数、格来限定,同时还得受时态、情态、语态的制约。下面是英语的例子:

(9) John reads this book every day. (约翰每天阅读这本书。)

(10) John is reading this book. (约翰正在阅读这本书。)

例(9)主语是John,为第三人称、单数,句子所说事件为"一般现在时"(指经常、反复发生的动作或行为及现在的某种状况),依据英语内在句法规律,这决定谓语核心动词的具体形式得取 reads(在原形动词 read 后加后缀-s);例(10)主语是 John,为第三人称、单数,句子所说事件为"现在进行时",这决定谓语核心动词的具体形式得取 is reading(在原形动词 read 前加 to be 的第三式单数 is,后加后缀-ing)。主语和谓语的一致关系体现得很清楚。再看俄语"一般现在时"的例子:

(11) a. Каждый день я читаю эту книгу. (我每天看这本书)

b. Эту книгу ты каждый день читаешь? (你每天阅读这本书吗?)

c. Каждый день он читает эту книгу. (他每天阅读这本书。)

d. Каждый день мы читаем эту книгу. (我们每天阅读这本书。)

e. Эту книгу вы каждый день читаете? (你们每天阅读这本书?)

---

① 参看徐杰《主语成分、"话题"特征及相应的语言类型》,见徐杰主编《汉语研究的类型学视角》,北京语言大学出版社,2005 年,第 299—333 页。

② 梁源于 2005 年在《中国语文》第 3 期上发表的《语序和信息结构:对粤语易位句的语用分析》一文就这样说:"一个充分的语法体系,除了包括形态、句法、语义和韵律等结构外,还应该包括信息结构,用以处理说话人的心理预设和句子的形式结构之间的关系。"显然梁源认为信息结构应涵盖在"语法体系"之中。

  f. Каждый день они читают эту книгу. (他们每天阅读这本书。)

很清楚,俄语句子主语人称、单复数不同,句子的谓语核心动词所取的具体形式各异。

  显然,印欧语里的主语受制于"主谓一致关系"这一法则。

  印欧语在语态上还有主动态和被动态之分。上面所举的例(8)—(10)在英语里属于主动态句子,主语是行为动作的施事(agent)。如果是被动语态,行为动作的受动者(patient,一般称为"受事")做主语,谓语动词部分的具体形式就取"be+动词的过去分词"。例如:

  (11) This book is read by John every day. (这本书每天由约翰阅读。)

  (12) This book is reading by John. (这本书正被约翰阅读着。)

  如果句首名词语跟谓语核心动词不存在形式上的一致关系,那么这个名词语即使为动词的一个论元,即使居于句首,也不视为主语。例如:

  (13) This book John is reading (it). (这本书约翰正阅读着。)

例(13)句首的 This book 是句子谓语动词 read 的受事论元,虽居于句首,可是大家不将它视为主语。因为例(13)的谓语 is reading 是和主语 John 保持形式上的一致关系,跟 this book 不存在形式上的一致关系。那么 This book 该看作什么呢? 看做话题,在语法上 This book 是"倒装宾语",为了让它作话题而移至句首。

  于是,西方语法学者大多对例(6)、例(7)都这样看——例(6)属于被动句,其中的 This book 是主语,不是话题,因为它跟句子谓语核心动词存在着一致关系;例(13)里的 This book 是话题,不是主语,因为它跟句子谓语核心动词不存在一致关系,例(13)还是属于主动句。印欧语里主语和谓语之间的一致关系就清楚地呈现在形式上。汉语是"非形态语言",即使是典型的主谓句(如:张三喝了杯龙井茶),也并不在形式上呈现主语和谓语的一致关系。汉语语法学借用了英语里 subject 这一术语,并翻译为"主语";其实,汉语的"主语"已经跟印欧语里的 subject 根本不是一码事了。如今这已成为汉语语法学界的共识。其实吕叔湘先生早在《汉语语法分析问题》里就指出,汉语里在一定程度上,宾语和主语可以互相转化。"写完了一封信"⇆"一封信写完了"之类的例子不用说,更能说明问题的是下面这

种例子①:

(14) 西昌通铁路了:铁路通西昌了 | 这个人没有骑过马:这匹马没有骑过人 | 窗户已经糊了纸:纸已经糊了窗户 | 竞争和战争,争霸和称霸,充满了帝国主义整个历史进程:帝国主义整个历史进程充满了竞争和战争,争霸和称霸

这样一来在语言学界就出现了如何区分主语和话题的讨论,见仁见智,众说纷纭。

其实,必须认清,正如我们一开始所说的,主语和话题是不同领域、不同层面的概念——话题是语言所传递的信息形成的"信息流"里的信息结构的重要组成部分;主语是语言句法结构中"主-谓"式句法结构的重要组成部分。按这一观点,那么就英语而言,上面所举的例(9)、例(10)和例(11)、例(12),即:

(9) John reads this book every day. (约翰每天阅读这本书。)

(10) John is reading this book. (约翰正在阅读这本书。)

(11) This book is read by John every day. (这本书每天由约翰阅读。)

(12) This book is reading by John. (这本书正被约翰阅读着。)

其中之 John 和 This book,从句法层面看是主语,从信息结构视角看也可视为话题。而例(13),即:

(13) This book John is reading (it). (这本书约翰正阅读着。)

其中的 This book,从句法层面看不是主语,它是信息结构的话题。

至于汉语,就按赵元任先生的说法,主语就是话题。不过大家对"汉语,主语就是话题"之说只是认识到汉语的"主语"跟印欧语的 subject 不是一码事,而本质上还不能区分"主语"和"话题"。实际上大家接受的是"话题主语等同"说,这从上面提到的吕叔湘先生的看法中可以看到这一点。朱德熙先生说得更清楚:

说话人选来作主语的是他最感兴趣的话题,谓语则是对于选定了的话题的陈述。

显然,大家并没有真正认识到主语和话题是属于不同层面的两个概念。我们认

---

① 吕叔湘的观点和具体例子均引自吕叔湘《汉语语法分析问题》,商务印书馆,1979年,第83页。

为,虽然汉语在句子平面句法规则和语用规则的界限并不清楚①,但是对于"主语"就是"话题"的正确认识还应该是本讲开头所说的:

> "话题"跟"主语",是不同领域、不同层面的概念。话题是语言所传递的信息形成的"信息流"里的信息结构的重要组成部分;主语是语言句法层面中"主-谓"式句子结构的重要组成部分。

也就是说:说"主语"时,是从句法层面说的;说"话题"时,是从句子信息结构层面说的。

不过话还得说回来,就汉语而言:1)不一定所有的主语都是话题;周遍性主语句里的主语就不是话题②;陆丙甫(2003)认为:"周遍性成分具有话题和状语的双重性。"③ 2)反之,不一定所有的话题都是主语,譬如有介词"关于""对于"组成的介词结构居句首时,大家都分析为状语,但它是关于话题的表述。例如:

(15) 关于鲁迅的杂文我没什么研究。

(16) 对于言情小说她不感兴趣。

例(15)里的"关于鲁迅的杂文",例(16)里的"对于言情小说",在句法上都分析为状语,可是从句子信息结构看,它们都是关于话题的表述④。

总之,必须分开句法层面和句子信息结构层面,这样话题和主语就不会纠缠了。

五、需进一步探究的问题和眼前要做的研究

需进一步探究的问题大致有:

1) 从语言研究的角度说,我们如何定义"信息"?

2) 语言信息流里到底会包含多少、包含哪些信息元素?

---

① 参看陆俭明《汉语句法研究的新思考》,见《语言学论丛》第二十六辑,商务印书馆,2002年。

② 关于"周遍性主语句的主语不是话题"之说,参看陆俭明《周遍性主语句及其他》,载《中国语文》1986年3期。

③ 参看陆丙甫《周遍性成分具有话题和状语的双重性》,见徐烈炯、刘丹青主编《话题与焦点新论》,上海教育出版社,2003年,第83—96页。

④ 句子里可以不止一个话题,参看徐烈炯、刘丹青《话题的结构域功能》,上海教育出版社,1998年。

3) 语言信息结构与语言句法结构到底是什么关系？

4) 句子信息结构的基本模式到底是什么样的？如何分析句子信息结构？是否允许话题与焦点倒置的句子信息结构？

5) 在句子信息结构中只允许有一个话题，还是可以有多个话题？同样，在句子信息结构中只允许有一个焦点，还是可以有多个焦点？

6) 人类语言信息结构应该有共性，其共性是什么？各不同语言的信息结构，如汉语信息结构、英语信息结构、日语信息结构等，各有个性，其个性特点主要体现在/表现在哪里？

7) 语言信息结构是否也如同语言那样存在类型的差别？

8) 就句子信息结构而言，该有多少信息传递准则？

9) 篇章信息结构的边界在哪里？该如何研究篇章信息结构？

10) 如何构建语言信息结构的理论体系？

眼前要做的研究有：

1) 深入进行汉语信息结构研究，包括句子信息结构研究和篇章信息结构研究。重点探究凭借汉语载体传递信息必须遵循的准则。

2) 开展两种甚至多种语言的语言信息结构比较研究以探究不同语言信息结构的共性和个性，进而探究语言信息结构是否也有类型差异。

参考文献

陈承泽　1922　《国文法草创》，商务印书馆。

陈　平　2004　《汉语双项名词句与话题-陈述结构》，《中国语文》第6期。

陈望道　2011　《陈望道全集》第一卷，浙江大学出版社。

方　梅　2005　《篇章语法与汉语研究》，刘丹青主编《语言学前沿与汉语研究》，上海教育出版社。

黄小寒　2007　《对信息的提问与讨论》，马蔼乃、姜璐、苗东升、闫学杉编《信息科学交叉研究》，浙江教育出版社。

梁　源　2005　《语序和信息结构：对粤语易位句的语用分析》，《中国语文》第3期。

陆丙甫　2003　《周遍性成分具有话题和状语的双重性》，徐烈炯、刘丹青主编《话题与焦点新论》，上海教育出版社。

陆俭明　1986　《周遍性主语句及其他》，《中国语文》第3期。

陆俭明　2002　《汉语句法研究的新思考》，《语言学论丛》第二十六辑，商务印书馆。

陆俭明　2015　《消极修辞有开拓的空间》，《当代修辞学》第1期。

陆俭明　2017　《重视语言信息结构研究　开拓语言研究的新视野》，《当代修辞学》第4期。

吕叔湘　1979　《汉语语法分析问题》，商务印书馆。

马蔼乃、姜　璐、苗东升、闫学杉编　2007　《信息科学交叉研究》，浙江教育出版社。

屈承熹　2003　《话题的表达形式与语用关系》，徐烈炯、刘丹青主编《话题与焦点新论》，上海教育出版社。

田爱景　2007　《关于信息能、信息学三定律与知识创新模型》，马蔼乃、姜璐、苗东升、闫学杉编《信息科学交叉研究》，浙江教育出版社。

徐　杰　2005　《主语成分、"话题"特征及相应的语言类型》，徐杰主编《汉语研究的类型学视角》，北京语言大学出版社。

徐烈炯、刘丹青　1998　《话题的结构与功能》，上海教育出版社。

徐烈炯、刘丹青主编　2003　《话题与焦点新论》，上海教育出版社。

杨伟国　1996　《中外认识自然客体三种属性的进程与回顾——信息思维之刍议》，《周易与现代化》第8期。

杨伟国　2007　《"信息的载体"与"信息载体"差异的深思》，马蔼乃、姜璐、苗东升、闫学杉编《信息科学交叉研究》，浙江教育出版社。

张　今、张克定　1998　《英汉语信息结构对比研究》，河南大学出版社。

张学英　2004　《知识、科学及知识经济和信息经济的界定》，《当代经济》第10期。

钟义信　2007　《从"信息-知识-智能统一理论"看信息科学》，马蔼乃、姜璐、苗东升、闫学杉编《信息科学交叉研究》，浙江教育出版社。

钟义信　2013　《信息科学原理》，北京邮电大学出版社。

中国大百科全书总编辑委员会　1991　《自动控制与系统工程》，中国大百科全书出版社。

朱德熙 1981 《"在黑板上写字"及相关句式》,《语言教学与研究》第 1 期。

朱德熙 1982 《语法讲义》,商务印书馆。

Chafe, W. 1994 *Discourse, Consciousness, and Time: The Flow and Displacement of Conscious Experience in Speaking and Writing*. Chicago: Chicago University Press.

Chomsky, N. 2000 *New Horizons in the Study of Language and Mind*. Cambridge: Cambridge University Press.

Li, C. & Thompson, S. A. 1976 *Subject and Topic: A New Typology of Language*. Austin: University of Texas Press.

Miller, G. A. 1956 The magical number seven, plus or minus two: some limits on our capacity for processing information. *The Psycological Review 63*.

Revisiting the Studies of the Information Structure of Language

Lu Jianming

Abstract: In the first part of this paper, "information"and "information carrier" are further elaborated. The second part explains that language information structure includes sentence information structure and text information structure, and the transmission of information depends not only on sentence information structure, but also on text information structure. Therefore, to study language information structure, we should not only study sentence information structure, but also study text information structure for more reasons. In the third part, it explains that information transmission by language will form an information flow, and the information flow contains many information elements, which are not on the same plane. Therefore, it is necessary to combine them so that the flow of information has a structure, thus ensuring the smoothness, coherence, clarity and stability of information transmission.

The fourth part shows that at present, people are very entangled in the understanding of "subject" and "topic", because they are concepts at different levels—subject is an important part of the "subject-predicate" sentence structure at the syntactic level of language, and topic is an important part of the information structure formed by the information conveyed by language, and they must be distinguished. The fifth part explains the problems to be further explored and the research to be done at present.

Keywords: information, language information structure, sentence structure, text information structure, subject topic

(原载于《当代修辞学》2022 年第 2 期)

凯洛斯:一种写作调和探索法*

杰伊·乔丹
(美国犹他大学修辞写作系)
袁影 那倩 译
(苏州大学外国语学院)

提　要　修辞学在二语写作中有着漫长而丰富的历史,在跨语际写作中也同样发挥着作用,相关研究却不显著。与之密切相关的"凯洛斯"修辞概念在这两种写作中均未受到关注。"凯洛斯"通常被视为修辞者把握某一特定机会的恰好时刻,但也有一些界定将其视为兼具对修辞策略的适时把握与对修辞即时性、自发性和潜在性的敏锐而非过敏的反应。本文认为"凯洛斯"为调和二语和跨语际写作提供了一个契机,即将相关研究与教学的焦点从把握修辞策略转移至凯洛斯对"写作当下"的唤起,当下修辞者的语言背景和各种资源与其他需要注意和协调的要素之间互动生发。

关键词　凯洛斯　协调　二语写作　跨语际写作

修辞学在二语写作[①]中有着漫长而丰富的历史。至少从 20 世纪 60 年代中期以来,该领域的文献不断出现了以"对比"(contrastive)修辞学或近年来"跨文化"(intercultural)修辞学为名的研究。在这一传统中,修辞学为二语写作教师研究者持续提供了一个具有吸引力的解释框架,通过众多论文、书籍和专辑巩固了自己

---

* 作者简介:杰伊·乔丹(Jay Jordan),现为美国犹他大学修辞写作系副教授,研究侧重于第二语言/多语言修辞和写作、写作教学法和修辞学史,并在《跨学科》《大学写作与交流》《大学英语》以及《修辞评论》等学术期刊发表了诸多重要论文。

① 作者注:二语写作(second language writing)指针对非母语学习者的写作教学与研究,常借鉴修辞学、写作、应用语言学等领域的成果;在许多二语写作研究中,目标语言默认为英语。二语写作与跨语际写作的区别在于,前者更多关注从语用角度帮助写作者习得标准英语,而较少关注语言之间是否真的彼此分离等关键问题。

的地位,为该领域提供了最具识别性的"以修辞为本"的视角(Baker 2013: 37),并且这一解释框架已关键性地为多语教育者自身创设了一个"被认可的空间",在此空间里他们可将母国文化经验与这儿(美国)的英语母语受众相关联(Li 2008: 11)。但除了与典型的"对比"组合外,修辞学在二语写作领域还有着丰富的在场性。在另一项研究中,我追溯了约四十年二语写作研究,主要考察学术期刊上"修辞学"与"对比""跨文化"以外术语的组合流通情况。调查显示,从"新的"到"传统的"各关键词与"修辞学"或"修辞学的"相组合所做的研究已成千上万。

修辞学在跨语际写作①中也同样发挥着作用,虽然相关研究不如在二语写作中那样显著。跨语际研究者在应用语言学、社会语言学、修辞学与写作的交叉领域中,往往以非明显的修辞学术语一直在关注着传统上受到忽视的作者所用的表达方式。跨语际的研究路径催生了对以英语作为通用语的学术探讨,他们将英语——或推而广之任何一种具有明显识别性的语言——理解为对话者间所产生的各种语用协调的集合,这一集合无法完全参照理性化的语言常规来作出预测(Firth 1990, 1996, 2009; Firth & Wagner 2007; Kaur 2009; Pennycook 2010)。Horner(2013)呼吁将这种对英语通用语所作的全球观引入传统以美国为中心的写作研究领域中。而 Horner, Lu, Royster & Trimbur(2011)的研究讨论了许多具有(真正的或观察到的)跨语际差异的作者文章,发现这些作者养成了协商性探索的态度,取代了以语言的准确性为判断标准的做法。这种观点认为,语法和其他语言要素只是给养而非意义的容器(Canagarajah 2013)——即修辞者可能观察到或调用了亚里士多德所说的"可用的说服方式"(available means)②,而不是那些假定的透明交流规则。然而,无论是二语写作还是跨语际写作研究均未清晰提到与之关系密切的"凯洛斯"修辞概念。作为术语名称,许多学生在有关修辞与写作的引论中接触过凯洛斯;此概念常被解释为修辞者在发现"可用的说服方式"后将

---

① 作者注:跨语际写作(translingual composition)属于修辞与写作领域的研究和教学,对语言完全相互分离的观点持批判态度。跨语际写作研究者认为作者通常更关心如何实现自己的修辞目的,而不在意是否遵循目标语的"标准规则"。在二语写作研究者看来,学生真正想学的是语言的形式,但跨语际研究者并不看重语言形式的教学,因此也常常为前者所批判。

② 译者注:此处 available means 出自亚里士多德《修辞学》第一卷第二章首句对修辞的定义中,Rhetoric may be defined as the faculty of observing in any given case the available means of persuasion (Aristotle 1954: 24),即"在任何具体情形中都能发现可资利用的说服方式的能力"。

之有效运用的恰当时刻（如 Ramage，Bean & Johnson 2015）。也就是说，学生不但要学习传统的（人格、逻辑、情感）说服方式以及布局与发表（delivery），还需要学习何时实施，凯洛斯由此命名了一项最终的、可谓起决定作用的修辞手段。Harker（2007）甚至将教科书中常见的代表说服三诉求的"修辞三角形"（rhetorical triangle）改变为含有凯洛斯作为第四点的金字塔。但也有一些凯洛斯定义并不强调适时性，而是突出此概念的多义性，将之视为介于对说服方式等的适时把握与对即时性、自发性和潜在性修辞的敏锐而非过敏性反应。现有二语写作教学和跨语际写作模式似乎认为学生修辞者所产出的语内或语际作品的效果是在之后作出判断的（即这一实现是将来完成时）。而广义的凯洛斯定义则把关注的焦点从将来转移到，如 Peary（2016）所言，"写作当下"（the composing present）——即作者所在之时与之处，这一刻他/她不仅会更加注意当下话语表达的各种可能性也会更加意识到凯洛斯中更具物质性和感受性的动态作用。

　　本文是笔者长期从事的一项跟踪和考察修辞在二语与跨语写作中如何发挥作用的项目的一部分，目的是以凯洛斯为核心来进行具体探索。我认为凯洛斯可为调和二语和跨语际写作提供一个适合的机会，其方法是将研究和教学的焦点从掌握写作修辞技巧转移到凯洛斯所关注的写作当下，即修辞者的语言背景和各种资源与其他需要注意和协调的因素间必然互动的情形。本文并非是要对凯洛斯的当代及以往研究作全面的考察，而是希望能就其与语言接触环境中的写作教学之相关性进行简要描述。在调研了对凯洛斯的相关理解后，我将专注于考察此概念在二语写作与跨语际写作中以"修辞策略"这一隐含形式出现的情况，并将最终为这两个领域提供一个受启于凯洛斯的共同发展方向，即激发"写作当下"的各种丰富可能性。

据凯洛斯而调适

　　正如 Baumlin（2002）所描述的，凯洛斯含有恰当性、适时性、适度性等基本修辞概念。如果亚里士多德的修辞定义明确了修辞者的观察能力以及进行观察时对情境所采取的行动，凯洛斯则代表了从观察转向行动的时机（Kinneavy & Eskin 2000）。凯洛斯在智者派的修辞研究中体现得尤为明显，但较具争议（参见

Rostagni 2002；Sipiora 2002），因为其他修辞学家和哲学家在批评和戏仿智者派时也使得这一概念遭受了不利影响（参见 Aristophanes 1970；Isocrates 2000；Jarratt 1991；Plato 2009）。对于著名的智者高尔吉亚、普罗泰格拉与毕达哥拉斯，凯洛斯与时机的联系则将此概念与智者派的基本认识观联结在了一起：即人类的认识能力从根本上来说是有限的，因而人类修辞者不得不对何为恰当作出情境性的判断，因为他们无法察知何为确定的"真"。

普罗泰格拉的名言"人是万物的尺度"，既为智者派不可知论的简明总结，也为柏拉图攻击此派提供目标，并因而坚信求真的哲学超越了一般的人类认识。《双向言说》（*Dissoi Logoi*），这一古希腊智者的残存著作及其所勾画的论证方法，明确表达了修辞者对于或然且非完整认知的最佳反应，即修辞者如果无法根据自己对真实的直接认知来作出判断，那么就必须不断调整自己来适应当下情景或不断地对当下加以创设……在这一过程中言者努力调整现有的"文本"来适应自己的目的，而同时言者"文本"的"解释"又受制于其语境（White 1987：14；Sipiora 2002：6）。在 Kinneavy（2002）将凯洛斯视为少数人的研究方法一文中，Tillich（1936）强调了凯洛斯的或然性，并将"凯洛斯思维"（kairos-thinking）视作一种可持续的认识方式用以替代柏拉图哲学中在他看来占主导地位的无时间性"逻各斯思维"（logos-thinking）（转引自 Kinneavy 2002：63）。但凯洛斯并非仅仅是对逻各斯的替代或其最初给人的印象，凯洛斯实际上与许多古希腊修辞思想源流密切相关。如 Levi（1924）指出，凯洛斯不仅是柏拉图哲学的陪衬，还是理解柏拉图有关个人和运转良好的国家间相和谐之意的关键所在。在亚里士多德十分系统的解释中，作为"场合"（occasion）的凯洛斯一直是对一般修辞理论运用成功与否的重要检验标准。如 Kinneavy & Eskin（2000）注意到的：凯洛斯表现为一种将法律运用于法庭具体案例的方法以及修辞者借以判断受众情感状态和反应的透镜。凯洛斯在古希腊思想中的最高峰可能出现在伊索克拉底为强调公民生活而发展出的修辞教育中。伊氏既不将修辞学视作服务于个人的哲思，也不将其视为服务于公共场合的"机械演说功能"（de Romilly 1985：29），他认为修辞学是修辞者出于政治利益而用以引发和影响社群看法或价值观的一套（以凯洛斯为核心的）言说工具。Sipiora（2002）则因凯洛斯与许多古代思想流派对场合与修辞作用的讨论相关，而将其称为希腊修辞学的"基石"。

可能由于修辞学在历史上与教育学的密切联系,如伊索克拉底往往以其所希望的方式教授那些条件十分优越的修辞者,凯洛斯至少具有简化为人的策略之可能性。即如果说服诉求、布局、发表等其他修辞策略可以学习、传授及掌握,那么传授和掌握洞察修辞干预的恰好时刻又有什么不可能呢? 然而,Sipiora(2002: 6-7)指出,凯洛斯"非同一般的时机性原则"使得传授凯洛斯策略"几乎不可能",因为即使可以给学生提供过去的成功修辞行为模式,但对于未预见到的、不可预测的、无法掌控的时刻,修辞理论与修辞教育是无法从根本上解决的(White 1987: 14)。Smith(2002: 47-48)强调凯洛斯的不可简化性,并视其为凯洛斯的"本体论维度"(ontological dimension),即凯洛斯远远超出修辞者对于合适时刻的判断而渗透于存在的各种秩序中,包括"远离人类行动"的各种自然节奏与历史过程。相比于抓住或创设机会,凯洛斯的本体观更重视的是 Leston(2013)所称作的"宇宙逻各斯"(cosmic logos)爆发的那一刻——即奔涌而出的"梦想、想象、非理性、矛盾、似非而是、幻想、愤怒、温柔、爱——生活本身所具有的多样性"。虽然人类修辞者可以对这一时刻施以秩序、安排和/或逻辑,但注意到这一刻并使自己加以顺应的能力,至少与修辞发明的冲动或修辞策略的把握是同样重要的。

二语及跨语际写作中的修辞学与写作策略

修辞学无疑与二语写作中策略的掌握密切相关。在二语写作领域中,"对比"和"跨文化"的内涵已得到明显发展,虽然 Matsuda & Atkinson(2008)对"修辞学"在此领域究竟指什么仍感到困惑,Belcher(2014: 61)发现"修辞学"典型地"明确了具有稳定性的语言表达常规"。我们从凯洛斯角度调研了约四十年二语写作研究中修辞学的使用情况后,发现这些研究关注的是学生未来掌握写作技巧的潜能以及稳定的写作目标。其中,对比修辞学能够清晰呈现公认的"一"语和英语间的明显差异,此外,"控制修辞学"(Dehghanpisheh 1979)还有力地强化了教学手段以教授学生写出技巧精湛的作文。Dehghanpisheh 的研究即以段落写作为中心,她和许多追随卡普兰的同时代人都认为段落写作即为书面修辞的开端。她指出,可接受段落的成功组织表明作者达到了书面英语的基本熟练程度,可以轻松扩写篇幅更长的语篇。作为对 Kaplan(1966)段落研究观点的强调,Dehghanpisheh 认为熟练掌握写作的最佳途径或许在于充分利用段落作为一种基本修辞结构，以及一个可以清晰呈现学生一语和二语差异的平台。虽然"控制修辞学"在二语写作研究中鲜有出现，但控制学生修辞表现的教学要求始终如一，无论是在 Dehghanpisheh 所指出的传统模式（如说明文），还是在组织结构（参见 20 世纪 70 年代以科技英语为基础的教学法）抑或是在文体方面（参见 Jacobs 1981 关于衔接的学术期待的描述）以及如 Hartshorn 等（2010）在研究中提到的全然强调准确性而非修辞能力的观点。但二语写作研究者也发现，控制的作用止步于此，文本的修辞效果通常超出明显且易于教授的语言形式。Selinker 等（1978）承认，他们精心设计的科技英语语篇模式中所描述的"例证""图解""定义"特征以及其他功能范畴和特点，在分析已发表的科技英语写作实例时却难以发挥效用。因此虽然他们的学生可以轻易辨别体现单一修辞功能的实例，却很难分析体现多种修辞功能的混合例子，尤其当一个段落中包含多种混合功能时。Jacobs（1981）就曾注意到类似的困境，如诸多对意义构建起至关重要作用的衔接策略之所以有效，正是由于他们具有隐含性，因此也难以直接教授。再如，针对文本的可读性，Sengupta（1999）提出以学生为中心的分析模式，但当学生从阅读转向写作时，该模式便无法适用，由此发现对清晰文本特征的理论修辞认识与当下的修辞能力之间依然存在差距。

　　跨语际方法在质疑各特定语言中掌握写作技巧的重要性时，提出了一个在英语通用语和其他关键语言研究领域都较为常见的观点，即"语言"便捷地标记了符号资源集合，不仅有益于个人而且有益于团体合作实现其具体目标（Canagarajah 2013；Horner, NeCamp & Donahue 2011）。这种实用性观点不再聚焦作者明显的能力匮乏，而是转为关注他们已有的，但被强调正确性的教学观所掩盖的那些能力，认为如果日常大部分人在大部分时间里都能用语言完成自己所要做的事，那么他们就会更关心有效性而非语言的准确性。

　　然而跨语际方法在试图克服传统对于写作正确性的追求时，自身又产生了另一种对写作技巧的追求，尽管此种技巧的相关术语并未受到青睐，但许多"跨语"修辞者已掌握了此种技巧。如果潜在跨语修辞者沉浸于语言和跨文化交流中，当其有能力充分利用此种交流以获取修辞资源时，他们就可以成长为有能力的跨语修辞者。例如，Leonard（2014:228）在考察传统定义下的"多语"作者时，发现他们通过揭示跨语际写作的修辞性来"达成目标、表达观点或实现动态沟通"。跨语际写作者不论以"第一语言"还是"目标语言"进行写作,他们都倾向于再造一套规则,例如标准书面英语,然而他们采取此种选择是出于修辞效果的考量,而不是因为别无选择所以设定标准(Lu & Horner 2013)。

这种独特修辞选择正是跨语际修辞方法的核心,而且隐含了凯洛斯是最根本的跨语际技能。虽然娴熟的跨语际者面对众多合理甚至超越语言边界的"可用修辞方式",但他们知道在动态互动中才能做出最佳选择。在此前的研究中,我认为这种观点是跨语际主义中以另一个语言英雄来替代一个语言英雄("母语者")的情况(Jordan 2015)。尽管跨语际的研究历史短于二语写作研究,但跨语际主义者的作品中大量涉及此种强有力甚至英雄式的修辞主体。Canagarajah(2013)认为,即使当下数字技术已能够揭示写作网络的复杂程度,"我们仍旧必须保留言者/听众和作者/读者在协商式读写方面的作用"。Donahue(2016, 2018)援用了一个常见的将写作比作设计的隐喻,指出作者"必须具备灵活性、专业技能、语言知识、资源,在某些情况下还必须具备权限和胆量以选择、使用与任务和语境相关的各种语言特征"(Donahue 2018: 210)。因此,尽管跨语际方法将修辞学和写作教学的内容大大扩展至准确性/适当性的定义范围之外,培育一个掌握写作策略的学生修辞者依旧是其所追求的目标。

凯洛斯与"写作当下"

从教学角度将凯洛斯继续视作一个确切、适时且可教的时刻很具有吸引力,在这一时刻及场合中一个娴熟的或成长中的跨语际修辞者能够运用许多修辞策略,包括论证策略、谋篇布局、语法和文风。然而,将凯洛斯的含义局限于此,可能会失去需要注意和协调而非假定的诸多有趣、有效但难以预测的可能性。一些学者将凯洛斯的运用类推至与学术写作相去甚远的活动中,认为众多修辞研究都得益于凯洛斯广泛的内涵。例如Lemesurier(2014)指出,修辞学中的"记忆"范畴会被想象成不只是一个收集常用论点或修辞技巧的静态储藏室,而是一种平衡先前知识/经验与瞬间进展的舞动,这一平衡基于时间的流动感并且要求舞者同时在身体内部保留多层时间性。Peary(2016)则认为对凯洛斯的传统理解一直以来都忽视了此种含义。根据Short(1989),Peary还发现许多以往典型的修辞情境"倾向于将来完成时,即在未来时刻讨论过去的情形(例如,'到下午2点我将已经完成这份简报')"。Peary认为,这种对将来完成事件的默认性关注是以焦虑为标志的,因担忧未来的评价而"忽略了此刻正在涌现的感受"。要避免这种问题,修辞者可以更多关注 Peary 所说的"写作当下",她将其描述为一个十分复杂且具多维性的凯洛斯当下。

>所谓的写作当下指的是写作时的物质条件(假木纹桌面、纸张或笔记本电脑、Bic 圆珠笔、自来水笔、2 号铅笔、儿童"木棕色"记号笔等物品)以及作者的身体状态(身体的姿势、能量级、疼痛、体感时时刻刻的变化)。

关注这些细节及诸多维度与更为典型的写作方法相背离,后者注重作为一系列"大阶段"的"过程",包括起草、修改和编辑(Peary 2016)。对许多学生来说,这些阶段对应写作期间和最后的截止时间,而如此产生的写作成果掩盖了在其产生中积累的更直接和微小的过程。为了适应这些过程,Peary(2016)建议将关注点放在"感知偶发性所需的条件上"。参照沉思状态,她强调写作教学要重新扎根于正在展开的创作当下,包括作者对周围环境、物质条件以及身体反应的意识。然而这种意识并不容易获得,因为学生似乎经常会如同"幽灵"一般被拉入对未来写作的提交与评估的焦虑时刻,而远离了当下(Peary 2016)。

由于我们那种集体式未来完成导向的教学和学习习惯,协调二者以适应写作的当下时刻和即刻性将是一项不小的挑战,但这样会有不少好处。正如 Perl(2004)所说,当下意识与非正式、非结构化的写作活动相结合可以丰富修辞者的思想观点。"自由写作"无疑是一种激发构思的常用教学策略,但也可用于将写作与即时意识更紧密地联系起来。在我和几位学者共同进行的一个项目中,我们通过将注意力延伸至课程的口头和书面渠道之外,尝试重新思考和修正"观察"教学的含义。当我们在教室里听课时,我们不仅试图记录对老师和学生通常活动情况的总结和评论,也会尽可能多地写下自己更广泛的感官体验。我们的记录中随处可见关于疲惫、饥饿、对其他课堂访客的高度警觉、周围噪音,还有墙壁和课桌的颜色的语句。虽然现在还无法立刻明确我们能以这种方式向被观察的教师提供什么具体的教学建议,而且在调用多种感官去写一篇流水账时很难维持高度的注意力;但即使在迄今为止相对有限的实验中,我们相信我们正在注意到自己对课堂环境的重新调适,在此过程中产生了许多潜在的凯洛斯要素,如果不加注意就很容易被视作"干扰因素"而排除。Rickert(2013: 82)进行了一些类似的实验,发现教师和学生可以重新将修辞"责任"视为"散见于整个写作情境中"。

如果学生在学习过程中知道写作效果并不完全取决于基于准确性或是语用能力的修辞策略，那么他们或许能够降低以将来完成时（前述）来获得成功的焦虑感。诚然，对凯洛斯作如此广泛的思考会给教学和学习带来一定压力；因为对构思的激发未必能预测，以传统的标准，这样的作品也未必成功，而且写作的时间段也未必容易规划。在复杂的课堂环境中出现了各种凯洛斯要素，但我难以向教师提供相应的教学反馈，只是将其记录在又密又乱的笔记本上；同样我也无法就如何最好地利用凯洛斯的扩展含义提出具体的教学建议。正因如此，我反对"利用"这种说法。从这一点来看，我们最好回到凯洛斯同时具有的时空维度以丰富二语写作教师长期以来对时间的阐释，但侧重点不同。在语言接触情境中教和学都需要时间，但是如果将"时间"仅传统地理解为不同语言的学生能有更多时间来完成构思、起草、修改和编辑的各"大阶段"（Peary 2016），那么教师和学生都应当将更多注意力放在对时间丰富含义的理解上。

结　　语

凯洛斯使我们认识到写作的当下未必受驱于或取决于将来对写作成效的评价。凯洛斯也未必服务于修辞策略的把握。其实，写作的当下意识可将从事二语写作与掌握跨语际写作方法的修辞者/作者置于更为谦虚的状态。Canagarajah（2017）分享了他对 Jihun，一位博士后的写作的个案分析，这位博士后在一篇几易其稿的研究论文写作过程中与很多人，署名或未署名的，进行了合作，所涉及的不同人员、实验室、机构已经体现了其写作过程的复杂性，更不用说那些由文本、设备、记录、电话、动作，Canagarajah 称之为多维修辞施事者组成的大汇合了。他（2017）认为："人写作时并非以头脑中的一个图景开始，或用所要求的词语将思想或意象准确地表达出来；而是在情景性的互动中，所汇集的各种资源激发了思想和言辞的表达。"用 Jihun 自己的话来说，他认为与其说自己是"交流者"（communicator），还不如说是"组织者"（organizer）（Canagarajah 2017），这一角色能使写作当下所有的元素产生联系。此角色，可促使多语或跨语写作者更加关注凯洛斯那些难以预测但具有潜在能产性的喷发。这一角色潜藏着搁置对修辞策略的把握或对策略把握与否的未来判断,而倾向于在难以简化的复杂当下进行观察、组合与尝试。

参考文献

Aristophanes 1970 *Clouds*. K.J. Dover (trans.). Oxford: Oxford University Press.

Aristotle 2004 *Rhetoric*. W.R. Roberts (trans.). Mineola: Dover.

Baker, W. 2013 Interpreting the culture in intercultural rhetoric: a critical perspective from English as a lingua franca studies. In D. Belcher & G. Nelson (eds.), *Critical and Corpus-based Approaches to Intercultural Rhetoric*. Ann Arbor: University of Michigan: 22–45.

Baumlin, J. S. 2002 Ciceronian decorum and the temporalities of Renaissance rhetoric. In P. Sipiora & J. S. Baumlin (eds.), *Rhetoric and Kairos: Essays in History, Theory, and Praxis*. Albany: SUNY Press: 138–164.

Canagarajah, A. S. 2013 Negotiating translingual literacy: an enactment. *Research in the Teaching of English*, 48(1): 40–67.

Canagarajah, A. S. 2017 Translingual practice as spatial repertoires: expanding the paradigm beyond structuralist orientations. *Applied Linguistics*, 39(1): 31–54.

De Romilly, J. 1985 *A Short History of Greek Literature*. L. Doherty (trans.). Chicago: University of Chicago.

Dehghanpisheh, E. 1979 Bridging the gap between controlled and free composition: controlled rhetoric at the upper-intermediate level. *TESOL Quarterly*, 13(4): 509–519.

Donahue, C. 2016 The "trans" in transnational-translingual: rhetorical and linguistic flexibility as new norms. *Composition Studies*, 44(1): 147–150.

Donahue, C. 2018 Writing, English, and a translingual model for composition. In R. Malenczyk, S. Miller-Cochran, E. Wardle & K. B. Yancey (eds.). *Composition, Rhetoric and Disciplinarity*. Boulder, CO: University Press of Colorado: 206–224.

Ferris, D. R. & Hedgcock, J. S. 2014 *Teaching L2 Composition: Purpose, Process, and Practice* (3rd ed.). New York: Routledge.

Firth, A. 1990 "Lingua franca" negotiations: towards an interactional approach. *World Englishes*, 9(3): 269–280.

Firth, A. 1996 The discursive accomplishment of normality: on "lingua franca" English and conversation analysis. *Journal of Pragmatics*, 26: 237–259.

Firth, A. 2009 The lingua franca factor. *Intercultural Pragmatics*, 6(2): 147–170.

Firth, A. & Wagner, J. 2007 Second/foreign language learning as a social accomplishment: elaborations on a reconceptualized SLA. *Modern Language Journal*, 91: 800–819.

Harker, M. 2007 The ethics of argument: rereading kairos and making sense in a timely fashion. *College Composition and Communication*, 59(1): 77–97.

Hartshorn, K. J., Evans, N. W., Merrill, P. F., Sudweeks, R. R., Strong-Krause, D. & Anderson, N. J. 2010 Effects of dynamic corrective feedback on ESL writing accuracy. *TESOL Quarterly*, 44(1): 84–109.

Horner, B., Lu, M.-Z., Royster, J. J. & Trimbur, J. 2011 Opinion: language difference in writing: a translingual approach. *College English*, 73(3): 303–321.

Horner, B., NeCamp, S. & Donahue, C. 2011 Toward a multilingual composition scholarship: from English only to a translingual norm. *College Composition and Communication*, 63(2): 269–300.

Isocrates 2000 *Isocrates I*. D. C. Mirhady & Y. L. Too (trans.). Austin: University of Texas.

Jacobs, S. E. 1981 Rhetorical information as predication. *TESOL Quarterly*, 15(3): 237–249.

Jarratt, S. C. 1998 *Rereading the Sophists: Classical Rhetoric Refigured*. Carbondale: Southern Illinois University.

Johns, A. M. 1997 *Text, Role, and Context: Developing Academic Literacies*. New York: Cambridge.

Jordan, J. 2015 Material translingual ecologies. *College English*, 77(4): 364–382.

Kaplan, R. B. 1966 Cultural thought patterns in inter-cultural education. *Language Learning*, 16(1-2): 1-20.

Kaur, J. 2009 *English as a Lingua Franca: Co-constructing understanding*. Saarbrücken: VDM.

Kinneavy, J. L. 2002 Kairos in classical and modern rhetorical theory. In P. Sipiora & J. S. Baumlin (eds.), *Rhetoric and Kairos: Essays in History, Theory, and Praxis*. Albany: SUNY: 58-74.

Kinneavy, J. L. & Eskin, C. R. 2000 Kairos in Aristotle's Rhetoric. *Written Communication*, 17(3): 432-444.

LeMesurier, J. L. 2014 Somatic metaphors: embodied recognition of rhetorical opportunities. *Rhetoric Review*, 33(4): 362-380.

Leston, R. 2013 Unhinged: kairos and the invention of the untimely. *Atlantic Journal of Communication*, 21: 29-50.

Levi, D. 1924 The concept of kairos and the philosophy of Plato. *Rendiconti della Reale Accademia Nazionale dei Lincei Classe di Scienze Moralia RV*, 33: 93-118.

Li, X. M. 2008 From contrastive rhetoric to intercultural rhetoric: a search for collective identity. In U. Connor, E. Nagelhout & W. Rozycki (eds.), *Contrastive Rhetoric: Reaching to Intercultural Rhetoric*. Philadelphia, PA: John Benjamins: 11-24.

Lorimer Leonard, R. 2014 Multilingual writing as rhetorical attunement. *College English*, 76(3): 227-247.

Lu, M.-Z. & Horner, B. 2013 Translingual literacy, language difference, and matters of agency. *College English*, 75(6): 582-607.

Matsuda, P. K. & Atkinson, D. 2008 A conversation on contrastive rhetoric: Dwight Atkinson and Paul Kei Matsuda talk about issues, conceptualizations, and the future of contrastive rhetoric. In U. Connor, E. Nagelhout & W. Rozycki (eds.), *Contrastive Rhetoric: Reaching to Intercultural Rhetoric*. Philadelphia: John Benjamins: 277-298.

Peary, A. 2016 The role of mindfulness in kairos. *Rhetoric Review*, 35(1): 22–34.

Pennycook, A. 2010 *Language as a Local Practice*. London: Routledge.

Perl, S. 2004 *Felt Sense: Writing with the Body*. Boston: Heinemann.

Plato. 2009 *Protagoras*. C. C. W. Taylor (trans.). Oxford: Oxford University Press.

Ramage, J. D., Bean, J. C. & Johnson, J. 2015 *Writing Arguments: A Rhetoric with Readings* (9th ed.). New York: Pearson.

Rickert, T. J. 2013 *Ambient Rhetoric: The Attunements of Rhetorical Being*. Pittsburgh: University of Pittsburgh.

Rostagni, A. 2002 A new chapter in the history of rhetoric and sophistry. In P. Sipiora & J. S. Baumlin (eds.), *Rhetoric and Kairos: Essays in History, Theory, and Praxis*. Albany, NY: SUNY: 23–45.

Selinker, L., Todd-Trimble, M. & Trimble, L. 1978 Rhetorical function-shifts in EST discourse. *TESOL Quarterly*, 12(3): 311–320.

Sengupta, S. 1999 Rhetorical consciousness raising in the L2 reading classroom. *Journal of Second Language Writing*, 8(3): 291–319.

Short, B. C. 1989 The temporality of rhetoric. *Rhetoric Review*, 7(2): 367–379.

Sipiora, P. 2002 Introduction: the ancient concept of kairos. In P. Sipiora & J. S. Baumlin (eds.), *Rhetoric and Kairos: Essays in History, Theory, and Praxis*. Albany: SUNY: 1–22.

Smith, J. E. 2002 Time and qualitative time. In P. Sipiora & J. S. Baumlin (eds.), *Rhetoric and Kairos: Essays in History, Theory, and Praxis*. Albany: SUNY: 46–57.

Walters, S. 2014 *Rhetorical Touch: Disability, Identification, Haptics*. Columbia: University of South Carolina.

White, E. C. 1987 *Kaironomia: On the Will to Invent*. Ithaca: Cornell.

Future Perfect Tense:
Kairos as a Heuristic for Reconciliation

Jay Jordan

Abstract: Rhetoric has a long and storied history in second language writing. While not as explicitly apparent in scholarship on translingual composition, rhetoric is no less present there. Absent from both streams, however, is the rhetorical concept of *kairos*, even though it seems highly relevant. Kairos is often taught as the opportune time at which a rhetor masters a specific opportunity. But there are definitions of kairos that suspend it between the goal of timely rhetorical mastery on one hand and sensitivity, if not susceptibility, to rhetoric's immediacy, spontaneity, and potentiality on the other. I argue that kairos provides an opportunity to reconcile L2 and translingual composition by shifting scholarly and pedagogical focus from mastery to kairos' invocation of the "composing present," in which a rhetor's language background and resources interanimate with other factors that require attention and reattunement.

Keywords: Kairos, attunement, L2 writing, second language writing, translingual

(原载于《当代修辞学》2021 年第 4 期)

修辞与人工智能[*]
——教育学与语言学论辩理论中的形式对话模型

道格拉斯·沃尔顿

(加拿大温莎大学推理、论辩与修辞研究中心)

俞米微[1]　詹宏伟[2]　译

(1. 台州学院外国语学院；2. 杭州师范大学外国语学院)

提　要　本文概述目前在人工智能和论辩理论中使用的形式对话系统，与将该对话系统应用于一些教育学中尤为重要的对话类型，并比较了说服对话与审议对话，简要解释和讨论了在形式对话系统中如何定义关联的基本问题。

关键词　对话类型　论辩　课堂话语序列　辩证关联

一、论辩理论中的形式对话系统

论辩理论是一个国际性、跨学科的话题，包含了具有丰富学术背景和方法的推理、自然推论和说服方法等方面的学术贡献，如：言语交际、古典和现代修辞学、语言学、语篇分析、语用学、心理学、哲学、教育学、形式和非形式逻辑学、法学、计算机科学，尤其是人工智能和多主体系统。论辩理论关注了多个层面的话题，从哲学话题、理论话题、分析话题到经验话题和实践话题。在过去的20年里，计算机支持的论辩理论系统被广泛关注(Scheuer, et al. 2010)，该系统目前在法学、教育学、形式推理和合作讨论中占据重要地位(Rosenfeld & Kraus 2015: 4)。

首先，我们需要区分推理和论辩。推理(reasoning)是由一些命题推导出另一

---

[*] 作者简介：道格拉斯·沃尔顿(Douglas Walton, 1942—2020)，加拿大著名哲学家和论辩理论家，加拿大温莎大学推理、论辩与修辞研究中心特聘研究员，美国西北大学、亚利桑那大学和瑞士卢加诺大学客座教授。研究涉及面广泛，包括"新辩证论辩理论"、谬误理论、论证型式理论、论辩与修辞、人工智能与法律论辩等。

些命题的一系列推论,这一系列的推论构成了一个推理链。推论(inference)是利用推导、规则或概括从其他命题中提炼出(提取出)一个命题。推理最好用有向图进行可视化表示,有向图的节点代表命题,连接节点的边代表推论(Walton 1990)。

与推理和推论不同,论辩是一个框架,在这个框架中,辩手们(agents)从实际目标出发,在对话结构中使用推理(Walton 1990)。对话是一种以目标为导向的谈话,谈话中两个或多个理性的辩手一起进行论辩(Walton & Krabbe 1995),辩手通过开展各种在语步(moves)中发生的言语行为来进行交流,例如使用编码的言语行为来提出行动的建议。在计算模型的论辩理论中,对话的形式模型为一个有序的三元组 {O, A, C},其中任何特定的论辩序列都被建模为三个阶段:第一阶段是启动阶段,表述问题;第二阶段是论辩阶段,参与者提出赞成或反对的论点;第三阶段是终结阶段,讨论结束。目前公认的基本对话有七种类型,见下表。

形式对话系统规定诸如言语行为的先决条件和效果,包括它们对参与者承诺的影响,以及终止对话和决定对话结果的标准。形式对话系统通过规范的程序规则来控制这一切,从而使相互矛盾的观点能够以一种既公平又有效的方式得以有效处理。对话规则(亦称"规约")规定了每个阶段被允许的行为类型。常见的对话类型学(Walton 2013:9)列出了七个基本对话规范模型的特征和目标:

类型学中的七种基本对话类型

类型	初始情况	参与者目标	对话目标
说服	意见冲突	说服对方	解决或澄清问题
探究	需要证据	发现和核实证据	证明(反驳)假设
发现	寻找解释	寻找合适的假设	发现最佳假设
谈判(商议)	利益冲突	获得自己最想要的	合理解决
信息咨询	需要信息	获取或提供信息	交换信息
审议	现实选择	协调目标/行动	决定最佳行动
争论	个人冲突	猛烈抨击对手	揭示更深层次冲突

二、探究对话

探究对话的论辩模型建立在知识概念证据列表的基础上,该模型采用有限程序理性的观点来表示过程结构,论辩被用来证明或驳斥某一主张,这一主张是命题应具有的知识状态。该模型的两个重要要素是:1)该过程既使用支持某主张的证据又使用反对该主张的证据;2)该模型的基础是推理的可废止规则。在模型中,一个命题可以归类为"明知"当且仅当:1)它已在被称为"探究"的调查程序中得到证明;2)符合"探究"的证明标准;3)基于在"探究"期间整理的证据;4)使用"探究"中可接受的证据类型。

三、说服对话与审议对话

说服对话有四个必要条件:第一,有两个参与者(最简单的情况是两个);第二,在启动阶段设定的问题,一直到终结阶段都是固定的;第三,该问题既可以是真的亦可以是假的命题,一方坚持它是真的(假的),而另一方持相反观点;第四,双方都将对方的承诺作为论辩的前提,目的是让对方自愿地接受自己的论点。说服对话有必要与审议对话作一个比较。

尽管日常用语中"审议"一词可以指在预期行动之前或持续进行的任何涉及某种思维过程的活动,该词现在计算机科学中由 MHP 模型对其赋予了技术含义(McBurney, et al. 2007)。"审议"是一种具有三个阶段的对话类型:启动阶段、论辩阶段和终结阶段。在启动阶段,要作出选择的问题会被确定下来。论辩阶段涵盖四个不同的时间阶段:在第一个时间阶段内,辩手寻求关于要作出决定的问题的信息;在第二个时间阶段内,辩手提出建议,为审议对话中要解决的问题提供潜在的解决方案;在第三个时间阶段内,辩手考虑并修改已提出的建议;在第四个时间阶段内,辩手推荐一个作为最适合解决问题或根据已收集和评估的信息有助于做出最佳决策的建议。对话的第三阶段即终结阶段,辩手根据收集的证据和论辩阶段提出的建议,就采取何种行动达成一致。Walton, Toniolo & Norman (2016)扩展了 MHP 模型,增加了一个开放的知识库,允许参与者引入有关影响审议的情况变化的证据并付诸行动。举个例子(Atkinson, Bench-Capon, Walton 2013)有助于理解说服对话和审议对话之间的区别。假设一些会议参与者决定要在一天工作结束时去哪里吃饭,一个参与者试图说服其他人在某个餐厅吃晚餐,因为那里不仅有美味的食物,而且离得很近。另一个人说也不是那么近,并指着手机上的地图,上面显示了从当前位置到餐厅的距离。小组刚开始进行的是审议对话,试图找出最适合他们去共进晚餐的餐厅。然后变成了说服对话,最后甚至变成信息咨询对话。在信息咨询对话中,一名参与者的手机发挥了作用。

正如马克·费尔顿(Mark Felton)等人在论文中所指出的,在教育领域的一系列实验表明,与说服对话相比,审议对话能使青少年产生更强的学习结果和推理结果。造成这一结果的原因之一是:作为对话模式的审议对话是一个合作框架,参与者必须共同努力,找出如何最好地向前推进的方法来解决问题或作出决定。相反,说服对话本质上是一种对抗性的环境,其中一方试图通过建立更有力的论点来击败另一方。因此,审议对话往往促进寻求共识,而不是竞争。

四、教育学中的辩证论辩理论

形式模型可以有多种用途,但在最近的论辩理论研究中,最突出的一个是将该模型应用于自然语言语篇中的文本(通常为短跨度)。根据证据来确定文本中发现的论辩是如何符合模型规范,为何符合模型规范,是否与模型规范相冲突,抑或是背离模型规范。这些规范基本上规定了对话中的某些话语是否是一种可接受的语步(论辩),以及它如何与交际的抽象模型规范相吻合。通过将形式模型应用于语言数据,可以对其进行测试和改进。

教育领域是论辩理论的一个重要应用领域,因为它提供了课堂话语序列的真实案例,可以使用论辩理论和论辩工具进行研究,从而为改进这些工具提供数据库和试验场。由 Rapanta & Christodoulou 撰写的论文将辩证论辩应用到师生互动中,这一互动体现在 20 份谈话记录中,这些谈话记录显示了中学科学课(包括社会科学课)中的论辩特点。该文以一套有意义的对话互动的认知标准作为框架指标,揭示了师生对话中论辩的一些关键特征,以此来解释和提炼课堂话语论辩的四种对话类型——信息咨询对话、探究对话、发现对话和说服对话的特征。在论文中,Marina Martins & Rosária Justi 调查了学生论辩推理的分析与他们在社会科学论辩中表达的对科学本质的看法之间的关系。通过构建学生对话文本中课堂话语序列的语用结构表征,他们开发了基于沃尔顿形式对话结构理论的分析框架。通过运用论辩理论研究这个案例数据库,能更好地理解学生在教育环境中的论辩推理。

五、辩 证 关 联

关联概念在许多领域都是一个有争议且定义不清的术语,目前对论辩理论的研究仅限于通过收集和分析自然语言论辩中相关或不相关的论辩案例来帮助完善当前的关联理论。关联是哲学(Grice 1975)、认知科学(Giora 1985,1997; Sperber & Wilson 1995)和教育学(Felton, et al. 2009; Macagno 2018; Macagno, et al. 2015; Nussbaum & Edwards 2011; Rapanta, et al. 2013)等学科的核心概念。法布里齐奥·马卡尼奥(Fabrizio Macagno)的论文使用语用框架辩证地分析了关联,其中对话行为被建模为追求共同对话目标的手段。此框架提出了五个关联标准,用于指导区分以言语行为形式出现的相关和无关行为,如提出论证或提问。Walton(2004)以语用方式定义论辩的辩证关联:当且仅当论辩是一个适当的行为,或多主体对话中使用的相关行为序列的一部分时,论辩才是辩证相关的,其中每一个举动都应该有助于实现对话目标。确保每个人在对话中都保持关联可以缩短对话过程,从而使对话能够更快地获得富有成效的结果。Walton(2004)以语用方式定义论辩的辩证关联:当且仅当论辩构成了一个适当的行为,或多主体对话中使用的相关行为序列的一部分时,论辩才是辩证相关的,其中每一个举动都应该有助于实现对话目标。

当前论辩理论对关联采用的辩证方法使用的论证型式(argumentation schemes)和对话结构,受益于人工智能领域的近期研究工作。Macagno(2018)认为,关联的评估取决于论证型式和隐含前提,这些型式和前提用于构成一系列论辩,将对话中的一个行为与另一个行为联系起来。在这种方法中,人工智能的论辩工具被应用于一系列说明性例子,目的是形成一个平台,在这个平台上可以测试各种相关因素,以研究对话中的论辩质量。

参考文献

Atkinson, K., Bench-Capon, T. & Walton, D. 2013 Distinctive features of persuasion and deliberation dialogues. *Argument and Computation*, 4(2): 105–127.

Felton, M., Garcia-Mila, M. & Gilabert, S. 2009 Deliberation versus dispute: the impact of argumentative discourse goals on learning and reasoning in the science classroom. *Informal Logic*, 29(4): 417–446.

Giora, R. 1985 Notes towards a theory of text coherence. *Poetics Today*, 6(4): 699–715.

Giora, R. 1997 Discourse coherence and theory of relevance: Stumbling blocks in search of a unified theory. *Journal of Pragmatics*, 27(1): 17–34.

Grice, P. 1975 Logic and conversation. In P. Cole, & J. Morgan (eds.). *Syntax and Semantics 3: Speech Acts*. New York: Academic Press: 41–58.

Macagno, F. 2018. Assessing relevance. *Lingua*, 210: 42–64.

Macagno, F., Mayweg-Paus, E. & Kuhn, D. 2015 Argumentation theory in education studies: soding and improving students' argumentative strategies. *Topoi*, 34(2): 523–537.

McBurney, P., Hitchcock, D. & Parsons, S. 2007 The eightfold way of deliberation dialogue. *International Journal of Intelligent Systems*, 22(1): 95–132.

Nussbaum, M. & Edwards, O. V. 2011 Critical questions and argument stratagems: a framework for enhancing and analyzing students' reasoning practices. *Journal of the Learning Sciences*, 20(3): 443–488.

Rapanta, C., Garcia-Mila, M. & Gilabert, S. 2013 What is meant by argumentative competence? An integrative review of methods of analysis and assessment in education. *Review of Educational Research*, 83(4): 483–520.

Rosenfeld, A. & Kraus, S. 2015 Providing arguments in discussions on the basis of the prediction of human argumentative behavior. *ACM Transactions on Interactive Intelligent Systems*, 9(4): 1–12.

Scheuer, O., Loll, F., Pinkwart, N. & McLaren, B. M. 2010 Computer-supported argumentation: a review of the state of the art. *International Journal of Computer-Supported Collaborative Learning*, 5(1): 43–102.

Sperber, D. & Wilson, D. 1995 *Relevance: Communication and Cognition*. Oxford: Blackwell.

Walton, D. 1990 What is reasoning? What is an argument? *Journal of Philosophy*, 87: 399–419.

Walton, D. 2004 *Relevance in Argumentation*. Mahwah: Erlbaum.

Walton, D. 2013 *Methods of Argumentation*. Cambridge: Cambridge University Press.

Walton, D. & Krabbe, E. 1995 *Commitment in Dialogue*. Albany: State University of New York Press.

Walton, D., Toniolo, A. & Norman, T. J. 2016 Towards a richer model of deliberation dialogue: closure problem and change of circumstances. *Argument and Computation*, 7: 155–173.

Formal Dialogue Models for Argumentation in Education and Linguistics

Douglas Walton

Abstract: This paper offers a very short introduction to formal dialogue systems of the kind currently used in artificial intelligence and argumentation theory and applies them to some types of dialogue that are especially important in education. Persuasion dialogue is contrasted with deliberation dialogue. The fundamental problem of how to define relevance in such systems is briefly explained and discussed.

Keywords: types of dialogue, argumentation, classroom discourse sequences, dialectical relevance

(原载于《当代修辞学》2022 年第 4 期)

风格研究

风格与效果*
——论辩模式与方式的联动

克里斯托弗·W. 廷德尔

（加拿大温莎大学哲学系）

陈小慰 译

（福州大学外国语学院）

提　要　众所周知，对风格进行定义难乎其难，在现代理论家眼中尤其如此。本文旨在说明，探讨风格至少可以从一个途径入手，也即将风格的一部分视为言说者或作者为适应特定论辩模式，对修辞策略进行调整的方式，同时也是针对该论辩模式最有效的策略方式。为了证明这一论点，本文选取古今两个案例分别进行了探讨。古典案例为柏拉图的"对话式风格"，当代案例则为唐纳德·特朗普的"极简主义风格"。分析表明，两种针对特定论辩模式所选择的论辩方式均有助于促进说话人实现论辩目标。

关键词　论辩　对话风格　对话　极简主义风格　柏拉图　重复　修辞策略

一、引　言

风格扑朔迷离，难以追踪也无法定义，任凭我们付出多大努力也是枉然。风

---

* 作者简介：克里斯托弗·W. 廷德尔（Christopher W. Tindale），加拿大温莎大学哲学系教授，推理、论辩与修辞研究中心主任，著有《论辩哲学与受众接受》（The Philosophy of Argument and Audience-Reception 2015）、《论辩研究的人类学视角》（The Anthropology of Argument: Cultural Foundations of Rhetoric and Reason 2021）等。

格总是远离我们,逃脱我们的把控。温森蒂·卢托斯拉夫斯基(Lutoslawski 1897)在就柏拉图的对话进行文体学分析的研究中发现,由于风格的方方面面并非仅体现在用词上,因此,对它开展研究绝非轻易之事。如其所言,"多数读者认为风格无法定义"。为了反驳这一观点,他曾力图识别风格的几种基本标志(词语选择除外),并得出以下结论。

风格的基本标志包括:句子长度、结构和相互依赖性;选词组合方式中刻意或自然产生的韵律和节奏;重复或排除某些语音效果,例如,避免语流间断或某些音节与相同的元音或辅音重复使用等;偏好某些音节;使用引语和谚语;使用修辞比喻的频率较高等等(Lutoslawski 1897: 71-72)。这份结论清单显然颇令作者劳心费神。虽然称不上详尽无遗,却足以表明风格问题的复杂性。对于风格问题,现代学者中有深入研究的当属范·埃默伦(Eemeren 2019),他十分关注论辩过程中风格所起的作用。在他看来,"'风格'是一个难以捉摸的概念",并引用凯蒂·威尔士(Katie Wales)在其《文体学词典》(*A Dictionary of Stylistics* 1991)中的说法,认为风格包括"写作和言说的表达方式"。这一见解与卢托斯拉夫斯基等人的观点唱和呼应。所谓"表达方式",就是我们表达自己的方式,但它应该是怎样一种"方式",则需要根据我们说话、写作和辩论时所做的选择来加以判断。本文关注的就是一种特定选择——表达模式。

作者的个人风格,无论归于哪一种,都可以通过文本构建的各种方式来加以捕捉,风格往往深入反映在表达手段的使用当中。好比一篇将要发表的演讲,文本是用来阅读的还是收听的或许至关重要,但不论是哪种情况,只要作品能够处于作者自己的掌控之下,他们总是会想方设法让自己说的话被受众接受。因此,毫无疑问,他们同样也会对受众予以关注。事实上,对于像柏拉图这样的古代作家来说,受众问题根本就是决定写作的第一要素,然后才有撰写对话的过程。柏拉图为我们提供了一种我称之为"对话式风格"的形式,而对话这种形式使其具有某些我认为不宜在其他类型的话语中使用的手段。

一旦从以上角度展开思考,便意味着开始将风格这一概念与用来表达自己想法的论辩模式联动契合。为了说明这一点,我将探讨两个案例,一个古代案例,一个当代案例。首先我将讨论柏拉图的"对话式风格"。这里,我们看到对话是其话语的呈现类型,这一类型邀请(鼓励、促使)言说者使用某些在其他类型中无法使用的风格策略。因此,柏拉图的风格成为形式与内容的结合。当代案例我选用了唐纳德·特朗普的"极简主义风格"。他为自己的论辩式交流选择了一种媒介,这种媒介由推特平台和媒体混战中的"话语片段"等要素把控,多见简短、单一的短句,往往邀请(鼓励,促使)说话人使用富于节奏感的重复风格,对吸引受众的注意力似乎尤其见效,进而令人难忘。毕竟出色的风格有助于记忆。

二、论辩风格

认为风格就是从修辞角度把形式和内容及论辩模式结合在一起的看法,与范·埃默伦理解风格的路径可谓南辕北辙。对他来说,"风格是一种概念,指做某事或处理某事的特定方式"(Eemeren 2019: 163)。他认为,在语言学界,风格"只具有极其有限的含义,通常指语言使用的特定方式,这也是修辞视角对风格认定的含义"①。与之相反,"运用某种论辩风格意味着在更广泛的意义上赋予某人的论辩行为以某种特殊形态"。这里有两点值得关注:第一点是对修辞学视角颇为传统的看法,这种看法将形式与内容分离和割裂开来。这是修辞推理与辩证推理分离后相关讨论的特点(Peter Ramus 的研究在其中发挥了部分作用),而当代修辞视角不再将二者相分离。第二点与范·埃默伦用来描述风格的隐喻相关:"*论辩行为的某种特殊形态*"(斜体为笔者所加)。"形态"的隐喻可以给我们不计其数的启发和联想,有些甚至可能事与愿违,适得其反(在此意义上,希望这个隐喻能够明白晓畅而非隐蔽晦涩)。这是一个能够引发许多想法的词语:可以是一个轮廓、某个事物的恰当形式、某种伪装、某事存在的条件(属于评价性判断),还可以是许多别的东西。鉴于范·埃默伦希望在形式和内容相分离的习惯认识中进行调和并恢复其内容实质,采用一个突出形式的隐喻或许不是上佳选择②。

尽管如此,范·埃默伦的努力仍为人们进一步开展相关研究提供了重要方向。他的兴趣所在是语用-辩证论辩理论标准版视域下开展论辩话语的特殊方式,该理论版本的目标为消除意见的分歧。因此,他(Eemeren 2019: 165)将风格与三类选

---

① 即便如此,相关担忧通过采用某些途径有望排解。例如,尽管法内斯托克(Fahnestock 2021)承认只关注语言会导致选择性偏见,但建议使用修辞理论中的相关概念来避免这一结果。
② 此处体现了廷德尔与范·埃默伦两人对论辩风格持有的不同观点,可同为我国学者参考。——译者注

择相联系:"在论辩话语中运用某种论辩风格,意味着为以下几方面选择提供某种特殊形态:一是论辩行为的论题选择;二是使这些论辩行为与受众需求相适应的选择;三是开展论辩行为所需表达手段的选择。"在该文和另一文(2021)中,范·埃默伦确定了论辩风格的三个维度,以匹配机变策略的三个"方面"(Eemeren 2010),即:话题潜能、受众需求、表达手段。当然,他强调的重点是辩证。而我探讨论辩模式与方式契合联动的风格途径与范·埃默伦的许多观点相类似(尤其是受众需求和表达手段),只是在这一过程中,我强调的重点是修辞。

三、柏拉图的对话式风格

亚里士多德对风格给予高度赞扬,指出"好的修辞风格既不谦卑也不浮夸,而是恰到好处"①(Rhetoric 1040b3)。这一风格类型的划分,如低贱谦卑、宏大壮丽、恰如其分等,通常可追溯至《修辞学》,或许还包括西塞罗的著作。但将其明确提出却是在亚里士多德的《修辞学》一书,他同时还倡导宣扬了不偏不倚、恰到好处的风格,这一点毫不为怪。当然,问题是"针对什么而言恰到好处"?其中一个答案是针对论辩模式。在这方面,一个值得探讨的案例是,亚里士多德的前辈选择了以对话的形式来表达自己的观点,并间接地为某些立场进行论辩。从中我们看到一种娴熟的修辞能力,似乎与柏拉图、与修辞学的传统理解自相矛盾。但是,正如韦恩·布斯(Wayne C. Booth 2004: 503)所言:"柏拉图是有史以来最伟大的修辞学家之一,尽管他⋯⋯会对自己被贴上这一标签勃然大怒。"对上述判断的前半部分我深表同意,但对后半部分却不敢苟同,因为我认为柏拉图会欣然接受自己作为一个修辞学家的成就,尽管我不能在此为这一论点辩护②。

对柏拉图来说,之所以采用对话式风格,部分原因是他认识到不同听众的需求。他经常同时在几类受众中反复平衡:包括柏拉图的代言人(通常为苏格拉底)面对的直接听众,他们通常代表年轻的哲学家;柏拉图与他们格格不入(如高尔吉斯、普罗泰戈拉或荷马),经常挑战他们的思想;另外就是阅读文本的广大受众。在柏拉图那个时代,他当然无法想象会有我们这些今天的读者,因此,这里所说的广大受众应该

---

① 这里使用的是 Robin Waterfield (2018) 的最新译文。
② 见 Tindale (2021)。

是由与他同时代的雅典人和其他希腊人构成,他们背景不同,各具禀赋。这是此类受众的群体特征。由于文本的对话性质,参与者是说话对象,我们可以在文本中识别出某一类受众,另外也有可能看到针对不同类型的受众,可以采取哪些不同策略。例如,我们看到,根据不同类型的预期受众需求,将论辩与神话相结合等。我只能在这里略为说明。但首先会需要简要介绍柏拉图为苏格拉底所作的早期对话录《苏格拉底自辩篇》的内容,然后将更多笔墨放在他如何利用对话的形式,将沉默作为一种修辞策略。柏拉图对苏格拉底的辩护,其实是一场审判演说,而不是对话。但作为庭审演说,它模仿了高尔吉亚的《帕拉墨得斯的辩护》,因此在本质上具有高度修辞性。然而,《自辩篇》中有一节是苏格拉底和他的原告墨勒图斯之间一段清晰的对话。柏拉图利用这一点来引入特定的修辞元素,从而体现他的对话式风格。这方面涉及到呼语辞格的使用,说话者从一个听众"转向"另一个听众。或者更确切地说,用实际针对另一些听众的观点向当下听众说话。在审判演说中,被告可以通过回应原告来对法官进行回应。

与此相关的,我们可以看到,例如,审判演说中的一个常用策略是被告将指控转回到原告身上,用类似的言辞对其反诉。在《苏格拉底自辩篇》中,苏格拉底很快将罪责转回到墨勒图斯身上:"他说我腐蚀年轻人的心灵而犯下不公不义之罪。可我,作为雅典人,要回答说,是墨勒图斯在严肃的事情上胡作非为,轻举妄动地把人带到法庭上,并对他从未关心过的事情佯装认真关注。"(24c)当然,以反诉来回应指控可能会被判定为错误的举动,混淆视听,把注意力引向别处。但这里的重点是识别柏拉图的修辞风格特征,而并非对其特性做出判断。

呼语的使用是庭辩修辞的一种常见策略,在古希腊阿提卡演说家中颇为盛行(Usher 2010: 352)。呼语辞格可以十分简单的方式出现,好比苏格拉底质问墨勒图斯:"你就那样蔑视陪审团吗?"(26d)或对原告进行更深一步的追问。苏格拉底总是先面对陪审团讲话,然后转向质问墨勒图斯,从而向陪审团说明原告不可信赖,毫无说服力。例如,在成功使墨勒图斯就苏格拉底对神的信仰方面产生矛盾说法的基础上,苏格拉底在不同的听众之间轮番切换:"请与我一起判断,先生们,为什么我感觉他说的是这个意思。请你,墨勒图斯,给我们回答。"(《自辩篇》27a)

斯蒂芬·厄舍(Stephen Usher)认为,呼语可以引发愤慨情绪,令人发怒(Usher 2010: 352),因此常被用来刺激情绪反应。在与墨勒图斯的对话当中,我们显然看到了愤怒。在苏格拉底自辩篇中的其他地方,我们也一样明显看到了对情感因素的运用。比如,柏拉图采用"略而不提"①的辞格手法就是一个典型例证:被告在辩护的过程中通常会做出情绪化的抗辩,提到其受抚养人;有些时候,他们可能会一边执意避而不谈,同时又提请人们注意相关事实。这正是苏格拉底结束自辩时的做法,但他同时还增加了一个预期,即陪审团的某个成员可能会对他没有援引家人的事实感到不满:"也许当陪审员提出这一比较轻微的指控时,他会泪流满面,主动恳求陪审员,并带来他的孩子及众多亲戚朋友,以便尽可能引起同情。"(《自辩篇》34b—c)审判过程中这种情况司空见惯。但是,苏格拉底继续说道:"我不会做这些事,即便我面对的可能是极其危险的境地……我亲戚不少,也有儿子,三个都是雅典人,一个已长大成人,另外两个还是孩子。尽管如此,我不会把他们中的任何一个带到这里,恳求你们投票支持我无罪释放。"(34c—d)这个辞格的习见内涵和用法是,说话人一方面声称他不会做某事,但另一方面在声称的过程中,说话人实际上已经在实施此事。这里,苏格拉底慷慨提供了自己三个儿子的细节,有效地将其带入受众的脑海当中,使他们"看到"了苏格拉底说他不会呈现的东西。并且通过让受众亲眼目睹这一切,话语所呈现的景观会更加有效,虽然这一说法存在质疑。

那么,这些可以通过非对话的方式实现吗?我认为,起码不会那么有效。接下来的例子会更清楚地说明这一点——柏拉图对沉默的使用。柏拉图用沉默的方式来暗示文本中没有明确提供的答案,这是我的兴趣所在。为此举两个例子:

在柏拉图早期的对话录《吕西斯篇》中,苏格拉底与两位年轻友人吕西斯(Lysis)和美涅克塞努(Menexenus)通过对话,探讨友谊的本质。在后人看来,这部对话录本身自相矛盾,容易造成认知困惑②,也就是说,人们认为对话没有达到目的——没能回答友谊的本质是什么问题。然而就对话这一行为本身而言,吕西斯却通过静默不语,充分诠释了何为友谊,虽然他有许多机会开口说话。

例如对话中有这么一个情形,美涅克塞努被人叫走。在他离开期间,苏格拉底引导吕西斯发现了自己的问题所在:他对自以为知的事物实际上一无所知,这让他感到羞愧难当。接着,美涅克塞努回来了。在随后的讨论中,苏格拉底带领两位年轻人有了同样的发现。两位小伙子的反应或赞同或怀疑,但大多时候是相一致的。

---

① 原文为 praeteritio,古希腊修辞术语,指通过有意忽略某一点来引起关注的论辩策略。——译者注
② 原文为 aporetic,古希腊修辞术语,指未能发现旨在寻找的东西,疑难性,悖论。——译者注

但是,当苏格拉底提出,如果某人在某些方面不属于另一个人,那么,他就不会对另一个人有所欲求,不会渴望成为他的朋友(这是吕西斯之前所持的错误观点)。对此,美涅克塞努表示坚决同意,而"吕西斯则沉默不语"(《吕西斯篇》222a)。这里的沉默不语(sigae)有一种"保守秘密"的意味,暗示了吕西斯更深层次的反应。他有话要说,却刻意缄口。在我看来,他似乎预见到了讨论的方向和未来,但他没有直言不讳,阻止美涅克塞努的错误,而是允许他继续畅所欲言。在柏拉图笔下,这一沉默作为一个明显的突出标记,吸引读者对其加以关注。在关于友谊的概念中,有一种是做朋友的看到另一方正在经历痛苦或即将犯错时,他可能会直言相告。但我们这里揭示的概念却是,朋友的沉默尽管可能十分痛苦,却是为了让另一方自己去发现,自我感悟。吕西斯的沉默是他采取的一种行动,不去干涉发生在墨涅塞诺斯身上的事情。他之所以陷于沉默,是为了让美涅克塞努能够独立与苏格拉底继续保持对话,听他做出结论。这么做恰恰表明他是一个朋友,并清楚什么是友谊的真正含义。

第二个例子就没有那么显而易见。它涉及文本中陈述的内容,来自《巴门尼德篇》——柏拉图对话录比较晚期的一篇——以及巴门尼德与年轻的苏格拉底之间在开头部分的对话。这段对话给批评家们造成了诸多困扰,因为柏拉图本人对其理型理论的批判可谓严格缜密,不容争辩。但是,柏拉图却在其晚期对话录中(在《巴门尼德篇》日期之后,这一点令人关注)继续坚持这个理论,这表明他并不认为自己之前的批判具有定论性,而是设法进一步阐释他在《巴门尼德篇》中所提的论点。对此我们应该如何理解呢?

一次,巴门尼德问苏格拉底是否相信同一事物可以同时存在于一个和许多事物中。苏格拉底说他的确这么认为,接下来是这样的对话:

有什么能阻止它成为一个整体呢?苏格拉底说。

巴门尼德:是这样,作为同一的事物,它将同时作为一个整体,存在于许多独立的事物当中;这样它便与自身分离。

苏格拉底:不对,不会的。就好比同一个日子可以同时存在于许多地方,但并不与自身分离。如果是这样,那么每一种形式都可能同时以同一种形式存在。

巴门尼德:苏格拉底,你把同一件东西同时出现在许多地方说得再清楚不过了!这就好比你要用一张船帆盖住许多人,然后说某件事作为一个整体,可以覆盖许多事情。这难道不是你想说的吗？

　　苏格拉底：或许吧。(《巴门尼德篇》130 e—131 c)

　　这一对话的关键之处在于苏格拉底用某个日子做比，回应对方的重大挑战("所以，作为同一的事物，它将同时作为一个整体，存在于许多独立的事物当中；这样它便与自身分离")。他认为，这是一种同时可以出现在许多地方的事物。

　　巴门尼德对苏格拉底关于日子隐喻的回应，是把话题转移到一个截然不同的物理类比范畴，用以解释形式与参与其中的事物的相互关系："这就好比你要用一张船帆覆盖住许多人，然后说某件事作为一个整体，可以覆盖许多事物。"苏格拉底对此的回答迟疑不定："或许吧。"这里我们可以观察到一位哲学新秀(苏格拉底)在被一位卓有建树的哲学家(巴门尼德)的权威解除武装的对话中所发生的动态变化。然而某个日子和一张船帆在本质上完全不同。巴门尼德从一个事物到另一个事物的转移，强化了他关于一与多之间关系的物理概念。如果一张船帆覆盖在几个人头上，每个人的确都在船帆的某一部分之下，这点难以质疑。但巴门尼德在这样一个转移当中，却并未实际针对苏格拉底提出的类比做出回应，而这个类比明显更有价值。在某种程度上，说一个日子的一部分属于某一个人，而另一部分属于另一个人似乎是荒谬的，因为日子是一个更加抽象的概念。此外，它与光亮有关，无论是太阳光本身还是从火中取光(用来揭示洞穴中的人类)，在一系列柏拉图式的类似指称中明显占有一席之地。需要研究的正是这个类比，而正是在这一点上，文本保持了沉默。苏格拉底资历不够，无法执意坚持他的比喻应该得到回应，所以讨论完全进入了另一条轨道。事实上，正是苏格拉底对上述类比转换的被动反应，以及因此而未予明说的内容，使得随后的讨论走上了一条不利于理型论的道路。然而，苏格拉底的沉默也暗示了一条不同的道路，产生了不同的后果。

　　以上采取的路径保留了形式与特殊之间关系的"物理"概念。接下来对"大性"(largeness)的批评证实了这一点。但没有走的路却因其缺席而充满了暗示，柏拉图肯定希望细心的读者能够观察到从日子到船帆的改变，并希望了解苏格拉底这么做的个中缘由。当然，或许这也可以视作为一种邀请，让读者自己去追寻那条道路。这是一种特殊类型的误导，引起人们对其本身加以注意，并邀请我们对其加以审视。

如果我的推断无误，那么，这里显然采用了一个策略，我们应该考虑这个策略有什么价值。作为一种修辞策略，"沉默"的好处在于不让读者被动回应。当一个受众（巴门尼德）消失走开，另一个受众（读者）便欣然登场。这类听众参与到文本中来，向它发出询问，以辨别可用的意义。柏拉图的对话常被认为是"邀请式的"，除了早期对话录通常带有结果与动机自相矛盾、疑难重重的特点外，保留观点的总体倾向以及对读者提出具体要求的做法，说明了邀请我们进入的方式。

无论柏拉图采用对话模式的原因是什么，这种选择使采用沉默策略成为可能（甚至是鼓励这么做），而这种策略在其他模式下不会有效（即便存在）。这并非说策略决定了形式，但它表明柏拉图是有备而来，充分利用了对话这一模式的修辞可能性。在这么做的过程当中，他将自己的论辩方式与所选择的媒介契合联动，展现出一种"对话式风格"。

四、特朗普的极简主义风格

王亚勤、刘海涛（Wang & Liu 2018）曾经对2016年美国大选期间唐纳德·特朗普的文体修辞进行过研究。研究中，他们特别关注了特朗普的竞选演说。这很有趣，可以引发人们对许多问题加以关注。但这个研究也面对一些不同观点，即竞选演讲并不总是由发表演讲的人亲自撰写（对此他们表示同意）。当然，就特朗普而言，很难相信他不会对自己的言论拥有最终发言权，但竞选演说必须符合竞选演讲的文本类别惯例。当我们转向特朗普在推特上进行的论辩活动及其在媒体吹风会上的即兴回应时，我们看到了一位修辞者，他在自己选择的领域中展现了自己的相关风格特征。

唐纳德·特朗普总统特别擅长运用重复修辞风格，这与他偏爱的论辩模式——推特文本十分契合适应。该平台的限制之一是任何"推文"不得超过280个字符。字数要求很少，却似乎与特朗普对意合辞格的偏爱完美契合。意合是指短小、简单的独立排列句，经常不使用 and 等连接词①。正如马克·汤普森（Thompson 2016: 71）在其政治语言的研究中观察到的那样："特朗普的意合风格

---

① Eric Havelock（1967: 183）认为，意合是一种风格上的标志性特点，它将口头传统的史诗（如荷马史诗等）与后来的书面演讲区分开来。意合更适合口头传统的史诗。

几乎是无限可压缩的,正如他对推特的微修辞世界的本能把握所显示的那样。"特朗普在这个平台上的经历和体验对大众产生了影响,使许多人爱上了他所使用的话语类型,即将其与采访和临时记者招待会所鼓励的简短"声音片段"以及在他掌控之下的推特信息相联动。

与其意合分句并驾齐驱的,还有显而易见的重复用法。将这两种策略结合起来,我们可以了解特朗普对其受众的态度。事实上,王亚勤和刘海涛(2018)的研究显示,特朗普的阅读水平接近五年级的教育水平。这种水平当然很低。大家可以思考以下例子:在谈到新冠病毒时,总统说:"这是一种流感。就像流感一样。有点像我们打流感疫苗的普通流感。基本上用不了多久,我们就能接种对付这种流感的疫苗。"(2020年2月26日)"流感"(flu)一词反复出现,意思变化不大,只是为了强调。关于戴口罩,特朗普写道:"你可以戴。但不是非戴不可。我选择不戴,但有些人可能想戴,都行,随便。"(2020年4月3日)①这里的"戴"(to do it)是一个不断重复的分句。在这些句子中,短句和重复词语表明说话者(或作者)在用一种对待孩子的方式"居高临下"地对受众说话。重复是为了强调,而简单用词是为了避免误解。

在这些例子中,重复的使用也能起到明白晓畅和增加论辩吸引力的重要作用。它们能够让受众欲罢不能,并通过创造一种熟悉的语调,帮助其回想,促进其记忆。《献给赫伦尼的修辞学》的作者声称,在重复的辞格中,存在着"一种耳朵可以比词语更加容易分辨出来的优雅"(Cicero 1954: 281)。说到这里,我相信人们对当代神经科学的研究颇有期待。正如珍妮·法内斯托克(Jeanne Fahnestock)在一篇支持相关研究的评论(2005a: 174)中所言:"在人脑研究中,许多在修辞文体学中已得到确定的形式手段被赋予了心理现实,二者互证互彰。"事实上,从婴儿的咿呀学语到老年痴呆患者的言语行为(Harris 2020: 31),重复似乎是伴随人类一生所有阶段、最深刻和最持久的神经认知模式。这或许可以从某种程度上解释特朗普的修辞风格为何广受欢迎,并收效显著。

学者们向来十分重视涉及人类记忆的复杂认知过程,以及重复作为记忆引擎的方式。他们通过研究结果提出:重复,尤其是文学中的重复,能够激活神经系统

---

① 两例均摘自 CNN 的报道: https://www.cnn.com/2021/02/22/opinions/trump-covid-big-lie-reiner/index.html。

的学习反应①。然而,重复不仅能够激发人们对已说之言的认知,还能激发人们对将说之言的认知,它能让大脑在回想时向后移动,在预期中向前移动。广为人知的例子说明了这一点:威廉·佩利(Paley 1802: 441)用它来强调其自然神学的重要主张,通过激活思维来遵循一定的顺序排列:"设计必须有设计师。这个设计师必须是人。这个人就是上帝。"假如之前就熟悉某一语言模式,听到或阅读该段落的人就能预测从设计到设计师、从设计师到人的过程。法内斯托克列举了一些研究,这些研究表明,听读文本与大脑激活之间存在相似之处,从而促进对这种具有可预测性的神经认知解释(Fahnestock 2005a: 171)。同样,我们也可以期待大脑研究能够显示,重复辞格不仅以这种方式使思维向前推进,而且还能向上达到高潮,从设计师到人再到上帝。

特朗普的极简主义风格不仅体现在运用重复方面,还表现为极具节奏感。这是构成其吸引力的一部分。汤普森在他对 2016 年美国总统竞选更早的分析中指出了这一点。他让我们关注特朗普关于修建美墨边境墙的一个演讲,演讲中特朗普想要修建的这堵墙(wall)的砖是用字母 w 表示的:"……我们必须建一堵墙,伙计们。我们必须建一堵墙。建墙才管用。你们可以去以色列看看,问问他们,他们那堵墙发挥了怎样的作用?建墙才管用。"(… we have to build a wall, folks. We have to build a wall. And a wall works. All you have to do is go to Israel and say how is your wall working? Walls work.)(Thompson 71-72,下划线为汤普森所加)这里的头韵和节奏感非常强烈,会让许多诗人引以为傲。在他的评论中,汤普森承认,我们无法确定这是随兴而至还是充分准备的结果。"多半是即兴之作,至少是意在让听众有这种感觉——唐纳德·特朗普最不愿让听众认为他是在读一篇准备好的稿子"(72)。事实上,意合的分句模仿了会话式话语,各自独立却又互为关联。这里我想列举唐纳德·特朗普在 2020 年 11 月 24 日一个关于股市形势的新闻发布会上的演讲,作为本文结束前的例子(类似的例子不胜枚举),以总结上述要点:

---

① Fahnestock(2005b)对修辞与文学文体学的古老紧密联系进行了观察研究,当代文学理论中似乎已看不到这种联系。"从修辞的角度来看",法内斯托克写道:"所有文本都是为了追求效果而建构和变形。因此,在传统修辞中,文学和功能之间的尖锐对立并不明显。"

祝贺各位。股市大涨,道琼斯工业平均指数刚刚达到了3万,这是史上最高水平。我们从未突破过3万,而且是在疫情大流行的情况下。股市刚刚突破了3万,这个数字从未被突破过。3万,这是一个神圣的数字,之前谁也不曾料想自己会亲眼见到①。

演讲中,不仅3万这个数字被重复了四次,"股市"这个词被重复了两次,相关短语"史上最高""从未被突破(重复)""之前谁也不曾料想自己会亲眼见到"都有效表达了同样的观点。这些句子无不简短有力,就像证券交易所的股票行情显示系统般快速滚动。如沃尔特·翁(Ong 1982:40)所言:"重复,反复叙说刚刚说过的话,能将言说者和听者牢牢稳定在正确的轨道上。"这里我们看到了特朗普极简主义风格行之有效的所有特征。例子显示,从2016年到2020年,他保持了风格的一致性。这对他很有帮助,让他能够接触到代表其"受众基础"的人群,也让这批受众群体通过他的风格与其相贴近。作为一种修辞风格,它具备经过深思熟虑、刻意为之的修辞发明的所有征象。它被设计用来实现其他类型的话语可能无法提供的效果,与所选择的最佳载体契合联动,使之可以得到最佳传达。

五、结　论

以上两位堪称修辞大家(和修辞学家),他们来自不同地域、不同时代、不同语境,向我们展示了通过论辩方式与论辩模式的契合联动来识别修辞风格的方法。两人都选择了自己的论辩模式,既受其制约,也因其得以自由发挥。

一旦你只能写280个字符,自然就会考虑略去像连接词and这样的词语。这种方式与论辩模式相适应。它反过来又影响推动了这种风格的发展,包括被推广到推特语境之外,例如新闻发布会等。但是,一旦考虑到制约因素,演讲者(或作者)就有可能让听众按照自己的方式参与进来,过滤针对特定听众所说的内容。就像简化的风格只会吸引简单的受众一样,精悍凝练的对话风格也会吸引更多思想复杂的受众。并非所有柏拉图的受众都能领会《自辩篇》中"略而不提"的策略,

---

① https://www.cnbc.com/2020/11/24/trump-brags-about-dow-30000-at-surprise-press-conference-leaves-after-a-minute.html.

也不一定都能够欣赏巴门尼德在《巴门尼德篇》中的类比以及苏格拉底对此表示沉默后所造成的误导。但这种风格创造了一种开放性，使见多识广、老于世故的受众能够重新获得这些东西。这只是本研究偶然发现的意外收获，当然也是因为正好我们掌握了分别吸引简单和复杂受众的风格类型。

这些风格带有论辩性质，范·埃默伦可能会喜欢其中的一些表现方式，虽然他不太可能为我们提供的细节背书。在论辩方式与论辩模式的联动当中，我们清楚看到了适应受众需求的努力，我们也看到了表达手段的选择（例如，略而不提或意合）。范·埃默伦（2010：96）所描述的话题深意更为复杂，它指的是"在话语的某一特定点上可用的话题选择范围"。同时将其与惯用话题在传统修辞发明中所起的作用进行比较。当然，我们看到柏拉图使用了一些庭审演说类型的传统话题，从特朗普对美国政治演讲惯例的使用中也可以收集到类似的东西。但柏拉图和特朗普的风格有一些不同的创新之处，这些方式有助于实现他们各自的论辩目标。

为了支撑"某个单一的整体可以同时存在于许多个体当中"这个主张，柏拉图通过对话形式，提出了基于类比（日子）的论点。为了支撑"美国应该建一堵墙"这个主张，特朗普以极简主义的形式也提出了一个基于类比的论点（以色列的隔离墙）。这些论辩是否有力，还有待进一步研究。但在以上两种情况下，相关论辩都具有明确意图；同样，两种论辩的设计方式和表述方式也都非常明确。因此，在两个案例当中，我们都看到了某种论辩修辞风格。

参考文献

Aristotle 2018 *The Art of Rhetoric*. Translated by R. Waterfield, Introduction and Notes by H. Yunis. Oxford: Oxford University Press.

Booth, Wayne C. 2004 My life with rhetoric: from neglect to obsession. In W. Jost & W. Olmstead（eds.）*Rhetoric and Rhetorical Criticism*. Oxford: Blackwell Publishing: 494−504.

Cicero 1954 *Rhetorica Ad Herennium*. Harry Caplan（trans.）. Cambridge: Harvard University Press.

Eemeren, F. H. van 2021 Examining argumentative style: a new theoretical perspective. *Journal of Argumentation in Context*. 10(1): 8–25.

Eemeren, F.H. van 2019 Argumentative style: a complex notion. *Argumentation*, 33(2): 153–171.

Eemeren, F. H. van 2010 *Strategic Maneuvering in Argumentative Discourse*. Amsterdam: John Benjamins.

Fahnestock, J. 2021 Analyzing rhetorical style: toward better methods. In Boogaart R., Jansen H., van Leeuwen M. (eds.) *The Language of Argumentation*. Argumentation Library, 36. Springer, Cham.

Fahnestock, J. 2005a Rhetoric in the age of cognitive science. In Richard Graff et al. (eds.) *The Viability of the Rhetorical Tradition*. Albany, NY: State University of New York Press: 157–179.

Fahnestock, J. 2005b Rhetorical stylistics. *Language and Literature*. 14(3): 215–230.

Harris, R. 2020 Ploke. *Metaphor and Symbol*, 35(1): 23–42.

Havelock, E. 1967 *Preface to Plato*. New York: Grosset & Dunlap.

Lutoslawski, Wincenty 1897 *The Origin and Growth of Plato's Logic, with an Account of Plato's Style and if the Chronology of His Writings*. London: Longmans, Green, and Co.

Ong, Walter J. 1982 *Orality and Literacy*. London: Methuen & Co. Ltd.

Paley, William 1802 *Natural Theology, or Evidences of the Existence and Attributes of the Deity Collected from the Appearances of Nature*. Oxford: Oxford University Press.

Thompson, M. 2016 *Enough Said: What's Gone Wrong with the Language of Politics?* New York: St. Martin's Press.

Tindale, C.W. 2021 The prospects for rhetoric in the late Plato. In J. Bjelde et al. (eds.) *Essays on Argumentation in Antiquity*. Cham: Springer. Usher, Stephen 2010 Apostrophe in Greek oratory. *Rhetorica: A Journal of the History of Rhetoric*. 28(4): 351–362.

Wales, K. 1991. *A Dictionary of Stylistics* (1st ed 1989). London: Longman.

Wang, Y. & Liu, H. 2018 Is Trump always rambling like a fourth-grade student? An analysis of stylistic features of Donald Trump's political discourse during the 2016 election. *Discourse and Society*, 29(3): 232–299.

Matching Mode with Manner: On Style and Effects

Christopher W. Tindale

Abstract: Styles have proved notoriously difficult to define, especially for modern theorists. One way to approach the issue, illustrated in this paper, is to consider at least one aspect of style as the way a speaker or writer adjusts rhetorical strategies to fit a particular mode of delivery, and the way that mode of delivery allows for the use of strategies that would not be as effective if other modes were used. To demonstrate this, the paper explores two cases, one ancient and one contemporary. The ancient case involves what is identified as Plato's "dialogical style"; whereas the contemporary case is Donald Trump's "minimalist style." The analyses show how each choice of matching manner to mode serves to advance the argumentative goals of a speaker.

Keywords: argumentation, dialogical style, dialogues, minimalist style, Plato, repetition, rhetorical strategies

(原载于《当代修辞学》2022 年第 1 期)

体裁风格分析程序及互文生成路径*
——以笔记小说经典文本的体裁风格为例

黄鸿辉　祝克懿

（复旦大学中文系）

提　要　体裁风格范畴是呈现语篇语义整体性与流动性的功能语义范畴，是社会历史语境与体裁管控双值性（ambivalence）动态实现的一种反映。论文以"体裁风格"为研究对象，运用互文语篇理论、系统功能语言学和语料库语言学等理论方法，在汉语学界有关体裁与风格研究主体认知的基础上，整合体裁风格分析程序，考察体裁风格在互文空间功能语义特征的实现与流变，并以历代笔记小说的经典文本为例，从历时和共时认知视角分析其体裁结构的嬗变过程。论文认为：从互文视角探索体裁风格的生成与演化，可以激活文本空间结构意识和语义互动关联意识，纵向可上溯历史文化互文语境，横向可拓展语言风格研究的新路径。

关键词　体裁风格　互文性　整体性　流动性　异质性　笔记小说　分析程序　生成路径

一、引　言

风格研究是一个历代学者研精究微的历史范畴。"体裁"与"风格"的组合式研究以及体现为文体源流演变的研究亦是中国古代体裁风格论的一大传统（李伯超 1998：165）。从曹丕《典论·论文》"奏议宜雅，书论宜理，铭诔尚实，诗赋欲丽"

＊　本研究为 2020 年国家哲学社会科学基金重大项目"网络空间社会治理语言问题研究"（项目号：20 & ZD299）和 2021 年复旦大学义乌研究院项目"《修辞学发凡》'零度'修辞观的历史意义与当代阐释——以《共产党宣言》多语种译本的研究为例"（项目号：WAH3151005）的阶段性成果。

的举其大端,到陆机《文赋》"诗缘情而绮靡,赋体物而浏亮"的风格勾勒,再到刘勰《文心雕龙·体性》"总其归途,数穷八体"的功能类型明辨,乃至宋代陈骙《文则》、明代吴讷《文章辨体》、徐师曾《文体明辨》等的极深研几,无不在考辨文体风格形态的诸种样貌,梳理风格演变的历时脉络。

至20世纪,接受现代语言学洗礼的体裁风格研究更是异彩纷呈。1932年陈望道的《修辞学发凡》(1997: 256—276)设立"文体或辞体"范畴,开启现代风格研究体例;宫廷璋《修辞学举例·风格篇》(1933)、高名凯《语言风格学的内容与任务》(1960)初拟现代风格学的理论体系;程祥徽《语言风格学初探》(1985)、张德明《语言风格学》(1989)、郑远汉《言语风格学》(1990)、黎运汉《汉语风格探索》(1990)均设文体风格的专题讨论。此后"文体""语体""风格"术语概念间错综复杂的语义关系也逐渐有了辨识标准,李熙宗(1994: 163)认为:"文体是文章的功能类别","语体是以交际功能为依据确立的风格类型";程祥徽(2000: 9—10)从功能视角讨论了文体与体裁、文体与语体、文体与风格的对应关系:"用风格学的术语说,文体是体裁的分类,语体是功能的分类。""传统的文体风格论按体裁原则给风格分类,而现代风格学按语言的功能原则给风格分类"(程祥徽1985: 32)。21世纪,许力生《文体风格的现代透视》(2006)、丁金国《语体风格分析纲要》(2009)等运用新的理论方法展开文体风格的讨论;更有郑颐寿的专著《辞章体裁风格学》运用系统论立体、动态的整体性思维模式,创立"四元六维结构","论析辞章风格的形成论、制导论、优化论、鉴赏论、功能论、类型论",阐释辞章体裁风格的"理论体系及其运用原则、规律和方法"(丁金国2009: 自序1—3)。这些研究引入现代语言学、西方文体论的研究理念,打破了传统体裁风格研究体悟式感知风格形态的局限,从功能语义视角对"文体与语体""文体与风格"等范畴展开功能阐释,理论范畴不限于"文学文体风格",还拓展到包括"政论文体""公文文体""科技文体"等范畴的风格类型。值得关注的是,在关于风格的范畴意义是怎样形成的,其功能语义是以何种方式形成源流传统的深化研究方面,祝克懿(1999,2004,2010,2013,2020a,2020b,2021a,2021b)、范昕(2009)、刘婉晴(2021)等借鉴互文性理论和语篇语言学从宏观、动态、多元视角的系列研究做了有益的推进。其研究理念借自格沃兹洁夫《俄语风格学概论》的阐释:功能原则是风格现象认知的基本原则;风格学与语义学直接关联,"风格学问题是从意义方面来考察语言现象的,所以研究风格学问题的重要性是由于意义(语义学)在语言现象中起着独特的作用……"(苏旋 1960: 145)。

基于上述认知,本文拟以历代经典笔记小说体裁风格为例,聚焦风格功能语义的研究。既关注风格现象的描写解释、风格理论形态的建构、风格发展历史规律的总结,又依托互文语篇理论视角,将语篇结构视为风格功能表现的重要载体,采用经验性、实证性的认知方法,验证体裁风格整体意义的形成以及风格功能意义存在和演变的理据:无论是客观存在的风格现象还是主观认知的风格理论,都遵循着从体裁风格(文体风格)向功能风格(语体风格)衍化的路径(祝克懿 2021),并力图在汉语学界有关体裁与风格研究的主体认知基础上整合体裁风格分析程序,考察体裁风格功能语义互动生成及嬗变过程,以探索语言风格研究的新路径。

二、"体裁风格"的概念意义及互文分析程序

2.1 "体裁风格"的概念意义

"体裁风格"亦称"文体风格",包含"体裁"和"风格"下位范畴。

"体裁"指在语言长期使用过程中,因交际意图、交际情境不同而逐渐形成的在特定历史时期具有相对稳定性的文章体制、格式、样式、样态。而"风格",祝克懿(2021b)在综合分析中外各家各派关于"风格"概念的基础上指出:"语言学意义上的'风格'指语言运用所形成的整体格调和言语气氛。"

"体裁风格"属"风格"的下位范畴,是在特定交际情境和体裁互涉的双重互动机制下,通过体裁结构、语言要素和非语言要素的多层级、多元互动与整合所形成的整体格调和言语气氛。一方面,由于体裁自身章法结构的内部规约性和动态发展的双重制动;一方面,由于特定时期的特定语境外部机制的制约作用,体裁风格表现为既有稳定整体意义的同质性,又有随着体裁结构变化、体裁要素流动而不断演化的异质性。

2.2 "体裁风格互文":从"同质性"到"异质性"

通过初步考察,"体裁风格"的生成与流变是在互文空间中实现的。"体裁风格

互文"的实现涉及"同质性"与"异质性"两大互文路径。

"同质性"是结构主义哲学探讨的主要论域,旨在关注文本的共性的意义特征与结构特征。

"异质性"是与"同质性"相辅相成的重要概念,发展于克里斯蒂娃的解析符号学。克氏"异质性"的论述可以投射于符号学、主体分析等层面(殷祯岑、祝克懿 2015)。在符号层面,克氏构拟了文本从前符号态到符号象征态的动态过程。在符号象征态中,抛弃被表述为异质的特征。再现依附的标记以造成分裂的延迟,再现体(即稳定态)会出现。这种停滞状态将之前的分裂统一起来,标记为同一。但是,随着新的异质性成分出现,这种短暂的再现体即将被抛弃。因此,文本的生产与传播总是处在"第 N 次抛弃—第 N 次停滞"循环往复的过程之中(克里斯蒂娃 2016)。在主体层面,异质性精神体现为理性主体和非理性主体的共存(殷祯岑、祝克懿 2015)。克里斯蒂娃解构了结构主义中"主体"的绝对权威,将其置于多元、混乱、不稳定的非理性状态。文本的主体是处在斗争中的分裂的主体,处在异质的、矛盾的边缘。文本的主体不再是文本叙事的绝对权威,而是需要在文本的基础上将异质性纳入统一性的概念和结构之中,适应题旨情境,促动新的意义生成。

克氏关于异质性的理论阐释对本文体裁风格研究的启示为:

1)梳理体裁演进中风格的同质性特征,可整合体裁风格的相对稳定态;

2)从异质性视角审视分裂态[①],可考察风格语义流动及体裁风格的演化路径;

3)"体裁风格"的研究须结合社会历史语境,此为风格生成的宏观理据。

2.3 体裁风格认知程序

为了描写体裁风格及演变规律,本文设定三步分析程序:

2.3.1 梳理体裁互文路径

体裁风格的生成与流变是在体裁互文空间中实现。描写阐释体裁范式的稳定态及体裁的"分裂态"是考察体裁风格互文的第一步。本文运用语料库语言学的研究方法进行量化分析,通过米克·巴尔(1995)等学者的叙事学理论(综合运用"总

[①] "分裂态":克里斯蒂娃《诗性语言的革命》(2016: 129—138)讨论异质性理论所创术语,与"再现体(稳定态)"相对,指随着异质性成分的增多,再现体被抛弃,不稳定意义生成的过程。本文"分裂态"指异质性体裁要素的出现并逐步影响体裁结构从稳定态到不稳定态的文本形态。

叙"、"分叙"①、"行为者"②、"事件"、"评论"③等概念)以及哈桑等(Hasan 1984)建构的体裁结构潜势理论,梳理同质性和异质性体裁结构单元④,总结体裁互文的历时路径。

2.3.2 分析体裁风格的功能语义流变

体裁结构的调整和演化促动体裁风格功能语义的流变,表现为:在一定时期和一定层级实现为具有动态稳定性的体裁风格表征;随着异质性元素的累积,相对稳定的体裁风格又以多元呈现的格式、样态,进一步推动新一轮体裁风格的生成与变异过程。

2.3.3 整合语义流动推进的体裁风格互文路径

描写同质性语义要素所形成的体裁风格范式的稳定态(祝克懿 2014);考察系列异质性语义要素通过前景化,推动体裁风格互文链的形成。

下面将通过经典笔记小说的分析,检验体裁风格分析程序的有效性。首先描写其相对稳定的、具有同质性的体裁风格特征,并结合历时演化的异质性特征考察风格功能语义的流变,把握体裁风格生成与流变的整体面貌,探索体裁风格演进的互文生成路径。

三、笔记小说体裁结构的流变

互文空间内的体裁结构的流变是促使体裁风格演变的重要动因。

参考鲁迅《小说发展史略》和石昌瑜《中国小说源流论》等学者关于小说体裁源流演变的观点,笔记小说在互文空间中历经四大重要转折期:

1) 魏晋南北朝时期为笔记小说初创期。部分历史传记运用笔记文写法,撰写细致琐碎之史事,在实录的基础上,穿凿旁说,采录传闻。这为笔记小说文体初步生

---

① "总叙"和"分叙":借鉴吴应天《文章结构学》(1989:202—210)的术语。总叙是指一切情节发生、发展的起点。一般用于交代故事背景、时间等。分叙是叙述事物发展过程的曲折变化,通过分叙几个具体情节或者具体事件,充分表现主题的合理性和可信性。

② "行为者":米克·巴尔(1995:27)指出,判断是否为行为者主要看他们有没有引起或者经历功能性事件。

③ "评论":叙事学术语。米克·巴尔(1995:149)指出,议论性的本文段落并不涉及素材的一个成分(过程或对象),而是涉及一个外部的话题。

④ "体裁结构单元":本文用以指称根据语篇语义划分的体裁结构的主要构成部分。

成,演化为志人笔记小说和志怪笔记小说提供契机。

2) 唐朝是笔记小说的成熟期。唐代志怪笔记小说一支发展为传奇小说,与笔记小说文体互涉,体裁结构丰富,逐步演化为传奇体笔记小说。

3) 元明清以来,小说文白分化的趋势出现,笔记小说成为话本小说、章回体小说的原型文体。同时笔记小说也继续发展。

4) 20世纪80年代以来笔记小说的新发展。现代小说的文体范式与古代笔记小说文体互涉,逐步衍生出新笔记体小说。

综上,笔记小说文体流变可图示为(图1):

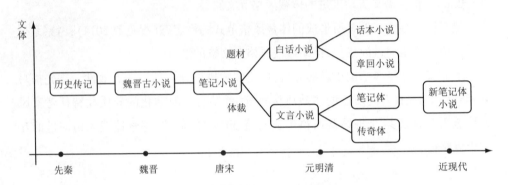

图1　笔记小说文体的互文生成路径

体裁是文体落实于文本结构的形式表征。文体在互文空间的演变也会促动体裁结构的演变,推动同质性体裁结构的生成和异质性体裁结构单元的出现。

3.1　魏晋笔记小说体裁结构

历史传记与笔记文体裁互涉,对魏晋笔记小说"总叙—分叙"体裁结构的定型产生深远影响。本文从《世说新语》《搜神记》《搜神后记》《裴子语林》《幽明录》等经典笔记小说中各摘录50篇生成250则语料,析取体裁结构如表1:

表1　魏晋时期的笔记小说体裁结构单元出现比例

体裁结构单元	总叙	分叙		评论
		行为者	事件	
比例	100%	100%	100%	14%

统计得知,"总叙"和"分叙"为魏晋笔记小说必有体裁结构单元,"评论"是可有体裁结构单元。根据统计结果以及语篇整体推进模式抽取出体裁结构为(图2):

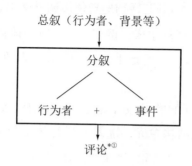

图2　魏晋笔记小说的体裁结构

试举一组例证分析:

(1) (a₁)秋七月壬辰朔,日有食之,既(总叙)。公子翬[行为者]如齐逆女[事件](分叙)。(《春秋》)

(2) (a₂)秋(总叙),(b₁)公子翬[行为者]如齐逆女[事件](分叙)。修先君之好,故曰公子。齐侯送姜氏,非礼也。凡公女嫁于敌国,姊妹则上卿送之,以礼于先君;公子则下卿送之;于大国,虽公子亦上卿送之;于天子,则诸卿皆行,公不自送;于小国,则上大夫送之。(评论)(《左传·隐公十年》)

(3) (a₃)华歆、王朗俱乘船避难(总叙),(b₂)有一人欲依附,歆[行为者]辄难之。朗曰:"幸尚宽,何为不可?"后贼追至,王欲舍所携人。歆曰:"本所以疑,正为此耳。既以纳其自托,宁可以急相弃邪!"遂携拯如初。[事件](分叙)世以此定华、王之优劣。(评论)(《世说新语·德行》)

上述体裁结构的互涉关系为:

a. 当下文本(a₂)(a₃)与源文本(a₁)同质性体裁互文,为"总叙"。即(a₁)≒(a₂)、(a₃)(交际动因,交代背景、场所等;互文策略,结构相同,适切题旨情境调整文字表述)

---

① "*"表示可选体裁结构单元。

b. 当下文本(b_2)与源文本(b_1)同质性体裁互文,为"分叙"。又可细分为两个下位单元:对叙事具有功能性的行为者和事件。即(b_1)≈(b_2)(交际动因,交代人物和事件;互文策略,结构相同,适切题旨情境调整文字表述)

历经 a—b 路径,稳定态的生成。例(1)、例(3)的体裁结构潜势都可分析为:总叙—分叙(行为者—事件)。笔记小说《世说新语》保留了历史传记《春秋》体裁结构范式。

同时,异质性体裁单元的增多,分裂态也随之出现。如例(2)作为例(1)的传注,开始出现"评论"体裁结构单元。随着异质性体裁单元的积累,逐渐形成"总叙—分叙(行为者—事件)—[评论]"①的新结构表征,打破传记体裁稳定态。

3.2 唐宋笔记小说的体裁结构

唐宋志怪笔记小说中涌现了一批结构体例模仿传记,取消篇幅限制,手法上融入想象、夸张等突破传记小说策略的作品,逐渐演变为传奇小说,演化路径为:

志怪笔记小说≈历史传记 → 传奇小说(互文策略:体裁结构调整)

综上,这一时期笔记小说文体的流变主要表现为:志怪笔记小说与历史传记互涉,异质性体裁成分积累,演化为传奇小说,传奇小说和笔记小说成为文言小说两大分支。本文从唐代《唐国史补》《尚书故实》《本事诗》、宋代《稽神录》《贾氏谭录》等 5 部经典笔记小说各甄选 50 篇笔记小说组成 250 则语料,析取体裁结构如表2:

表2 唐代以来的笔记小说体裁结构单元出现比例

体裁结构单元	总叙	分叙					评论
		行为者	开端	发展	高潮	结局	
比例	100%	100%	100%	52%	84%	100%	16%

统计得知,"总叙"和"分叙"为唐宋笔记小说必选体裁结构单元,"评论"是可选体裁结构单元。这保持了魏晋笔记小说"总叙—分叙—[评论]"的体裁范式,是同质

---

① "( )"表示内部下位体裁结构单元。"—"表示语篇语义推进方向。"[ ]"表示可选体裁结构单元,没有标注[ ]的为必选体裁结构单元。后同。

性体裁互文的表征,是稳定态的表现。同时,随着文本内容的丰富和历史文化语境的改变,"分叙"细化为"开端""发展""高潮""结局"等体裁结构单元。这些异质性体裁结构单元的积累,促动唐宋笔记小说体裁结构的更新,发生异质性体裁互文。根据统计结果以及语篇整体推进模式抽取出体裁结构为。

试举一组例证分析(图3):

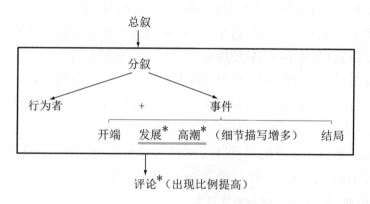

图3 唐宋笔记小说的体裁结构

(4) (a_1)韩翃少负才名,天宝末,举进士。孤贞静默,所与游,皆当时名士。然而荜门圭窦,室唯四壁。[总叙] (b_1)邻有李将妓柳氏,李每至,必邀韩同饮[开端]。(c_1)韩以李豁落大丈夫,故常不逆。既久逾狎[发展]。(d_1)柳每以暇日隙壁窥韩所居,即萧然葭艾,客闻至,必名人。因乘间语李曰:"韩秀才穷甚矣,然所与游,必闻名人,是必不久贫贱,宜假借之[高潮]。"(e_1)李深领之[结局]。[分叙](《本事诗》)

(5) (a_2)楚州有渔人[总叙],(b_2)忽于淮中钓得古铁锁,挽之不绝,以告官[开端]。(c_2)刺史李阳大集人力引之[发展]。(d_2)锁穷,有青猕猴跃出水[高潮],(e_2)复没而逝[结局]。[分叙]后有验《山海经》云:"水兽好为害,禹锁于军山之下,其名曰'无支奇'。"[评论](《唐国史补》)

例(4)—例(5)结构互文分析如下:

a. 文本(a_1)、文本(a_2)同质性体裁互文,为"总叙":

$(a_1) \approx (a_2)$（交际动因：交代故事背景；互文策略：结构相同，调整文字表述）

b. 文本(b_1)与文本(b_2)同质性体裁互文，为"开端"：

$(b_1) \approx (b_2)$（交际动因：交代事件开端；互文策略：结构相同，调整文字表述）

c. 文本(c_1)与文本(c_2)同质性体裁互文，为"发展"：

$(c_1) \approx (c_2)$（交际动因：标记事件发展；互文策略：结构相同，调整文字表述）

d. 文本(d_1)与文本(d_2)同质性体裁互文，为"高潮"：

$(d_1) \approx (d_2)$（交际动因：标记事件高潮；互文策略：结构相同，调整文字表述）

e. 文本(e_1)与文本(e_2)同质性体裁互文，为"结局"：

$(e_1) \approx (e_2)$（交际动因：交代故事结尾；互文策略：结构相同，调整文字表述）

遵循 a—e 的互文路径，笔记小说生成新的体裁结构：总叙—分叙（行为者—开端—发展—高潮—结局）—[评论]。继承了魏晋笔记小说体裁结构"总叙—分叙（行为者—事件）—[评论]"，保持了源文本体裁范式。同时，随着异质性体裁结构单元的积累，出现分裂态。"事件"这一体裁结构单元分化出"开端""发展""高潮""结局"等，异质性体裁单元延展。

3.3 元明清笔记小说的体裁结构

元明清以来，笔记小说文体的流变主要表现为：传奇小说与笔记小说体裁互涉生成传奇体笔记小说，同时笔记小说继续发展。论文从元明时期《山居新语》《南村辍耕录》以及清代《虞初新志》《聊斋志异》《阅微草堂笔记》等 5 部经典笔记小说各甄选 50 篇笔记小说共选取 250 则语料，析取体裁结构如表 3：

表 3　元明清笔记小说体裁结构单元出现比例

体裁结构单元	总叙	分叙					评论
		行为者	开端	发展	高潮	结局	
比例	100%	100%	100%	86%	98%	100%	68%

分析可知：从稳定态来看，元明清笔记小说保持了魏晋至唐宋笔记小说"总叙—分叙—[评论]"的体裁范式，是同质性体裁互文的表征。同时，异质性体裁结构单元增多，分裂态延续。相较于魏晋笔记小说，"事件"单元细化为"开端""发展""高潮""结局"等异质性体裁结构单元，与唐宋保持一致。相较于唐宋笔记小说，"发

展""高潮"和"评论"三个体裁结构单元比例显著提升。这些异质性的累积推动笔记小说体裁结构更新。

综上,根据统计结果以及语篇整体推进模式抽取出体裁结构为(图4):

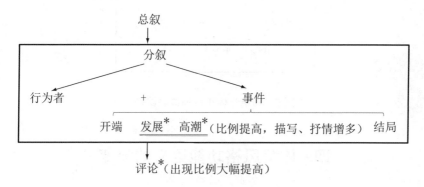

图 4　元明清笔记小说的体裁结构

3.4　新笔记体小说——笔记小说的新生

20世纪80年代以来,孙犁、汪曾祺、林斤澜、贾平凹、韩少功、阿城、孙立友等作家沿用笔记小说"总叙—分叙"体裁结构,借鉴了中西方现代小说的叙事技巧,文坛涌现了《云斋小说》《故乡人》等新笔记体小说作品。论文以上述作家经典新笔记小说为主要语料,抽取100则新笔记体小说自建语料库,析取体裁结构如表4:

表 4　80年代以来的新笔记体小说体裁结构单元比例

体裁结构单元	总叙	分叙					评论
		行为者	开端	发展	高潮	结局	
比例	100%	100%	100%	93%	95%	100%	0%

统计得知,"总叙""分叙"为新笔记体小说必选体裁结构单元,保持了魏晋笔记小说"总叙—分叙"的体裁范式,是同质性体裁互文的表征,是稳定态的表现。同时,随着文本内容的丰富和历史文化语境的改变,"评论"单元消失,"发展""高潮"单元出现比例提高,这些异质性的变动与积累,造成体裁内部的分裂态,促动新笔记体小说体裁结构的更新。

综上,根据统计结果以及语篇整体推进模式抽取出体裁结构为:

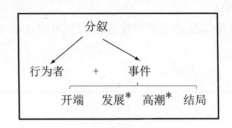

图5　新笔记体小说的体裁结构

四、体裁风格功能语义的流变

体裁结构的变化促进了体裁风格功能语义的实现和流变。论文结合语料库语言学和统计学方法,从宏观层级——体裁结构和微观层级——体裁风格要素(包含词语、句式、修辞等)①流变两大视角,探索笔记小说的体裁风格功能语义表征和演化过程。在风格类型的界定上,沿用《修辞学发凡》八大风格类型,参考刘勰等文论家的论著术语,对体裁风格的功能语义特征描写阐释。

4.1　魏晋笔记小说体裁风格——"简约"

宏观层级:从稳定态来看,体裁结构保持为:总叙—分叙(行为者—事件)—[评论]。可知体裁结构单元较少,"事件"单元多记叙,少描写,以表达题旨情境为要,体现"简约"的体裁风格特征。同时,出现频次为14%的"评论"单元也是相较于注重客观性的历史传记的异质性体裁结构单元,推动着笔记小说生成。

微观层级:体裁结构的变化又促动了体裁风格要素的流变和新体裁风格的生成。以《世说新语》为例,主要表现为:

4.1.1　从词语运用上看,文本以文言词为主。统计如下:

根据词语出现频次统计发现(图6),前10个词中,虚词"之"出现1100次,

---

① "体裁风格要素":指表征体裁风格特征的语言要素,包括词语、句式、修辞等。同质性体裁风格要素指在同一体裁风格的不同文本所具有相似性特征的语言要素。异质性体裁要素指不经常出现的、与同一体裁风格的文本相比具有差异性特征的语言要素。

"以"出现578次,"何"出现430次,现代汉语较少使用的"王"出现910次。这些富有文言色彩的词语,使表达精约,体现"简约"的风格特征。

4.1.2 从句式上看,通过统计《世说新语》的标点使用情况发现(图7),陈述句使用最多,极少使用疑问句(519句)和祈使句、感叹句(249句),说明《世说新语》主要以平实的叙事为主,较少描写抒情。这也是体裁结构管控下句式同质化的结果,体现了"简约"的体裁风格。

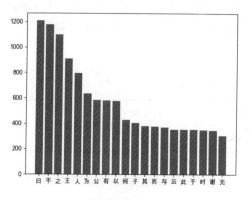

图6 《世说新语》词频统计

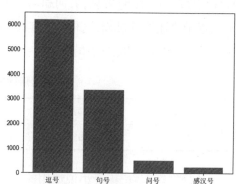

图7 《世说新语》标点统计

4.1.3 从修辞上看,《世说新语》消极修辞占主导,内容明确通顺,体现"平实简约"的特征。从积极修辞上看,以《世说新语》的比喻句为例,通过设置"如""似""像""若"等喻词进行人工标注和python统计,共检索到48例(表5)。

表5 《世说新语》比喻句统计

喻词	像	似	如	若
次数	0	1	31	16

《世说新语》共4136句,其中比喻句的比重为1%,可见比喻等辞格为代表的积极修辞使用频率很低,体现了"简约"的体裁风格。

4.2 唐宋笔记小说体裁风格——细腻

宏观层级:体裁结构为:总叙—分叙(行为者—开端—[发展]—[高潮]—结局)—[评论]。从稳定态来看,继承了魏晋笔记小说"总叙—分叙(行为者—事件)—[评论]"的体裁结构"。从分裂态上看,"事件"单元细化为"开端""发展""高潮""结局",这些异质性体裁结构单元的引入丰富了现有体裁结构,实现为"细腻"的体裁风格。

微观层级:体裁结构的丰富促动了体裁风格要素的变化。试以《唐国史补》为例,主要表现为:

4.2.1 词汇要素的流动。从稳定态上看,通过对《唐国史补》人工和 python 标注词性统计(表6)可见,名词和动词依旧是主要词类,名词用于指称事件对象,动词用于描述事件过程,这保持了笔记小说体裁"总叙—分叙"管控下重视事件叙述的传统,体现"细腻"的体裁风格。

表6 《唐国史补》词类统计

词类	名词	动词	形容词	副词
次数	4595	2908	387	952

从分裂态上看,传奇小说惯用的修饰性成分,如形容词、副词等词汇语义要素在笔记小说涌现互动,大大增强了笔记小说的详实性。如我们将例(4)的用词类别统计分析如下(表7):

表7 例(4)词类统计表

词类	动词	名词	形容词	副词	其他
占比	16.67%	35.71%	13.09%	15.48%	19.05%

其中形容词、副词占比约28.57%,通过引入原属于传奇小说的语词运用模式增强作品的文学性,展现事件的细节,体现了"细腻"的体裁风格特征。

4.2.2 从句式上看(图8),陈述句依然使用最多(1099句),疑问句、祈使句和感叹句较少(共80句),与《世说新语》大致属性相当,保持了笔记小说稳定态。不过,异质性体裁要素的累积也推动分裂态的出现。从平均句长[①]来看(表8),《唐国史补》的平均句长大于《世说新语》,表明《唐国史补》的句子长度有所增加,内容更加丰富,体现"细腻"的风格特征。

---

① "平均句长":总字数与总句数的比值,反映句子的平均长度。"句子"单元以句号作为完句标记。

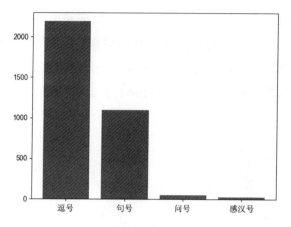

图 8 《唐国史补》标点符号统计

表 8 平均句长统计

篇目	《唐国史补》	《世说新语》
平均句长	20.16	18.97

4.2.3 从修辞要素上看,消极修辞为主的整体格局不变,保持了笔记小说范式的稳定态。同时,分裂态也逐渐出现。如例(5)以《山海经》为显性的引用互文标记,通过引用使读者漫游在互文语篇世界中,追溯文本之间的内在关联,展现作者对青猕猴来源的判断。积极修辞的运用使其体裁风格向"细腻"发展。

4.3 元明清笔记小说体裁风格——繁丰

宏观层级:如上文所述,体裁结构表征为:总叙—分叙(行为者—开端—[发展]—[高潮]—结局)—[评论]。可见,元明清笔记小说保持了魏晋至唐宋笔记小说"总叙—分叙—[评论]"的体裁范式,是体裁稳定态的呈现。此外,异质性体裁单元的积累也促进了分裂态的出现。"事件"单元细化为"开端""发展""高潮""结局"等异质性体裁结构单元,与唐宋保持一致。相较唐宋笔记小说,"发展""高潮"和"评论"三个体裁结构单元比例显著提升。这些异质性的累积推动笔记小说体裁结构更新,内容更丰富,实现为"繁丰"的体裁风格特征。

微观层级:体裁单元的调整也促进了体裁要素的流动和体裁风格功能语义特征的变化。以《聊斋志异》为例,具体表现为:

4.3.1 从词汇上看,统计发现(图9):文言实词和虚词为主的格局保持了体裁内部的稳定态。值得注意的是,异质性体裁要素——口语词丰富了原有的文言词汇,体裁进入分裂态。如"个儿郎目灼灼似贼"或"若个娘子,何愁无王侯作贵客也"的"个"等以语言描写的形式嵌入口语词,丰富了笔记小说的词汇系统,体现"繁丰"的体裁风格特征。

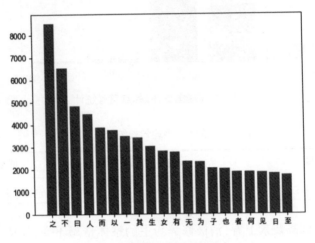

图9 《聊斋志异》词频统计

4.3.2 从句式上看,统计可知,《聊斋志异》的平均句长达30.49(表9),远高于《唐国史补》和《世说新语》,这表明《聊斋志异》的句子长度增加,内容更加丰富,这一异质性体裁要素的积累,拓展笔记小说语篇容量,体裁风格呈现繁丰的特征。此外,通过人工标注和python统计的方法(表10),可知比喻句共233句,较之前的笔记小说文本而言使用频率显著提升。

表9 平均句长统计

篇目	《唐国史补》	《聊斋志异》
平均句长	20.16	30.49

表10 《聊斋志异》比喻句统计

喻词	像	似	如	若
次数	0	14	193	26

4.4　20世纪80年代以来新笔记体小说体裁风格——简约

宏观层级:如前所述,新笔记体小说一方面保持了魏晋笔记小说"总叙—分叙"的体裁范式,是稳定态的显性表征。同时,随着文本内容的丰富和历史文化语境的改变,"评论"单元消失,体裁结构单元精简,异质性的变动与积累,造成体裁内部的分裂态,促动新笔记体小说体裁结构的更新。

微观层级:体裁结构的调整促动了风格要素和风格特征的变化,主要表现为:

4.4.1　从词语要素上看,以孙方友的新笔记体小说集《陈州笔记》为例(图10、图11):

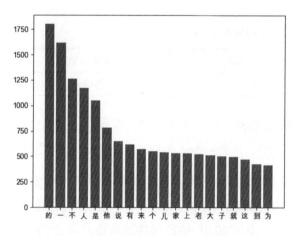

图10　《陈州笔记》用字频率统计

图11　《陈州笔记》词云图

从图10、图11可知:无论是字或词,近现代小说的书面语涌入新笔记体小说,词云图显示高频使用的是名词(如儿子、母亲、书记、工作、酒仙等),表明以叙述为主,修饰性成分少,体现"简约"的体裁风格特征。

4.4.2　从句式上看,统计可知(图12),《陈州笔记》保持了陈述句(2429句)为主的句式,通过同质性体裁互文,《陈州笔记》保留以陈述句为主的叙事结构。从平均句长上看,《陈州笔记》达34.94,略高于《聊斋志异》等古代笔记小说(表11),异质性体裁要素保证现代白话小说的新奇句式涌入传统笔记小说体裁结构之中,丰富了辞趣,使新笔记体小说凸显了"简约"的体裁风格。如:

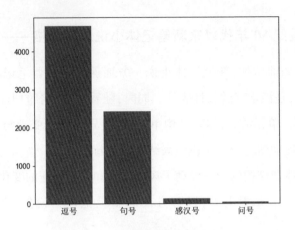

图 12 《陈州笔记》句式统计

表 11 平均句长统计表

篇目	《聊斋志异》	《陈州笔记》
平均句长	30.49	34.94

（8）反面贴了许多剪纸窗花：公鸡、母鸡、小兔、大狗、偷油的鼠、骑驴的媳妇子，又有一个吃烟的老汉，还有一个织布的女子。（阿城《茂林》）

传统笔记小说并不常见的列举句式的引入，为读者展现窗花的具体形象，展现了独特的乡村民俗画卷。这使其语言既简约平淡，同时又有丰富的内在神韵。

4.4.3 从修辞要素上看，在新笔记体小说中，依旧保持消极修辞为主的整体修辞格局，保持了原有体裁范式的稳定态。同时，分裂态也随着异质性体裁要素的积累而出现。现代小说的积极修辞要素虽在新笔记体小说时有浮现，但积极修辞方式的使用并不频繁，只是适切语境的合理运用。

我们也通过人工标注和 python 统计的方法统计了《陈州笔记》中的比喻句，可知《陈州笔记》共用 77 句带有明显喻词的比喻句（表 12），而且多使用"面如土色""如琴似弦"等浓缩型表达，体现了"简约"的风格特征。

表 12 《陈州笔记》比喻句统计表

喻词	像	似	如	若
次数	12	18	3	44

五、社会历史语境下体裁风格的互文生成路径

上文通过运用体裁风格的认知程序,对特定时期的笔记小说风格进行描写阐释。可以发现:体裁风格在体裁结构和风格要素的双重运行机制下不断历时发展,实现为"简约⇌细腻⇌繁丰⇌简约"的认知路径。那么,体裁风格演变的背后是否存在社会历史语境机制的作用呢?答案是肯定的。

5.1 从历史传记到笔记小说——简约风格的出现

魏晋时期,战乱频繁,道家无为而治的思想、玄学盛行一时,文学延展了新的发展空间,笔记小说体裁应运而生。历史传记的纪实传统和"春秋笔法"的写作依旧在笔记小说延续,其体裁风格也就呈现了近似于历史传记的简约的特征。

5.2 笔记小说与传奇小说的分化——细腻风格的生成

进入唐代,大一统的政治格局,文学依靠着强大的经济基础和上层建筑的坚强保障而走向繁荣。一方面,魏晋以来重视实录,讲求还原历史的笔记小说依旧占据主要地位,唐代的皇帝也尤其重视史书和起居注的撰修,这些都为笔记小说"实录"精神,重视细节描写,补国史之缺提供可能;另一方面,正如诺曼·费尔克劳(Fairclough 2013)指出:"风格与认同联系在一起……既强调了识别的过程,也强调了人们如何对自己产生认同并被他人认同。"笔记小说在唐宋时期有了较快的发展,在传奇小说和世俗化倾向的多重影响下,创作者也需要适切社会话语体系,创作具有细腻的体裁风格特征的作品。

5.3 文言小说和白话小说的分化——繁丰风格的发展

元明清以来,商品经济的发展,市民阶层生活水平和审美情趣的提高,外加文学内部讲话、戏曲等体裁的发展,都对笔记小说体裁产生了潜移默化的影响。此外,文言小说和白话小说进一步分化,两者相互影响,相处促进。笔记小说的作者通常会适切当时的社会情境,经常选择一些情节冲突强、人物个性鲜明的故事,来

吸引读者的眼球。例如冯梦龙在创作《古今谭概》时就选用了苏轼的趣事,让人看了忍俊不禁,又富有文学意蕴,体现了繁丰的风格特征。

5.4 新时期的新笔记体——简约风格的复归

20世纪80年代以来,随着改革开放的稳步推进,社会经济的繁荣发展,丰富驳杂的小说类型层出不穷,各种手法屡见不鲜。随着寻根文学的发展,作家们取法传统,新笔记体小说继承了笔记小说体裁的"实录"精神,在平淡的语言中追求独特的意趣,这时期涌现了一大批较为优秀的新笔记体小说作品,如何立伟《南窗笔记》、贾平凹的《商州初录》等(曾利君 2001)。并且,值得关注的是,新媒体的出现,传统文学形式在多模态的发展倾向中获得了全新的生命力。除了"新笔记体小说",追求简约、写意的漫画、电影、电视剧等如雨后春笋般不断发展,成为新"笔记体"的多模态延伸,如拍摄为电影、电视剧的《聊斋志异》系列,以及新文艺电影,如《夜山明》等,这些创作层面与笔记小说隐性互文的全新样态,延展了笔记小说体裁的生命力和表现形式。

综上,论文认为,社会历史语境是体裁风格演化的宏观理据,是体裁风格生成和演变的外部机制。二者关系可总结如下(表13)。

表13 笔记小说体裁风格历时生成路径

	社会历史语境要素	体裁互涉	体裁风格
两汉 魏晋	1. 玄学、道家思想影响 2. 文学自觉与独立	1. 笔记文≒历史传记→笔记小说 2. 笔记小说≒历史传记	简约 ↓ 细腻 ↓ 繁丰 ↓ 简约
唐宋	1. 实录精神的继承 2. 社会话语体系变化	1. 笔记小说≒历史传记 2. 笔记小说≒传奇小说	
元明清	1. 商品经济的繁荣 2. 通俗文学的发展	1. 笔记小说≒传奇小说 2. 笔记小说≒(话本小说≒章回体小说)	
80年代 以降	1. 寻根思潮的出现 2. 小说类型的丰富 3. 新媒体文艺作品出现	文言笔记小说≒现代白话小说	

六、结　语

　　通过文献研读,"体裁风格"作为研究范畴可归纳为一条可考的认知路径:体裁先行,风格生成为辅的零星研究—风格专题探索—体裁风格语言学阐释—体裁风格功能语义分析。梳理海内外学术共同体别树一帜、基于不同方法论建构的体裁风格理论模式,领悟笔记小说体裁风格贯通古今、去芜存菁的纵向延伸与平面拓展,得出结论:体裁风格具有语篇结构整体性与语义流动性,是在特定社会历史文化语境下,在体裁嬗变过程中呈现的整体格调和言语气氛。分析体裁风格应该首先把握体裁客观演化和主观认知互文路径。进而,在社会文化语境、体裁动态演进以及功能语义要素流动三大层级实现机制下,共时描写阐释体裁风格特征,历时探究体裁风格向功能风格演进的主客观认知规律,图示如下(图13):

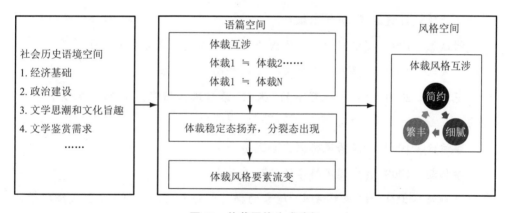

图 13　体裁风格生成路径

　　以笔记小说体裁风格的演变规律为例,不仅可以梳理出笔记小说在互文空间中"历史传记—古小说—笔记小说—传奇体/笔记体文言小说—新笔记体小说"的生成路径,更可以整合为"社会历史文化语境—体裁—体裁风格语义特征流变—功能风格生成"这一体裁风格认知路径。可以预期:以"同质性"和"异质性"、历时与共时等为基本理念的互文性理论引入体裁风格的研究能够激活语篇空间多层级、多维度的互动意识,这是一条探索现代风格学研究的新路径!

参考文献

陈望道　1997　《修辞学发凡》,上海教育出版社。

程祥徽　1985　《语言风格学初探》,三联书店(香港)有限公司。

程祥徽、黎运汉　1994　《语言风格论集》,南京大学出版社。

程祥徽　2000　《传统与现代联姻——语体与文体之辨》,程祥徽、林佐瀚主编《语体与文体》,澳门语言学会、澳门写作学会。

[法]茱莉亚·克里斯蒂娃　2016　《诗性语言的革命》,张颖、王小姣译,四川大学出版社。

[法]茱莉娅·克里斯蒂娃　2016　《主体·互文·精神分析:克里斯蒂娃复旦大学演讲集》,祝克懿、黄蓓编译,生活·读书·新知三联书店。

[荷兰]米克·巴尔　1995　《叙事学:叙事理论导论》,谭君强译,中国社会科学出版社。

[苏]索罗金　1960　《关于风格学的基本概念的问题》,载《语言风格与风格学论文选译》,苏旋等译,科学出版社。

褚斌杰　1990　《中国古代文体概论》(增订本),北京大学出版社。

丁金国　2009　《语体风格分析纲要》,暨南大学出版社。

范　昕　2009　《互文视野下的"张腔"语言风格研究》,复旦大学硕士学位论文。

黎运汉　1990　《汉语风格探索》,商务印书馆。

李伯超　1998　《中国风格学源流》,岳麓书社。

刘婉晴　2021　《"风格互文"现象的描写解释与特征识别》,《当代修辞学》第1期。

鲁　迅　2016　《中国小说的历史的变迁》,《小说发展史略》,中华书局。

石昌瑜　1994　《中国小说源流论》,生活·读书·新知三联书店。

吴应天　1989　《文章结构学》,中国人民大学出版社。

[南朝梁]刘勰　1998　《文心雕龙译注》,王运熙、周锋译注,上海古籍出版社。

许力生　2006　《文体风格的现代透视》,浙江大学出版社。

殷祯岑、祝克懿　2015　《克里斯蒂娃学术思想的发展流变》,《福建师范大学学报》(哲学社会科学版)第4期。

曾利君　2001　《论"新笔记体小说"的传统性》,《西南师范大学学报》(人文社会科学版)第6期。

张德明　1989　《语言风格学》,东北师范大学出版社。

郑远汉　1990　《言语风格学》,湖北教育出版社。

郑颐寿　2008　《辞章体裁风格学》,暨南大学出版社。

祝克懿　1999　《繁丰语言风格的要素——联合短语》,《修辞学习》第5期。

祝克懿　2010　《互文:语篇研究的新论域》,《当代修辞学》第5期。

祝克懿　2013　《汉语风格学奠基作考论》,陈光磊、陈振新主编《陈望道诞辰120周年纪念文集》,复旦大学出版社;收入陈曦、朱寿桐主编《语林嘤鸣集》,和平图书有限公司(香港)。

祝克懿　2014　《文本解读范式探析》,《当代修辞学》第5期。

祝克懿　2020a　《"语录体"的源起、分化与融合考论》,《当代修辞学》第4期。中国人民大学复印资料《语言文字学》2020年第11期转载。

祝克懿　2020b　《澳门语言风格研究一瞥》,黄翊主编《莲香海阔 语重情深——澳门特区20年社会语言状况回顾与展望学术研讨会论文集》,三联书店(香港)有限公司。

祝克懿　2021a　《互动·多元——跨世纪学术研究的主体思维》,《天津外国语大学学报》第2期。

祝克懿　2021b　《语言风格研究的理论渊源与功能衍化路径》,《当代修辞学》第1期。

Fairclough, N. 2013 Critical discourse analysis and critical policy studies. *Critical Policy Studies*. 7(2): 177-197.

Hasan, R. 1984 The nursery tale as a genre. *Nottingham Linguistic Circular*, 13.

The Program of Genre Analysis and Intertextuality Generation Path
—Insights from the Genre Style of Sketchbooks

Huang Honghui & Zhu Keyi

Abstract: A genre style reflects the ambivalence of the social and historical contexts and genre conventions, which also presents an important category of semantic integrity and fluidity of the discourse. The thesis takes "genre style", a category with universality in the subject of rhetoric, as the main analytical field of view, and studies genre style with the help of concepts of "intertextuality" and "heterogeneity" which play important roles in intertextual discourse and genre style research in Chinese. Taking classic notebook novels as an example, we analyze the concrete semantic representation of the "general style and parole atmosphere" in the process of genre evolution from the perspective of diachronic and synchronic cognition. We believe that re-examining the generation path of genre style from the perspective of intertextuality can activate the sense of discourse structure and semantic interaction, which can also explore the generation and evolution of style under the control of genre, and pioneer ideas about the research path of linguistic stylistics.

Keywords: genre style, integrity, fluidity, intertextuality, heterogeneity, sketchbooks, analysis paradigm, generation path

(原载于《当代修辞学》2022 年第 1 期，
人大复印资料《语言文字学》2022 年第 5 期全文转载)

变异社会语言学的风格研究
——兼谈与修辞学风格研究的互鉴

田海龙

[中国石油大学(北京)外国语学院]

提　要　随着变异社会语言学从第一次浪潮发展到第三次浪潮,变异社会语言学对风格的研究经历了三个阶段,从最初认为风格由说者投入注意力的程度直接导致,到风格是说者为听众所设计,再到风格是建构身份表达立场的社会实践。本文重点讨论第三次浪潮中的风格实践研究,通过讨论风格模仿、越界、风格化、拼凑等风格产生的方式认识变异社会语言学关于风格产生的观点,通过讨论指向性、指向秩序、立场、意识形态等工具性概念认识变异社会语言学对风格实践的理论阐释。基于此,文章进一步讨论变异社会语言学与修辞学在风格研究上的相互借鉴:变异社会语言学在认识风格的整体体现形式方面可以借鉴修辞学的研究成果,修辞学也可以在探究风格的建构性方面借鉴变异社会语言学的研究成果。

关键词　风格　风格实践　变异社会语言学　修辞学　互鉴

一、引　言

"风格"(style)是一个非常宽泛和模糊的概念,其所体现的内容存在于社会生活的方方面面。一座建筑会有风格,一个人的行为举止会有风格,穿衣打扮也有风格。可以说这些"社会风格"(Machin & van Leeuwen 2005)无处不在,正如卡博兰德(Coupland 2007: 1)所说:"世界充斥着社会风格。"但是,风格之所以是风格,主要是因为风格具有社会意义,既能体现或建构言说者的身份,又能表达或代表言说者的立场,因而风格也最明显地存在于语言使用之中,成为社会语言学的重要研究课题。随着社会语言学理论的发展,社会语言学家对"风格"及其体现和建构身份的认识也不断深入和更新。因此,寻求一个关于"风格"的简单定义已经成为一种奢望。更普遍的情况是在具体的案例研究中不断地发现语言运用中"风格"所体现的社会意义,以及如何阐释言说者通过特定的语言变体来形成风格,进而建构身份,表达立场。

研究风格所体现的社会意义是变异社会语言学风格研究的传统,本文对此展开讨论,包括变异社会语言学风格研究路径的演变及其对风格的不同认识,以及对风格产生的方式和对风格实践过程的理论阐释,其中会涉及变异社会语言学提出的一些风格研究的新概念和新视角,借此说明风格研究在社会语言学理论建构中的作用。在此基础上,结合修辞学关于风格研究的论述,就修辞学和变异社会语言学关于风格研究的借鉴和融合进行初步讨论。

二、风格研究的三个阶段

变异社会语言学的发展经历了三次浪潮(Eckert 2012)。尽管"浪潮"(wave)这个隐喻体现出后浪超过前浪的意义,但是这三次浪潮的关系在艾克特(Eckert 2018: xi)看来更应该是每一次浪潮都对前一次浪潮有所完善,而其表达的基本观点也在前面的浪潮中有所提及。作为变异社会语言学从第一次浪潮到第三次浪潮发展过程的研究课题,风格研究对每一次浪潮中涌现出的新观点都有所推动,同时也从这些新观点中获得深入发展的养分。

2.1 第一次浪潮的风格研究

变异社会语言学关于"风格"的研究可以追溯到拉波夫的语言变异研究。在他著名的纽约百货商场研究案例中,拉波夫获取语料的方式是在商场中随意向顾客问两个问题,第一个问题是"女鞋在哪?"得到回答"在四楼"之后,他继续问第二个问题"不好意思,在哪?"这时他会再得到一个回答"四楼"(fourth floor)。虽然这两个回答都是"四楼",但是第一个是以"随意"(casual)的方式回答,第二个是以"留意"(careful)的方式回答。这里"随意"和"留意"的说话方式就构成了拉波夫所观察的"风格",具体体现在/r/这个音位变项的不同变体之中,如拉波夫在三个商场的调查数据所示,留意风格的/r/变体数量都明显低于随意风格的/r/变体数量(Labov 1997: 175)。在另一个案例研究中,拉波夫(Labov 1972)特别观察了纽约市下东区五个音位变项在不同语境中呈现的变异情况。这五个音位变项是/r/、/eh/、/oh/、/th/和/dh/,它们分别在随意、留意、朗读、词表、最小对立体等语境中呈现不同的音位变体,其中一些是具有声望风格的音位变体。在这个案例研究中,"风格"对于寻找语言变异的规律更为重要,被拉波夫认为是与阶层和年龄同等重要的控制语言变异的社会因素(田海龙、赵芃 2021: 59—60)。英国变异语言学家特鲁吉尔同样根据风格变异来探究英国诺里奇地区社会阶层的区别,他将劳工阶层再分为上、中、下三个层级,将中产阶层再分为中、下两个层级,分别观察来自这五个阶层的受试在词表、段落朗读、正式讲话、随意讲话四种风格语境中发/ng/音的变异情况,发现所有受试/ng/的风格变异指数都是在随意风格的语境时较高,在词表风格的语境时较低,数值呈现出从随意风格向词表风格逐步下降的态势(Trudgill 1997: 181)。

拉波夫和特鲁吉尔关于语言风格的研究体现出变异社会语言学第一次浪潮中风格研究的一些特点。例如,他们将风格变异视为发音方式的不同,这种不同体现在特定音位变项(variable)的不同变体(variant)之中。他们将语言风格与语言变异联系起来,开创了风格研究的新路径,但是,他们视风格为静态不变的语境,并称其为语境风格(contextual styles)(Labov 1966;Trudgill 1997: 180),认为风格是音位变体的直接控制因素,由说者注意力投入程度所致,这种观点在一定程度上体现出早期社会语言学风格研究的局限性。

2.2 第二次浪潮的风格研究

突破拉波夫式风格研究局限的是贾尔斯和鲍斯兰(Giles & Powersland 1975)提出的"适应论"(accommodation theory)和贝尔(Bell 1984)提出的"听众设计"(audience design)理论。这两种理论将言说者在交际过程中的能动性(agency)引入风格研究,认为言说者的语言风格是其在主动适应交际需要的过程中形成的,而不是在交际语境直接控制下产生的。例如,贝尔(Bell 1997)对新西兰电台播音员的播音风格进行研究,发现播报相同内容时会因听众不同而表现出不同的播音风格。他所关注的音位变项是/t/,观察的两个广播电台分别属于"国家电台"和"地方电台",分别标注为 YA 和 ZB,前者的听众比后者的听众具有更高的社会地位。研究发现,单个播音员在这两个电台的播音表现出很明显的风格转换(style shift)能力。对播音员来说,新闻主体相同,播音间相同,也没有证据显示他投入的注意力不同。所以,贝尔(Bell 1997: 242)提出,"风格的转换主要是由于言说者考虑到听众的变化,而不是由于他所投入的注意力多少所致"。

贾尔斯和鲍斯兰提出的"适应论"和贝尔提出的"听众设计"理论,不再将语言风格定义为言说者对言说内容的注意程度,同时也不再强调语言风格的静态特征,不再认为语言变体与这一变体所体现的语言风格是一种显而易见的一一对应的直接关系。相反,这两种理论凸显了语言风格是言说者为了适应听者而选择的一种言说方式,如此认识语言风格的特征与变异社会语言学发展到第二次浪潮有一定的关系。这一阶段的变异研究,如米尔罗伊(Milroy 1980)对贝尔法斯特工人群体土语发音与他们所处社会网络之间关系的研究,以及艾克特(Eckert 1989)关于底特律贝尔顿中学学生的语言变体与其谈论话题之间关系的研究,都将"能动性"的概念引入变异研究,而"适应论"和"听众设计"理论在风格研究方面也将言说者的能动性凸显出来。

2.3 第三次浪潮的风格研究

进入21世纪,社会语言学体现出注重理论建构的特征(田海龙、赵芃2021),变异社会语言学关于风格的研究亦是如此。沿着变异研究第二次浪潮的发展方向,变异社会语言学进一步发展至第三次浪潮阶段,在理论上提出很多新的主张。例如,不再坚持语言变项与社会变项之间是一一对应的共现关系,而认为二者之间是通过说者能动性调节的间接关系;不再注重探究语言变体在宏观社会范畴上的分布,而是注重探究语言变体与个体及特定情景的互动;不再强调语言变体对社会范畴的反映作用,而是强调语言变体对特定社会范畴的建构功能。在这种研究范式的指导下,变异社会语言学的风格研究进一步深入,不仅关注风格的语言学体现,而且借助一些工具性概念,探究语言变异所构建的言说者身份以及与该身份联系在一起的风格实践,更加关注风格产生的过程(例如Eckert & Rickford 2001; Coupland 2007)。具体来讲,这一阶段的风格研究在理论上关注语言风格对社会身份的建构作用,注重阐释语言风格形成的机制,在方法上提出一些可行的分析风格实践的框架和方法以及可以借助的工具性概念。这些体现在理论和方法上的风格研究新特点聚焦在"风格实践"这一语言风格的社会实践特征上面。

三、风格实践:风格的产生与阐释

"风格实践"(stylistic practice)的概念凸显变异社会语言学所关注的言说者通过选择使用特定语言变体形成风格的社会实践过程。这方面的研究既涉及风格的产生,又涉及对风格的阐释(Eckert 2018: 147)。就前者而言,第三次浪潮的风格实践研究创立了许多新的理论和概念,如风格模仿、越界、风格化、拼凑、立场,说明言说者如何通过选择使用某一语言变体形成一定的语言风格,进而构建出特定的社会身份。就后者而言,第三次浪潮的风格实践研究提出一系列理论主张,不仅阐释言说者为什么可以借助某些特定语言变体形成某种特定的语言风格,而且阐释某种语言风格如何被听者认定为是这样一种风格。

3.1 风格的产生

"风格"的一个传统定义是:风格是表达同一个内容的不同表达方式。然而,"风格实践"的概念则表明,风格不再是与内容分离的表达形式,而是与内容融为一体,从所表达的内容中产生,既与言说者的身份合一,又与言说者的立场同步。正如艾克特(Eckert 2018: 146)指出的那样:"不同的言说方式被用来表明身份的不同存在方式,而这些方式就包括了潜在的要表达的不同内容。"因此,风格实践的研究更多地注重研究个体的语言风格,并将个体的语言风格与其身份建构联系起来。

例如,艾克特(Eckert 1989)注意到,在美国底特律郊区的一个中学里,有的学生课后积极参加学校的活动,有的则放学后在街头玩耍,这些属于不同"实践共同体"的学生使用的语言变体也不尽相同,前者更倾向于使用标准的英语变体,后者更倾向于使用非标准的、地方特征明显的语言变体。这些学生通过选择使用特定的语言变体,与特定的服饰和行为方式一起创造性地设计出与其他同学有别的风格,主动标明自己的群体身份,表明自己属于哪个有着共同课外活动兴趣、共同话题的"实践共同体"。这些学生的风格实践在一定程度上具有"风格模仿"(styling)的特征,即通过选择特定的语言变体"模仿"特定群体的语言风格,以便和他们认同的群体相似,或者通过选择其他语言变体与他们不认同的群体划清界限(Le Page & Taboouret-Keller 1985)。

"风格模仿"是风格实践的一种方式,与之相关的另外一种风格实践的方式是"越界"(crossing),指言说者选择使用与其身份或所属群体不符的语言变体,如伦敦的白人母语者使用亚裔英语的现象(Rampton 2005)。通过"越界"这种风格实践,言说者往往借助外族或其他群体的语言特征来构建自身的新身份,而这种身份往往是一个明显不属于自己的身份。在这个意义上,"越界"这个概念被置于风格变异研究的建构主义中心位置(Coupland 2007: 138)。与此类似,"风格化"(stylization)这一概念也被用来研究言说者如何使用某种语言变体来构建身份。"风格模仿"和"风格化"都是表达立场的一种形式(Jaffe 2009),只不过"风格化"更加强调言说者通过挪用强者的语言变体(如被认为具有某种风格的变体)来反抗霸权和挑战垄断话语,并使这种变体为自己的目的服务(如构建一种新的身份)(参见 Coupland 2007: 150)。例如,在伦敦的一个多民族俱乐部中,白人学生有意学说亚洲英语的语音语调。这种语音语调不是地道的英语,被认为具有过度强调语言形式的风格特征,这些白人学生故意操演这样"风格化"的活动,就是要建构一种虚假的身份,与自己更加习惯的言说风格对抗(Rampton 2005)。"风格化"的操演在无线电广播这样的"高操演"的"身份活动"(act of identity)中应用,可以使播音员通过选择某种风格的播音方式与其机构和媒体的要求更加适应,而其中所建构的个体身份并非是其真实的身份(Coupland 2007: 150)。

在言说者的风格实践过程中,他们使用的语言变体,包括被认为具有特定风格的语言变体,都成为言说者可以挪用(appropriate)的语言资源。就风格的产生而言,需要注意的是,一种风格的产生不仅仅是单一语言资源被挪用的结果,多数情况下是不同语言资源被整合(combine)和拼凑(bricolage)在一起再使用的结果。张青(Zhang 2005)在观察中国改革开放初期外资企业白领女性员工的创新性语言风格时就注意到,她们时髦、国际范儿、区别于国企员工的语言风格就是通过将多种语言资源拼凑在一起建构出来的,这些语言资源包括音位变项和词汇变项,前者如轻声发重音、去儿化音,后者包括中文中夹杂英文单词。

风格的产生不仅是多种语言资源拼凑使用的结果,就个体的语言风格而言,也是一个逐步形成的过程。在这个过程中,说者的"立场"(stance)成为一个观察的维度。所谓"立场",简而概之,就是言说者对自己与自己所谈内容以及自己与听者之间关系的语言表述(Kiesling 2009: 172)。在风格实践过程中,言说者不断重复使用自己表达立场的语言资源,不断重复自己在与听者关系、与所谈之事关系中的定位,便会逐渐形成自己的风格。例如,约翰斯通(Johnstone 2009)注意到美国黑人女政治家芭芭拉·乔丹(Barbara Jordan)在演讲时常常使用"我认为"(I think)之类的明示标记和"那或许是真的,或许不是"(that may or may not be true)之类的模糊标记;除此之外,乔丹还坚持使用语法规范的标准书面语,经常选用正式且考究的词汇、复杂句式以及新词。约翰斯通发现,乔丹借助这些语言资源凸显出自己正式、精确、考究的态度,与听众保持距离的立场,以及对自己观点的确信无疑。经常使用这些表达自己观点和态度的语言形式,久而久之,她演讲的语言特征日趋明显,最终形成了她的演讲风格,让人感觉到她的深刻、博学、智慧和对原则的坚持。就这个案例而言,芭芭拉·乔丹具有特点的演讲风格即是在表达立场的语言形式不断重复进而形成一套稳定的社会实践模式的过程中形成的,这在一定程度上表明"重复的立场表达方式可以形成与特定个体相关的风格"(Johnstone 2009: 29)。

综上,变异社会语言学关于"风格实践"的研究在探究风格如何产生和形成过程中,认识到风格的产生是言说者选择使用特定语言变体的结果,这其中就包括风格模仿、越界和风格化等不同的风格实践方式。这些风格实践方式凸显了风格实践对言说者个体身份的建构作用,因此风格实践与身份紧密联系在一起,以至于"社会语言学的身份研究越来越成为对风格的研究"(Bucholtz 2009: 146)。除此之外,变异社会语言学还认为言说者风格的形成与语言资源的拼凑与组合、立场表达的不断重复相关。这些观点都更新了传统的关于风格的认识。

3.2 风格的解读

毫无疑问,以上这些关于"风格实践"的研究蕴含了变异社会语言学对风格的解读与阐释,但是,变异社会语言学对风格的阐释更明显地体现在研究风格实践的具体分析框架上面。这个分析框架由四个彼此关联的分析步骤组成(田海龙、赵芃 2021: 208—209),综合应用于案例研究,可以更为深入地阐释风格实践的产生及其影响语言景观的机制。依据这个框架,研究的第一步要根据研究目的确定语言变项及其相应的语言变体。这些变项和变体可以是词汇句法层面的,也可以是音位层面的,一般具有和标准语偏离的特征。第二步要确定与这些语言变项和变体相关联的社会变项,即这些变项体现出什么潜在的语言风格。第三步要解释语言变体对言说者新的社会身份的建构机制。这是一个动态的过程,涉及说者及其群体的意识形态观念,如使用这种语言变体是否被认可和接受,是否被模仿,以及它所建构的新身份在社会和语言景观中的地位如何等等。第四步是阐释风格实践的意识形态力量,即在第三步分析的基础之上进一步阐释语言变项或变体作为风格创新对引发社会变化的作用。分析的内容包括对新的语言风格的认可程度、对新的语言风格和与之相对的旧的语言风格的不同评价,以及由此产生的不同评价中心的形成及其相互斗争。通过第四步的分析可以阐明语言创新通过意识形态力量如何引发社会变革。

这个分析框架将张青(Zhang 2018)提出的"基于风格的社会语言学演变研究路径"具体化为四个分析步骤,为风格实践研究提供了可操作的方法。依此分析框架,田海龙、赵芃(2021:209—213)重新阐释了张青(2010)对两位女主持人在一个购物节目中创新性使用语言变体建构时髦身份、前卫风格,进而引领消费的研究,表明这样一个分析框架可以帮助研究者更为清晰地认识言说者为什么可以借助某些特定语言变体形成某种特定的语言风格。在这个分析框架的第三步,需要解释语言变体为什么可以建构出言说者新的风格和身份,这实际上阐释了听者如何将某语言风格认定为是这样一种风格。这就需要借助一些概念性工具(conceptual tools)。

指向性(indexicality)和与之相关的指向秩序(indexical order)是用来阐释风格实践的两个概念。在皮尔斯的符号学论述中,一个指向符(index)之所以可以指向它的对象,与之建立起指向关系,是因为"它与那些把它当作符号的人的感觉或记忆有联系"(皮尔斯 2014:56)。基于皮尔斯符号学,西尔弗斯坦(Silverstein 2003)用"指向性"(indexicality)表明一个特定的语言变体可以指向它经常出现的那个现实社会中的情景,如港台人特定的发音方式(如把"学生"的"生"发成重音)可以指向它经常出现的港台地区或经常使用这种变体的港台人。西尔弗斯坦把这种语言特征与其对象的指向关系称为"第一级指向关系"(first-order indexical correlation),标注为 n-th。"第一级指向关系"表明语言特征"预设"出它被常规性使用的语境,但是这个语境具有某种图示化功能,使人们能够识别出这个语言特征在该语境中是否得体(Silverstein 2003:193)。这种"图示化"(schematization)即是一种语言意识形态,暗含着对这个语言特征是否与之适合的认识,如在张青(Zhang 2005)的研究中,外企的白领女性在北京使用这种港台腔就会被认为"不合适",或者被认为与北京当地人的发音形成明显的对照。在这种"语言意识形态"的作用下,港台腔的语言变体就会被赋予社会意义,如这种轻读发重音的现象(如"学生"的港台腔)对外企白领女性群体来说就显得更为合适,而国企员工如果这样发音就显得不得体。这时,该语言特征与这个在语言意识形态作用下产生的社会意义便形成一种新的指向关系,被称为"第二级指向关系"(second-order indexical correlation),标注为 n+1-th。"第二级指向关系"是语言意识形态作用于该语言变体"第一级指向关系"的结果,是在"民族元语用驱动"(ethno-metapragmatically driven)下对该语言变体进行"本地解读"(native interpretation)的结果(Silverstein 2003: 212)。在语言意识形态的作用下,港台腔的发音特征就可以成为一种风格,如果要前卫就要说港台腔,而要保持地方特色就要避免说话带港台腔。当人们意识到港台腔的语言变体不仅指向港台地区和港台人(n-th),而且还形成一种"前卫"的风格(n+1-th)时,人们就可以在自己的言谈中使用这种港台腔语言变体以显示自己来自港台地区,或者借此创造一种"前卫"的风格。这种被实施的(performed)言谈风格也是一种指向意义,西尔弗斯坦称之为第三级指向关系(third-order indexical correlation),标注为(n+1)+1-th,在这里指使用该变体的意愿与听起来像港台腔的言谈之间的联系。

借助"指向性"概念阐释风格实践可以认识到,特定的语言变体之所以形成特定的风格,并非该语言变体自身的作用,而是该语言变体被认为具有某种风格。在上面的案例中,外企白领女性的港台腔之所以体现前卫的风格,即是这一港台腔受到"民族元语用驱动"的"本地解读"。在这个意义上,欧文(Irvine 2001)认为风格具有独特性,人们只能根据自己的语言意识形态对"有别于其他语言表达方式"的语言变体进行理解,进而识别这种被视为具有独特性的风格。基于这样一种认识,盖尔和欧文(Gal and Irvine 2019)提出"呈符化"的概念,强调一种指向关系之所以又成为象似关系,进而一个符号可以被语言使用者认为与某种特性具有象似性,形成与众不同的风格,完全是因为"语言意识形态"发挥作用的结果(赵芃、田海龙 2022)。

"呈符化"也是基于皮尔斯符号学的一个概念。皮尔斯依据解释项再现符号的方式把符号分为呈符(rheme)、申符(dicent)和论符(argument)(转引自 Parmentier 1994: 17)。当一个符号与一个物体具有"指向关系"之后,这个"指向符"如果再被"猜想"(conjecture)与另一个物体具有"象似关系",那么这个符号就被称为"呈符"。例如,考尔德(Calder 2018)注意到,旧金山的一群变装皇后发英语/s/音时部位靠前,像汽笛那样尖锐。当人们听到这种发音时,就会根据自己的经验将这种发音与这些人联系起来,建立起"指向关系"。这些人凶狠、严厉、锋芒毕露,当这些"抽象品质"习惯性地与语言形式相关联,并与使用这种语言形式的角色连在一起时,这种语言表达方式(尖锐地发/s/声音)也可以被感知,形成"感知特性"(qualia),使这种尖锐的物理声音与严厉的人格建立起"象似关系"。再如,北京话里有一个称作"儿化音"的地方变体,如把"名牌"说成"名牌儿"。"儿化音"这种发音在老舍小说关于北京人的描述中,经常是被称作"京油子"的一类人的语言特征(Zhang 2008, 2018),因此"儿化音"这种语音变体与"京油子"及其存在的地域联系起来,形成一种"指向关系"。当这种指向关系转变为"象似关系"时,如"儿化音"这种发音变体与"京油子"这类人"油滑"的特性建立起"象似关系"时,则完全是"语言意识形态"作用的结果。在这个过程中,"京油子"待人处事的"油滑"逐步成为"刻板印象",以至于"京油子"发"儿化音"的方式与他们"油滑"的处事方式在"刻板印象"这类"语言意识形态"的作用下建立起"象似关系"。这个研究案例表明,"儿化音"这个语言变体作为"指向符"(index)可以指向存在于现实世界的"京油子",这种指向关系在语言意识形态的作用下又可以转变为"儿化音"与"京油子"的"油滑"这一抽象品质之间的象似关系。正是人们将"京油子"发"儿化音"的语言特征与"京油子"所具有的"油滑"特性联系到一起,赋予了"儿化音"以"油滑"的象似性,使得说"儿化音"的人在听者看来具有了"油滑"的风格。

四、与修辞学风格研究的互鉴

变异社会语言学第三次浪潮中的风格研究聚焦风格实践,不仅认为言说者通过风格模仿、越界、风格化、拼凑等不同方式实施风格实践,而且提出阐释风格实践的分析框架,并借助立场、指向性、呈符化、语言意识形态等概念阐释风格的形成过程。在这个探究风格实践的过程中,风格不再被认为是同一内容的不同表达方式,而是建构身份、表达立场的社会实践。这种对风格的认识在一定程度上与修辞学关于风格的认识相得益彰,例如,祝克懿(2021)从语言风格研究的理论渊源与功能衍化视角梳理修辞学领域关于风格的相关认识,认为风格的概念集中在五个方面:1)风格即人,2)风格即作品,3)风格是一种言语活动,4)风格是一种功能意义/语体色彩意义/特征/差别/着重,5)风格是对标准的偏离。如果以此为参照,变异社会语言学关于风格的认识也可以总结为五点:1)风格与身份相关,2)风格体现在语言运用当中,3)风格是一种社会实践,4)风格体现社会意义,5)风格是使用语言变体的结果。可见,变异社会语言学和修辞学对风格的总体认识具有共同之处。

然而，由于研究传统的差异和研究侧重的不同，变异社会语言学和修辞学就风格研究而言各自具有各自的特点，这也构成了彼此相互借鉴的基础。通过相互借鉴，可以共同深入关于语言风格的认识，进而拓宽各自的研究视角，开拓新的研究路径。

一方面，修辞学领域关于风格本身为何物的讨论为变异社会语言学认识风格的体现形式提供了借鉴，在修辞学关于"语言风格"的讨论中，"风格"与"修辞"的联系与区别是一个重要的论题。对此，普遍的观点是认为修辞为主，风格为副；修辞为里，风格为表；修辞为因，风格为果。然而，赵毅衡（2018）对这种认为"风格"与"修辞"是因果关系的观点提出质疑，认为风格比修辞的范围大很多，其变化的可能性也比修辞多得多。他认识到"修辞格"有一个系列，风格却更难总结成一个系列，并以此为基础提出"风格是符号文本的附加符码，而修辞是符号文本本身的构成符码"（赵毅衡 2018: 296）。这里，他引入符号文本的概念，将"风格"与"修辞"的联系与区别借助符号文本体现出来，为修辞学进一步认识语言风格提供了坚实的基础。

然而，"风格"毕竟是一个内容涵盖非常宽泛的概念，不仅玄乎虚渺，而且飘忽不定。但是，就其字面意思而言，祝克懿（2021）的解释很具有概括性，她认为，"风"者，即动也，流则生气，动则成风。表现形态为一种流动、传动、浮动、移动、舞动、飘动、摆动、飞动；而"格"者，即传统的、既有的、配套的、成型的、成熟的、唯美的格式（模式、范式、定式、板式、类型、面貌、整体、合体等）。若"风""格"概念意义合为一体、兼而达意，则表现为一种动与静、传承与创新的辩证统一。尊崇"风"，创新可成就其风格；恪守"格"，协同无数个体，整合则形成整体格调和气氛。基于此，祝克懿（2021）进一步指出，语言学意义上的"风格"指语言运用所形成的整体格调和言语气氛，它反映的不是语音、词汇、语法单位自身的结构、语义发生发展规律，而是这些语言单位在运用过程中，由语言内外制约因素系统形成的各种风格形态、风格表征、风格结构类型及风格语义的历史演变规律等。因此，风格的考察范围与方式不重语言的规范性、整体性、普遍性，而重语言的变异性、个体性、特殊性。"风格""发展、变化、平衡、再发展、再变化、再平衡，以至无穷"，生成发展所遵循的规律，体现出"风格"涵义的"关键、机杼、要点和核心"。

从祝克懿关于风格的概括性论述中，可以看到风格在修辞学的研究中被认为是语言的变异性与制约这种变异性的内外因素叠加在一起的整体格调，这种风格的"个体-整体"辩证观对修辞学的研究产生了重要影响。例如，在篇章风格的研究方面，刘婉晴

(2021)提出"风格互文"的概念,认为语言风格是语篇整体风貌的综合呈现;黄鸿辉、祝克懿(2022)对笔记小说经典文本的体裁风格进行分析,提出一个体裁风格的分析程序和互文生成路径,认为体裁风格具有语篇结构整体性与语义流动性,是在特定社会历史文化语境下,在体裁嬗变过程中呈现的整体格调和言语气氛。这些基于风格现代解读的成果,也传承了陈望道(1932/1997)、高名凯(1960)等前辈关于风格的经典论述。以此为参照,变异社会语言学关于风格的认识在析辨体现风格的语言形式方面还有待进一步拓宽。变异社会语言学在研究风格实践的基础上触及风格对身份的建构,以及立场对个体语言风格形成的作用,如此认识风格也预设出风格需要体现在特定的语言形式上。目前的研究已经涉及音位变体、词汇变体,对音调也有所涉及,但是在篇章层面体现风格的语言形式还需要进一步厘清。在这个意义上,变异社会语言学可以借鉴修辞学关于风格的认识,进一步拓展认识风格的视角,深化关于风格与体现风格的语言形式之间相互作用的研究。

另一方面,变异社会语言学关于风格实践的认识也为修辞学深入探究风格的建构性特征提供了借鉴。如本文的讨论所呈现的,变异社会语言学第三次浪潮中关于风格实践的研究凸显了语言的建构性,因而也更加强调风格的社会实践特征。与此同时,语言使用者的主观能动性、语言变体对言说者社会身份建构的不确定性和偶然性,以及研究发现的个体性和特殊性,都体现出变异社会语言学风格研究对现代主义科学实证研究方法的反思与批判,特别是变异社会语言学第三次浪潮中的风格研究将语言意识形态的概念置于中心位置,借助"指向性"和"指向秩序"的概念阐释风格产生的机制和过程,将风格实践研究推向了一个理论高度。在这方面,赵星植、彭佳(2018)从皮尔斯能量解释项的角度阐释风格的形成,认为风格是符号文本对解释项所产生的实际效力,风格的形成取决于文本、动力对象与文本解释项之间的具体关联方式,需要调动解释项在符号过程外部与周围的诸种间接经验,从一个角度回应了变异社会语言学的关切。这也展示出变异社会语言学与修辞学(包括符号学)在风格研究上相互借鉴的广阔前景,显示出不同学科通过借鉴彼此的研究成果在拓宽研究视野、发现新的研究课题方面的潜力。

最后,需要说明的是,以上两点认识仅是作者学习过程中的思考而已。关于修辞学与变异社会语言学在风格研究方面相互借鉴的讨论也涉及中西方研究传统的相互借鉴,这是一个内容庞杂的研究领域,非作者目前的知识储备所能胜任。

五、结　语

本文关于风格研究的讨论呈现出变异社会语言学对风格认识的不断深入，尤其是在变异研究的第三次浪潮中，风格的社会实践特征被置于风格研究的中心位置。围绕风格实践的研究，变异社会语言学涌现出许多新的理论和概念，对风格的产生方式和机制都有了新的认识。变异社会语言学风格研究的新成果顺应了社会语言学注重探究语言社会实践属性的发展趋势，对我国的风格研究也提供了借鉴。我国的修辞学在风格研究方面具有深厚的研究传统和鲜明的特色，在不同学科的相互借鉴中也产生出新的研究成果。相信社会语言学和修辞学在风格研究方面的相互借鉴将进一步推动中西学术的发展和进步。

参考文献

陈望道　1997　《修辞学发凡》，上海教育出版社。

高名凯　1960　《语言风格学的内容与任务》，《语言学论丛》第四辑，上海教育出版社。

黄鸿辉、祝克懿　2022　《体裁风格分析程序及互文生成路径——以笔记小说经典文本的体裁风格为例》，《当代修辞学》第1期。

刘婉晴　2021　《"风格互文"现象的描写解释与特征识别》，《当代修辞学》第1期。

[美]皮尔斯　2014　《皮尔斯论符号》，赵星植译，四川大学出版社。

田海龙、赵　芃　2021　《社会语言学新发展研究》，清华大学出版社。

张　青　2010　《"将购物进行到底!"——中国电视媒体中的语言创新与社会区隔》，田海龙、徐涛主编《语篇研究的庐山真面》，南开大学出版社。

赵　芃、田海龙　2022　《语言研究中的意识形态：概念梳理、角色界定、理论思考》，《外国语》第4期。

赵星植、彭　佳　《论风格与情感、修辞之关系：一个皮尔斯解释项三分路径》，《学术界》第1期。

赵毅衡　2018　《赵毅衡形式理论文选》，北京大学出版社。

祝克懿　2021　《语言风格研究的理论渊源与功能衍化路径》，《当代修辞学》第1期。

Bell, A. 1984 Language style as audience design. *Language in Society*, 13(2):

145-204.

Bell, A. 1997 Language style as audience design. In Nickolas Coupland & Adam Jaworski (eds.). *Sociolinguistics: A Reader and Coursebook*. London: Macmillan ST. Martin's Press: 240-250.

Bucholtz, M. 2009 From stance to style: gender, interaction, and indexicality in Mexican immigrant youth slang. In Alexandra Jaffe (ed.). *Stance: Sociolinguistic Perspectives*. New York: Oxford University Press: 146-170.

Calder, J. 2018 The fierceness of fronted /s/: linguistic rhematization through visual transformation. *Language in Society* 48(1): 1-34.

Coupland, N. 2007 *Style: Language Variation and Identity*. Cambridge: Cambridge University Press.

Eckert, P. 1989 *Jocks and Burnouts: Social Categories and Identities in the High School*. New York: Teach. Coll. Press.

Eckert, P. 2012 Three waves of variation study: the emergence of meaning in the study of variation. *Annual Review of Anthropology*, 41: 87-100.

Eckert, P. 2018 *Meaning and Linguistic Variation: The Third Wave in Sociolinguistics*. Cambridge: Cambridge University Press.

Eckert, P. & Rickford, J. (eds.) 2001 *Style and Sociolinguistic Variation*. Cambridge: Cambridge University Press.

Gal, S. & Irvine, J. 2019 *Signs of Difference: Language and Ideology in Social Life*. Cambridge: Cambridge University Press.

Giles, H. & Powersland, P. 1975 A social psychological model of speech diversity. In Howard Giles and Peter Powersland (eds.). *Speech Style and Social Evaluation*. New York: Harcourt Brace: 154-170.

Irvine, J. 2001 "Style" as distinctiveness: the culture and ideology of linguistic differentiation. In Penelope Ecker and John R. Rickford (eds.). *Style and Sociolinguistic Variation*. Cambridge: Cambridge University Press: 21-43.

Jaffe, A. 2009 Introduction. In Alexandra Jaffe (ed.). *Stance: Sociolinguistic Perspectives*. New York: Oxford University Press: 3-28.

Johnstone, B. 2009 Stance, style, and the linguistic individual. In Alexandra

Jaffe (ed.). *Stance: Sociolinguistic Perspectives*. New York: Oxford University Press: 29–52.

Kiesling, S. 2009 Style as stance: can stance be the primary explanation for patterns of sociolinguistic variation? In Alexandra Jaffe (ed.). *Stance: Sociolinguistic Perspectives*. Oxford: Oxford University Press: 171–194.

Labov, W. 1966 *The Social Stratification of English in New York City*. Washington, DC: Center for Applied Linguistics.

Labov, W. 1972 *Sociolinguistic Patterns*. Philadelphia: University of Pennsylvania Press.

Labov, W. 1997 The social stratification of (r) in New York City department store. In Nickolas Coupland & Adam Jaworski (eds.). *Sociolinguistics: A Reader and Coursebook*. London: Macmillan ST. Martin's Press: 168–178.

Le Page, R. B. & Tabouret-Keller, A. 1985 *Acts of Identity: Creole-based Approaches to Language and Ethnicity*. Cambridge: Cambridge University Press.

Machin, D. & van Leeuwen, T. 2005 Language style and life-style: the case of a global magazine. *Media, Culture and Society*, 27(4): 577–600.

Milroy, L. 1980 *Language and Social Networks*. Oxford: Blackwell.

Parmentier, R. 1994 *Sings in Society*. Bloomington and Indianapolis: Indiana University Press.

Rampton, B. 2005 *Crossing: Language and Ethnicity Among Adolescents* (second edition). Manchester: St. Jerome.

Silverstein, M. 2003 Indexical order and the dialectics of sociolinguistic life. *Language and Communication*, 23: 193–229.

Trudgill, P. 1997 The social differentiation of English in Norwich. In Nickolas Coupland & Adam Jaworski (eds.). *Sociolinguistics: A Reader and Coursebook*. London: Macmillan ST. Martin's Press: 179–184.

Zhang, Q. 2005 A Chinese yuppie in Beijing: phonological variation and the construction of a new professional identity. *Language in Society*, 34: 431–466.

Zhang, Q. 2008 Rhotacization and the "Beijing smooth operator": the social meaning of a linguistic variable. *Journal of Sociolinguistics*, 12: 201–222.

Zhang, Q. 2018 *Language and Social Change in China: Undoing Commonness through Cosmopolitan Mandarin*. London: Routledge.

The Study of Style in Variationist Sociolinguistics and Mutual Learning with Rhetoric

Tian Hailong

Abstract: With the move of variationist sociolinguistics from the first Wave to the third, the study of style advances through the three stages accordingly, on the first of which style is considered as result of the speakers' attention. Then style is viewed as caused from the design for audience, and now style is taken as the stylistic practice for the construction of speakers' identity. This article takes stylistic practice as the focus of discussion in terms of style production and explanation of this process of production. For the production of style, concepts such as styling, crossing, stylization, and bricolage are discussed, and for explanation of style production process concepts like indexicality, rhematization and ideology are discussed. In so doing, the article highlights new theories of sociolinguistic studies of style, on the basis of which, also based on a limited understanding of rhetoric study of style, the article proposes two aspects where mutual learning is necessary for both variationist sociolinguistics and rhetoric in the study of style.

Keywords: style, stylistic practice, variationist sociolinguistics, rhetoric, mutual learning

（原载于《当代修辞学》2022 年第 4 期）

话 语 分 析

故事讲述中的自由直接引语初探

方 梅[1] 周 焱[2]

(1. 中国社会科学院大学/中国社会科学院语言研究所；
2. 中国社会科学院语言研究所)

提 要 自由直接引语指不含有引导句的引语。自由直接引语出现时，故事讲述者化身为情节内人物的扮演者，这是口语故事讲述与书面叙事语篇的一个重要差别。自由直接引语的使用受到多种因素限制。一方面，讲述者选择自由直接引语来表达故事人物话语时，话语主体一般为已经被引入话语的人物，属于已激活信息。另一方面，采用自由直接引语往往与互动行为类别密切相关。自由直接引语的引述方式，讲述者频繁化身为故事情节内不同角色，多见于单纯故事讲述行为；而在论证、说明等特定互动行为中的故事讲述，倾向于使用含有引导句的编码形式来明确信息来源。除了语言编码手段之外，多模态资源也是识别自由直接引语边界的重要手段。

关键词 口语故事讲述 书面叙事语篇 自由直接引语 引语边界 互动行为

一、引 言

引语(reported speech)，指说话人引述自己或他人在某一具体语境中的话语，是人类言语交际中最普遍的现象之一，一直受到叙事学、语言学、语言哲学等学科的关注。

关于引语的类型，除了常见的直接引语和间接引语外，语言学家们对引语类型都有更加细致的划分，如 Jesperson (1924: 291) 主张将间接引语分为"从属性引语"(dependent speech) 和"介绍性引语"(represented speech) 两类。在 Quirk 等

(1974)编著的英语语法著作中,把英语的引语分为直接引语(direct speech)、间接引语(indirect speech)和自由间接引语(free indirect speech)三类。黄衍(1980)在此基础上,还划分出英语引语的第四种类型,即自由直接引语(free direct speech)。Leech & Short(1981:324)认为还有一种比间接引语更间接的"言语行为叙述体"(the narrative report of speech act)。此外,其他研究领域的学者也有更详细的划分,如英国批评家 Page(1973)将英语小说中的人物话语分为了八种①。

  汉语语法学界关于引语的研究以往大多集中在直接引语和间接引语两类,如徐赳赳(1996)以报刊叙述文为材料,分析直接引语的形式特征和多种功能;董秀芳(2008)分析《红楼梦》中直接引语和间接引语混用的现象;乐耀(2013)讨论新闻和小说中直接引语和间接引语的传信功能等。也有一些研究对引语作出更为细致的分别,如吴中伟(1996)以书面语材料为分析对象,用语气是否保留、指别关系是否一致、引号是否出现三个条件,将引语分为直接引语、间接引语、自由直接引语、自由间接引语四类。吴中伟(1996)指出,上述几类之间的区别在于直接引语出现在引号内,语气和指别关系不变;间接引语不出现在引号内,语气和指别关系都发生变化;自由直接引语不出现在引号内,语气和关系词语不变;间接自由引语不出现在引号内,语气不变,指别关系发生变化。这种四分法的分析与叙事学研究中的话语模式相对应,如例(1)所示(转引自胡亚敏 2004:90):

  (1) a. 他说:"我打算明天上街买东西。" ——直接引语
    b. 我打算明天上街买东西。 ——自由直接引语
    c. 他说他想明天上街买东西。 ——间接引语
    d. 他打算明天上街买东西。 ——自由间接引语

  这四种类型的话语模式划分也涉及是否有引号以及指称形式的选择,但在自由间接引语上,与吴文存在差异。比如,例(1)d 是由例(1)c 去掉引导句(reporting clause)"他说"而来。但是,单看例(1)d,则仅仅是陈述"他将要做某事",并不能得出是在引述"他"所说或所想的话。下面例(2)是关于故事中人物的心理活动,在提及这个人物自身时,用"他"而非用"我"。

---

① 这八种引语分别是直接引语、被遮覆的引语、间接引语、"平行的"间接引语、"带特色的"间接引语、自由间接引语、自由直接引语、从间接引语"滑入"直接引语。

(2) 岳拓夫眼前一亮,好家伙,荷花开了那么许多,什么时候开的?他怎么不知道?难道是一夜之间突然开的?每天早上他都沿着这个湖边跑步,怎么就没看见呢?(转引自吴中伟 1996)

吴文认为自由间接引语是"在文艺语体中描述心理活动的语言手段"。

在实际发生的故事讲述中,也有讲述者对人物心理活动的叙述,如例(3)①:

(3) 我说兄弟你怎么了这是,你这一那什么搅得大伙都那什么,你这样行不行?你,你这锅牌,四圈,只要你不骂街,我给你二百块钱,我算奖励奖励你。你知道吗?他一听,这等于白给,白给二百啊。是不是?行行行。我说你可得记住了。

例(3)中下划线部分"这等于白给,白给二百啊"是讲述者对他人心理活动的揣测,但从形式上看,更接近自由直接引语。直接引语和间接引语有引导句,讲述者使用这两种类型的引语来表达人物话语时,受述者能够明确区分人物话语的不同来源。而自由直接引语没有引导句,受述者需要通过讲述者提供的线索来识别人物话语的来源,即自由直接引语的使用需要一定的条件。

故事人物所说的话称为人物话语,人物话语可以由不同的引语类型表达。直接引语和自由直接引语都是讲述者对所讲述的故事中人物语言的"模仿"②,包括词汇选择、语调、音色、姿态等。从语言形式上看,二者区别在于,直接引语有引导句,如例(1)a;而自由直接引语没有引导句,如例(1)b。在口语叙事中直接引语也无法像书面语那样用引号标出引语的内容。间接引语则是讲述者转述的人物话语,有引导句,但指称形式发生相应的变化,如例(1)c 中的"他说""他",而且故事人物的语气、语音等特征都不保留。

显然,以往关于引语的研究多以书面文本为分析对象。那么,在自然口语中,

---

① 语例中的转写符号如下:
　　[　　双方交叠开始的地方　　　　-　　断开
　　<x>　听不清的内容　　　　　　　@@　笑声
　　TSK　咂嘴　　　　　　　　　　<Q Q>　明显的引语音质

② 一般认为直接引语和自由直接引语有逐字复制(verbatim reproduce)的功能,Tannen(1989:121)认为口语对话中引语很少表示"所说的原话",也非"逐字引述",而是对原话人不同方面的模仿,是构建的对话(constructed dialogue),因为对话中每个人都有自身的说话习惯等个人因素。我们赞成这种观点。

言者的产出策略是怎样的,听者依据哪些线索识别引语,这些问题的研究尚有很多未知因素。下文将基于口语故事讲述材料,讨论讲述者使用自由直接引语呈现故事中的人物话语受到哪些因素制约,受述者又是如何识别自由直接引语跟直接引语或间接引语的边界的。我们的讨论主要涉及直接引语、间接引语和自由直接引语这三类。

文中语料皆为北京人参与的媒体讲述,包括电视节目访谈和网络自媒体节目,共 30 个小时。已标明出处以外的语例,皆为转写材料,不再随文标明出处。

二、自由直接引语的选择限制

在故事讲述过程中,讲述者使用直接引语或间接引语是自由的,而使用自由直接引语则受到限制。下面分别讨论。

2.1 篇章内部因素的制约

2.1.1 话语主体的引入

Givón (1984: 438)区分了真实世界与话语世界,故事讲述过程中,讲述者和受述者共同构建了话语世界。我们把故事讲述中引语的来源称之为话语主体。当讲述者使用自由直接引语时,要求话语主体已经被引入话语中,并且当前话语中没有其他话语主体的竞争。试比较:

(4) 有一次呢,过年的时候,我们全家聚在一起,<u>我爸爸妈妈</u>来,然后呢,我去接他们,来的晚了,然后(a)<u>我妈</u>进屋就说,说这什么,快帮您做饭吧,别让您一个人忙活了。然后(b)<u>岳母</u>说,嗨,等您啊,黄花菜都凉了。

(5) 前两年,<u>我爸</u>种了棵柿子树,在我们小区那边儿,结柿子了,我得出头,赶紧,够得着得摘。(a)你上这房,上这墙摘去,好些呢,你怎么不摘?(b)我说,爸,我小时要上房,您得打我,现在我都小六张的人了-

例(4)中,"岳母"首次出现在当前话语中,讲述者对该人物话语(b)使用直接引语的形式呈现。而之前的"我妈"虽然已经被引入话语,但由于同时引入了多个话语主体(包括"我、我妈、我爸"),如果对人物话语(a)使用自由直接引语形式,则容易造成混淆,给受述者的理解带来困难。因此,讲述者还是使用有引导句的直接引语形式。而例(5)中的"我爸"既已经引入话语,又没有其他话语主体的竞争,这就为人物话语(a)使用自由直接引语创造了条件。

2.1.2 距离原则

话语主体已经被引入,但随着讲述的推进,当要再次呈现该人物话语时,如果距离该话语主体上一次出现的位置较远,则需要使用直接引语或间接引语,明示话语信息来源,不使用自由直接引语,否则也会对受述者的理解造成困难。

(6) 王:我知道阿龙这儿还有一件关于<u>孟老师</u>特有趣的事。

龙:他上次拿俩小核桃,一个核桃漏了,一个核桃没漏,漏那还是一小眼儿。

(a) <u>你过来,你看这核桃怎么样?</u>(b) <u>挺好,漏了?</u>(c) <u>嘿,还说呢,昨晚上回家看电视</u>—他们家养好多狗,你知道吗?那狗都倍儿孝顺,他们家一大地毯,看电视,在沙发上揉,手就不利落,掉了一个,掉地毯上没摔坏,地毯软的,咕噜咕噜就出去了,那狗就太孝顺了,刺溜就过去了。一张嘴就咬上了,咬伤回来放沙发上,给搁这儿了。然后(d) <u>孟老师他一看,说完了,这不要了,这个没办法了,漏了。</u>

例(6)中"孟老师"已经在问句中被引入,随后讲述者用代词"他"来回指,而且没有其他话语主体的竞争,这就为人物话语(a)(b)(c)使用自由直接引语提供了条件,但讲述者在叙述到"昨晚上回家看电视"之后,放弃继续使用自由直接引语的形式来讲述,转而以第三视角向受述者讲述"他一个核桃漏了"的原因,直到人物话语(d),再次激活话语主体"孟老师",使用了直接引语形式,因为这时的话语主体"孟老师"距离讲述开始时回指的"他"间隔了26个小句。

总之,在故事讲述中使用自由直接引语,要求作为引语来源的话语主体被引入话语世界中,从信息属性看,属于已激活信息。

2.1.3 简单结构原则

这里的简单结构既指引语的结构复杂程度,也指引语所包含小句的数量。

徐赳赳(1996)发现,书面语材料中引语的结构重叠现象可以归纳为:可以直接引语内嵌直接引语,直接引语内嵌间接引语,也可以间接引语内嵌直接引语。我们的观察发现,直接引语、间接引语跟自由直接引语之间有两个显著区别。具体表现为:1) 直接引语和间接引语内部可以嵌套直接引语或间接引语,而自由直接引语不可以;2) 直接引语和间接引语包含的小句数量可以大大多于自由直接引语。

在我们收集到的故事讲述材料中,通常是直接引语嵌套直接引语或间接引语;而且从数量上看,嵌套的引语还可以有多个。例如:

(7) 在这个当口的时候呢,圆圆给我打了一个电话,说师父现在怎么样? (a)<u>我说他就是有点想吃东西</u>,(b)<u>说想吃面条</u>,(c)<u>我说给他弄些方便面</u>。她说,哎呀,那哪行啊,方便面是不可以这时候吃的,那方便面不消化。

(8) 应:等晚上我送我爸我妈回家,我回来,岳母在那儿坐着,客厅那儿等着我呢。

王:自个回过味儿来了。

应:对,(a)<u>说今天我可说了一句错话,千千万万得跟你妈妈解释一下</u>。<u>我-你妈妈进屋</u>(b)<u>说帮着,让我,要帮着那个一块做饭。</u>(c)<u>我说这等你来黄花菜都凉了。</u>当时我就,我就顺口说出这么一句,说完我就觉着别扭,我这一晚上我都别扭,我今天必须等你回来,我跟你道完歉,你再跟你妈道完歉这事才能结束。

例(7)中划线部分是人物话语,(a)是直接引语,其中嵌套了一层由"(他)说"和"我说"引导的间接引语;例(8)中划线部分是人物话语,(a)嵌套了一层由"你妈妈进屋说"引导的人物话语(b)和"我说"引导人物话语(c),其中人物话语(b)是间接引语,人物话语(c)是直接引语。以上两例的嵌套可以分别表示如下:

在我们收集到的语料中,直接引语和间接引语的嵌套只有两个层次,没有发现三个层次及以上的现象。我们也未在语料里发现自由直接引语嵌套的情形,原因可能是自由直接引语本身就没有引导句来标明引语来源,嵌套之后会造成受述

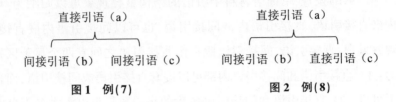

图1 例(7)　　　　图2 例(8)

者对引语来源理解的困难。

直接引语、间接引语和自由直接引语的区别也表现在引语所包含的小句数量的多少。我们对收集到的语料进行了简单的统计,选取40个讲述片段,计算三种引语类型所包含小句的平均数,如下表所示:

表1　40个讲述片段中三种类型引语包含小句的平均数(单位:个)

直接引语	间接引语	自由直接引语
3.9	1.7	1.5

从上表可以看出,直接引语所包含的小句平均数最多,自由直接引语所包含的小句平均数最少。因此,当讲述者要呈现的人物话语构造复杂或者需要由多个小句表达,则不倾向使用自由直接引语。

2.2　故事讲述的互动行为制约

故事讲述是服务于社会交际时的人际互动的,因此讲述者对所述的内容有所选择,讲述者常根据当前的交际需求选择讲述内容。我们发现,如果讲述者希望通过故事讲述实现不同的互动行为,会倾向于选择不同的引语类型。

2.2.1　角色扮演

当讲述者注重故事内容本身,为了讲故事而讲故事时,讲述者会经常扮演所述故事中的人物,故事中的人物话语会经常使用自由直接引语来呈现,尤其是当故事讲述作为应答话轮,讲述者用故事讲述回应交际对方的问题时。

一般情况下,讲述者对故事中的他人话语使用自由直接引语(用{ }标示),自己的话语使用直接引语(引导句加粗标示),例如:

(9) 龙:你跟丈母娘因为这个,不同意这个事儿闹僵过吗?

应：没闹僵过，但是找我谈过话，我在电台录节目呢，给我打一电话没接到，录节目呢，下了节目，**我说**您给我打电话，什么事？还叫阿姨呢。{你来阿姨单位一趟ₙ，阿姨跟你说点事ₙ。}我电台离她单位不是特远，我坐公共汽车就到那ₙ了，就在单位门口等着我呢。**我说**阿姨您跟我说什么事。{嗯，你们两个人啊，考虑半天还是不够特别合适，你看个头也差一点，身材也差一点，就我们有差距，再一个，呃，要不然，这样吧，你们俩都先——}

李：冷静冷静。

应：哎，对啦，就冷静——说我们相声的话，就再新鲜新鲜。{过一段时间你再，停止一段联系，然后再考虑一下再，再说。}**我说**行。

例(9)中，讲述者自己的话语都用直接引语，由引导句"我说"引出，他人话语都用自由直接引语，直接引语和自由直接引语交替轮流出现，讲述者成为他人话语的扮演者。当故事讲述中的人物话语是连续的，讲述者自身的话语也可以使用自由直接引语，例如：

(10) 龙：纪老师，听李老师教育徒弟这么严，您这个暴君呢？

纪：我们刚开始当老师的时候，管学生呢还是管得挺严的，我有一个学生，当初呢，他是，应该是北大的材料，结果呢，他呢，是喜欢我吧，就觉得我教的特别好，非得要报我那个学校，我那学校也挺好的，现在叫首都师范大学，但跟北大还是差着行市呢。然后呢，他填表，草表，拿过来我一看，{你们家有明白的没有？}{老师您什么意思？}{你们家有认字的人吗？}{我叔叔。}{去把你叔叔叫来，你叔叔没来之前，滚。}

例(10)中讲述者为了回应"如何教育徒弟"这个问题，讲述了一个学生填报志愿的故事，讲述者接连在5轮对话中使用自由直接引语表达交际双方的话语，讲述者既是他人话语的扮演者，也是自己话语的扮演者。

当所述故事并非讲述者本身经历，其中的人物话语也能由自由直接引语呈现：

(11) 李：王长友先生是我师爷爷，他住的在天桥附近，他吃饭完了，他也是爱溜达溜达。那么他就看到了一个里三层外三层围着这么一个,画--一个人在那画锅。他一听这声音很熟,他一分人群就进去了,一看是谁,高德明。那么高先生在这儿,画锅,一人说相声。他赶紧就过去了,他比他大一辈。{二叔,您什么时候回来的?}{我是中午下的车,我洗了一个澡,我一看,这时候还早,我想抢个灯晚儿。}那时-当时王长友很那个受感动,{您,您别一人,我帮着您。}帮着高先生在这儿,拿手绢一提溜这钱,那当时来说不少钱了。因为高德明在北京有腕儿。王长友先生再一给他,说我们行话,贴靴,就是帮他作秀。

王:对。

李:是吧,这是高德明,我,我给他捧场。

王:多义气啊。

李:然后就把钱就拿了,拿完了之后,{您别回家,您跟我上剧场,我跟,我跟团里说说,您明天上团里上班。}那么他就入了北京曲艺团。

例(11)中讲述者不是所述故事里的任何一个人物,完全化身为故事中双方话语的扮演者。讲述者使用自由直接引语,生动再现故事中人物的话语,使得受述者有现场感,是讲述者为了讲好故事内容而做出的安排。

2.2.2 分别来源

Goodwin (1989, 1990)讨论了故事讲述可以服务于多种互动行为,如抱怨、吹嘘、告知、警告、戏弄、解释、申辩、证实等。在这些互动行为的过程中,会发生故事讲述。但是,故事讲述都不是单纯为了传递故事情节,而是通过故事讲述实现某一特定的互动行为。在上述情形下,故事讲述中的人物话语通常不倾向于使用自由直接引语。例如:

(12) 龙:这个宝贝呢,也是一个,咱大鉴赏家,翟建民先生,[然后,他送的。

王:[哦,翟建民送的。

龙:啊,这是一个清的,清晚的琥珀,这是,这是抚顺的珀。

王:漂亮。

龙：这是什么呢？在休息间,跟翟老师,然后呢,他也玩珠子,我也玩珠子。然后呢,他一看**说**你也喜欢这个？**我说**喜欢。他带了一串蜜蜡,**我说**您这个是-**他说**是清的,我看了看,**我说**挺好,还给翟老师。翟老师说了一句话,**说**你要喜欢我送你一个。

(13) 陈：我看到你手上戴了个戒指,是他送你的吗？

周：这个是一个甜蜜的礼物,是感情的一个象征。因为他在台北工作,我在北京,那我去不了台北,所以我们的约会地点会在很多地方。有一次在香港我要出席一个活动,然后**我问**他要不要来,**他说**他因为工作很忙不能来看完整的演出,但是他一定会到香港来的。

以上两例中,讲述者都是为了解释说明某个物品怎么得来的,都讲述别人送礼物的经过。其中所有引语都有引导句,讲述者没有使用自由直接引语的形式。例(12)全部使用了直接引语,例(13)全部使用了间接引语。

我们分别选取了两类不同类型的讲述,一类是讲述者分享自己的经历,另一类是讲述者讨论某一问题时涉及到的故事讲述。两种类型讲述时长各 1 小时,统计两类所包含的自由直接引语数量,如表 2。统计表明,互动行为类型明显影响着自由直接引语的选用。

表 2 不同行为类型中的自由直接引语数量(单位:个)

分享经历	论证说明
28	4

上表显示出不同互动行为下的故事讲述材料中自由直接引语的情况,为了讲故事而讲述更多采用自由直接引语,相对而言,为了说明、解释、论证等目的而讲故事则较少采用自由直接引语。

Goffman(1981:144-145)在话语的"产出形式"(production format)中区分了"作者"(author)和"扮演者"(animator)的概念,按照戈夫曼的定义,"作者"指的是"选择所要表达的情感和语言编码的人",而"扮演者"则是"伴随着嘴唇开合和面部表情、手势的变化,发出声音的人"。在故事讲述中使用直接引语、间接引语

和自由间接引语三种类型时,讲述者的角色是在"作者"和"扮演者"之间转换:

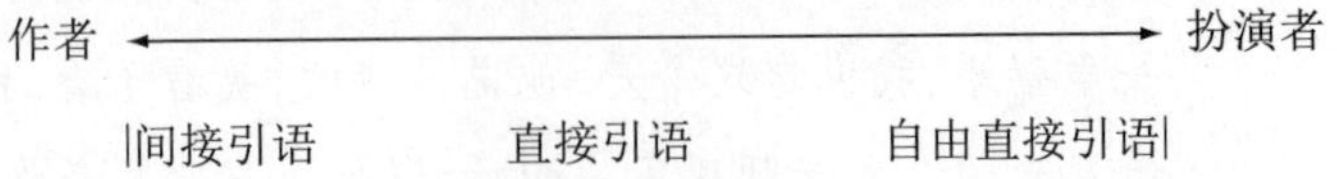

作者 ←──────────────────────────→ 扮演者

|间接引语　　　直接引语　　　自由直接引语|

图 3　角色关系

讲述者使用间接引语时,用自己的语言传递"作者"原本的意思;讲述者使用自由直接引语,则成为故事人物的扮演者,还原故事人物实际产生的话语及相关特征;讲述者使用直接引语,则处在中间状态。这与 Leech & Short(1981:324)根据叙述者介入程度来对引语进行分类类似。在这种划分中,自由直接引语是"完全不受叙述者控制"的,而间接引语和直接引语都是"部分被叙述者控制",但直接引语更靠近"完全不受叙述者控制"一方①。为了讲故事而讲故事,讲述者频繁化身为故事情节内的不同角色,自由直接引语的引述方式使得讲述生动形象;而服务于其他特定互动行为的故事讲述中,讲述者经常使用直接引语和间接引语,也就是含有引导句的编码形式,以明确显示信息来源。

三、自由直接引语边界的识别

3.1　自由直接引语的边界

在故事讲述中,讲述者可以通过自由直接引语、直接引语、间接引语的交替使用来呈现不同的引语来源。张金圈(2020)讨论了汉语口语对话中直接引语后边界的识别手段,特别是直接引语和之后说话人直述话语之间的边界。我们这里主要讨论自由直接引语跟直接引语或间接引语之间的边界问题。

---

① Leech & Short(1981)根据叙述者介入的程度不同对引语类型进行的划分如下:

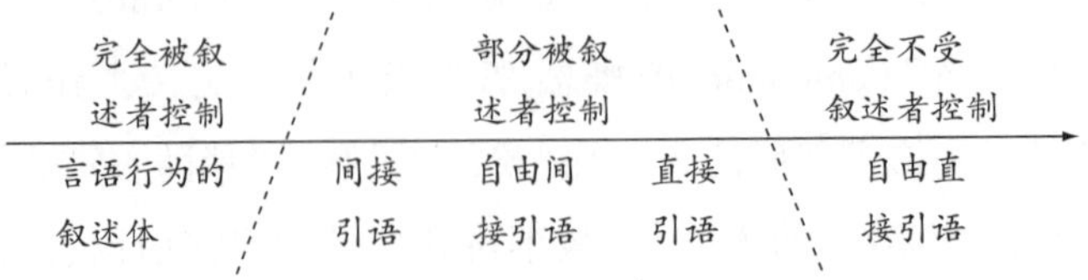

完全被叙述者控制		部分被叙述者控制		完全不受叙述者控制
言语行为的叙述体	间接引语	自由间接引语	直接引语	自由直接引语

自由直接引语可以跟直接引语、间接引语组合使用。例如：

(14) 萨：我就直接给扔到垃圾桶里，让我婆婆公公给看见了。

　　王：然后呢？

　　萨：婆婆说你怎么能这样，好好的东西你扔了。我说它过期了。｛过期了也能吃啊，怎么能这样呢？｝

(15) 我小时候上学那地儿，儒福里，过街楼，这地儿老拍电影，冯小刚拍那电影《我是你爸爸》在那儿取的景，还有好多抗日题材的。一看小孩不错，下学了，副导演嘛，｛你过来，拍一个电视剧，你愿不愿意？｝我说那行啊。

(16) 这个嘉存当时一屁股就坐在椅子上了，就脸色很不好，就很难看。然后这汗也下来了。｛哎呀坏了坏了坏了。｝他说啊，马季先生过生日，就送东西，他给人送了点瓷器。

(17) 王：我原来在北京曲艺团，我叫王长友，跟他父亲呢，是同名同姓。所以我跟金斗那时候我们演出呢，这个水牌上都是李金斗，小王长友。那时候他不插班生嘛，他是六一年来的，那是六零年的时候，他呢，上这个小剧场找他父亲来，完了他们几个人在门口站着呢，就问他，你找谁啊。｛我找我爸爸。｝｛你爸爸叫什么呀？｝｛我爸爸叫王长友。｝

　　李：得问瓷实喽。

　　王：就把我给找出来了。你知道吗？完了他一看呢，｛这不是我爸爸呀这个。｝｛这怎么不是你爸爸呀？你叫什么呀？｝｛嗯，我叫-我爸爸叫王长友。｝又指我，你叫什么，我一拍胸脯，我叫王长友。

上面例(14)的组合是直接引语-自由直接引语，例(15)的组合是自由直接引语-直接引语，例(16)的组合是自由直接引语-间接引语，例(17)由"问他"引导的直接引语之后的组合是自由直接引语-自由直接引语。

直接引语和间接引语有引导句，而自由直接引语没有引导句，这就导致只有当直接引语或间接引语出现在自由直接引语之后时，自由直接引语的后边界是显

现的,而其他组合情况中,不同类型引语之间的边界是隐含的,如下所示:

A:自由直接引语-直接引语或间接引语　　　边界显现

B:直接引语或间接引语-自由直接引语　　　边界隐含

C:自由直接引语-自由直接引语　　　　　　边界隐含

在实际故事讲述活动中,即使引语之间的边界是隐含的,也不影响受述者区分讲述者所述内容有不同的来源。这是因为讲述者在交际中选择自由直接引语时,会提供一些语言手段和多模态手段帮助受述者进行识别。

3.2　识别自由直接引语的语言手段

3.2.1　问与答

我们发现,故事讲述中讲述者用连续的自由直接引语来呈现的话语,即 C 类自由直接引语-自由直接引语这种组合,通常是一问一答的模式,如上文例(10)和例(17)。我们将两例中的自由直接引语分别表示成(18)a 和(18)b:

(18) a. 问:你家有明白的没有?　　　b. 问:你找谁啊?
　　　 答:老师您什么意思?　　　　　 答:我找我爸爸。
　　　 问:你们家有认字的人吗?　　　 问:你爸爸叫什么啊?
　　　 答:我叔叔。　　　　　　　　　 答:我爸爸叫王长友。

例(18)a 和例(18)b 都有 4 个话轮,除了(18)b 中第一个话轮在原例中是直接引语形式外,其他都用自由直接引语的形式,讲述者分别扮演问话人和答话人,受述者能够依靠问答的特性,识别出自由直接引语与自由直接引语之间的边界。

3.2.2　引述回应

口语交际一般由说话人和受话人两者共同完成,而在故事讲述中,讲述者一人就完成了交际双方的话语呈现。在 B 类直接引语或间接引语-自由直接引语中,用引述充当自由直接引语的一部分,能够让受述者识别出实际故事讲述中引发句和回应句的边界。上文例(14)可表示如下:

引发:**我说它过期了**。

回应:**过期了也能吃啊,怎么能这样呢?**

例(14)中的引发句是直接引语,而回应句是自由直接引语,其中"过期了"是"婆婆"对引发句中讲述者"我"的部分内容的引述。例(19)自由直接引语充当的回应句里"看见什么"是对直接引语充当的引发句中"我没看见"的引述。

(19) 有一次为了做作业没起来,没跟人打招呼。回来之后我妈回来就跟我这儿翻扯,人家走了,怎么不站起来送送人家?这那。**我说我这儿做作业我没看见。**｛那你**看见**什么啦?｝

3.2.3 人称变化

故事中的不同的人物话语有相应的视角,从形式上看,直接引语和自由直接引语的区别仅仅是没有引导句,指别关系保持不变,而间接引语则是以第三视角进行叙述。因此,受述者能够借助人称的变化来识别引语的边界,例如:

(20) 第二天早上也就五点来钟,**我说您干嘛呢?我睡这么香,您叫我干嘛呢?**｛起来! 我告诉你说今儿个,咱还喝白的。｝

例(20)由直接引语-自由直接引语构成,其中指称语"你""您"的变化,能够帮助受述者了解所述故事中对话双方的权势关系,进而识别出双方话语的边界。

需要注意的是,在实际故事讲述中,讲述者有可能多种语言手段并用,帮助受述者准确识别引语之间的边界,进而保证故事讲述的进行。

3.3 识别自由直接引语的多模态资源

讲述者除了使用语言手段外,还常常运用音质韵律、身势动作等多模态资源帮助受述者识别自由直接引语的边界。

3.3.1 语音特征

Mathis & Yule(1994)讨论英语中的零转述(zero quotatives)现象时,就认为讲述者可以通过音质或韵律的变化来表明另一种声音被引入了话语,如男女性别的转换、不同地区方言之间的转换等等。讲述者成为扮演者时,可以通过改变音高、响度、节奏等超音段特征,也可以改变嗓音特征,来模仿故事人物的声音特征,进而能让受述者识别到不同的话语来源。例如:

(21) **我说您打牌可一点都不糊涂啊,您这钱还(TSK)算的挺明细。**｛<Q 嗨,有时候也算不准,这下把可能就忘了 Q>｝。**我说哦,行。**结果下把还真不出所料,我胡了,我胡了一把素七对,我冲着这杨老师,**我说**老爷爷,**我说**这个我胡了,{<Q 哦,胡了胡了吧 Q>},**我说**不行,**我说**老爷爷刚才啊,我又不好意思说,**我说**得了,**我说**您那个刚才是五百四,啊,五百四,你把那五百四还得给我。{<Q 给你五百四干嘛? Q>}**我说**我这胡了啊。{<Q 哦,你胡了呀,我也算不清楚 Q>}。}

例(21)讲述自己跟"老爷爷"打牌的故事,其中"老爷爷"的话全部使用自由直接引语,讲述者自己的话语全部是用"我说"引导的直接引语。直接引语和自由直接引语交替出现,因为讲述者有意模仿"老爷爷"这一老年人的声音特征,所以整个讲述听起来,不同的引语有节奏快慢的变化,音高高低的变化。这不仅让受述者能够识别两类引语的边界,还让整个讲述产生生动的效果。

3.3.2 身势

Li (2013, 2014)把跟语言共同出现的手势、头部活动、前倾-复位的身体姿势变化等看作互动中的多模态互动单位,这些身体活动的出现是高频的、有规律的,与语言成分有特定联系。而在我们所讨论的故事讲述中,讲述者随着自由直接引语的使用,作出相应的身势动作能够提示受述者引语开始和结束。讲述者通常在自由直接引语开始时,进入扮演者角色,辅之以跟叙述相关的身势动作,随着自由直接引语的完成而结束相应的动作,受述者依靠观察讲述者的动作识别自由直接引语的边界。例如:

(22) 有一次放电影,开始啦,新电影,人山人海,到了开演之后,旁边那放映员,跟我说,<u>说你听着啊</u>。干什么,**我说**你要干嘛,<xx>,<u>拿起那话筒来,把音量一拧</u>,{喂,喂,汽车队的赵铁柱同志,请你马上回家,你爱人找你有急事。}把音量一关,他说你看着啊。人山人海的站起个大个,<u>举着个大板凳</u>,{哎,哎,让一点让一点}@@@

例(22)中,伴随着单下划线部分的讲述,讲述者右手握成拳,放在嘴边,模仿拿着话筒讲话的姿势;伴随着双下划线部分的讲述,讲述者双手举过头顶,身体慢慢横移。受述者通过观察讲述者的动作,就能发现讲述者变成了扮演者,进而识别出所说的话语的信息来源。与前文讨论的语言手段一样,多模态资源同样不是互相独立的,讲述者往往在模仿说话人的身势动作的同时,也或多或少在模仿说话人的声音特征。对于受述者来说，身势动作需要通过视觉观察到，而语音特征的变化通过听觉即可获得。

四、结　　语

　　口语故事讲述不同于书面材料的叙事语篇，叙事语篇一般包含开端、进展、高潮、结局等几个部分，而故事讲述是由讲述者根据需要，内容上具有选择性，讲述者不会按照预定的书面文本一字一句读给受述者听，也不会按照时间顺序事无巨细地描述某件事的所有情节。在故事讲述中，讲述者对情节内人物话语的呈现方式多样，其中自由直接引语的使用，使故事讲述者化身为情节内人物的扮演者，可能是口语故事讲述与书面叙事语篇的一个重要差别。

　　故事讲述中，自由直接引语的使用受到多种因素限制。一方面，自由直接引语的选择受制于话语主体在故事中的信息地位，话语主体一般为已经被引入故事的人物，属于已激活信息。另一方面，是否采用自由直接引语与互动行为类别密切相关。自由直接引语的引述方式使得讲述者频繁化身故事情节内不同角色，高频出现于单纯的故事讲述；而在服务于其他特定互动行为的故事讲述中，讲述者倾向于使用含有引导句的编码形式，以明确显示信息来源。从受述者角度来说，除了语言编码手段之外，多模态资源也是识别自由直接引语边界的重要手段。

参考文献

　　董秀芳　2008　《实际语篇中直接引语与间接引语的混用现象》，《语言科学》第 4 期。

　　方　梅　2021　《从引述到负面立场表达》，《当代修辞学》第 5 期。

　　胡亚敏　2004　《叙事学》，华中师范大学出版社。

　　黄　衍　1980　《关于英语引语的一点看法》，《外语教学与研究》第 4 期。

　　彭　欣、张　惟　2019　《日常交谈中故事讲述的会话分析》，《山西大学学报（哲学社会科学版）》第 4 期。

　　申　丹　1991　《小说中人物话语的不同表达方式》，《外语教学与研究》第 1 期。

王红旗 2018 《话语实体的引入——追踪模式》,《当代语言学》第 2 期。

吴中伟 1996 《引语的四种类型》,《修辞学习》第 2 期。

徐赳赳 1996 《叙述文中直接引语分析》,《语言教学与研究》第 1 期。

徐赳赳 2014 《现代汉语篇章语言学》,商务印书馆。

乐 耀 2013 《汉语引语的传信功能及相关问题》,《语言教学与研究》第 2 期。

张金圈、肖任飞 2016 《汉语口语会话中引语管领词的复说现象》,《中国语文》第 3 期。

张金圈 2020 《汉语口语会话中直接引语后边界的识别手段》,《当代修辞学》第 2 期。

Givón, T. 1984 *Syntax: A Functional-Typological Introduction* Vol. 1. Amsterdam: John Benjamins.

Goffman, E. 1981 *Forms of Talk*. Philly: Philadelphia University Press.

Goodwin, M. 1989 Tactical uses of stories: participation frameworks within girls' and boys' disputes. *Discourse Process*, 13: 33–71.

Goodwin, M. 1990 *He-said-she-said: Talk as Social Organization among Black Children*. Bloomington and Indianapoils: Indiana University Press.

Jesperson, O. 1924 *The Philosophy of Grammar*. London: Allen and Unwin.

Leech, G. & Michael S. 1981 *Style in Fiction*. London: Longman.

Li, X. T. 2013 Language and the body in the construction of units in mandarin face-to-face interaction. In Beatrice Szczepek Reed and Geoffrey Raymond (eds.) *Units of Talk-Units of Action*. Amsterdam: John Benjamins: 343–375.

Li, X. T. 2014 *Multimodality, Interaction and Turn-Taking in Mandarin Conversation*. Amsterdam: John Benjamins.

Mathis, T. & George Y. 1994 Zero quotatives. *Discourse Processes*. 18(1): 63–76.

Page, N. 1973 *Speech in the English Novel*. London: Longman.

Quirk, R, Sidney G, Geoffrey L. & Jan S. 1974 *A Grammar of Contemporary English*. London: Addison-Wesley Longman.

Tannen, D. 1989 *Talking Voices: Repetition, Dialogue, and Imagery in Conversational Discourse*. Cambridge: Cambridge University Press.

The Exploration of Free Direct Speech in Storytelling

Fang Mei & Zhou Yan

Abstract: Free direct speech refers to speeches that do not contain a reporting clause. The use of free direct speeches in which the storyteller becomes an animator within the plot is an important difference between oral storytelling and written narrative discourse. There are several factors that restrict the use of free direct speeches. On the one hand, when the narrator chooses free direct speech to express the story character's discourse, the discourse subject is usually the character who has been introduced into the current discourse, which is activated information. On the other hand, the use of free direct speech is often closely related to the nature of the ongoing social action. The narrator frequently incarnates different characters within the story by using free direct speeches, which is mostly observed in pure storytelling, while storytelling in specific activities such as argumentation and illustration tends to use direct speeches or indirect speeches containing reporting clauses to specify the source of information. In addition to linguistic devices, multimodal resources are also important devices for identifying the boundaries of free direct speeches.

Keywords: oral storytelling, written narrative discourse, free direct speech, the boundary of reported speeches, social action

(原载于《当代修辞学》2022 年第 6 期)

法庭转述话语的论辩研究[*]

崔玉珍

(中国政法大学人文学院)

提 要 文章主要探讨转述话语作为论证成分在法庭论辩话语中的结构、语义及功能。文章首先从论辩角度入手考察法庭转述话语的结构类型,共分为两大类六小类:1) 字面转述,包括直接转述、间接转述和片断转述三个次类;2) 自由转述,包括变换性转述、话题性转述和虚假性转述三个次类。不同结构类型具有"客观性-主观性"维度的差异,按照客观性由强到弱排序如下:直接转述>间接转述>变换性转述>话题性转述>片断转述>虚假性转述。法庭转述话语在结构、语义上的不同影响了其在论证结构中的位置,进而实现不同的论辩功能:提供支持、责任转移、质疑、驳斥和指示功能。文章最后探讨了法庭转述话语结构、语义和论辩功能之间的关系,提出三者具有相应的主观化倾向,并且认为这是表达意义沉淀在语言结构上、同时也体现在主体间性上的结果。

关键词 转述 法庭话语 论辩话语 论辩研究 庭审转述

一、引 言

法庭话语充满了多声性,控辩双方被要求就相同的客观存在提出各自的事实主张,其间不同角色就案件事实的最终构建进行多番交涉、博弈,这就意味着法庭参与者必须对其他参与者的观点做出回应,因此法庭话语变成多视角、多声道、异质性的综合体,暗含话语角色和立场的多元性(Chaemsaithong 2014; Garzone 2016)。转述是实现法庭多声性的重要手段,通过转述,一个法庭参与

---

[*] 本研究得到教育部人文社会科学研究规划基金项目"法庭立场表达与身份建构的互动研究"(项目编号:21YJA740005)资助。

者可以将其他参与者的话语整合或包装到当前自己的话语中,法庭参与者因此成为一个"可内嵌他人言语的多维空间"①,被转述话语就成为了"互文性话语"。在法庭互动中,控辩双方往往通过转述来调动不同的声音,以帮助自身庭审目的的实现。但面对相同的客观存在,控辩双方如何通过多种声音的转述互文来建构两个相互竞争的事实版本?前人多对法庭转述话语的语用特征或策略进行探讨(吕晶晶 2013;马泽军、郭雅倩 2021;孙赫遥、马慧琪、李俊璇 2021),但法庭转述话语在对话性、互文性、论辩性方面的探讨较为缺乏。我们将从法庭互动的论辩本质出发,探讨法庭转述话语作为论辩成分是如何在法庭论辩中发挥作用的。具体来说,本文主要探讨以下三个方面:1)法庭转述话语的结构类型;2)法庭转述话语不同结构类型相对应的语义特性;3)法庭转述语不同结构和语义的论辩功能。

二、法庭转述话语的结构类型

转述话语是指"话语中的话语"②(Volosinov 1973: 115),是用语言指称语言(Coulmas 1986: 2),是转述者在一定的语境中,根据自己的交际意图,对自我或他人话语的再次叙述。再叙述的过程中,转述话语与原话语之间在结构上存在不同程度的差异,形式关联或多或少,因而转述话语呈现出结构的多变和复杂。很多学者都尝试对转述话语的结构模式进行类型划分,包括直接转述、间接转述的两分法,直接转述、间接转述和混合转述的三分法,直接言语、间接言语、自由直接言语、自由间接言语和言语行为转述的五分法等(Quirk et al. 1985; Tobler 1894; Leech & Short 1981)。类型划分的角度侧重句法、语义、功能等不同层面的考量,但根本上在于如何处理转述话语和当前话语的边界。巴赫金用"复调"(polyphony)这一概念来解释转述话语的形式复杂性,他认为各种形式的转述话语可以形成一个连续体,这取决于转述者和被转述者的声音被分离或混合在一起

---

① Hartman(1992: 300)从互文的角度提出"the author is a multidimensional space through which utterances of others speak"。本文认同转述话语也是一种重要的互文现象。有关互文概念的具体介绍可参见祝克懿(2010)《互文:语篇研究的新论域》。
② 巴赫金对转述话语的定义为"speech within speech, utterance within utterance"以及"speech about speech, utterance about utterance",具体参见 Volosinov(1973: 115)。

的程度。Collins (2001) 也认为转述话语不同的转述模式之间并没有绝对的边界，而是一个连续统，转述话语之间的差异是语用需求导致的偏离 (deviation)。可见，转述话语和当前话语的边界清晰与否本质上是转述者的意图体现，转述话语语法编码的差异是转述者主观意图实现的结果。

法庭话语作为一种论辩话语，控辩双方根据己方的意图进行案件事实的构建和博弈，其意图体现直接影响法庭论辩的效果，因此，我们对法庭转述话语的结构描写将着重考量转述者意图的语言体现，即从转述话语的边界识别角度来分析法庭转述话语的结构模式。转述话语边界识别的关键在于转述话语中原话语所遗留的形式痕迹。在转述话语中，和原话语重合的形式越多，原话语的痕迹就越明显，非当前话语的感觉就越明显，转述话语的边界就越明确。基于此，我们根据转述话语和原话语的形式一致度进行法庭转述话语的结构分类，共分为两大类：

1) 字面转述

字面转述是指转述话语保留原话语的全部或部分形式，转述者在转述话语中强调对原话语最初面貌的复制。例如：

(1) 辩护人：对方一直强调王某某在插队，但是我从当事人了解的是王某某在正常排队，然后牛某和他女朋友结账之后没有走，然后王某某就说你们走，我要结账，然后王某某和他女朋友发生了口角，发生了不好的言论冲突，牛某的女朋友就骂了一句有病，这才是事件的起因。

上例划线部分均为字面转述，因为都是对他人话语的全部信息或部分信息进行无改动的转述，转述话语前的"王某某就说""牛某的女朋友就骂了一句"则标记了转述话语的来源。

2) 自由转述

自由转述是指转述话语的表达内容来自他人或自我声音的信息，但形式上和原话语并不一致。这类转述话语不强调他人或自我声音的原音重现，而是侧重他人或自我声音信息内容的一致，是一种自由度更高的转述话语类型。

(2) 原告：她怎么会记得她有没有到底打过我哪里，以及哪里受的伤，我的那些派出所拍的那些图片上都可以作证，我到底哪里受伤了，包括鼻子的照片也有的,然后她说<u>我的隆鼻手术是刚做的,然后是我蓄意的让她打我</u>,我觉得我大概没这个必要。因为如果发生早就会发生争执了,我们是在一起居住了一个半月,两个月的时候发生了争执,然后还有就是,当时嗯……全身有淤青。

上例的划线部分为自由转述,转述话语前的"她说"表明这是来自他人声音的信息,但在他人话语的转述过程中,转述者是从自身的视角出发,对他人话语的信息进行有选择性的挑选和概括,因而读者更多地还是从表达内容上获取他人声音,而形式上难以察觉其痕迹。

在法庭话语中,字面转述和自由转述可根据其形式或内容的差异细分:

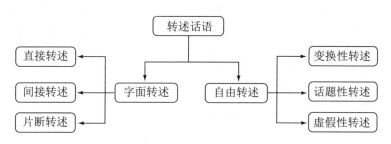

图 1　法庭转述话语的类型

字面转述强调转述话语对原话语的忠实反映,但转述的信息可多可少,忠实程度上也有一定变化,从而形成了三大次类:直接转述、间接转述和片断转述。在直接转述中,转述话语的内容和形式完全来自原话语,Sternberg(1982)就认为直接转述是对原话语的重复或逐字复制,具有高度的忠实性。在间接转述中,转述话语的内容完全来自原话语,形式绝大部分来自原话语,但叙述视角发生变化,从原述者的视角变成了转述者视角。而在片断转述中,转述话语的内容和形式都完全来自原话语,但转述的只是原话语中的一个词、一个短语或其中不成句的一个片断,而且被转述片断已经被转述者整合成自己话语中的句法成分。下面分别为直接转述、间接转述和片断转述的用例:

(3) 被告人:她就叫我以后不要打电话给她了,后来她就问说<u>为什么不接电话?</u>我说我凭什么接你电话,那天我心情不好,她心情也不好,后来就吵起来了。

(4) 证人：2011年11月份，当时瓜某给张某某打电话，说他的信用卡透支了，总额有好几万美元，张某某把这件事告诉我了。

(5) 公诉人：唐某某获利之后又给予了被告人钱款，所以我们认为即使是被告人所辩称公事公办，也不影响其犯罪的过程。

由上可知，字面转述中的直接转述、间接转述和片断转述虽然内容上均来自原话语，但能从形式上对原话语加以辨认的语言标记越来越少，转述者的声音给受众越来越强烈的感觉。自由转述并不强调转述话语对原话语的忠实反映，而是更多地体现转述者在转述过程中的意图和自由度，因而可从转述的内容表征角度来区分不同自由度的自由转述，分成三类：变换性转述、话题性转述和虚假性转述。在变换性转述中，转述者从自己的角度出发，对原话语的指称形式、叙述手段等表达形式进行一定程度的变换，但内容不变。在话题性转述中，转述话语对原话语的内容进行概括或宏观话题的抽取。而在虚假性转述中，转述话语包含了原话语没有出现的内容。三类自由转述的例子如下：

(6) 证人：你说："你找李某某吧，已经打完电话了。"

被告人：在预算报告时，你已经找过我，我就跟你说我已跟李某某打完电话了？

(7) 辩护人：王某某多次说没向李某某汇报，只是打好报告，他一签就完了。

(8) 被告人：不能，服务器是开放平台，没有限制。

……

公诉人：你说你们是一个开放性平台，包括很多视频包括淫秽视频，王某对此什么态度？

例(6)的划线部分为自由转述中的变换性转述，转述话语和原话语的内容一致，但叙述人称和表达顺序发生了变化，因而为变换性转述。例(7)的划线部分为话题性转述，该转述话语之前出现了转述声源的标记"王某某多次说"，从这一表达可看出后面的转述话语是对多次原话语的概括表达，因而为话题性转述。例(8)是公诉人对被告人的一段讯问，讯问围绕服务器是否包含淫秽视频来展开，被告人在此前的回答中提到"服务器是开放平台"，但公诉人对被告人的回答进行转述时擅自增加了"包括很多视频包括淫秽视频"这一被告人未曾提到的内容,转述话语和原话语的内容并不完全一致,因而为虚假性转述。

我们对真实法庭审判中的转述话语进行了详细考察,考察的法庭审判语料涉及 10 个庭审案件,共 315,634 字,发现转述话语共 228 处,其结构类型的具体分布:

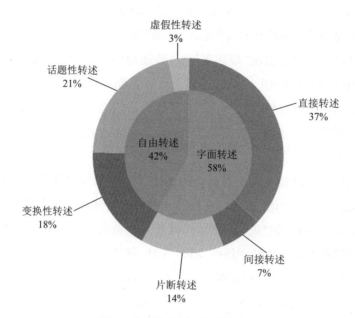

图 2　法庭转述话语的类型分布

从上图可看出,在字面转述和自由转述两大类型中,字面转述的使用比例略高,占 58%;自由转述的使用比例为 42%。在字面转述、自由转述的进一步分类中,直接转述的出现比例最高,占 37%;话题性转述和变换性转述次之,分别占 21% 和 18%;片断转述占 14%;间接转述和虚假性转述的比例较低,分别占 7% 和 3%。这些不同结构类型的转述话语,在原话语的信息传递忠实度上具有差别,但同时转述者对转述话语的负责程度也随之变化,因此在法庭论辩话语中,转述者更主要地还是根据自身的论辩意图进行法庭转述话语的结构选择,从而不同程度地呈现原述者和转述者的声音。

三、法庭转述话语的语义特性

法庭转述话语结构类型的变化会引起不同的语义解释。转述话语从框架结构来看,可分成两大框架模式: 1) 显性转述话语:原述者+转述动词+被转述内容; 2) 隐性转述话语:被转述内容。两大框架模式的区别主要在于转述话语的形式标记是否出现:显性转述话语出现了"原述者"和"转述动词"①,这是对原话语的指示;隐性转述话语则没有出现"原述者"和"转述动词",只出现"被转述内容",受众只能从被转述的内容和形式对转述话语进行判断。这两种框架模式对法庭转述话语的语义解释造成结构性影响,隐性转述话语的语义直接取决于被转述内容的语义解释,而显性转述话语则需要进一步考量原述者和转述动词的语义对被转述内容的影响。

在显性转述中,转述动词对转述话语的语义理解具有重要作用,因为转述动词不仅可以指示转述话语,还可以反映转述者对被转述内容的判断、评价等立场性信息(唐青叶 2004),如"说是""所谓"就是表达负面立场的形式(方梅 2021), "指出""发现"则是表达中性立场的动词(于晖、张少杰 2021)。法庭显性转述的转述动词成为转述者主观立场的指示器。如公诉人转述被告人话语时,通常会使用"供述""辩称""承认""编造""说""提到"等转述动词,其中"辩称""编造"体现了转述者作为控方对被转述内容的不认可,"供述"强调了被转述内容的声源来自被指控方,"说""提到"则体现被转述内容的已然性。可见,不同的转述动词可直接反映转述者对被转述内容的态度或评价。在法庭论辩中,转述动词在对转述者态度或评价进行建构的同时,对转述话语的论辩效果也具有作用,因为转述者对转述动词的选择不仅是自身态度意图的体现,也是与受众立场联盟的一种手段,即通过转述动词将暗含的态度意图传递给受众,以争取受众对其看法的认同,从而为己方的事实构建获取更多的支持。

(9) 公诉人:在庭审过程中,薄某某一方面对公诉人当庭播放的别墅幻

---

① "转述动词"(reporting verb)在学界的术语使用并不一致,还出现了"报道动词""转述词""转述标记"等不同的术语表达。我们认为,"转述动词"(reporting verb)主要是指用于标记转述言语行为的动词,因此采用和其表达意义更为直接相关的术语表达形式。

灯片辩称"我和大家一样也是第一次见到",另一方面又称印象中在家里看过幻灯片。

上例出现了两个转述话语。第一个转述话语"我和大家一样也是第一次见到"是一个直接转述,直接转述的内容和形式都和原话语相同。这种转述方式似乎把原话语当作一种客观事实来进行表达,但被转述内容之前的转述动词"辩称"作为表述的一个主要动词,支配被转述内容,而"辩称"表辩白声称的意义,是一个典型的表达分歧立场(disagreement)的动词,因此,这个动词的使用会使得受众对后面被转述内容的可靠性产生疑问。可以说,"辩称"的分歧立场在很大程度上降低了后面直接转述客观性所带来的可靠性。第二个转述话语"印象中在家里看过幻灯片"进一步加强受众对被告人事实构建的怀疑。因为后面的被转述内容和之前的被转述内容相互矛盾,自我构建的冲突表明了被告人事实构建的不可靠,控方的分歧立场因而就会得到相应的认同。可见,在法庭论辩中,转述动词的具体呈现方式可为法庭参与者的法庭论辩目的服务。

在转述话语中,被转述内容对转述话语的语义解释影响更为重要,因为无论是显性转述还是隐性转述,被转述内容都是转述话语中必不可少的构成成分,是转述话语的核心,能提供更多的信息以影响受众的话语理解及认同。在法庭论辩中,转述者对被转述内容的选择及呈现最主要是为了获取法官对其事实构建的认同,从而实现其论辩目的。而对于论辩而言,转述话语的客观或主观程度对其论辩效果具有重要的语义影响,因为辩证和修辞是论辩的两大理论视角,"语用-论辩学(Pragma-Dialectics)就提出论辩应同时考虑辩证合理性和修辞有效性,辩证合理性侧重基于批判性讨论的理性追求,修辞有效性则侧重有效说服手段的追求"(崔玉珍 2021);由此可见,辩证合理性的理性追求强调话语的客观性,而修辞有效性的说服追求则强调话语的主观性。转述话语的主观性在此前研究中一直广受关注,因为转述话语的结构变化和转述者的主观意图密切相关。Smirnova(2009)在对新闻语篇的转述话语进行语义类型探讨时,就充分考虑到转述话语的主观性,区分出了三类语义类型:描写性(descriptive)、评价性(evaluative)和规范性(normative)转述话语。刘锐、黄启庆、王珊(2021)在对转述话语进行分类时,也强调转述话语反映了"引用者对被引者的研究行为、内容以及观点的立场和评价",因此把转述标记分成研究性、话语性和认知性标记三类。可见,在转述话语中,主客观维度实际上反映的是转述者与原述者两个不同主体的声音在转述话语中的显著度:原述者的声音越显著,转述话语的信息性越强,客观性越明显;转述者的声音越显著,转述话语的信息性越弱,主观性越强。我们对转述话语的结构类型进行了主客观维度的分析,得到其语义连续统,具体如图3:

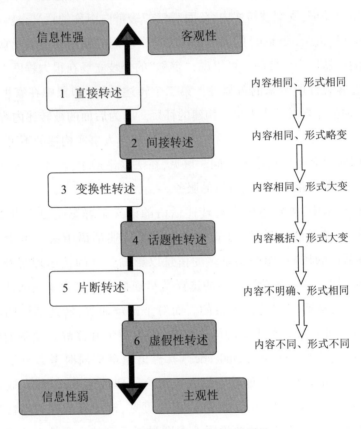

图3　法庭转述话语的语义连续统

从上图可看出,转述话语结构类型的客观性由强到弱的顺序如下:直接转述>间接转述>变换性转述>话题性转述>片断转述>虚假性转述。我们主要是根据转述话语和原话语在内容和形式两方面的对比来确定转述话语结构类型的客观程度:首先进行内容对比,转述话语在内容上越接近原话语,客观性越强;在内容对比的基础上进一步进行形式对比,转述话语在形式上越保持原话语的面貌,其客观性越强。在直接转述中,转述话语的内容和形式完全来自原话语,原述者的声音得以"展示"(demonstrated)或"描述"(depicted)(Davidson 2015;Clark 2016),因此原述者的声音显著性很高,转述话语的信息性非常强,客观性也很强①。在间接转述和变换性转述中,转述话语的内容完全来自原话语,但形式不同,变换性转述的表达形式比间接转述有了更多的改变,因此间接转述和变换性转述的客观性较直接转述要低,变换性转述的客观性比间接转述的更低。话题性转述由于转述话语在内容上做了一定程度的概括,概括过程中必然带有转述者的主观意图,因此客观性进一步降低。片断转述属于字面转述的一种类型,在形式上是完全来自原话语的,但由于被转述的形式只是一个片断,难以相对完整地呈现原话语所表达的内容,而是被转述者完全地融入自身的转述话语中,成为转述者声音的一部分,如上文提到的例子"公事公办",所转述片断的信息已被用于表达转述者的态度或评价,Weizman(1984)也提到,被转述片断越小,被转述话语的功能就越容易从"可靠功能"(reliability)转向"态度功能"(attitude function),这充分说明片断转述具有极强的主观性,客观性很低。虚假性转述的客观性最低、主观性最强,因为转述话语改变了原话语的内容,而且这种改变以转述形式出现,转述者通过转述形式来掩盖自己的意图,具有极强的主观性。

总的来说,转述话语的不同结构类型是在"客观性-主观性"连续统上移动:客观性越强,表明所传递的原话语信息就越多,原话语的边界感就更强,转述者的主观意图就越弱;反之亦然。转述话语在主客观维度上的差异会对听者的认知状态产生不同的影响,因为不同的转述话语结构会引导听者朝不同的方向进行语用推理,从而为特定的话语提供论辩潜能,并最终产生不同的论辩效果。

四、法庭转述话语的论辩功能

Anscombre & Ducrot(1989)提出,语言使用不只是传达信息,而且还具有"论辩

---

① 需要注意的是,直接转述话语虽然客观性很强,但也是说话人主观选择之后的呈现方式,必然带有一定的主观性。在此前的研究中也有学者提到,一种语境中的话语在另一种语境中被重复,即使准确转述,本质上也发生了变化,具有一定的建构性(Holt 2000;Koven 2001;Tannen 2007)。Xin Bin et al.(2021)也提到直接转述具有创造性使用。参见 Bin, X., Xiaoli, G., S. Lei, & Jingping, W. 2021 *Reported Speech in Chinese and English Newspapers: Textual and Pragmatic Functions.* Routledge.

性"(argumentative),论辩性与语言结构有关。根本原因在于事实具有直陈特征,而语言结构可指示事实的推理过程,为结论提供论证,因此语言表达必然具有论辩潜能,语言表达式的信息为论辩的方向和强度提供具体指向。在法庭审判活动中,论辩发挥着重要作用,因为法庭审判本质上是一种诉讼程序,"是一个揭示客观存在的法律意义的过程",即客观存在通过法庭审判中的主体论辩建构成法律事实(崔玉珍 2021),因此,法庭话语的论辩性就成为法庭审判的关键。如何考量法庭话语的论辩性?通常认为,论辩作为揭示辩论推理的过程,可进行结构化。论辩的基本结构包括前提和结论,以及前提和前提、前提和结论之间的支持或反对关系(Walton 2009)。前人通过提出不同的论辩模型对论辩结构中的成分以及关系进行概念化描述,代表性模型有图尔敏(Toulmin)模型、弗里曼(Freeman)模型、论辩型式等。我们将采用弗里曼模型来分析法庭转述话语的论辩性,因为弗里曼模型不但可以体现论辩的前提(Premise)、结论(Claim)、推理模态(Modifier),还可以反映论辩的对话性,即反驳(Rebuttal)和反-反驳(Counter rebuttal),该模型及示例图示如下:

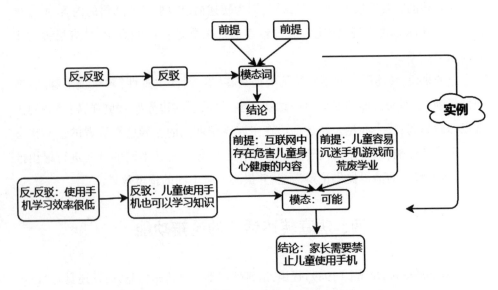

图 4 弗里曼的论辩模型及示例(Freeman 2011:3-6)

我们对不同类型的法庭转述话语在论辩结构中的出现位置进行考察,分布从下表可看出,直接转述、间接转述、变换性转述和虚假性转述都集中在前提或结论位置上,片断转述和话题性转述则多出现在反驳位置上。不同的论辩位置表明转述话语在论辩结构中担负不同的功能。

表 1　法庭转述话语的论辩分布

		前提	结论	反驳	总计
字面转述	直接转述	35.09%	—	1.75%	36.84%
	间接转述	7.02%	—	—	7.02%
	片断转述	—	1.75%	12.28%	14.03%
自由转述	变换性转述	6.14%	6.14%	5.26%	17.54%
	话题性转述	0.88%	3.51%	16.67%	21.06%
	虚假性转述	2.63%	—	0.88%	3.51%
总计		51.76%	11.40%	36.84%	100.00%

4.1　论辩位置：前提；论辩功能：提供支持

当转述话语出现在前提位置，话语主要是从逻辑上为后面的主张或结论提供论证相关的数据、事实、证据支持等，即提供支持的论辩功能。根据表1，直接转述、间接转述、虚假性转述绝大部分甚至是全部都出现在前提位置，变换性转述也有部分出现在该位置，这和转述话语的结构、语义有关。直接转述、间接转述在很大程度上使得原话语得以忠实再现，尽管发生了原话语的再语境化，但这两种转述类型在一定程度上提高了转述信息的言据程度。Faller（2002）提出了信息来源的信度等级：视觉型>听觉型>其他感官型>推论型>二手型>三手型>假设型。转述话语属于二手型信息，信度较低；而直接转述和间接转述由于和原话语的一致程度较高，可较好呈现视觉、听觉等感官型的一手信息，信度得以提高，从而增加转述话语为结论提供支持的力度。Aikhenvald（2004：180）就提到，转述话语作为言据表达手段，其中一个原因是体现言者的客观性①。从这个角度来看，直接转述和间接转述和原话语的高度一致，使得这两类转述话语可把非目睹信息生动地体现在受众眼前。Eerland & Zwaan（2013）更是通过一系列实验证明直接转述比间接转述更生动，更能准确地表达句子的心智表征，从而更能提高受众从交际或指

---

① 原文是，"the speaker may choose to employ the reported evidential for two reasons. Firstly, to show his or her objectivity; that the speaker was not the eyewitness to an event and knows about it from someone else. Secondly, as means of 'shifting' responsibility for the information and relating facts considered unreliable"。

称情境中获得信息的可能性①。这就很好地解释了前提多为直接转述的原因,根本的原因在于,直接转述可以很好地实现提供支持的论辩功能,为实现特定的法庭论辩目的提供有效帮助。

(10) 辩护人:你可以具体描述一下吗?

被告人:她来的时候很生气的那种态度,<u>为什么不接电话?我打电话你怎么不接啊?</u>就是很冲的那种。

上例来自一个故意杀人案,被告人认为是被害人的态度和行为使得两人发生争吵、厮打,最终导致被害人死亡。被告人在庭审过程中采用直接转述方式来转述杀人行为之前被害人的话语。通过例子可以看到,被告人通过直接转述高度还原被害人当时生气的情景,这可以增加受众的亲历感,提高该信息的言据程度,从而可为被告人的故意杀人行为提供一定程度上的辩护。

变换性转述和虚假性转述也经常在前提位置出现,特别是虚假性转述,尽管使用频率并不高,但绝大部分都作为前提出现。这两种转述类型作为前提,其论辩功能都是为结论提供支持,但论辩意图却有所不同。从语义来看,变换性转述的内容和原话语相同,叙述方式做了一定改变;而虚假性转述的内容和原话语并不相同,因此主观性更强。语义差异导致论辩差异。在虚假性转述中,转述者故意将一些信息融入原话语中,但却是通过转述形式呈现在受众面前,这本质上是有意模糊自身话语与原话语的边界,力图实现特定的论辩效果:一是作为前提出现,从逻辑论证角度为结论提供支持;二是通过这种转述方式,隐蔽地向受众传递对己方有利的信息,力图让受众在不知情的情况下加以接受。例如:

(11) 被告人:唐某某的证词是一面之辞,这个人在他的供述里面,<u>他自认十多年前在大连大厦建设上、汽车指标申请上进行了欺骗、倒卖</u>,是一个地地道道的贪腐分子和经济骗子,只是当时他完全掩盖了这一点,没有被我识破,我被蒙蔽了而已,我以为这都是公事,我也就公事公办了。

上例划线部分为虚假性转述。唐某某在证词中只是对大连大厦的建设、汽车指标

---

① 该文也提到,范迪克(van Dijk)等学者认为,直接引语侧重于表层结构,间接引语侧重于情景模型。该文进一步认为,这种区分可能是人们认为直接引语比间接引语更生动、更有感知力的原因。

的申请做了陈述,但在转述中,被告人加入了自我对唐某某行为的判断和评价——"欺骗、倒卖",而且在转述内容之前采用转述动词"自认",从而把自我评价内容隐蔽地整合在唐某某话语中,并进而用来支持自己的结论"唐某某是一个骗子,我被骗子蒙蔽"。这种转述把转述者声音隐藏在原述者声音之中,带有一定程度的迷惑性或欺骗性,因而会影响案件事实构建以及法庭论辩的方向和效果。

4.2 论辩位置:结论;论辩功能:责任转移

当转述话语出现在结论位置,转述话语就成为了论辩的论点,而不是一种论据,同时转述这一方式使得转述者并不直接表达论点,而是通过转述他人声音来表达观点,从而把论点的责任和自我拉开距离,实现了责任转移的论辩功能。

> (12) 原告:派出所并没有给出结论,只是立案了,最后的结论并没有给到。派出所只是说会再去调查,一直没有给结论。
> 被告:派出所跟我说了,<u>我并没有殴打她</u>。9月19号的证据没有提及被告的姓名地址在内的任何信息,与被告没有任何关系。

上例划线部分为变换性转述,转述内容为被告的论点"被告没有殴打原告"。这一转述看上去像是信息性的,告知受众来自派出所的信息,但从对话中我们可以看出,转述者的意图并不只是让受众知道这一信息,而是向受众传递与原告不同的论点,而且这一论点来自权威官方机构"派出所",转述者通过这一转述试图说服受众采信自己所转述的信息。换言之,上例中的转述只是伪装成信息性的,但在本质上仍是论辩性的,转述者将自己的论点通过他人声音进行传递,拉开了自己与所传递信息的距离,但同时为说话人的整体论辩目的所服务,责任转移的论辩功能得到实现。

在所有的转述类型中,变换性转述最经常出现在结论位置(6.14%),话题性转述也有一部分会出现在结论位置(3.51%),片断转述则有少量会出现在该位置(1.75%)。变换性转述和话题性转述都属于自由转述,转述内容虽然都是来自原话语,但是由于叙述方式已从原述者转向了转述者,转述信息的选择和呈现方式都是按照转述者的主观意图进行,因此更有利于转述者实现责任转移的论辩功能。片断转述虽然属于字面转述,但从上文的语义特点来看,片断转述的主观性非常强,比变换性转述、话题性转述的主观性都更为强烈,原话语的某些片断已完全融入转述者的个人声音中,而原话语的片断痕迹则会使得转述者的责任归他意图更容易实现,并进一步拉大自我和观点责任之间的距离,从而巧妙地实现责任转移的论辩功能。

4.3 论辩位置:反驳;论辩功能:指示、质疑、驳斥

当转述话语出现在反驳位置,主要是对对方所提观点有效性的批判性讨论,即"在论证过程中,参与者把有争议的有效性要求提出来,并尝试用论据对它们加以兑现或检验"(尤尔根·哈贝马斯 2021:36)。转述话语在观点有效性和论辩批判性两个方面呈现出不同的论辩功能。从论辩批判性来看,论辩是一种程序言语,是一种具有特殊规则的互动形式,要求正反双方的协作互动;在正反双方的互动过程中,进行观点有效性的检验之前需首先提及具有争议的观点,这才能进一步使用论据进行检验,在这种情况下,转述话语在反驳位置具有论辩指示功能。从观点有效性来看,观点提出的论证逻辑结构包括前提、结论以及前提和结论之间的推理规则、原则等,这些方面都是观点有效性要求中的一环,转述话语出现在反驳位置时,可对观点有效性要求中的任意环节进行可靠性挑战,其论辩功能就随着挑战力度的不同出现细微差别:当挑战力度没那么强时,通常是对前提或结论的可接受性、前提和结论之间的推论可靠性进行削弱性反驳,其论辩功能为质疑功能;当挑战力度较强时,通常是对前提真实性、结论可靠性进行否定性反驳,其论辩功能为驳斥功能。

(13) 公诉人:对被告人提出的辩争,说唐某某证言不真实,首先从出示唐某某证言来看,其有数份证言有七笔证词,我方在以后还将播放录像,证人的证言非常稳定,并且有其他证据予以印证。

(14) 被告人:证人证言实际上自相矛盾,他所说的这些证言和客观现实也差距太大,并且是不符合常理的。首先,这个事情不符合事实,不符合常理,<u>按照王某某昨天回答来说,他第一次找我我没有答应</u>,他也没有说别的,<u>第二次也没说任何理由我就答应了</u>。

(15) 被告人:刚才公诉人称书证可以反映唐某某要将驻深办合并至大连国际,但<u>黄某某证言已经说了,是干不下去了</u>。

例(13)的划线部分是一个话题性转述,是公诉人转述被告人的话语,在转述之后,公诉人对被告人的观点进行反驳,因此该转述在论辩中起到指示功能,指示公诉

人对被告人观点进行批判性检验的范围。例(14)划线部分为两个话题性转述,均出现在反驳位置。在法庭审判中,公诉人诉诸证人证言建立己方的论据与论点,被告人在进行反驳时则转述了证人的多次证言,并采用话题性转述的方式将自己意图选择的原话语部分进行突显、对比,进而提出证人证言的可靠性值得怀疑,因此,转述话语在论辩中起到了质疑功能。例(15)划线部分是一种片断转述,被告人使用该转述反驳公诉人基于书证推断出来的结论,认为公诉人的结论是不正确的,因此,该片断转述在论辩中起到驳斥功能,而且片断转述在字面上保留原话语痕迹,这就使得转述的驳斥功能显得更为客观,转述者的论辩意图更为隐蔽。

在六类转述结构中,出现在反驳位置的转述结构类型由多到少排序如下:话题性转述(16.67%)>片断转述(12.28%)>变换性转述(5.26%)>直接转述(1.75%)>虚假性转述(0.88%)。话题性转述是对原话语的概括或抽取,也就是说,话题性转述的内容虽然来自原话语,但实际上内容的呈现重点和方式都体现了转述者的主观性,因而可很好地用于实现论辩的指示功能、质疑功能和驳斥功能。片断转述的主观性程度比话题性转述更高,而且还留有原话语的形式片断,因此运用片断转述进行反驳时,一方面形式痕迹可唤起受众对原话语观点的回忆,另一方面则在论辩中对原话语的观点进行反驳,其对抗意味更强,因而反驳位置也多采用片断转述方式,特别是具有驳斥论辩功能的否定型反驳。变换性转述的主观性相对不高,比话题性转述的主观性更弱,出现在反驳位置时,多被用于论据的质疑或否定。直接转述用于反驳时,多是转述者对自我声音的转述,用于质疑对立方的不实论证。虚假性转述很少出现在反驳位置,通常也是转述者对自我声音的转述,但在转述过程中根据对方的论据和论点进行了自我声音的改变,加入原有声音中没出现的信息,以更有利于实现转述的驳斥论辩功能。如:

(16) 辩护人:这个鉴定应该做……<u>电子数据的文件标注的数据和文件上传时相对应,电脑主机的时间可以随意改,标注时间是在案发前,但不能证明</u>。

审判长:公诉方有新的意见吗?

公诉人:这个视频已经在硬盘之内,辩护人可以进行比对。应该在扣押时候就进行鉴定,我们进行鉴定的时间是 2015 年 12 月 2 日,从服务器被扣押到最后的时间进行了鉴定。<u>证明了没有受到污染</u>。

辩护人：*我只是说有人对原始数据进行操作的可能性*。

上例划线斜体字部分为虚假性转述作为反驳的例子。在例中，辩护人首先针对物证时间的可靠性进行了质疑，提出"电脑主机的时间可以随意改，标注时间是在案发前，但不能证明"。公诉人随后对此进行反驳，根据物证鉴定时间对辩护人的质疑进行回应，认为物证"没有受到污染"。辩护人对公诉人的反驳进行反-反驳，在进行反-反驳时转述了自我声音，力图通过自我声音的转述表明公诉人的反驳并没有取得有效性，为了实现这一论辩目的，辩护人在进行自我声音的转述时进行了信息改动，由原话语中的"物证时间质疑"转向转述话语中"人为修改的可能性"，而公诉人的反驳是针对物证时间的可靠性来进行的，因而辩护人在反-反驳中对自我声音的信息改动就使得公诉人的反驳似乎并未针对论辩的争议点，其反驳有效性在受众接受上就会大打折扣，这里虚假性转述就实现了驳斥的论辩功能。

五、法庭转述话语的结构、语义与论辩功能

法庭转述话语的结构类型、语义特性及论辩功能之间是否具有某种关联？我们将六类法庭转述话语按照语义客观性由高到低进行全排列：直接转述>间接转述>变换性转述>话题性转述>片断转述>虚假性转述，然后对不同转述话语在三大论辩位置（前提、结论和反驳）的分布进行趋势考察，如图5：

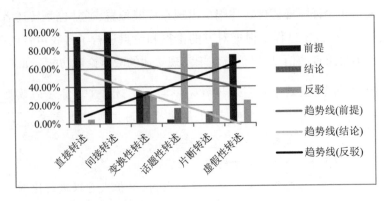

图5　法庭转述话语的结构、语义及论辩功能的关系图

从上图可看出，法庭转述话语在结构类型、语义主客观性及论辩位置之间有着密切

关系。当法庭转述话语出现在前提或结论位置,其使用随着主观性的提高而下降,两者之间呈现负关联;当法庭转述话语出现在反驳位置,其使用则随着主观性的提高而增加。换言之,法庭转述话语随着信息性的降低和主观性的上升,偏好的论辩位置就从前提、结论转向了反驳。论辩位置反映的是论辩功能的差异。上文提到,在法庭论辩中,转述话语具有五种具体的论辩功能:提供支持、责任转移、指示、质疑和驳斥。也就是说,随着法庭转述话语主观程度的不断提高,论辩功能从提供支持、责任转移转向了指示、质疑和驳斥,在这个转向过程中,论辩功能的信息性发生了一个较大的改变,可以说,法庭转述话语的论辩功能也呈现出主观化的演变过程。究其原因,这是语用论辩在法庭话语实践中的体现。从语用论辩的角度来看,辩证维度和修辞维度是相互补充的:辩证维度聚焦于形式逻辑的有效性,信息多、客观性高的话语表达更容易实现形式逻辑的有效性;而修辞维度聚焦于话语说服的可接受性,主观性高的话语表达则更有利于可接受度的调整。从这个角度来看,论辩结构中的前提、结构都是逻辑有效性的结构化成分,因而会更倾向选择客观性高的表达方式;而反驳是观点可接受性的结构化成分,因而会更倾向使用主观性高的表达方式。法庭转述话语的结构、语义及论辩位置之间的相互影响集中体现在论辩功能上,五种具体的论辩功能在主观性程度上聚合形成三类论辩功能:

1)言据功能:提供支持、责任转移
2)认识情态功能:质疑、反驳
3)论辩标记功能:指示

以上三类论辩功能在论证信息性上具有差异,呈现不同的主观化程度。言据功能的论证信息性最强,可为形式逻辑的有效性提供论辩作用;认识情态功能的论证信息性比言据功能低,但主观性上升,体现主体对论据、推理或观点的主观态度或意图;论辩指示功能的论证信息性进一步降低,主观性不高,主要体现论辩的程序意义。法庭转述话语论辩功能的主观化演变根本上是来自其结构和语义的影响,法庭转述话语在结构上具有信息性的差异,语义上呈现主观化程度的高低,结构和语义的不同带来了转述话语交互主观性的演变,即论辩功能的演变,因此,法庭转述话语的三类论辩功能呈现出信息性下降、交互性上升的倾向,信息性由高到低的排列如下:言据功能>认识情态功能>论辩指示功能。可见,法庭转述话语的论辩功能出现了和结构、语义一致的主观化倾向。

为何会出现这样的现象？基于用法的语言观认为，用法塑造语法，语法在使用中浮现（Hopper 1987）。也就是说，语言使用也是语法的一部分，也可在语言结构中体现出来。而语言使用作为交际媒介，必然带有特定的功能，因而功能和结构密切相关。意义则是功能和结构关联的枢纽，因为在语言交际中，"意义"才是核心，形式结构和功能作用的配对取决于意义表达的意图，说话人根据表达意义的意图一方面选择合适的语言结构，另一方面也将意图反映在主体之间的对话互动之中，可以说，主体表达的意义沉淀在一定的语言结构上，同时也体现在主体间的互动之中。法庭转述话语在语言结构、意义和论辩功能之间的相应关系正是表达意义在语言结构和主体间性上的沉淀和彰显的结果。

六、余　论

"转述的意义绝不是已知的历史到这里结束，而是未知的探索从这里开始。"[①]在法庭互动中，转述话语将互动中其他参与者或自我提供的证据引入到一个正在进行的话语中，该证据可被用作支持或反对某些主张的行为。因此，转述话语是一种重要的法庭论辩工具，其论辩功能取决于法庭转述话语的结构和语义。基于以上考虑，本文对法庭转述话语进行了语言学和论辩理论的分析，先在语言学上分析了法庭转述话语的结构类型及语义特性，然后在论辩理论上分析法庭转述话语出现的论辩位置及相应的论辩功能，最后力图揭示法庭转述话语结构、语义和论辩功能之间的关系。研究发现，法庭转述话语的结构、语义及论辩功能都出现了主观化的演变趋势，而且三者的主观化演变具有相应的特点，这是因为法庭转述话语的意义沉淀在结构类型上，同时也体现在主体间的互动论辩上。

语言作为一种工具，"允许我们极其精确地塑造彼此大脑中的事件"[②]（Pinker 1994: 15）。因此，语言不仅仅是指称、描述世界的工具，同时也是人类活动的实践工具，和人类社会、心理、认知等方面都有着密切关联。不同类型的法庭转述话语就体现出了多个层面的意义，既有描述意义，又有突出显示意义，还有推理论辩的意义。

---

① 参见谭学纯《福建师范大学学报（哲学社会科学版）》2017 年第 6 期"本期话题：修辞研究：转述·评述·自述"的主持人语。

② Pinker（1994: 15）提到"We can shape events in each other's brains with exquisite precision."

参考文献

崔玉珍 2021 《法庭反事实表达的论辩研究》,《中国语文》第 6 期。

方 梅 2021 《从引述到负面立场表达》,《当代修辞学》第 5 期。

李永泽、欧石燕 2020 《论辩挖掘研究综述》,《图书情报工作》第 19 期。

刘 锐、黄启庆、王 珊 2021 《汉语学术语篇转述标记的形式、功能与分布》,《当代修辞学》第 6 期。

吕晶晶 2013 《庭审转述的语篇特征》,《当代修辞学》第 6 期。

马泽军、郭雅倩 2021 《庭审中公诉人转述话语的语言特征及其建构的语用身份》,《外国语》第 3 期。

孙赫遥、马慧琪、李俊璇 2021 《刑事庭审互动中法官如何规避被告方有目的性的转述话语的误导》,《法制与社会》第 12 期。

唐青叶 2004 《学术语篇中的转述现象》,《外语与外语教学》第 2 期。

[德]尤尔根·哈贝马斯 2018/2021 《交往行为理论》(第一卷),曹卫东译,上海人民出版社。

于 晖、张少杰 2021 《汉语学术语篇的多声系统探究》,《当代修辞学》第 6 期。

祝克懿 2010 《互文:语篇研究的新论域》,《当代修辞学》第 5 期。

Aikhenvald, A. Y. 2004 *Evidentiality*. Oxford: Oxford University Press.

Anscombre, J. C. & Ducrot, O. 1989 Argumentativity and informativity. In Michel Meyer(ed.), *From Metaphysics to Rhetoric*. Dordrecht: Kluwer: 71–87.

Chaemsaithong, K. 2014 Dramatic monologues: the grammaticalization of speaking roles in courtroom opening statements. *Pragmatics*, 24(4): 757–784.

Clark, H. H. 2016 Depicting as a method of communication. *Psychological Review*, 123(3): 324–347.

Collins. D. E. 2001 *Reanimated Voices: Speech Reporting in a Historical-pragmatic Perspective*. Amsterdam/ Philadelphia: John Benjamins Publishing Company.

Coulmas, F. 1986 Reported speech: some general issues. In F. Coulmas *Direct and Indirect Speech*. Berlin and New York: Mouton de Gruyter: 1–28.

Davidson, K. 2015 Quotation, demonstration, and iconicity. *Linguistics and*

Philosophy, 38: 477–520.

Eerland, A., Engelen, J. A., & R. A. Zwaan 2013 The influence of direct and indirect speech on mental repre-sentations. *PloS ONE*, 8(6): e65480.

Faller, M. 2002 Semantics and Pragmatics of Evidentials in Cuzco Quechua, PhD dissertation, Stanford University.

Freeman, J. B. 2011 *Argument Structure: Representation and Theory*. Netherlands: Springer.

Garzone, G. 2016 Polyphony and dialogism in legal discourse: focus on syntactic negation. In G. Tessuto, V. Bhatia, G. Garzone, R. Salvi, C. Williams (eds.). *Constructing Legal Discourses and Social Practices: Issues and Perspectives*. Newcastle upon Tyne: Cambridge Scholars Publishing: 2–27.

Hartman, D. 1992 Intertextuality and reading: the text, the reader, the author, and the context. *Linguistics and Education*, 4: 295–311.

Hopper, P. 1987 Emergent grammar. *Berkeley Linguistic Society*, 13: 139–157.

Pinker, S. 1994 *The Language Instinct*. New York: Harper Perennial Modern Classics.

Smirnova, Alla Vitaljevna. 2009 Reported speech as as element of argumentative newspaper discourse. *Discourse & Communication*, 3(1): 79–103.

Sternberg, M. 1982 Proteus in Quotation-Land: Mimesis and the forms of reported discourse. *Poetics Today*, 3(2): 107–156.

Tannen, D 2007 *Talking Voices: Repetition, Dialogue, and Imagery in Conversational Discourse*. Cambridge: Cambridge University Press.

Volosinov, V. N. 1973 *Marxism and the Philosophy of Language*. L. Matejka & I. R. Titunik (trans.). New York: Seminar Press.

Walton, D. 2009 Argumentation theory: a very short introduction. In Simari, G., Rahwan, I. (eds.). *Argumentation in Artificial Intelligence*. NY: Springer New York: 1–22.

Weizman, E. 1984 Some register characteristics of journalistic language: are they universals? *Applied Linguistics*, 5(1): 39–50.

An Argumentative Study on Courtroom Reported Speech

Cui Yuzhen

Abstract: This paper mainly explores the correlation between the structure, semantics and functions of the reported speeches as an argumentative component in courtroom argumentative discourses. It first examines the structural types of courtroom reported speeches from the perspective of argumentation, which are divided into two categories and six sub-categories: 1) literal reported speech, including direct reported speech, indirect reported speech and segment reported speech; 2) liberal reported speech, including transformative reported speech, topical reported speech and fictive reported speech. It also finds that different structure types of courtroom reported speeches vary in degrees of objectivity or subjectivity, and the order in terms of the objectivity is as follows: direct reported speech>indirect reported speech>transformative reported speech > topical reported speech > segment reported speech > fictive reported speech. The structural and semantic differences in courtroom reported speeches affect their positions in the argumentative structure and thus fulfill different argumentative functions: providing support, shifting responsibility, challenging, refuting, and indicating functions. The paper concludes by exploring the interrelationship between the structural, semantic, and argumentative functions of courtroom reported speech.

Keywords: reported speech, courtroom discourse, argumentative discourse, argumentative study, courtroom reported speech

(原载于《当代修辞学》2022 年第 6 期)

高危话语与极端活动:基于评价性语言的心理实现性讨论

王振华　李佳音

(上海交通大学外国语学院马丁适用语言学研究中心,上海 200240)

提　要　高危话语往往导致极端活动。研究高危话语的特征有利于预防极端活动的发生。本文结合心理学对情感的研究,从情感态度出发,依据评价理论的心理现实性,提出了言语行为—情感—身体行为互动模型。我们认为,评价理论应用于分析高危话语以及预警极端活动,是以模型中的言语行为为出发点,揭示言语所传达的情感态度,由此预测可能发生的身体行为,从而对危害性社会行为进行预警监控。本文在案例分析和讨论的基础上,提出了高危话语的评价特征,并提供了预警极端活动的措施。

关键词　高危话语　极端活动　预警　评价理论　情感

一、引　言

文章《多余的一句话》(https://www.sohu.com/a/194702606_156661)讲述一个外地小伙进都市坐公交车,坐错了方向,没想到最后引发了一场"混战"。小伙研究地图后感觉坐错了方向,于是求助售票员。售票员答语多余的最后一句话是:"拿着地图都看不明白,还看个什么劲啊!"旁边的老大爷听不下去,对售票员说了他多余的最后一句话:"现在的年轻人啊,没有一个有教养的!"大爷旁边的一位小姐听不下去,对大爷说了她多余的最后一句话:"就像您这样上了年纪看着挺慈祥的,一肚子坏水儿的可多了呢!"旁边一位中年大姐听不下去,对小姐说了她多余的最后一句话:"瞧你那样,估计你父母也管不了你。打扮得跟鸡似的!"一车人骂骂咧咧像炸了锅似的。这时一直没说话的外地小伙喊道:"大家都别吵了!都是我的错……"他多余的最后一句是:"早知道XX人都是这么不讲理的王八蛋,我还不如不来呢!"后来,大家被带到公安局录口供,然后去医院包扎伤口。故事的讲述者说,他头上的伤是在混战中被售票员用票夹子砸的,因为他也说了他多余的最后一句话:"不就是售票员说话不得体吗?你们就当她是个傻X,和她计较什么?!"

  从这个例子不难看出,发话人话语的负面意义能引起或激发听话人的情绪发生变化,听话人因受刺激而做出更具负面意义的言语表达,这种连锁反应逐级上升,最后导致了暴力发生。类似的例子在生活中不胜枚举。这种激发负面情绪、导致不良后果的话语,往往造成不好甚至恶劣的影响,不利于人际和谐和社会安定。我们称这种话语为高危话语。

  为了研究的方便,我们给高危话语下一个工作定义。首先看"高危"的意义是什么。根据《现代汉语词典(第5版)》,高危被定义为属性词,指发生某种不良情况的危险性高。关于"话语"一词,我们参考学界的观点,将它定义为:言说、书写、多模态以及与其伴随的情形形成的社会互动。基于此,**高危话语**,指使用中的、导致高危险性情况发生的言语、书写或多模态以及与其伴随情形形成的社会活动。这样的定义,其特征为:1)与语言和多模态这些社会符号有关的社会互动,即人(群)与人(群)之间的语言或多模态活动;2)使用中的言语、书写、多模态,辞书中的语言不在此列;3)这种使用中的社会符号具有显性或隐性的负面意义,并能导致不良或危险的行为或后果。此外,高危话语一般分显性和隐性两种。显性高危话语指有明显负面意义的话语。隐性高危话语指没有明显负面意义的话语,如表面不具负面意义或负面意义不明确的话语,但言者或听者因语境而推导出来的话语负面意义。显性负面话语导致不良后果的语境依赖性低于隐性负面话语导致的不良后果。

  我们认为有必要对高危话语深入研究,寻找其成因,探索其规律,在此基础上提供有效的应对措施或解决方案。鉴于此,本文基于评价理论并结合心理学相关观点对这种话语进行研究,挖掘其本质特征,为分析和筛查可能发生的极端行为提供理论基础,为预警提供帮助。

二、评价性语言的心理现实性

2.1 评价理论

本文所说的评价理论是指评价系统(Appraisal Systems)(Martin 2000；Martin & Rose 2003)，我们认为评价系统是语言学和话语研究领域里评价理论的一个重要组成部分。

评价系统由三部分组成，即态度(attitude)、介入(engagement)和级差(graduation)。态度系统关乎感受(feelings)，包括因外物导致人的心理所产生的情感反应(affect)以及人对行为的判断(judgement)和对事物的鉴赏(appreciation)。这三者以情感为中心，情感的再加工形成判断和鉴赏。判断是情感机构化(institutionalized)后关于行为的提议(proposal)，即如何行事，其中一些建议已成为宗教和国家的规则和约束。鉴赏是情感机构化后关于事物价值的命题(proposition)，即事物是否有价值，其中一些估值已成为奖励制度(Martin & White 2005)。由此，态度系统的指向可理解为：说者/作者基于对事件参与者行为的判断以及对事件所产生的结果的鉴赏，以此来表明自己的情感立场。说者/作者向受众传达自己的态度，其目的是说服受众认可其所在社团的价值观念和信念(Martin & White 2005)。

介入系统和级差系统是评价系统的另外两个组成部分。介入是态度意义上的介入。无论是理性的判断还是感性的判断、理性的鉴赏还是感性的鉴赏，说者/作者总是要考虑听者/读者的反应。在这个过程中，说者/作者一般要给听者/读者留有对话的空间。这种对话空间的大小往往通过投射、极性(肯定/否定)、情态、让步、条件等语言资源来实现话语收缩(contract)或话语扩展(expand)。换言之，说者/作者通过自言(monoglossic)不给听者/读者在语言上留有对话选择，通过借言(heteroglossic)给听者/读者在语言上留有对话选择。王振华(2003)在介入系统的自言与借言二分基础上提出了"三声说"介入结构。具体而言，在一定语境下，说者/作者不仅可以投射自身的情感态度(第一声)以及第二人称和第三人称的情感态度(第二声)，也可以假借说者/作者所在社团的共享情感态度(第三声)。根据王振华(2003)，这三种类型的介入具有不同的作用，运用第一声介入传达的是说者/作者自身关于人、物、事的评价;而第二声和第三声的介入,则是以证实(justify)为目的。"三声说"细化了介入的实现方式,更将说者与受众的对话空间拓展至他们所在的社团,为进一步说服社团其他成员认可说者的情感态度提供了可能。级差是态度意义上的级差,指态度的强弱程度,它通过语言产生的力度(force)和聚焦(focus)的程度来实现,分别涉及可分级意义的强势(raise)和弱势(lower)与不可分级意义在典型性(prototypicality)方面的清晰(sharpen)和模糊(soften)(参阅 Martin 2000;Martin & Rose 2003;Martin & White 2005;王振华 2001)。

评价系统以态度系统为中心,态度系统则以情感为中轴,判断和鉴赏是情感的机构化结果。三个组成部分之间是逻辑意义上的"和取"(logic and)关系,三者相辅相成。介入系统表明态度的来源,级差系统表明态度和介入的语义强弱。态度系统不仅关涉自言话语的态度及其强弱,也关涉借言态度及其强弱。介入系统在表明态度来源的同时也包含所言态度的强弱程度。通过对语篇进行态度、级差和介入三方面的研究,可以揭示说者/作者在语篇或话语中选取了哪种态度,态度的冲击力和影响力如何,是否成功地说服了听者/读者、营造了和谐氛围、建立了连带关系,还是疏远了听者/读者、树立了对立面。

2.2 情感态度的来源及其影响

尽管王振华(2012)曾指出评价理论的三个主系统与心理认知有着直接关系,但国内外从心理认知角度考察评价理论的认知机制却较少。殷祯岑(2017,2018)指出在语言表征阶段中,评价是构成意义内容的重要组成部分,强调了评价内容在意义建构中的作用,但却未进一步探讨评价内容,尤其是负面评价在后续言语以及社会交际中的影响。Gu (2017)对情感产生进行了概念化,提出了情感事件分析的操作流程(张永伟、顾曰国 2018)。该操作流程展示了情感表达者由于触发项产生情感的过程和后续行为倾向,但未对其言语特征进行详细、系统的分析。我们认为,将评价理论引入情感产生过程中,能够探析语言传达情感的机制与规律,为挖掘高危话语的负面情感及其社交影响提供有利工具。冯德正、亓玉杰(2014)依据认知评价对态度系统的产生机制进行了探讨,提出了基于诱发条件的态度意义系统以及态度意义的行为反应系统。姚霖霜(2012)结合以目的导向的概念整合理论,提出了法律语境下情感态度表达的特征。现有这两套理论对评价语言的产生机制和表现特征提供了详细框架,但表达情感态度后对受众产生的影响却未涉及。这一点则是高危话语分析所要实现的目标,明确了情感态度表达所产生的影响,尤其是对受众社会行为的影响,才能预警可能出现的极端活动。下文从心理学角度出发,结合 Gu (2017)情感概念化过程,阐释情感态度的来源及其对情感经历者在行为上的影响。

心理学认为"情感包括引发因、情感和动机化的行为趋势,并且可能会有其明晰的表达方式和本能的改变"(Weisfeld & Goetz 2013)。也就是说,情感是由一个引发因所诱发的。这种引发因既可以是外部的,也可以是内部的。这种引发因通常需要评价的介入,从而使得某种情感能够在大脑中的杏仁体激活(Sternberg & Sternberg 2012)。某种激活的情感能够引发带有动机性的行为,包括面部表情、肢体动作、话语表达等目的性行为。情感表达者的这些行为是为了对情感接收者产生一定的影响(Weisfeld & Goetz 2013)。另外,情感主体的社会属性决定了情感本身的社会属性。正如 van Kleef, Cheshin, Fischer & Schneider (2016)所言,情感本质上是社会的,因为它们一般都是在社会情境下引发、表达、约束、识别、解读以及回应的。因而,情感表达者通过目的性行为向情感接收者所传达的情感是以交际为目的的,他们期望接收者能够作出回应。从社会交际的角度来看,对于情感接收者而言,一旦他接受了原情感表达者所经历的情感,他就转换为新的情感表达者,他所要做的便是理解原情感表达者所传达的情感,解决其困境,并通过目的性的行为表现出来。面部表情、手势以及肢体动作、语言等都是情感传达的方式,其中面部表情的情感识别研究成果颇丰(Castellano et al. 2015; Ekman & Friesen 2003; Ekman & Rosenberg 2005; Kohler, Walker, Martin, Healey & Moberg 2010; Soroush, Maghooli, Setarehdan & Nasrabadi 2018)。因篇幅所限,本文主要关注语言作为情感表达方式对情感接收者产生怎样的影响。

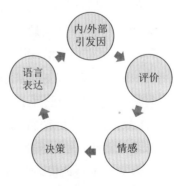

图1　情感产生及其影响

图1阐释情感的产生及其影响,即对外部/内部引发因的评价会激活相应的情感(冯德正、亓玉杰2014),这一情感通过带有目的性的行为传达出来,成为情感接收者产生情感共鸣的外部引发因。此时原情感接收者对外部引发因进行判断评价,决定是否与原情感表达者一致,从而激活相应的情感。激活相应情感后,原情感接收者就称为新情感表达者,会采取对应的行为以解决原情感表达者的情感困境。情感有正负之分,即积极情感(positive)和消极情感(negative)(Citron 2012)。不同于消极情感接收者,积极情感接收者作为新一轮的情感表达者不存在解决原情感表达者的情感困境,而是分享原情感表达者的积极情感。不过也存在接收者受积极情感影响而产生消极情感的情况。

需要强调的是,在这个过程中,无论是最初的情感表达者还是角色转变后的新情感表达者,他们在选择情感表达方式时都取决于情感对他们决策的影响,从而确定以何种方式将情感表达出来。心理学研究对情感与决策的关系基本上已达成共识,即"情感强有力地、可预测性地,并且普遍地影响决策"(Lerner, Li, Valdesolo & Kassam 2015)。例如,当人们受愤怒情感影响时,往往会低估风险并倾向于带有风险的选择;而当受到恐惧情感支配时,则会高估风险并倾向于少风险或无风险的选择(Lerner, Gonzalez, Small & Fischhoff 2003; Lerner et al. 2015)。此外,当经历某种确定性很高的情感时,如开心、愤怒、厌恶等,人们并不会对该感情的内容以及质量进行深加工,而是采用启发式加工,过多地依赖这一情感表达者的身份地位以及一些刻板印象(Lerner et al. 2015; Lerner & Tiedens 2006)。因此,当一个人处于愤怒的时候,他会低估潜在的风险,从而忽视造成他愤怒的原因,力求采取一切办法改变现状,并且消除在此过程中遇到的问题与障碍。在这种想法背后,潜伏的是报复心理与行为,通过威胁性话语、实际性的进攻等激进行为表现出来(Lerner & Tiedens 2006; Patrick & Zempolich 1998; Weisfeld & Goetz 2013)。因此,我们在图1中加入决策这一环节,引导相应的行为表达。

三、评价理论与行为预警

基于情感的来源及其影响,语言使用作为情感所引发的动机性行为,是传达情感的重要方式之一。因而,通过对语言使用中的评价性资源进行分析,能够揭示言语所表达的情感态度。正如上文中原情感接收者转换身份成为新情感表达者所经历的一样,在接收了以一定方式传达的情感后,接收者对该情感进行评价,从而认同所接收的情感,产生共鸣。在这一过程中,特定的情感以一定的言语行为传达出来;通过评价,一定的言语行为则反应了特定的情感。由此,言语与情感之间存在双向互动关系(图 2 中以二者间的双向箭头呈现)。此外,上节中提到,表达情感的方式并非仅有言语行为,也会有其他身体行为。与言语行为同理,特定的情感亦可通过相应的身体行为传达出来;且借助评价,身体行为能够反应一定的情感。换言之,身体行为与情感也存在双向互动关系(见图 2)。而言语行为与身体行为作为传达情感的动机性与目的性行为,二者在达成这一目的上具有一致性,即在宣泄某种情感时,既采用言语行为,也通过身体行为传达(Lambe, Cioppa, Hong & Craig 2019)。二者的一致性也体现在言语行为可能成为某种身体行为的诱发因(Awan & Zempi 2016; Kaakinen, Oksanen & Räsänen 2018)。这种一致性表现在图 2 中言语行为与身体行为间的等于号。

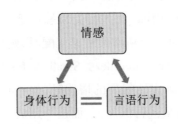

图 2 言语—情感—身体行为交互图

需要指出的是,在传达情感的过程中,尤其是以言语表达感情时,会存在撒谎的可能,即通过言语掩盖真实情感。但对于身体行为而言,这种掩盖情感的目的很难实现。根据已有的心理学研究,无论是对情感的掩盖,或是其他真相的掩饰,身体行为,包括面部表情、微表情、眼睛、手势、肢体动作等都会"泄漏"真实的情感或真相(Ekman & Friesen 1969; Marono, Clarke, Navarro & Keatley 2017; Porter, Ten Brinke, Baker & Wallace 2011; Porter & Ten Brinke 2008)。因而,言语在传达情感方面可能存在误导,但是身体行为不会这样。而本文所要研究的是非掩盖、非误导情况下的言语所传达的情感,从而确保了言语行为与身体行为在传达情感方面的一致性。

由此,情感、言语行为、身体行为三者,以情感为中心形成了两两交互与一致关系。言语行为和身体行为既是情感传达的表现方式,加以评价二者也是揭示蕴藏情感的窗口。而言语行为与身体行为在动机性方面存在一致关系,即共同传达某种特定情感。在此基础上,通过对言语进行评价性分析,能够揭示话语所反映的特定情感。根据这一特定的情感能够对可能产生的身体行为以及其他目的性行为进行预测。评价理论之于行为预警正是建立在这一心理现实之上。以情感、言语和身体行为三者的交互一致关系为基础,从言语资源的使用出发,探析话语所表达的情感,而后利用这一情感预测可能发生的身体行为,甚至是较大范围的社会行为,以便对危害性社会行为做出预判。其中,我们既可以由言语预测情感表达者的身体行为以及社会行为,也可预测情感接收者在认同所表达情感后可能产生的动机性行为。

具体而言,将评价理论运用到行为预警之中,就是对话语使用中的评价性资源进行分析,包括三个方面:态度、介入和极差。对话语的态度分析涉及情感、判断以及鉴赏三个维度,即基于对所描述事件参与者行为的判断以及对事件所造成影响的鉴赏,得出情感传达者的情感态度立场。对话语在介入和级差方面的分析能够进一步确定情感传达者的态度来源及其情感态度的强弱程度。三者综合起来不仅可以揭示所要传达的情感态度,也可以得出通过言语行为说者/作者的修辞目的是否达成,即成功说服受众、建立连带关系,亦或是疏远受众,树立对立关系。前者即为上文所述的言语行为反映情感,后者——修辞目的的达成则与说者/作者的其他社会行为存在关联,即言语行为与身体行为的一致关系。换言之,修辞目的的达成与否能够间接预估其他行为。在此基础上,根据言语所揭示的情感能够直接预测可能的身体行为及其他社会行为。

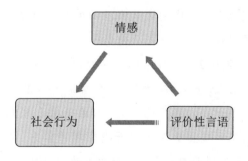

图3 基于评价性言语的行为预警

这一过程的图式化参考图3:基于评价性言语的行为预警。以预测社会行为为目标,由评价性言语为起点,直接揭示言语所反映的情感,这一环节以单向箭头表示。进而通过所揭示的情感对身体行为等其他社会行为进行直接预测,同样以单向箭头表示。而由评价性言语对社会行为的间接预估以虚尾箭头表示。至此,将评价理论应用于行为预警,就是发挥评价性言语对情感的直接揭示作用以及对社会行为的间接预测作用。而情感作为中介,为评价性言语和社会行为间的关联提供可能。

四、案例分析

上文基于情感态度表达的影响讨论了评价理论的心理现实性,并建立了行为预警框架,本节将实例化这一预警框架在高危话语中的应用。

永和桥聚众斗殴事件起因于一段舞蹈的原创之争。网红"小辣椒"与"小杰"二人因"社会摇"这种舞步的原创问题,在 QQ 空间引起争议,进而发展为网络骂战、地域纷争。最后发展为线下在南宁永和桥聚众斗殴,斗殴双方达 120 余人,双方均自制爆炸物和武器。最终,"小辣椒"被判处有期徒刑八年,其他参与斗殴的被告人各判有期徒刑两年三个月至六年不等。该事件于 2019 年 8 月 3 日和 4 日在中央电视台《今日说法》栏目播出,引起了社会的广泛关注。

我们搜集了该事件起因的 QQ 空间争议截图(源自《今日说法》),并根据评价理论对两则语料进行了标注。其中**加粗**表示反映态度信息,*斜体*表示意义的强弱信息,下划线表示信息的来源,即借言。

(1) 2018 年 2 月 25 日 01:19: 怪咖: 小辣椒——我想说四步是我们万秀歌巢流传出去的你们这些**大沙田**的想跳就能跳得出来的吗?还在各个酒吧舞台上跳的 *那么嗨皮帮* kkk

(2) 2018 年 2 月 25 日 01:53 r——沙田八步比你们**威**吧? 你们万秀四步*算什么嘿*[偷笑]转黄熙煜:我想说万秀**X**怎么*那么***牛 X** 我们沙田 *明明*就是八毕跟他们不一样**恶不恶心**我想说 万秀就知道**XX**有什么用 觉得**牛 X**可以**开战**啊*啰啰嗦嗦* 以为南宁都是你的啊**XX** 真的以为自己是网红*就算是也是* **XX** 哈哈哈哈**笑死了**大沙田**威武霸气战无不胜**[微笑](附网红"小辣椒"照片一张)(X 是警方对原截图中的侮辱性话语做的马赛克)

从时间上可以看出,"小辣椒"先在 QQ 空间发布了(1)这则动态,随后 r 作为回应,转发了"黄熙煜"的动态并加上了自己的态度,发布了(2)这则动态。

根据我们前文对情感来源及其影响的分析,我们可以断定"小辣椒"为最初的情感传达者,且仅此一个身份;r 和"黄熙煜"两人则经历了身份转化,由"小辣椒"的情感接收者变为新一轮的情感传达者。我们先依据事件的时间顺序,依次对两则语料进行评价性分析。

语料(1)中,情感传达者首先对自己所在社团的行为进行了判断:"我想说四步是我们万秀歌巢流传出去的。"从"我"到"我们",情感传达者通过第三声介入,将自己的判断扩展到她所在社团,为其评判态度进行了证实(justify),从而传达出四步舞由万秀社团原创的既定事实。接着是对语料(2)中社团成员的行为进行了判断:"你们这些大沙田的想跳就能跳得出来的吗?还在各个酒吧舞台上跳的那么嗨皮。"其中,"你们"的使用将目标受众界定为大沙田社团的成员,再加上使用"大沙田的"("的"字结构)来指称对方成员,带有不礼貌的意义(陆俭明、马真 2020)。再者,用"那么嗨皮"这一评判性词组来描述大沙田社团的行为,传达出大沙田社团的成员不会跳他们万秀的四步舞,居然还能跳得很开心。从情感传达者的这两段判断可以看出,她是要传达对大沙田社团消极的态度,即不开心、略带厌恶的情感。最后一句"帮 kkk"(网络用语,"帮助转发/扩散"的意思),情感传达者想要扩散传播的不仅仅是四步舞由万秀社团原创,而大沙田社团不会跳也不能跳得开心的这一判定,更是对大沙田社团的消极情感态度。

语料(1)所传达的消极情感态度会产生不同的影响,这取决于其不同的受众。对万秀社团的受众而言,语料(1)中传达的高确定性的不开心、厌恶的情感,以及"小辣椒"的网红地位,会激发他们的启发式加工(Lerner et al. 2015;Lerner & Tiedens 2006),从而会很容易认同其中的情感态度和判定,与情感传达者产生共鸣,激发对大沙田社团的不开心、厌恶的情感。而对大沙田社团的受众而言,由于与情感传达者是对立面,加之接收到的是对自己所在社团的不满情绪,大沙田受众几乎不可能认可传达者的情感态度,因而对情感传达者产生憎恶、愤怒的情绪。由于情感传达者使用了第三声介入,将自己所在社团引入话语之中,大沙田受众可能产生的愤怒情绪极有可能扩大对象至传达者所在的社团。伴随这种高确定性的愤怒情绪,是威胁性话语、极端活动的发生(Lerner & Tiedens 2006;Patrick &

Zempolich 1998；Weisfeld & Goetz 2013）。随后的语料（2）印证了这一推测。语料（2）是语料（1）的大沙田受众从情感接收者转变为情感传达者后发表的言论，有两名情感传达者 r 和"黄熙煜"。其中 r 转发"黄熙煜"的言论并添加了自己的态度，说明 r 作为"黄熙煜"的受众认可并接纳了后者的情感态度。据此，为便于分析，我们将语料（2）的两个情感传达者视为一人。

与语料（1）中相似，语料（2）的情感传达者也使用第三声介入的方式，"我们""你们"将对话空间拓展到所在社团，证实了自己的情感判断，从而使情感冲突扩大到两个社团层面。不同之处，语料（2）中则使用了大量的高语力强度的情感词，且多为孤立型（isolation）的语势强化手段。这些情感词中，积极词汇，如"威""威武霸气""战无不胜"，是对传达者所在社团的八步舞的鉴赏和社团成员行为的判定，传达了他们的自豪感和优越感。而消极的高语力强度词汇，除去被打马赛克的侮辱性词汇，如"算什么""恶不恶心""啰啰嗦嗦""笑死了"等，则是对（1）中万秀社团做出的判断性和鉴赏性评价，传达出嘲讽、憎恶、愤怒的消极情绪。其次，"就算是"看似是表达一种让步关系，承认对方是网红，但"也是"后面的侮辱性话语则表明，这是表示一种负面的递进含义（徐默凡 2016），是一种更加消极的评价。（2）中的传达者甚至还使用了挑衅性的词汇和语句，"开战""以为南宁都是你的啊 XX"，这些挑衅言语在上述高语力强度的消极词汇的语境下，使传达的消极情绪强度增大。此外，（2）中的情感传达者不仅表露了自己及所在社团对（1）中万秀社团的消极情绪，同时也对该社团中的代表"小辣椒"，即语料（1）的情感传达者，进行了判断性评价，充斥着嘲讽、挑衅之意。从受众的角度出发，这种既针对对方社团又针对其代表的高强度挑衅、嘲讽以及憎恶的情感态度，势必会激发对方社团受众的群体愤怒。而对情感表达者自己所在社团的自豪感和优越感的传达则得到其社团成员的认可与接纳。与此同时，社团成员也会接受情感传达者对对方社团的消极情感态度。这从语料（2）的情感传达者 r 转发"黄熙煜"的言论可以得到印证。

这种社团层级的群体情感对峙，会引发群体报复活动，甚至是极端活动的产生（Lerner et al. 2015；Lerner & Tiedens 2006）。事实也证明，在这之后，这两则截图在双方社团的群聊中不断转发扩散，双方社团成员在 QQ 上骂战，进而引发了地域矛盾，最后线上冲突发展成地域性的线下约架、斗殴。如果我们能够在上述两个语料发表初期甄别出潜在的社团情感对峙，做到及时预警，那么后续的线下约架、群体斗殴就有可能避免。因此,我们以上述两例语料为基础,试探性地将高危话语的的评价基调提取如下,以便为预警极端活动提供语言学措施:

1) 自由表达极端性、高语义强度判断(多为说者/作者本人的判断,也引用他人或其所在社团的判断);

2) 自由表达极端性、高语义强度鉴赏(多为说者/作者本人及其所在社团,对事件的鉴赏);

3) 自由表达极端化消极情绪,且为高语义强度的情感。

上述的"极端性""高语义"呼应心理学领域情感研究的两个主要维度,即效价(valence)和唤醒度(arousal)。前者指情感的积极、消极之分;后者则指情感的激活程度,是平静的还是紧张/兴奋的(Citron 2012)。从人际角度看,处于两个维度两端的情感更能在受众中激发互补的、互惠的,或是共同的情感,同时也能激励受众作出与情感呼应的行为(Lester, Wong, O'Reilly & Kiyimba 2018)。自媒体高危话语的极端性和高语义强度正反映了高危话语所传达情感在这两个维度的位置,受众在接受这种情感时很容易受情感传达者的影响,激发与传达者类似的情感,进而在高唤醒度情感的激活下引发一系列的身体行为。正如上述例子所示,事件主要参与者在QQ空间发布的消极、高强度的言论引发了各自对立社团受众的强烈愤怒情绪,这种社团级别的情感对峙在随后的时间发酵中升级为地域性情绪,最终引发了线下的暴力活动。由此,将评价理论运用到极端活动预警中,就是依据评价理论的心理现实性,从言语出发,对自媒体话语进行情感态度分析,得出其评价基调。进而与高危话语的评价基调进行对比,即是否存在极端性、高语义强度的评价特征。对于相似度高的言论加以追踪监控,以预防可能发生的危害性、暴力事件。

五、结　语

本文结合心理学领域情感的研究,从情感态度传达后的影响切入,讨论了评价理论的心理现实性,并提出言语行为—情感—身体行为的互动模型。该模型认为,情感通过言语行为和身体行为传达;反过来,通过评价,言语行为和身体行为能够反映一定的情感,从而构成言语行为和情感以及身体行为和情感的双向互动关系。言语行为和身体行为作为情感传达的目的性行为,在达成这一目的上具有一致性。而将评价理论应用于行为预警,则是以评价性言语为出发点,直接揭示话语传达的情感态度,进而预测由情感态度可能引发的身体行为和社会行为,对可能的危害性社会行为进行预警。基于此,本文以自媒体中的高危话语为例示,依据评价理论的三个系统,即态度、介入和极差系统,对高危话语进行了评价性分析,得出高危话语在传达情感过程中的评价特征,即高危话语的评价基调。据此,可以对网络上自由发布的言语进行评价性分析,并与高危话语的基调做对比,对高相似的言语进行追踪监控,以防潜在的暴力事件和极端活动的发生。

参考文献

冯德正、亓玉杰　2014　《态度意义的多模态建构——基于认知评价理论的分析模式》,《现代外语》第 5 期。

陆俭明、马　真　2020　《社会心理与语法》,《当代修辞学》第 2 期。

王振华　2001　《评价系统及其运作——系统功能语言学的新发展》,《外国语》第 6 期。

王振华　2003　《介入:言语互动中的一种评价视角》,河南大学博士学位论文。

王振华　2012　《评价理论研究在中国》,黄国文、辛志英主编《系统功能语言学研究现状和发展趋势》,外语教学与研究出版社。

徐默凡　2016　《网络语言中的新修辞手段:关系反语》,《当代修辞学》第 4 期。

姚霖霜　2012　《法律文书情绪语言的认知研究》,华中师范大学博士学位论文。

殷祯岑　2017　《意义的意义——兼论语篇意义的分析单位》,《当代修辞学》第 6 期。

殷祯岑　2018　《语篇意义整合的过程与机制探析》,《当代修辞学》第 6 期。

张永伟、顾曰国　2018　《基于大规模语料库的情感与修辞互动研究》,《当代修辞学》第 3 期。

中国社会科学院语言研究所词典编辑室　2005　《现代汉语词典(第 5 版)》,商务印书馆。

Awan, I. & Zempi, I. 2016 The affinity between online and offline anti-Muslim hate crime: dynamics and impacts. *Aggression and Violent Behavior*, 27: 1–8.

Castellano, F., Bartoli, F., et al. 2015 Facial emotion recognition in alcohol and substance use disorders: a meta-analysis. *Neuroscience and Biobehavioral Reviews*, 59: 147–154.

Citron, F. M. M. 2012 Neural correlates of written emotion word processing: a review of recent electrophysiological and hemodynamic neuroimaging studies. *Brain and Language*, 122(3): 211–226.

Ekman, P. & Friesen, W. V. 1969 Nonverbal leakage and clues to deception. *Psychiatry*, 32(1): 88–106.

Ekman, P. & Friesen, W. V. 2003 *Unmasking the Face: A Guide to Recognizing Emotions From Facial Expressions*. Malor Books.

Ekman, P. & Rosenberg, E. 2005 *What the Face Reveals: Basic and Applied Studies of Spontaneous Expression Using the Facial Action Coding System (FACS)*. Oxford: Oxford University Press.

Gu, Y. G. 2017 Exploring Patterns of Teaching and Current Moral Emotions. Plenary speech at the 15th Asia TEFL-64th TEFLIN International Conference. Yogyakarta, Indonesia.

Kaakinen, M., Oksanen, A. & Räsänen, P. 2018 Did the risk of exposure to online hate increase after the November 2015 Paris attacks? a group relations approach. *Computers in Human Behavior*, 78: 90–97.

Kohler, C. G., Walker, J. B., Martin, E. A., Healey, K. M, & Moberg, P. J. 2010 Facial emotion perception in schizophrenia: a meta-analytic review. *Schizophrenia Bulletin*, 36(5): 1009–1019.

Lambe, L. J., Cioppa, V. Della, Hong, I. K. & Craig, W. M. 2019 Standing up to bullying: A social ecological review of peer defending in offline and online contexts. *Aggression and Violent Behavior*, 45: 51–74.

Lang, P. J., Bradley, M. M. & Cuthbert, B. N. 1997 Motivated attention: affect, activation, and action. In P. J. Lang, R. F. Simons, & M. T. Balaban (eds.). *Attention and Orienting: Sensory and Motivational Processes*. Hillsdale, NJ: Erlbaum, 97–135.

Lerner, J. S., Gonzalez, R. M., Small, D. A. & Fischhoff, B. 2003 Effects of fear and anger on perceived risks of terrorism: a national field experiment. *Psychological Science*, 14(2): 144-150.

Lerner, J. S., Li, Y., Valdesolo, P. & Kassam, K. S. 2015 Emotion and decision making. *Annual Review of Psychology*, 66(1): 799-823.

Lerner, J. S. & Tiedens, L. Z. 2006 Portrait of the angry decision maker: how appraisal tendencies shape Anger's influence on cognition. *Journal of Behavioral Decision Making*, 19(2): 115-137.

Marono, A., Clarke, D. D., Navarro, J. & Keatley, D. A. 2017 A behaviour sequence analysis of nonverbal communication and deceit in different personality clusters. *Psychiatry, Psychology and Law*, 24(5): 730-744.

Martin, J. R. 2000 Beyond exchange: appraisal systems in English. In S. Hunston & G. Thompson (eds.). *Evaluation in Text: Authorial Stance and the Construction of Discourse*. Oxford: Oxford University Press: 142-175.

Martin, J. R. & Rose, D. 2003 *Working with Discourse: Meaning beyond the Clause*. London/New York: Continuum.

Martin, J. R. & White, P. R. R. 2005 *The Language of Evaluation: Appraisal in English*. New York: Palgrave Macmillan.

Patrick, C. J. & Zempolich, K. A. 1998 Emotion and aggression in the psychopathic personality. *Aggression and Violent Behavior*, 3(4): 303-338.

Porter, S., ten Brinke, L. Baker, A. & Wallace, B. 2011 Would I lie to you? "Leakage" in deceptive facial expressions relates to psychopathy and emotional intelligence. *Personality and Individual Differences*, 51(2): 133-137.

Porter, S. & Ten Brinke, L. 2008 Reading between the lies: identifying concealed and falsified emotions in universal facial expressions. *Psychological Science*, 19(5): 508-514.

Soroush, M. Z., Maghooli, K., Setarehdan, S. K. & Nasrabadi, A. M. 2018 A novel approach to emotion recognition using local subset feature selection and modified Dempster-Shafer theory. *Behavioral and Brain Functions*, 14(1): 1-16.

Sternberg, R. J. & Sternberg, K. 2012 *Cognitive Psychology* (6th ed.).

Wadsworth: Cengage Learning.

Van Kleef, G. A., Cheshin, A., Fischer, A. H. & Schneider, I. K. 2016 Editorial: the social nature of emotions. *Frontiers in Psychology*, 7: 1–5.

Weisfeld, G. E. & Goetz, S. M. M. 2013 Applying evolutionary thinking to the study of emotion. *Behavioral Sciences*, 3(3): 388–407.

Highly Negative Speech and Extreme Action: An Analysis from the Psychological Reality of APPRAISAL Theory

Wang Zhenhua & Li Jiayin

Abstract: It is widely accepted that highly negative speeches may bring about extreme actions. Therefore studying the features of the highly negative speeches is helpful to prevent and foretell the occurrences of extreme actions. This paper, combined with the psychological researches on emotions, proposes a "speech act-emotion—physical behavior" interaction model on the basis of the psychological reality of APPRAISAL theory from the impact of emotional attitude expression. It suggests that the application of APPRAISAL theory to highly negative speeches and early warning extreme actions is based on the speech act in the model. It reveals the emotional attitudes conveyed by speech, thereby predicting possible physical behaviors, and thus monitoring harmful social behaviors. Based on the analysis of some cases, the paper puts forward the evaluation characteristics of highly negative speeches and provides linguistic measures for early warning of extreme actions.

Keywords: highly negative speech, extreme action, early warning, APPRAISAL theory, affect

(原载于《当代修辞学》2022 年第 5 期)

多模态话语分析是否需要分析多模态语法？

张德禄　赵　静

(同济大学外国语学院)

提　要　本研究通过综述前人的研究成果，提出了在多模态话语分析中是否需要分析多模态语法的问题。根据语法的特点，本研究指出，在多模态话语分析中是否需要分析语法是由多种因素决定的。这些因素包括：1) 进行多模态语篇分析的目标；2) 相关模态或符号系统的特点；3) 多模态语篇分析的特点。之后本文用实例说明了多模态话语组成模式，最后提出多模态话语分析的具体步骤。

关键词　多模态语法　话语分析　模式　程序

一、引　言

从系统功能语言学的角度讲，多模态话语分析理论是基于韩礼德(M. A. K. Halliday)的"语言是社会符号"(Language as social semiotic)(Halliday 1978)的论断发展起来的。他说："语言学是一种符号学，是研究意义的一个方面。……但在任何文化中，在语言之外确实还有许多其他表意方式，包括艺术形式，如绘画、雕刻、音乐、舞蹈等，和其他没有归在艺术中的文化行为方式，如交流方式、衣着方式、家庭结构等。"(Halliday & Hasan 1989: 2)既然语言是一种符号系统，那么其他符号系统就和语言一样有表达意义的功能。这样，我们自然就会想到，我们是否也可以像研究语言那样研究其他模态的语法呢？

罗兰·巴特(Roland Barthes)在《图像的修辞》("The Rhetoric of the Image")(Barthes 1977: 32–51)一文中研究了图像的意义和修辞效果。他提出了"图像词汇"概念。他认为，单纯的图像本身意义可以有多种解释，是多义性的，需要找到合适的方法来确定它的意义，其中最主要的手段是附加语言信息。他提出语言信息有两个作用：1)定位(anchorage)，把图像流动的多义性固定为确定的意义；2)转述(relay)，对已有的图像意义附加解释、说明等。他还认为图像的一系列结构项目之间具有聚合关系和组合关系，但是并没有从语法的角度研究图像和文字的关系。

欧图尔(M. O'Toole 1994)在其《展示艺术的语言》(*The Language of Displayed Art*)一书中开始尝试研究多模态语法。作者把展览的艺术品当作语言来进行研究。借用系统功能语言学理论中语言体现三种意义的思想，认为展示艺术品也同样实现三种意义：表现意义(representational meaning)、情态意义(modal meaning)和组篇意义(compositional meaning)，分别对应于韩礼德的概念意义(ideational meaning)、人际意义(interpersonal meaning)和语篇意义(textual meaning)。另外，仿照韩礼德对语法单位的级阶划分，他把艺术语篇分为不同的级阶，包括作品(work)、情节(episode)、图形(figure)、成员(member)，它们之间是包含与被包含关系。同时，根据不同级阶的艺术语篇单位，他列出了体现不同语篇单位的具体因素，或者称子系统。尽管如此，从多模态理论建构的角度讲，这个分析也存在问题。首先，语篇和语法的关系没有分清楚，他划分的这些不同级阶的单位不清楚是语篇单位，还是语法单位；其次，各个因素的系统特征不明确，即各个因素可以自成系统，但其系统内部有哪些特征，特征之间什么关系还不清楚；再次，他并没有为不同符号系统建立相应的语法系统。

克莱斯和凡·莱文(Kress & van Leeuwen 1996, 2006)根据视觉符号如何体现三个元功能，即概念功能(表现功能)(representational)、人际功能(交流功能)(interactional)和语篇功能(组篇功能)(compositional)，发展了视觉语法(visual grammar)。他提出了体现表现意义的叙述表现(narrative representation)语法以及概念表现(conceptual representation)语法(类似于语言的及物性系统)、体现人际意义的交流语法[包括情态(modality)、视点(angle)、距离(distance)等]和体现语篇意义的组篇语法[包括信息值(information value)、突显(salience)、框界(framing)等]。克莱斯和凡·莱文的这一研究具有开创性意义，第一次把语言语法扩展到视觉领域，形成一个语法体系。

颜色作为一个符号模态，也具有自身的语法。从概念功能开始，色彩可以清楚地用来表示具体的人、地点、物，以及人、地、物的分类、更概括的思想等。例如，国旗的颜色表示特定的民族和国家，汽车公司越来越多地使用特定的颜色或配色方案来表示其独特的地位。颜色也用来传达"人际"意义,能使我们实现"颜色行为"。它可以被用来对彼此做事情,例如通过"权力伪装"来打动或恐吓,通过将障碍物和其他危险物涂成橙色来警告人们,甚至用来驯服他人。位于西雅图的海军惩戒中心发现,"适当地应用粉红色,可以在 15 分钟内使敌对分子和好斗的人放松"(Lacy 1996: 89)。最后,颜色也可以在语篇层发挥作用。正如在许多建筑中,门和其他部件颜色不同,这一方面区分了不同的部门,另一方面在这些部门内创造了统一和连贯性,因此颜色也有助于创造语篇的连贯性。例如,在西班牙语教科书 *Pasos*(Martín & Ellis 2001)中,每章的章节标题和页码都由不同的颜色表示,所有章节的标题(Vocabulario en casa, Gramática, etc.)都呈现规律性的变化。

尽管如此,克莱斯和凡·莱文的研究也存在问题。首先,在层次的确定、详尽程度的选择和语法如何用于分析语篇方面都没有说清楚,所以大家批评该研究:1)主要是印象性的(impressionistic),具有主观性;2)对多模态的研究主要是借用语言学的理论和方法,没有建立起自己独立的理论和方法(Jewitt 2009: 26)。对于第一个批评,实际上是因为对于语言之外的模态,我们没有为其建立起词汇语法系统的结果。如果没有一个明确的系统做基础,选择就让人感到是任意的,以感觉为基础的。对于第二个批评,则是从事多模态研究开始阶段的必经之路:由于我们根本没有研究语言之外的其他模态的理论和方法,借用语言学的方法是一个捷径。而且由于它们和语言在实现社会交际目标方面的一致性,从功能的角度研究这些系统也是有理据的。

马辰(Machin 2007)从社会符号学的角度探讨了多个模态如何体现意义的功能。他认为,不同的模态具有不同的系统特征。可以分为:两个层次的系统,没有语法层,意义和实体是一一对应的,即符号→意义;三个层次的系统,如语言,它需要一个词汇语法,即符号→词汇语法→意义。对于有词汇语法的符号系统,我们才需要为它建立一个词汇语法系统。所以,从马辰(2007)的角度讲,多模态语法实际上是隐喻性的,也就是说,它像语法,因为它能体现意义,至于它是不是真正的语法,还需要进一步研究。

另外,马辰还研究了图像、颜色、书写符号、布局等是如何体现意义的,以及体现意义的主要因素。这应该是语法研究的范围。这里我们需要区分形式语法和功能语法,因为不是只从形式角度的研究才是语法分析。在图像是否有语法的问题上,马辰认为,把现在已经发现的一些特征视为语法还为时过早,还需要继续研究,还有许多问题需要搞清楚。例如,图像很难自然地划分为成分;符号规则难以确定,符号的任何部分都可以同时得出一些规则,或者没有规则;图像不必要通过语法来表达意义,图像符号的编码不都是在第一个层面上,即不是在字面意义层面上。由此可见,马辰虽然没有设计出新的多模态语法,但给我们发展这种语法提供了许多有意义的启示,例如,不同层次的符号系统、不同类型的符号系统等。

马辰的结论只能说明,现在研究出来的"多模态语法"的根基还不牢固,还需要继续研究,但不能否定多模态语法的存在。有两个方面我们还没有研究清楚:一是每个符号背后的符号系统,包括它们的语法系统;二是符号系统的意义范围和符号之间的关系不清楚。总言之,对多模态语法进行研究是十分必要的。

二、什么是语法

现代朗文英语词典(*Longman Modern English Dictionary*)记录了语法的两个定义:1)相对于单个语言,语法是指"研究某个语言的系统性规则、形式、曲折变化和句法以及正确使用它们的科学";2)相对于所有语言,语法是指"所有语言的形式系统和句法用法"(Watson 1968)。这两个定义应该是语法最基本的意义。由此可以看出,语法有三个基本特点:1)语法以结构为基础,是对结构的研究;2)语法是一个形式系统,是对语言形式的阐释,可以从功能、形式、认知等不同的角度进行研究;3)语法是对结构中某个成分的作用的解释。由此可见,语篇语法(text grammar)是语法的隐喻用法,并不是真正意义上的语法,因为它是对语篇结构的研究(语篇结构是意义结构),不是对语法结构的研究。

三、是否需要分析多模态语法的决定因素

在多模态语篇分析中是否需要分析语法由多种因素决定。这些因素包括:1)多模态语篇分析的目标;2)模态或符号系统的特点;3)多模态语篇分析的特点等。

3.1 多模态语篇分析的目标

进行多模态语篇分析可以有不同的目标和目的,包括:1)理论建构,探讨非语

言符号及其系统的稳定的内部特征;2)解决实际问题,即解决一个实际或实践性问题;3)从不同的角度研究,例如功能、形式、认知、心理等。

3.1.1 理论建构

进行多模态理论建构的主要任务是探讨非语言符号稳定的内部特征。例如,在探讨多模态话语中的名词这个议题中,从多模态的角度看,名词是一个具有语法特性的术语。图1是一个电脑绘制的请柬,意思是"你被邀请赴宴"(You are invited to dinner.)。这一意义通过四种模态及模态组合体现:书面、综合、空间和图像,表达了有参与者、环境、地点的过程,在语言上可以由小句、名词、名词词组、动词等体现。

其中的非语言符号也包括名词和名词词组,如图2所示。

语篇	模态	功能	形式
You are invited ↓ 宴席 ↓ 方形空间 ↓ 刀叉 杯子和酒瓶	书面	有接受者的过程	小句
	综合	情景:地点	名词
	空间	情景:地点	名词词组
	图像	参与者	名词词组

图1 电脑绘制的请柬　　　　图2 多模态语篇中的名词

另外,作者(Zhang 2017)曾对各类符号的名词性特征进行了研究,发现符号的名词性特征实际上形成一个连续体,不同类型的符号具有不同程度的名词性特征(见表1)。如认可了名词的存在,在三个层次的符号系统中,就可以确定语法的存在。

表1　语言中的名词和非语言符号系统中名词性符号的特征

类别	象征			索引			图像		
特征	设计	双符	辅助	隐性	显性	相似	抽象	制作	复制
名词化	←――――――――――――――――――――――――――→ 非名词化								
例子	语言	玫瑰	豪车	高温	烟	烟火	素描	绘画	照片

3.1.2 解决实际问题

大部分的多模态话语分析都是为了解决实际问题的。在解决问题的研究中，核心的要求是能否最终把问题解决掉。如果在意义层可以解决的问题，就没有必要再通过分析它的语法来解释它。如果在意义层不能很好地解释它，就需要再到句法层来寻找解决方案。例如，课堂话语研究是为了提高教学效果，发现不同模态的配合在外语教学中的作用。如果模态配合是在意义层面，可以不需要探讨语法层面的配合；如果这种配合是在语法层面上，只探讨意义层面的配合可能说服力不强。例如，教师说的话与她的肢体动作、PPT 上的文字、图像之间的对应关系，可以通过语法解释它们的一致性和作用。例如，用口语可以说 Lǐ Míng Zài yī cì Jiāo tōng Shì gù Zhōng Shòu le zhòng shāng；用书面语是"李明在一次交通事故中受了重伤"；用手势可以是 ；用图像是 。

在探讨**语言与非语言模态的配合**时，要探讨语言和非语言的语法是如何共同体现意义的，同时，还要探讨其他模态的形式特征与语言语法的对接问题，所以，探讨在语法层面的对接是必要的。再看下面这个例子(图 3)：

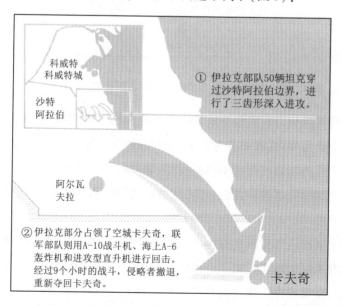

图 3 海湾战争(*Sydney Morning Herald* **1991**: **2, 14**)

图 3 由两个图像语篇片段和两个书面语篇片段组成,还有一些孤立的词语和表达式。图像语篇片段和书面语篇片段具有不同的功能。图像语篇片段清晰、生动、鲜明地展示了部队从一个区域到另一个区域的运动。但是,他们不能显示具体的信息,如军队的行动和在不同时间的战果。这要由书面语篇片段来补充。第一个语篇片段由一个复句实现,通过提供关于海湾战争的背景信息来增强和修饰较大的图像语篇片段,因为在图像语篇片段中没有表明以前的攻击行为。第二个语篇片段由一系列复句体现,主要对较大的图像语篇片段进行详述,它表现了伊拉克部队如何进攻,以及盟军如何给予还击。需要进一步解释的是:单独的词和词组不能独立起作用,而是作为多模态话语结构的成分(分类过程),或作为图像语篇片段的成分。在图像语篇语法中,它们充当了结构成分,但同时也提供了关于结构终点的更多信息(见图 4)。

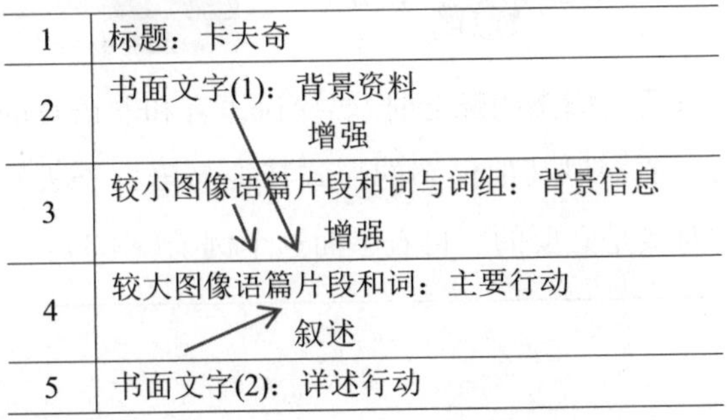

1	标题:卡夫奇
2	书面文字(1):背景资料　　　　　增强
3	较小图像语篇片段和词与词组:背景信息　　　　　增强
4	较大图像语篇片段和词:主要行动　　　　　叙述
5	书面文字(2):详述行动

图 4　第一次海湾战争多模态语篇中各组成部分之间的关系

图像语篇片段和书面语篇片段是多模态语篇的主要组成部分,其中较大的语篇片段由行动小句实现,表明本文的主要内容:伊拉克军队对卡夫奇的进攻;较小的图像语篇片段由相似的行动小句实现,为进攻行动提供了背景信息。孤立的词和词组实际上和图像语篇整合为一体,作为实现图像语篇片段的行动过程和分析过程的成分。

图 3 两个书面语篇片段具有相似的及物性结构(主要是物质过程),但在多模态语篇中却有不同的功能。第一个语篇片段由一个复句体现,通过提供关于海湾战争的背景信息来增强图像语篇片段,因它表明了图像语篇片段中以前的进攻行动。第二个语篇片段由一系列复句体现,对较大的图像语篇片段进行详述,主要

说明了伊拉克部队如何进行攻击，以及盟军是如何给予反击的。四个语篇片段与词和词组之间的关系可以如图4所示。需要进一步解释的是，孤立的词和词组不能独立起作用，而是作多模态语篇的成分(分类过程)，或作图像语篇片段的成分。

图3由两个图像语篇片段和两个书面语篇片段组成，并有一些独立的词语和表达式。图像语篇片段只表示行动的主要方向，即从一个地方到另一个地方的运动。书面语篇片段清楚显示详细的行动。独立的词、词组与图像语篇片段整合为一体，作为实现图像语篇片段的行为和分析过程。所有的小句，无论是书面的还是图像的，都是物质或行动过程，突出表现了战争的特点(参见表2)。

表2 多模态语篇"海湾战争图"的及物性分析

1	图像	甲	穿过撒哈拉沙漠	向前移动	
		行为者	地点	行动	
	书面语	伊拉克人	用50辆坦克	进行了	三齿形深入进攻
		行为者	方式	物质过程	范围
	名词词组：科威特、沙特阿拉伯、科威特城，在多模态语篇中做地点、区域名称				
2	图像	甲	从阿尔瓦夫拉向卡夫奇	移动	
		行为者	地点	行动	
	书面语	1.伊拉克部队		占领了	空城卡夫奇
		行为者		行动	地点
		2.联军	用A-10战斗机、海上A-6轰炸机和进攻型直升机	进行反击	
		行为者	方式	物质过程	
		3.这个城市	经过9个小时的战斗	被夺回来了	
		目标	时间	物质过程	
		4.侵略者		撤退了	
		行为者		物质过程	
	名词词组：阿尔瓦夫拉和卡夫奇，作为战斗开始和结束的地点				

我们可以说，当多模态语篇由不同模态的语篇片段组成时，多模态语篇可以用以下方式进行语法分析：1)找出那些不同模态被整合成同一语法结构中的模

式,无论是语言还是视觉的; 2)分析每个语篇片段的语法,发现由特定模态体现的语篇片段的语法模式; 3)把不同模态体现语篇片段的语法模式联系起来,发现它们是如何相互联系的。

3.1.3 从不同的视角分析

到目前为止,多模态话语研究在语言学领域主要是从功能(Kress & van Leeuwen 1996, 2006; O'Halloran 2004)、认知(Forceville 1996; Forceville & Urios-Aparisi 2009)和语用(Mubenga 2009)等视角进行的。在其他领域,如计算机、医学领域,也有从形式角度进行研究的,如图形语法(graph grammar)(Ehrig et al. 1983),指把语言形式语法延伸到研究图形结构上,如图形、地图等。大部分多模态话语研究是从功能的角度进行的,并且已经证明多模态语法研究的必要性和有效性,而从语用的角度研究,似乎刚刚开始,所以,这里主要从形式和认知角度进行研究。

从形式的视角分析,核心是找到模态的形式特征,然后分析其是否有词汇语法特征,从而为它建立词汇语法系统。例如,图5是一个小型的用PASCAL类语言编辑的编程语言句法图。这个图形是计算机程序图形,具有稳定和固定的特征,又是模拟语言的形式语法编写的,所以具有形式语法的某些特性。但由于它是对整个计算机语言语篇的描述,又相似于语篇语法。无论如何,找到程序运行的句法轨迹对于这个学科领域是有效的。

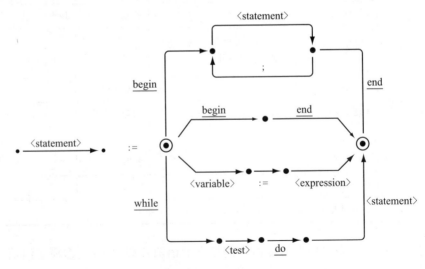

图5 用PASCAL类语言编辑的编程语言句法图(Kreowiski & Rozenberg 1983)

从认知的角度分析,多模态语法在多模态语篇分析中基本不用,主要从概念化及投射等角度进行分析。本文以赵秀凤、冯德正(2017)的《多模态隐转喻对中国形象的建构》为例来看从认知的角度对多模态语篇的分析。从认知的角度研究多模态语篇主要以多模态隐喻和转喻为核心,主要是在语篇层面探讨多模态隐喻现象及其功能。例如,在这篇文章中,可以识别出 11 个"根源域"(不包括转喻或隐喻链中的次源域),它们分别是"中国领导人""中国地图""人民币""中国红""五星红旗""长城""熊猫""龙""孔明灯""脸谱""植物"。其中,4 个源域:"长城""国家领导人""熊猫"和"龙"呈现为转喻和隐喻同体,在转喻指称中国身份的同时,自身作为独立的隐喻源域,同体内部激活转喻和隐喻互动,构建意义(见图 6)。这样,同一幅漫画往往涉及多个隐喻、转喻,构成系列转喻链和隐喻丛,但都没有涉及多模态语法的研究。

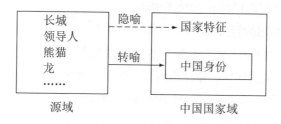

图 6　同体式隐转喻运作过程

3.2　模态或符号系统的特点

模态系统千差万别,它们之间的关系难以确定。如果我们能够为每一个模态建立一个语法系统,就能够以语法为基础把各个模态联系起来,并据此探讨它们之间的协同、互补、交叠等关系。

3.2.1　不同层次的符号系统

首先,模态要建立在一定的物质基础之上,如交通信号灯的物质基础是灯光和颜色;口语的物质基础是声音。在物质基础与符号意义之间总要有一定的关系。这种关系就是模态的形式系统。这样,模态可分为两种:两层符号系统和三层符号系统。两层符号系统,即符号的物质实体和符号的意义是一一对应的,如交通信号系统。由于符号的意义和符号的物质实体体现的符号本体是对应的,符号的形式特征只表现为词汇,成为冗余的。例如,在选择[停]的过程中,首先选择的是媒介红色,但一旦选择了媒介红色,就同时选择了词汇"红色",同时选择了"停止"意义。从这个角度讲,我们没有必要为它建立一个结构语法或功能语法,但需要描述它的系统性。

但如果某个符号系统的符号实体和意义各自有自己的系统,那就需要另一个系统把它们联系起来,这就是词汇语法系统。例如,语言是三个层次的系统。媒介系统包括音系系统和字系系统;词汇语法系统包括词汇和语法两个系统。意义系统是由概念意义、人际意义和语篇意义三个意义成分组成。这三个层次系统各自是独立的,选择了媒介系统不等于同时选择了词汇语法系统,而是要重新进行选择。对于三个层次符号系统,我们有必要分析它们的语法系统。这样,如果要对某个模态系统进行描述,首先我们需要分清它是两层次的模态系统,还是三层次的模态系统,然后探讨它们的词汇语法系统。同时,还应该为它建立媒介系统,因为仅仅为它建立词汇语法系统是不够的。

3.2.2 不同类别的符号

在多模态语法建构中,是否需要为不同类型的符号系统建构不同特点的语法系统是第二个需要研究的问题。皮尔斯(C. S. Pierce)把符号的类别归纳为三个类型:图像(icon),图像符号的基础是它的能指、所指的相似性(similarity);索引(index),索引符号的基础是它的能指、所指的关联性;象征(symbol),象征符号的基础是在能指和所指之间存在一种约定俗成的规定,一种"定律"(law)(Pharies 1985: 34–42)。

符号的类别似乎和是否需要建立语法系统无关,无论图像符号、索引符号还是象征符号都可以是两个层次的符号系统,也可以是三个层次的符号系统。但从符号的识别和解释的角度看,图像符号的基本特点是相似性,而相似性的识别主要是在感觉和直接识别的层面上。也就是说,对这类符号的识别和解释可以不通过语法,直接通过感觉即可。

例如,一张照片是一个符号,照片上的图像和某个人、某个场景或者某个物体相似,释者会把它解释为那个人、那个场景,或者那个物体,不需要通过语法来解释。至于是否为这种符号系统建立语法使理解更加精确、有规律可循,或者有利于与其他符号对接和联系,则是需要进一步研究的问题。对于索引性符号,识别的重点是发现关联性。例如,"冒烟了"可以解释为"着火了"。烟和火的关系是因果关系,有火才产生烟。然而具体的识别过程还要复杂得多。"冒烟"可以表示"做饭",或"有人在这里"。索引性要靠推理,通过思考把它们的关系建立起来。如许多破案线索的推理过程。如果是三个层次的系统,则需要建立结构(功能)语法系统,从而把解读的过程规则化。象征符号的能指和所指之间没有自然的联系,是通过人约定俗成的行为和习惯形成的。例如,通过技术手段,交通信号通过红灯、绿灯、黄灯来表示;通过多年的习惯形成,如语言;通过立法,用某种旗帜代表其国家,用某种花代表其城市,用标志代表不同的警种或者兵种。这种符号系统是建立多模态语法的理想符号系统,因为它们无论是从直观上,还是从推理上都没有办法把两者联系起来,唯一的办法是通过学习认识能指和所指的象征关系。即使是能够认识这种关系,如认识某个语言的词汇,但仍然不能解释它们的意义时,就需要通过语法把媒介和意义联系起来,把符号媒介通过语法解释为有意义的符号或符号组合。当需要多个符号同时出现组成一个新的更大的符号或者符号组合时,仅仅认识词汇是不够的,还需要语法把选择的符号组成一个有意义的符号组合。

综上所述,对于任何类别的符号系统,如果是图像性的,就可以通过相似性直接识别和解释,一般情况下不需要为它建立结构(功能)语法系统。这样,需要建立语法系统的符号系统就只有具有三个层次的索引符号系统和象征符号系统。

3.3 多模态语篇分析的特点

当我们谈论视觉设计语法时,我们假设不同模态在词汇语法层面是互补的。但是,如果仔细研究多模态语篇,可以发现,结果并非总是如此,与之互动和互补的大多是小语篇或由不同模态实现的语篇片段(成分)。这样,我们至少可以识别多模态语篇分析中不同类型的组合模式。

在图7中,图像表示一个多模态语篇(不是句子或小句),它由三部分组成:1)饮水图像;2)书面词语;3)水瓶图像。每一部分都是通过某种逻辑语义关系相互关联的小语篇(或称"语篇片段")。在图像部分,男人似乎试图从水池里喝水(这是可以看到的),而女人则面带微笑地看着他。在语篇部分,"纯粹的活力"可以被看作文章的标题,它显示了水的来源和矿泉水所含的健康成分。然后是正文,由七个小句组成,主要是描述水的质量和来源。水瓶图像本身可以独立地作为一个"单字"语篇,因为它代表一个真实的实体。另外,它还包含瓶子上的品牌和产品介绍,这是水瓶的嵌入型语篇。三个"段落"或语篇片段连接在一起,形成一个多模态语篇,其中每一个语篇片段充当语篇中的一个组成部分,并有自己的功能。水瓶语篇片段显示了广告产品的标志;外部的文字和图片一起显示产品的质量和功能。图像语篇片段通过表现这样的事件来吸引观众的购买欲望,而书面文字则通过增加更详细的关于水的质量、用途和来源的信息来补充它。

图7　Vittel 广告（*New Idea* 5 December 1987）（Kress & van Leeuven 2006：67）。

在图8中,词汇部分似乎与视觉结构的成分相结合,用以实现多模态语篇。从图像上看,澳大利亚地图分为六个部分,每一部分占据一定的比例。如果它是一个小句,它是一个及物性的分析过程。词汇部分可以看作一系列具有相同结构的关系过程(标记—过程—价值)：奋斗者（Strivers）占 23%；适应者（Adapters）占 13%；成功者（Achievers）占 27%；有压力者（Pressured）占 13%；传统者（Traditional）占 14%；其他人（Unassigned）占 10%。因此,这个多模态语篇被视为由一个图像语篇片段和六个语言片段组成的,每一个都被视为一个单独的成分。语言片段首先和图像语篇片段的一个独立成分相关,然后相互联系形成互文衔接。

一个二维图形单位中的意义实际上与语言中的一系列小句的意义相当。由于语言是线性的,所以二维图像中的部分可以成为语言语篇的一个整体。这表明不同的符号系统可能有不同的语法模式。语言有线性语法,而图像有二维语法。在这个意义上,在多模态话语分析中,我们应该首先从多模态语篇中区分语言片段与图像片段；然后,根据语法分析每个片段(语言或图像)的意义。如果可行,比较不同模态的片段的意义,看看它们是如何协调、合作和相互关联的；如果不可行,将它们整合到另一种模态的语篇片段的语法单位中,反之亦然,然后作多模态分析。

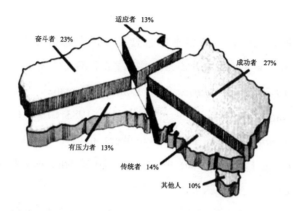

图 8　澳大利亚的组成成分（*Bulletin* 10 January 1989）(From Kress & van Leeuwen 1996/2006)

事实上,大部分的多模态语篇都是由单模态语篇片段组成的。只有当一个模态所实现的片段不能独立地作为小句或小句结构时,多模态语法才能从另一种模态中吸收成分构成一个完整的小句或小句结构。

语言部分可以根据情景语境的需要通过词、词组、从句、句子或一系列句子来实现。同时,图像部分可以在简单符号系统中通过一个词符号或一系列符号来实现(如交通信号语篇),或一个复句符号,或一个多符号系统中的一系列复句。

四、结　　语

多模态语篇分析是否需要同时分析多模态语法受到多种因素的制约。首先,分析的目标是一个关键因素,如果不分析多模态语法即可达到既定的研究目标,就可以不分析多模态语法。第二,多模态语篇中不同符号所在的层次和结构,如果在语篇层面,则首先在语篇层面分析它们各自的功能和作用,然后看是否有必要再在语法层面进行分析;如果涉及语法层面,则需要同时分析多模态语法。第三,多模态语法分析的理论视角,有些研究视角提倡研究多模态语法,如系统功能语言学,有些则不提倡,如认知角度等。

当然,还可能有其他因素需要考虑,这个研究还是初步的,还需要进一步深入的研究。

参考文献

赵秀凤、冯德正 2017 《多模态隐转喻对中国形象的建构——以〈经济学人〉涉华政治漫画语篇为例》,《西安外国语大学报》第 2 期。

Barthes, R. 1977 *Image, Music, Text*. London: Fontana.

Ehrig, H., Nagl, M. & Rozenberg, R. (eds.) 1983 *Graph-Grammars and Their Application to Computer Science*. Berlin Heidelberg and New York: Springer Verlag.

Forceville, C. & Urios-Aparisi, E. (eds.) 2009 *Multimodal Metaphor*. Berlin: Mouton de Gruyter.

Forceville, C. 1996 *Pictorial Metaphor in Adivertising*. London: Routledge.

Halliday, M.A.K. & Hasan, R. 1985/1989 *Language, Context and Text: Aspects of Language in a Social Semiotic Perspective*. Oxford: Oxford University Press.

Halliday, M.A.K. 1978 *Language as a Social Semiotic: The Social Interpretation of Language and Meaning*. London: Edward Arnold.

Jewitt, C. 2009 *The Routledge Handbook of Multimodal Analysis*. London and New York: Routledge.

Kreowiski, H. J. & Rozenberg, G. 1990 On structured graph grammars I. *Information Sciences,* (52): 185–210.

Kress, G. & van Leeuwen, T. 1996/2006 *Reading Images: The Grammar of Visual Design*. London: Routledge.

Lacy, M. L. 1996 *The Power of Colour to Heal the Environment*. London: Rainbow Bridge Publications.

Machin, D. 2007 *Introduction to Multimodal Analysis*. London: Hodder Arnold.

Martín, R.M.& Ellis, M. 2001 *Pasos I*. London: Hodder and Stoughton.

Mubenga, K. S. 2009. Towards a multimodal pragmatic analysis of film discourse in audiovisual translation. *Translator's Journal*, 54(3): 466–484.

O'Halloran, K. (ed.) 2004 *Multimodal Discourse Analysis: Systemic Functional Perspectives*. London: Continuum.

O'toole, M. 1994 *The Language Of Displayed Art*. London: Leicester University Press.

Pharies, D. A. 1985 *Charles S. Peirce and the Linguistic Sign*. Amsterdam: Benjamins.

Watson, O. (ed.) 1968 *Longman Modern English Dictionary*. Harlow and London: Longman.

Zhang D. 2017 Grammar, multimodality and the noun. *Language and Semiotic Studies*, 3(4): 1–6.

On the Necessity of Analyzing Multimodal Grammar in Multimodal Discourse Analysis?

Zhang Delu & Zhao Jing

Abstract: The present article is intended to discuss the necessity of analyzing multimodal grammar in the analysis of multimodal discourse through a general survey of the previous studies. It shows that, according to the nature of grammar, whether the analysis of multimodal grammar is necessary or not is determined by many types of factors, including: 1) the purposes and aims of multimodal discourse analysis; 2) the nature of the semiotic or modality systems concerned, and 3) the characteristics of the analysis of multimodal discourse. Finally, it shows the compositional models of multimodal discourses, and the specific procedures for the analysis of multimodal discourse.

Keywords: multimodal grammar, discourse analysis, model, procedure

（原载于《当代修辞学》2021年第2期，人大复印资料《语言文字学》2021年第7期全文转载）

修辞语义研究

学位论文文献综述的元文性分析[*]

储丹丹

(复旦大学《当代修辞学》编辑部/复旦大学现代语言学研究院)

提　要　论文从元文性的理论视角出发,以人文社科类博士学位论文文献综述为研究对象,对篇际互文关系展开研讨。论文借鉴系统功能语言学和互文语篇理论,首先考察元文性的动态层级关系,重点分析学位论文文献综述中显性、隐性元文关系及其语篇功能,在此基础上提取了文献综述文本建构过程中的评论模式,讨论了如何在动态的语篇关系中把握意义的生成与理解,在作者-读者-语境的三维空间中确定语篇的意义和功能。

关键词　元文性　篇际互文关系　互文层级　文献综述　显性　隐性　评论模式

一、引　　言

1.1 "文献综述"的概念意义

"文献综述"是在对相关领域的研究成果进行整体性把握的基础上,选择必要的(通常为重要、具有代表性的)文献进行述评,进而将相关研究的整体面貌呈现出来,并在此基础上指出存在的问题或值得发掘的角度。它"回顾以往相关文献,总结各文献的思想观点,发现各文献存在的不足,为自身开展的课题研究服务"(贾宏伟、耿芳 2016: 191)。

---

[*]　本研究为 2020 年国家哲学社会科学基金重大项目"网络空间社会治理语言问题研究"(项目号: 20 & ZD299)和 2020 复旦大学义乌研究院项目"《修辞学发凡》'零度'修辞观的历史意义与当代阐释——以共产党宣言多语种译本的研究为例"(项目号: WAH3151005)的阶段性成果。

文献综述所做的工作是学术研究不可逾越的一环,是学术著述立论的基础和依据。英国语言学家克里斯托弗·哈特(Christopher Hart)是较早进行学术语篇研究的学者之一,他对文献综述的概括和理解具有普遍的接受度和影响力,哈特指出:"文献综述应该回答以下几个问题:1)相关研究存在的问题或争论是什么？2)相关研究的前期成果是什么？3)前人用过哪些方法进行过相关研究？4)当下研究怎样实现对相关论题的深化和扩展？"(Hart 1998: 13-14)可见,文献综述的写作以发现问题为主导,非泛泛而谈的读书报告。合格的综述既是学术研究中承前启后的重要一环,又可以避免学术研究的重复和"走弯路"。

从形式上看,文献综述可以分为两大类:一类为独立式文献综述,包括综述类论文或综述性专著；另一类是内嵌式文献综述,综述是论文或专著的一部分。本文以博士学位论文中的文献综述为考察对象,即后一类型。由于受到篇幅、交际动因等因素的制约,内嵌于专著与内嵌于期刊论文中的文献综述有所区别,因不是本文的研究重点,在此不展开讨论。博士学位论文在篇幅和结构上更类似于专著,两者文献综述的基本属性相同,因此博士学位论文文献综述亦属于内嵌于专著中的综述。

文献综述通过转述、评论相关源语篇而构建自身,不同的文本交汇在文献综述中,如何从无序实现有序？如何对前人研究成果进行选择、评价,采用何种评论模式？本文在对文献综述进行系统性分析基础上,尝试解答上述问题并进一步发现文献综述的撰写规律和方法。

1.2 相关研究综述

学术语篇最早进入欧美语言学界的研究视野始于20世纪80年代。国外学术语篇的语言学研究有三个主要研究流派,包括:以美国学者约翰·史威尔斯(John Swales)为代表的"体裁分析法"(Genre Analysis),注重语篇的宏观结构分析；以美国学者道格拉斯·拜伯(Douglas Biber)为代表的"多维分析法"(Multi-dimensional Analysis),偏重于从微观层面通过对语言特征的识别,进而把握整个语篇结构的特征；以澳大利亚学者韩礼德(Halliday)为代表的系统功能语言学分析法,侧重微观语言分析的同时,也注重宏观结构的探索。这三个流派的研究成果通过译介方式进入学界,对国内学术语篇的研究产生了很大的影响。20世纪90年代以来,随着学术语篇研究的不断深入,学术语篇部件之一的文献综述也逐渐引起了学者们的注意,但专题性的研究为数较少,比较有代表性的研究包括:O'Connell & Jin(2001);Kwan(2006)根据斯威尔斯学派(Swalesian School)学派的体裁分析理论和语步分析法,分别从非母语和母语作者的角度分析、概括学位论文文献综述的结构,他们的研究开启了文献综述研究的先河;Akindele(2009)研究了硕士学位论文文献综述中的批判性思维和语气,该研究开启了母语和非母语作者写作的文献综述的对比研究,对于第二语言作者撰写英文文献综述具有积极的意义①。目前国内对文献综述的研究还处于起步阶段,相关研究大致为:1)描写归纳类:描述、概括文献综述的特点、功能,介绍综述的不同类型和写作原则、技巧,根据作者所在的学科视角,对文献综述整体写作过程进行系统地描述和说明(如文秋芳 2011;崔建军 2007、2014;张文杰 2014 等);这一类的研究基本以描写、归纳为主,对于现象背后深层次的结构、关系未予以关注和解释。2)体裁分析类:借鉴斯威尔斯学派(Swalesian School)和澳大利亚学派(Australian School)体裁分析理论,对文献综述的宏观体裁结构以及微观层面的词汇、语法等语言特点进行定量、定性分析,比较母语与非母语英语写作的文献综述在结构、语言表达等层面的异同(如陈明芳 2006;陈玉莲 2008;唐智芳 2012 等);这类研究的对象均为英文写作的学术论文文献综述,拓宽了研究的范围,在理论上深化了对文献综述的认识,分析也更加深入;以母语作者的文本作为参照进行对比分析,对于国内非母语作者准确把握英文学术写作的惯例、格式具有积极的借鉴作用。这类研究在对比中外差异的数据后很少深入地分析解释造成差异的原因。3)评价资源分析类:基于马丁(James Martin)和怀特(Peter White)等为代表的评价理论体系,从语篇的角度对文献综述中出现的评价资源及其分布、评价手段的选择进行分析和归纳,探索文献综述如何有效运用评价手段实现概念意义和人际意义(如陈明芳 2011;李鸿春 2014;巩方圆 2014 等)。这类研究数量较少,且研究主要以英文综述为对象。

综上,目前对文献综述的专题研究比较缺乏,且多以英文写作的综述为对象,倾向于孤立地研究文献综述的结构或意义。本文拟从篇际关系出发,从动态生成过程的角度考查文献综述在学术语篇系统中的互动关系及语篇的生成与理解,具有一定的理论价值与实践意义。

---

① 关于国外学术语篇研究综述可参看姜亚军、赵刚(2006);黑玉琴、黑玉芬(2012)。

1.3 语料及方法

本文以博士学位论文中的文献综述作为研究对象,随机选取了近十年间北京大学、复旦大学、南京大学、浙江大学、南开大学、山东大学等六所高校的520篇人文社科类论文,语料均来自知网博士论文全文数据库。

本文立足系统功能语言学和互文语篇理论,将作为当下文本的文献综述视为一个动态的系统,源语篇通过"述"的路径进入当下文本,当下文本通过"评"映射链接源语篇。本文重点从"评"的角度集中讨论文献综述与外部源语篇的元文关系,分析文献综述的评价方式和特点,提取文献综述的评论模式。尝试通过动态、系统的分析,把握意义的生成和流动;通过多元主体的分析,解释元文性对整个文献综述文本建构与接受的影响,揭示在文献综述这类体裁中,主体言语行为的心理表征。

二、文献综述元文性的特点

2.1 "元文性"概念

法国学者热拉尔·热奈特(Genette Gérard) 1982年在《隐迹的稿本》中第一次提出"元文性"(metatextuality)概念(又译为"元文本性"),用来指称不同语篇之间的评论或者批评关系。在热奈特的语篇理论体系中,他将"所有使一文本与其他文本产生明显或潜在关系的因素"定义为"跨文性"(热奈特 2001: 68),并认为:"从根本上讲,文字是'跨文本'的,或者说是一种产生于其它文本片断的'二度'结构。"(程锡麟 1996)在此基础上,根据抽象程度递增的顺序,热奈特将跨文性关系分为五种下位类型:互文性、副文本性、元文本性、承文本性和广义文本性,分别表示文本的互现关系、文本主体与附件的关系、评论关系、体裁关系以及派生关系。

热奈特赋予了互文性"一个狭隘的定义,即两个或若干个文本之间的互现关系,从本相上最经常地表现为一文本在另一文本中的实际出现"。(热奈特 2001: 69)广义互文性理论认为:"任何文本的建构都是引言的镶嵌组合;任何文本都是对它文本的吸收和转化"(克里斯蒂娃 2012)。这种文本与文本之间的关涉、共生关系即是互文性。这一概念"延伸并涵盖"了跨文性概念(热奈特 2001:70)。本文使用的互文性概念即属于广义范畴。

元文性作为语篇互文关系的下位类型之一,反映了一种较"文本互现关系"更为抽象的篇际互文关系。热奈特认为,元文性"联结一部文本与它所谈论的另一部文本,而不一定引用该文(借助该文),最大程度时甚至不必提及该文的名称:黑格尔在《精神的现象学》一书里即如此,暗示性地默不作声地影射了《拉摩的侄儿》。这是一种地地道道的评论关系"(热奈特 2001:73)。可见,元文性是指当下语篇通过评论联结外部源语篇,从而形成语篇间的互文关系;源语篇的内容可以实示于当下语篇,也可以仅以被指称的形式出现,甚至不直接出现在当下语篇中。它具有如下特点:

1) 元文性并非是当下文本中简单地指称或转述其他语篇,它必须是一种评论关系,即当下语篇通过一定的形式对所联结语篇进行评价。

2) 元文性中存在着主体不同介入程度的互文关系。从通过引文直接评论逐渐到"默不作声地影射",评论的力度逐渐由强转弱,形成了一个互文关系连续统。在强互文关系中,作者对所评论语篇的立场、态度明确,随着这一关系的由强转弱,主体的态度逐渐模糊。在此过程中,读者需要更多的背景知识并准确把握语境意义才能破译这种关系。

3) 从分析的角度看,在对静态评价结果进行分析之前,应首先考虑参与主体,他们的身份、关系、所处的交际情境等因素。亚里士多德说"批评就是公允地下判断"。任何判断总是关涉到价值取向,评价无疑是作者主体在文本中"与读者共同建构共享的价值观"(李战子 2004)。因此,元文性形式上看是语篇间的关系,而究其本质还是主体间的关系。不同主体,因其成长环境、所受教育、人生经历等不同从而具有不同的价值取向,同时受到交际情境、上下文语境等外部因素的影响,评价必然具有不同的主体性特征。

互文性理论在语篇语言学的研究中"使我们能够在某一语篇与其他语篇的相互关系中来分析和评价当下语篇结构成分的功能以及整个语篇的意义和价值"(辛斌 2008),"它所蕴含的语篇关系意识和时空意识,为语言学研究开辟了新的论域",现代意义上的互文语篇分析"打通多个学科的理论思维",推动了语篇语言学研究的跨学科发展(祝克懿 2012、2013),为语言学研究带来了新的研究范式(殷祯岑 2016;姚远 2017;王志军 2018;辛斌 2019;黄兵 2019;陈昕炜 2019;祝克懿 2020 等)。目前较少看到元文性相关研究论文,比较有代表的研究为祝克懿(2011)采用元文性视角,从对话关系、述与评互文结构组合、语体交叉渗透等角度考察了文学评论语篇与文学作品间的互动关系;研究从动态的篇际关系入手,揭示了文学评论语篇的生成过程以及它与源语篇间解构与重构关系,深化了对元文性概念的认识。

2.2 文献综述元文关系的层级性

文献综述的体裁决定了其中必然大量存在来自外部文献的信息即源语篇的内容。通过注释等互文标记文献综述明示了其"非原创性",来自源语篇的互文本通过转述等路径在文献综述中汇聚。由 1.1 综述的概念可知,在一篇得当的综述中,互文本一定不是孤立的拼贴于其中,而是在作者评论的统摄下与当下文本融合为有机的整体,为作者的判断提供依据。可见,"评"在文献综述中"穿针引线",占据了相当重要的地位。文献综述产生于这种评论关系(即元文性)网络之中,它的意义正是源自对源语篇的阐释和评论的互动关系中。

文献综述作为当下文本,在建构和解读过程中有三类主体参与其中:作者、读者、潜在研究者。其中,作者在当下文本的建构过程中包含了多重身份:他首先是读者,通过大量阅读前在研究成果,形成基本的认识和评价;然后才是作者,通过建构当下文本,植入自己对前在研究的评论。这当中作者既是言说的主体,也是阐释的主体。因此,当下文本通过评论与源语篇形成的元文关系不是单一的,而是具有不同的层级结构:

2.2.1 前文本层

文献综述的元文关系网络中最先发生、最为核心的关系是作为读者身份的作者与源语篇之间的元文关系,我们称这一层级为前文本层。前文本层直接影响并反映当下文本的建构过程。细究起来,这一关系本身同样具有不同层次。1)表层:作为读者的作者根据自己的意向对源文献进行广泛地阅读,淘汰无关、雷同或者低质量的文献。2)内层:在上述基础上进一步梳理,掌握源语篇的脉络,准确评估相关研究的现状。3)底层:再次对源语篇进行归纳、评价和选择,进一步精炼文献。在此基础上,相关源语篇才直接进入当下文本。(文秋芳等 2004;谭培文 2001;吴怀东 2010)

2.2.2 文本实现层

作为当下文本的文献综述与源语篇之间的元文关系,在形式上表现为文献综述对源语篇的评论。它是作者将前文本层的元文关系根据当下文本的交际意图外化的过程，是文献综述元文关系的最直接体现。作者通过当下文本的建构，实现了对相关前在研究的评价，完成了人际意义和概念意义的功能。本文重点讨论的即为这一层次的元文关系。

2.2.3 接受层

读者与文献综述间的互动关系属于接受层，读者通过阅读当下文本并对其形成判断和评价。值得注意的是，在文本实现层目标读者的影响已经存在。这一潜在主体对当下文本的建构同样起着不容小觑的影响。学位论文文献综述内嵌于论文语篇之中，作为整体的一部分影响着读者对整个语篇的评价，高校或科研机构学位论文评审的指标中即包括综述这一项。作为学位论文语篇，其目标读者（通常为导师、评审专家等）很大程度上影响了论文的传播与接受，决定着作者交际意图的实现。这一交际情境决定了作者在文本建构中必然会考虑目标读者。因此，反过来处于接受层中的目标读者可能的评价也会间接影响文本实现层。

综上，文献综述中的元文性呈现出一种双向、动态、多层次的关系网络（图1）。通过多元的元文关系，作者对某一论题的认识趋向深入；评价也是把握主体间关系的重要路径，是实现人际沟通的重要工具。本文重点分析处于文本实现层的元文关系。

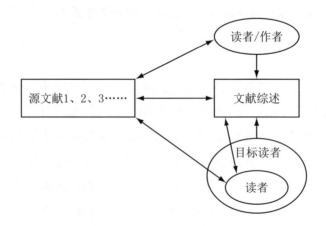

图1　文献综述元文关系的层级结构

三、文献综述元文性的类型及功能

3.1 元文性的类型

根据上文分析可知,元文性并非是一种均质的关系,根据作者立场和态度的不同,它呈现为一种具有不同评论力度的互文关系连续统。在强互文关系中,作者的介入程度高,对所评论语篇的立场、态度鲜明,随着这一关系的由强转弱,主体的介入程度降低,态度逐渐模糊。

文献综述最重要的功能是通过对前在研究的梳理、判断,找出当下研究的起点。因此,对前在研究的判断是综述最重要的部分,由此形成的元文性首先是通过评价方式联结当下文本与源语篇的动态关系,在动态的分析过程中形成篇际评论关系。主体介入的结果大致可以分为:肯定、否定、部分肯定、部分否定或不置可否。"不置可否",看起来主体只是客观转述源语篇信息,并未予以评价。其实具有多种可能性:其中形式上的不置可否,通过上下文语境或者其他语言形式还是间接或隐晦地表达了主体的态度,这种评价可以是肯定的,也可以是否定的;在一定的语境当中,不予评价本身就表明一种态度和立场。此外,因为主体对某些源语篇的认识不足,难以对其进行客观评价,这种不置可否或是能力层面的,或是主体出于谨慎考虑的行为。这种评价则不属于我们所讨论的元文性范畴。结合元文性这一特点,在语料分析的基础上我们将综述中的元文关系区分为显性和隐性两种类型。通过语言符号明示当下文本对源语篇的评价,我们称之为显性元文关系;反之通过语境、信息的详略等方式隐晦地表现评价,我们称之为隐性元文关系。显性与隐性,并非是截然分开的两个范畴,而是逐渐过渡的一个连续统(张大群等2011)。从显性到隐性,评价的力度逐步弱化,对语境的依赖逐渐强化。

3.2 显性元文性

显性元文性是指在文献综述中作者通过语言形式要素明示主体对源语篇的立场、观点和态度,从而形成当下文本与源语篇之间的元文关系。精当的评论是文献综述的核心价值所在,其中,显性的评价起着首要的作用。国内现有的研究结合评价理论对于显性评价已有较多深入的研究(王振华、张庆彬 2013;李战子 2004;刘悦明 2012;田华静、王振华 2019 等)。李鸿春(2014)专门对文献综述语篇中的态度、级差和介入资源进行了较为详尽的分析,这里不再赘述。本文主要从主体间关系的角度对综述中的显性元文关系进行分析。

根据语料分析,综述中显性元文关系通常包含两种不同类型:自言型和借言型。

自言型:顾名思义,即作者本人对当下文本中出现的外部源语篇信息所进行的评论。作者在语言形式层面使用具有评价意义的词、小句等语言形式对源语篇进行评论,形成语义指涉关系,从而文献综述与源语篇处于显性的自言型元文关系中。例如:

(1) 中国学者对泰戈尔的研究目前大多数还<u>局限</u>在从文学角度研究他的作品和美学思想。……但<u>不够深入全面</u>;……<u>可贵之处</u>在于,……<u>不足之处</u>则在于过于简单、笼统……。 (虞乐仲《"印度精神"的召唤》)

(2) ……毫无疑问,<u>开山之作</u>当<u>首推</u>黄宗羲的《明儒学案》,这本……<u>煌煌62卷巨著</u>,至今仍是……<u>案头必备之作</u>。 (吴士勇《明代总漕研究》)

例子中划线部分均为具有显性评价意义的形式手段,明示了作者对相关外部语篇的态度和观点,如例(1)"局限""不够深入""不足之处"指出了外部源语篇存在的问题,表达了作者的不认可,"可贵之处"、例(2)的"开山之作""首推""煌煌62卷巨著""案头必备之作",明确地表达了作者对前在研究成果的肯定和推崇。作者正是通过这些显性评价资源的使用,表达对源文献的态度和观点,通过不同语言形式的选用,传递出信息轻重的不同,在推进信息传递的同时,明示作者的评价,也体现了作者的主体性。综述作者通过自言式的显性评论实现了当下文献综述与源语篇的元文关系。

借言型:即当下文本通过嵌入互文本的形式引入其他研究主体对源语篇相关内容的显性评论,作者借助这种方式来表达其态度或者观点。然而,作为当下研究的起点,文献综述反映的应是作者本人对相关研究情况的判断,借用他人评论只能作为一种策略,最终还是要表明作者的观点。语料分析的结果也验证了这一观点,文献综述中借言型元文关系常常与自言型并存,引入他人评论的同时,作者亦对该互文本所阐述的观点进行评价，表明立场。例如：

(3) 长期以来海峡两岸无法开展正常的史学研究，涉及抗战史研究更是如此。胡适曾失望地指出，"我们到今天还没有一部中国史家著作的《中日八年战史》，……这都是很**可耻的事**……"。究其原因，胡适**直言不讳**，**一针见血**地指出："……史家就**没有勇气**去整理发表那些随时随地可以得罪人或触犯忌讳的资料。"

（钟健《蒋介石与抗日战争几个问题之研究》）

(4) 学界对于当代新儒家政治哲学的研究，还主要停留在……第二代学人上面。第三代新儒家诸学者，还没能广泛进入学界的研究视野。**成中英**即指出，"学术界对于第三代新儒家的研究文献，近十年来还是比较少见的"。

（孙阳阳《第三代新儒家政治哲学研究》）

例(3)作者在第一句中首先对抗战史的研究现状进行评价，接着通过直接引语转述胡适对抗战史研究的两段评论，胡适用了"可耻的""没有勇气"等具有显性评价意义的词语明确表达自己对于这一研究现状的不满和批评。借言评论也印证了作者开头的观点：抗战史的研究没有正常开展。在转述的引导小句中作者用了"直言不讳""一针见血"两个具有褒义性感情色彩的词语，明确表达了自己对胡适评论赞成的态度。自言与借言的评论立场一致。作者所借之言，来自中国著名的学者胡适，他在史学领域的见识为学界所推崇，因此引用他的评论，无疑是为了通过权威人士的评论，加强当下文本中作者观点的可信度和权威性。

例(4)作者同样对相关研究现状予以评论，同时援引知名学者成中英的评论。作者的自言评论在语义方向上与借言一致。借言显然不是一种重复评论，它是对作者观点的佐证，为作者的自言评论提供依据，在语义上起到了深化作者观点的功能。

通过显性元文关系，作者以明示的形式评论外部源语篇相关信息，表达自己对其的态度和观点。首先，从建构层面看它推进了信息的传递，实现语义的连贯性，丰富文献综述的信息量；引出文献综述的中心内容——为当下研究的方向和意义做了重要的解释和铺垫；吸引读者。其次，从接受角度看，显性的评价有助于读者准确把握作者的观点和思路,理解文献综述的写作脉络;同时通过作者的自言或借言评论,有助于读者了解相关研究的得失优劣,引导读者结合自己的知识背景与作者产生可能的共鸣,或者分歧,从而深化了读者对于相关论题的认识。

3.3 隐性元文性

当下文本以间接、含蓄,有时甚至是比较隐晦的方式表达作者对源语篇的态度和评价,从而形成了当下文本与源语篇之间的隐性元文关系。言语行为理论认为(Austin 1962;Searle 1969)言语行为可以分为直接言语行为和间接言语行为。直接言语行为是话语在形式上直接体现了说话人的用意;而间接言语行为则需要结合交际语境,透过语言形式,把握话语的语用意义,即话语所传递的意义是间接性的。言语行为并非孤立存在,而是存在于在一定的序列中,在同一个序列中,每个言语行为都有其交际意图(苗兴伟 1999)。隐性元文关系所体现的评论行为即为间接言语行为,需要读者结合上下文语境及当下学术语篇的交际意图去把握作者的观点和立场。既然隐性元文关系体现的是文献综述与源语篇之间间接、隐含的互动关系,那么其通过哪些手段实现并体现了怎样的文本功能? 我们发现常见的类型有以下四种。

3.3.1 具有级差意义的评价信息

马丁和怀特(Martin & White 2005:67)在谈到隐性评价建构时,曾给出隐性评价的三种实现方式:隐喻激发(invoke)产生评价、级差旗示(flag)评价、纯粹概念意义致使(afford)评价。

文献综述作为科技语体,其中通过词汇隐喻暗示评价的现象比较罕见。概念意义暗示评价,将在下文详述。这里讨论具有级差意义的词语或结构所暗示的评价意义。胡德和马丁(Hood & Martin 2005)在讨论级差系统在隐性评价中的作用时指出,"凡是给意义分等级,就是暗示评价"(张大群 2010),根据评价理论,级差系统是对态度介入程度的分级资源,贯穿于评价体系之中。级差资源的隐性评价功能通过与态度相结合而实现。下图详列了级差系统的各个单元,它首先可以分为语势和聚焦两个子系统。语势调节态度和介入意义的力度,有强势和弱势之分;聚焦是对不可分级的范畴进行调节,有加强和降低之分。

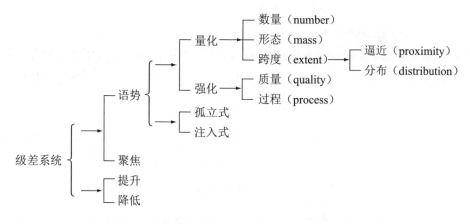

图 2　级差系统(Martin & White, 2005:154)①

根据语料分析,文献综述中常见的具有隐性评价意义的级差资源包括:表示量化以及表示聚焦意义的词语或结构。如:

> (5) 解放后,尤其是 80 年代以来,一些学者致力于钩沉发微……力图展现出往昔鲜为人知的妇女生活与活动的历史画面。(万银红《清代妇女社会活动研究》)

例中"解放后""80 年代以来"是表示时空跨度的量化级差资源,说明了相关研究的持续性,"尤其"是具有强化意义的聚焦级差资源,"一些"是表示数量意义的级差资源,同时在聚焦层面"一些"又具有模糊和弱化的意义,本例中"一些"显然包含了人数不多、弱化的意义。文献综述作者用这几种级差资源,叙述了解放后到 80 年代以来关于妇女历史的研究状况——相关研究一直存在,近代以来有了一定的发展,但是还不繁荣。通过这种描述暗示了对 80 年代以来进行妇女历史研究的学者以及该研究发展的态势的肯定态度。"力图"是聚焦过程的级差资源。张滟(2008)指出,"既然'语聚'(按:即本文'聚焦')资源在语义上建构事物的中心或边缘类别,把原本不可分级的经验现象进行分级定位,那么作为经验意义——'及物性'——的'过程'也可以以其'完成'、甚而成为'事实'状态为中心经验范畴原型,以其'未完成'或处于'设想'状态为边缘范畴。""力图"所表示的正是未完成状态,突显的是过程

---

① 转引自何中清《学术话语中的级差范畴化及其修辞劝说构建》,《外国语》2008 年第 6 期。

中主体的积极参与,这一词语的使用暗示了相关研究并不充分。"鲜为人知"是表示数量少的量化级差资源。通过这两个级差资源的使用,作者强调了80年代研究者在资料和文献非常少的背景下积极地进行妇女历史研究,同时隐含了作者对相关研究者们的肯定性评价。这一段综述即使删去具有显性评价意义的"致力于钩沉发微",综述中所体现的作者的态度同样没有改变。又如:

> (6) 作者运用<u>大量</u>的调查数据和<u>第一手原始资料</u>,是我目前看到的<u>仅有</u>的<u>专门</u>从政治文化视角研究墨西哥政治转型的著作。
>
> (田小红《墨西哥政党政治的变迁和政治转型研究》)

例(6)用表示数量的量化级差资源"大量"修饰调查数据,说明该研究建立在客观数据分析的基础上。"第一手""原始"是表示程度的量化级差资源,它们的语义内涵相同,在语义上与"第二手""加工"等表示处理加工程度的词相对,意为未受到干扰、真实可信的数据,连用两个同义级差资源强调研究资料的可信度,体现了作者对相关研究的客观性和可信度的肯定评价。"目前"意为到现在为止,是表示时间跨度的量化级差资源,"仅有的"表示数量的级差资源,这两个词语的使用,意为该研究是迄今为止唯一的一个。"专门"是表示程度的量化级差资源,它与"顺便""稍带"等构成了在专一意义上的语义分级,表示该研究只专一从政治文化视角讨论墨西哥的政治转型。通过这些级差资源的使用,在看似客观陈述的语言形式之外,折射出作者对所述研究者实事求是、客观严谨治学精神的赞赏,以及对开拓性研究的正面评价意义。

综上,通过级差资源,作者在客观陈述、梳理分析的基础上暗示了对相关研究的判断,通过这种方式作者间接地传递了对相关研究的态度和立场。

3.3.2 概念意义的选择

朱永生(2009)指出:"评价意义的产生和识别与概念意义也有着紧密的关联。"概念意义通过与一定的文化、社会以及上下文语境相结合,可以实现在看似"中性"的表述之外透露作者的评价意义。概念意义所折射的作者的态度和立场需要交际主体之间具有共享的文化、价值观,需要主体调动相关知识背景和认知框架;由于在形式层面没有标记,因而评价意义的识别对主体的要求最高,难度也最大。

(7) 针对当前的……各种问题,学者们从不同视角出发,提出了大学生学习改革的新目标。……。

(吴俊《"场域-惯习"视角下大学生学习实践研究》)

例(7)陈述了研究的现状,即"针对""问题"学者们"从不同视角""提出改革的新目标"。这一段转述表明当下的研究从实际问题出发,并且提出了多元化的改革目标。通过划线部分语言结构的概念意义,作者传递出对相关研究现状从实际出发解决问题的肯定性评价。

(8) 从信息网络化对当代中国政治发展的影响为着眼点,探讨了信息网络化与当代中国政治发展的关系,并对信息网络化对中国政治发展的影响作了正反两个方面的分析,提出了如何应对信息网络化的挑战,并对网络时代我国政治发展的指导思想、基本原则和战略目标进行了分析和探讨。

(宋超《当代中国网络政治参与研究》)

例(8)转述了一篇博士论文的研究内容。"着眼点"意为研究、考虑的重点,反映了研究目标明确,"探讨"即探索、分析,反映了研究的过程中研究者的努力和探索,这一词语也是学术评论中经常使用的,在客观陈述研究者研究行为的基础上传递出对研究者的探索精神及所付出的劳动的肯定。"正反两个方面的分析""提出了如何应对……",前一个短语表明该研究具有辩证的思维,研究的视角是多元的,在辩证地"分析"问题后"提出如何应对"的策略,这反映了学术研究的过程,体现了研究成果的客观性和价值。最后"并对……进行了分析和讨论",结合上文,可以看出这一小句同样表示该研究具有多个角度,传递出研究比较全面的肯定性评价。形式上看,本例中同样没有一个明确表示评价意义的词语。但是通过下划线词语和小句提供的线索,我们仍然可以接收到作者的肯定性评价。

通过词语的概念意义,我们同样可以表达主体对相关研究的态度和立场,"概念意义在态度的表达上绝对不是中性的,它通常具有引发评价意义的潜势"(张大群、桑迪欢 2011)。

3.3.3 信息量的差异

文献综述在结构层面,通过对源语篇评述的详略不同来调节信息的强弱轻重,突显作者的评价意义。作者在处理外部源语篇时,通过详述和略述,显示源语篇地位和价值的不同，从而间接含蓄地表达作者的评价。任何选择都在一定程度上体现了主体性，详略的差异是作者主体在有限的篇幅内权衡的结果，而不是随意的行为。尽管在叙述中，作者没有使用具有显性评价意义的词语或句子，但读者仍然可以透过这种信息量的差异识别出作者的态度。如：

> （9）①如 Verba 和他同事简要总结到"我们关注的是行为的政治，而非仅仅关注政治。"②随后，罗伯特（Robert Silverman）扩展了"公民政治参与阶梯"分类，并引入……，基于参与目的和形式，他认为……。哈佛大学教授冯（Archon Fung）则从三个关键问题出发给出另一种划分参与类别的视角：……
>
> （藏雷振《变迁中的政治机会结构与政治参与》）

例（9）首先用一个小句转述了 Verba 及其同事研究的观点，具体源语篇信息并未出现在综述中，而是通过脚注形式加以补充说明。但②中，作者在转述罗伯特和冯这两位学者的研究时，不仅相对详细地叙述了两位学者的研究方法和观点，也交代了两位学者的信息，此外通过脚注形式补充相关文献的具体信息。前后两段对外部源语篇的转述存在明显的信息量的差异。显然，详述的内容在作者看来更具有价值或者代表性，是相关研究领域内更重要的文献。通过这种信息量的差异，文献综述与源语篇处于隐性元文关系之中，间接表达了作者的立场和态度。

> （10）如张丽军……、丁帆……则从比较文学的角度进行研究；……魏佳文……则以民族国家建构的角度，来阐释反映中国农村发展的一系列作品的意义。陈国和……则将探讨的重点放在"当代性"上——这种当代性主要是指……，世纪末的惶惑、焦灼与愤慨，具体而言即是努力介入却常常感到无奈，具有批判意识又常常不得不充满理解与同情的复杂情感。（崔彦玲《近二十年女作家小说中的"乡土女性"书写》）

例（10）作者分别转述了四篇文献的研究观点。其中对张丽军、丁帆、魏佳文三位作者的研究，作者的描述非常简单，只有一句话概括；而对陈国和的研究，作者的描述要详细得多，占据了整段文字的大半篇幅。这种差异显然是作者经过衡量和判断之后所采用的建构策略,体现了作者对于两类研究的不同评价和态度:详述的研究较之概述的对相关研究领域来说更重要或者代表性。

根据前文所述,文献综述中存在多层次的元文关系,其中,文本实现层作者评述的文献已经过前文本层的筛选。进入当下文献综述中的源语篇是经过作者选择的结果,而那些被排除在当下综述中的其他源语篇对于当下文本来说信息量为零。这种选择体现了作者对源语篇的态度和评价,它是一种标准(作者所希望达到的选题目标)的实现(谭培文 2001);选择的标准取决于作者的修辞动因(研究方向、目标、交际意图)。根据人类的认知规律,详略的差异与认知对象的重要性程度呈正向关系。综述中信息量的差异理应是作者主体在有限的篇幅内权衡的结果,这也是作者所传递的评价意义。

3.3.4 社交指示语

社交指示语是"人际交往中与人际关系联系密切的结构或词语,它们使用的目的在于改变、顺应或调节说话人和听话人之间,或说话人和第三者之间的人际关系"(冉永平 2012:41)。在汉语中,社交指示语包括称呼语、谦词敬语以及具有传递社交指示信息功能的句式等(何自然、冉永平 2006)。

学术论文作为科技语体的语篇类型,反映主体追求客观规律、知识的过程和结果,作为学术论文的有机成分,文献综述对前在研究的评述所体现的是学术领域内观点、理论等方面的交流;因此,理论上说,这一体裁没有使用社交指示语的必要性。然而,根据语料分析,我们发现不少文献综述在评述时还是使用了社交指示,这显然是作者有意为之的现象。

(11) 另一位军政关系研究的<u>先行者美国社会学家</u>简诺维茨(Morris Janowitz)…………<u>纽约大学的政治学家</u>普沃斯基(Adam Przeworski)<u>教授</u>尽管在其著作中认为……

(郝诗楠《1949 年以来中国军政关系的变迁与稳定》)

例(11)作者用"先行者""社会学家"这样的指示语来称呼简诺维茨,"先行者"意为"首先倡导的人、先驱",具有正面社会评价意义。"xx 家"指"有某种专长或专门活动能力的人",汉语中称呼某类人为"xx 家"具有标识身份的意义,通常包含了对其专业性的认可。用"纽约大学的政治家""教授"称呼普沃斯基,

"教授"作为高等教育机构教师的最高级职称,这一称呼语体现了对被称呼者学识、学术能力的肯定与尊重。纽约大学是美国著名的学府,该校的人文及社会科学在世界范围内享有较高的声誉。作者通过社交指示语蕴含了对研究者普沃斯基身份、学识的肯定意义。社交指示语的使用首先包含了作者对两位在相关领域内学识、素养的肯定,为下文的叙述奠定了一个包含作者态度的基调。再如:

(12) 英国著名历史学家乔治·皮博迪·古奇(George Peabody Gooch, 1873-1968),将基佐视作法国政治学派……。(段艳《基佐史学研究——以〈欧洲文明史为中心〉》)

例(12)使用了社交指示语"著名历史学家",表示对乔治尊重和欣赏的语用意义,进而间接表达对源语篇相关研究的肯定从而使综述对源语篇内容的转述具有了附加的肯定意义。

文献综述中比较常见的社交指示语包括:敬辞,如先生、教授、专家、著名学者等;表示身份、地位等的社会称谓语如:职务+姓名,机构+姓名,身份+姓名等。通过社交指示语,文献综述将当下文本所联结的源语篇作者身份、学术地位等信息前景化;这一类源语篇的作者通常在相关研究领域享有比较高的学术声誉,通过突显其权威身份,作者间接表达了对源语篇研究的肯定。从接受的角度来看,相信权威是大众普遍具有的心理特征,采用社交指示语突显源语篇作者身份,一定程度上有助于增强所述内容的接受度。社交指示语不是具有独立性的言语行为,它往往附加在某一言语行为中并对之产生影响,目的是为了更好地实现交际参与者的交际意图(Levinson 1983)。根据上述分析可见,使用社交指示语所具有的语用意义正是附加在文献综述传递的学术信息之上,作者通过其在上下文语境中所具有的言外之意,使得综述对源语篇研究内容的转述具有了附加的肯定意义,间接地表达了对相关研究的评价意义。

由上述分析可知,文献综述最重要的功能是在对前人研究评判的基础上,发现新的研究方向。我们在语料分析中也发现,显性元文性是文献综述中最普遍存在的互文关系。隐性元文性大多与显性元文性共存于文献综述中,作为一种评论策略,更好地为作者的交际意图服务。

四、文献综述元文关系的评论模式

综上所述及对自建语料库的样本分析,文献综述主要评论模式包括以下三种。

4.1 显性与隐性评价相结合

显性与隐性评价相结合是文献综述最广泛使用的评论模式。这也是文献综述的体裁性质决定的。一方面,文献综述须准确分析、评估此前相关研究,找出当下研究的方向或者路径,因此对于前人研究需要进行明确的评述。另一方面,为了调节人际意义,突显文献综述的客观和严谨性,同时受当下学位语篇交际意图的制约,作者需适当选择隐性评价的形式。如:

> (13)①<u>最早</u>利用现代语言学理论和方法调查研究山西方言的是<u>著名语言学家</u>刘文炳,他于1939年完成《徐沟语言志》的编写,……②文中<u>总结</u>出的演变规律,至今仍有<u>参考价值</u>。但《徐沟语言志》并未用国际音标注音,不能直接用于比较。……
>
> (王琼《并州片晋语语言研究》)

例(13)对《徐沟语言志》一书进行评论,首先作者使用了表示程度以及时间的量化级差资源"最早",客观说明了该书在相关研究领域中所处的位置,同时也暗示了该书具有开创性的积极评价意义。接着,作者通过使用社交指示语"著名语言学家"来指称作者刘文炳,使得刘文炳的学术身份前景化,进而也蕴含了对其所进行的研究的肯定性评价意义。①中嵌入的互文本转述了《徐沟方言志》的研究内容,没有对研究进行直接评价,然而我们通过上述隐性元文关系的分析,仍然可以发现其中蕴含该书的肯定性评价。第②部分的评论与①不同,作者通过"总结……规律""参考价值"等具有显性评价意义的词语和小句,明示了其对该书的肯定性评价。最后一句指出该书中存在的问题。

> (14)①刘守刚的《国家成长的财政逻辑:近现代中国财政转型与政治发展》是一本<u>重要著作</u>。②该书<u>研究</u>了中国从传统国家走向现代国

家所伴随的财政从传统财政转为现代财政的过程。他从财政转型的视角,<u>透视</u>现代国家在中国的成长,<u>力图通过对历史的描摹和总结,发现</u>中国国家转型的规律与特征。

(王蒙《中国现代国家成长过程中的政治整合研究》)

例(14)开头通过"重要"一词明示对刘守刚著作的肯定性评价。接着在②的转述中,作者通过概念意义的选择也间接表达了对该书研究成果的肯定。下划线"研究""透视"反映了研究的过程,在现象分析的基础上发现现象背后的规律,"力图……的描摹与总结""发现规律与特征",同样是对上述研究过程的反映,这些词语的概念意义暗示了刘守刚书中的研究是在客观分析现象的基础上对规律的发现和把握,从而折射出对该研究的积极肯定的评价。可见,隐性和显性元文关系的结合既体现了评述的客观性,又表达了作者的对相关研究的态度和立场。

这种评论模式一方面通过隐性元文性,以客观论述的形式传递隐含的评价意义,突显评论的客观性和严谨性;另一方面,通过显性元文性明示作者对相关研究的态度和立场;在客观陈述的同时亦有主体的判断,符合文献综述准确分析、评估此前相关研究的功能。

4.2 范畴化评论

文献综述对源语篇的评论还具有范畴化的特点。在文本实现层,综述将相关源语篇范畴化,并据此归纳为若干类别,概括其不同特点,在此基础上对其进行评论。作者评论的重心在于一类研究,而不是个别研究成果。范畴化的评论模式归纳相关前在研究之后,主要有两种评论方法,一种在段首进行总评,然后转述前人研究成果;另一种是段首说明相关研究类型之后,不发表评论,而是先转述每种类型代表性研究,最后在段末进行总评。

(15)……关于士族研究方面,部分学者侧重从士族家学家风来作<u>研究,取得了较为瞩目的成果</u>。……如张天来吴正岚的专著《六朝江东士族的家学门风》,探讨了……王永平也曾做过相关研究……

(柳称《魏晋南北朝时期家庭教育研究》)

例(15)首先将关于士族的研究范畴化为"学风研究"一类,并对这一类型的整体研究进行评价"取得了较为瞩目的成果"。之后通过转述的路径分别将进行"学风研究"的相关代表性成果嵌入当下文献综述中，并予以简要评述。

> （16）一、文化共享工程研究文献的内容分析：（一）整体性研究：立足国家……（二）整体性研究：立足基层……二、<u>文化共享工程研究文献的评价</u>：分析纵观文化共享工程这年的研究，问题主要集中在以下几个方面：其一，研究数量不多，且质量不高。历年来比较集中的研究……文化共享工程是一个动态的项目，……那么关于它的研究不应该止步。　　　　　　（苏超《"文化共享工程"可持续发展研究》）

例(16)与上例相反，作者首先对"文化共享工程"的研究文献进行范畴化，并将其概括为"立足国家"和"立足基层"两种类型的研究，接着转述每种类型下的代表性研究成果，最后对整个"文化共享工程"的研究状况进行评价。

这种评论模式对前人研究的脉络梳理得比较清晰，从接受的角度看，对于某个问题，前人做了哪些方面的研究，研究结果如何，一目了然，具有比较明晰的逻辑结构。随着现代学术研究的繁荣和传播技术的发展，各研究领域的专著、论文在规模上都是非常庞大的，如何以清晰而准确的方式梳理文献并形式化为一篇综述，对于研究者而言也不是一项轻松的任务。范畴化评论对于文献的处理最大的优点就在于结构清晰，观点明确。同时，这种评论方式对于写作主体占有文献的广度以及对文献理解的程度都具有比较高的要求。

4.3　自言与借言的结合

文献综述的元文关系中，自言与借言评论的结合也是普遍使用的一种评论模式。一方面，当下语篇的交际意图决定了一篇合格的文献综述须对前人相关研究进行鉴别和评价，另一方面作者在当下文本中嵌入权威学者或代表性研究的评论，可以为作者的观点提供依据，增加作者本人观点的力度和可信度，两相结合，有利于增强文献综述的接受度。

> （17）Markowitz（1952）均值–方差模型是资产配置理论的<u>奠基</u>模型，其<u>突破性</u>地在分散投资中融入了收益和风险的权衡，同时由于该模型<u>结构简单、易于操作</u>，提出后迅速在理论界和实务领域均得到广

泛运用。但不可否认,均值-方差模型也存在许多问题:……(Brandt, 2010)。(金赟《基本养老保险基金资产负债管理研究》)

例(17)作者首先对"均值-方差模型"理论进行了肯定性评价,认为其是"奠基"性的,具有"突破性""易于操作"。接下来,综述引用了布兰特的研究观点指出该理论存在的问题。作者将自己的评价与学者布兰特对其的负面评价相结合,使用了自言与借言相结合的评价模式。

文献综述体裁要求作者对某一领域的研究应该有比较全面的把握,进行批判性地分析从而发现问题是综述评论前在研究的重点与难点。作为学位论文的作者,因其学生身份与相应的学术经验、学术资历,在进行批判性分析时更加需要拿出具有说服力的论据。作者借用具有代表性的评论嵌入文献综述中,突显了评论的权威性,采取自言与借言相结合的评论范式,增强了评论的客观性和严谨性,体现了对评述对象比较全面的认识,这种策略有利于增强综述的接受度。

五、结　　语

元文性存在于动态、双向、多层级的关系网络中,呈现为具有不同评论力度的互文关系连续统。本文主要从"评"的角度探讨文献综述的元文性,提取了文献综述的三种评论模式,重点分析了显性和隐性元文关系及其评价功能和修辞动因。在语料分析的基础上,本文还通过元文性功能属性和表现特征的分析,在动态的语篇关系中考察意义的生成与理解,在作者-读者-语境的三维空间中确定语篇的意义和功能。研究有助于更好地理解文献综述的生成及接受过程,把握其中蕴含的修辞策略及所体现的认知意义,从而更好地指导学术写作实践。

参考文献

程锡麟　1996　《互文性理论概述》,《外国文学》第1期。
陈昕炜　2019　《中国古典小说序跋语篇之互文性研究》,复旦大学出版社。
何中清　2011　《评价理论中的"级差"范畴:发展与理论来源》,《北京第二外国语学院学报》第6期。
何自然、冉永平　2006　《语用学概论》,湖南教育出版社。

黄　兵　2019　《论"主题互文性"及在语篇研究中的阐释力》,《当代修辞学》第3期。

贾宏伟、耿　芳　2016　《方法论:学术论文写作》,中国传媒大学出版社。

李鸿春　2014　《社会科学类综述语篇评价意义分析》,华中师范大学博士学位论文。

李战子　2004　《评价理论:在话语分析中的应用和问题》,《外语研究》第5期。

刘悦明　2012　《〈人民日报〉元旦社论语篇评价手段历时分析》,《西安外国语大学学报》第2期。

苗兴伟　1999　《言语行为理论与语篇分析》,《外语学刊》,第1期。

曲卫国、陈流芳　1999　《论传统的中国礼貌原则》,《学术月刊》第7期。

冉永平　2012　《语用学:现象与分析》,北京大学出版社。

谭培文、邱耕田、张培炎　2001　《哲学论文写作》,广西人民出版社。

唐智芳　2012　《体裁分析理论视角下的中美英语硕士论文文献综述的比较研究》,湖南科技大学硕士学位论文。

田华静、王振华　2019　《态度系统的范畴化问题及其拓扑应对》,《当代修辞学》第1期。

王振华、张庆彬　2013　《基于语料库的中外大学校训意义研究——评价系统视角》,《外语教学》第6期。

王志军　2018　《互文语篇理论视域下的语篇副文本系统研究——以学术著作语篇副文本系统为例》,《当代修辞学》第3期。

文秋芳、俞洪亮、周维杰　2004　《应用语言学研究方法与论文写作》,上海外语教育与研究出版社。

吴怀东　2010　《中文专业论文写作教程》,安徽大学出版社。

于伟群　2009　《汉语社交指示研究》,吉林大学博士学位论文。

辛　斌　2008　《语篇研究中的互文性分析》,《外语与外语教学》第1期。

辛　斌　2019　《社交平台新闻话语的互文性分析——以Facebook上有关南海问题的新闻为例》,《当代修辞学》第5期。

姚　远　2017　《教学语篇的承文性研究》,《当代修辞学》第3期。

姚　荣　2011　《浅议学术论文文献综述的写作》,《写作》第1期。

殷祯岑　2016　《语篇意义的自组织生成——耗散结构理论观照下的互文语篇分析》,《当代修辞学》第 5 期。

张大群　2010　《学术论文中的隐性评价及其识别》,《外语教学理论与实践》第 3 期。

张大群、桑迪欢　2011　《语篇中的评价:显性与隐性》,《华东交通大学学报》第 2 期。

张　滟　2008　《态度评价:主体互联性劝说模式构建》,《外语学刊》第 3 期。

祝克懿　2011　《元语篇与文学评论语篇的互动关系研究》,《当代修辞学》第 3 期。

祝克懿　2013　《互文性理论的多声构成:〈武士〉、张东荪、巴赫金与本维尼斯特、弗洛伊德》,《当代修辞学》第 5 期。

祝克懿　2020　《"语录体"的源起、分化与融合考论》,《当代修辞学》第 4 期。中国人民大学复印资料 2020 年第 11 期转载。

朱永生　2009　《概念意义中的隐性评价》,《外语教学》第 4 期。

[法]热拉尔·热奈特　2001　《热奈特论文集》,史忠义译,百花文艺出版社。

[法]朱莉娅·克里斯蒂娃　2012　《词语、对话和小说》,祝克懿、宋姝锦译,黄蓓校,《当代修辞学》第 4 期。

Austin, J. L. 1962 *How to Do Things with Words*. Oxford: Oxford University Press.

Hart C. 1998 *Doing A Literature Review: Releasing the Social Science Research Imagination*. London: Sage Publications Led.

Hood, S. & J. R. Martin 2005 Invoking attitude play of graduation in appraising discourse, In Webster, C. Matthiessen and R. Hasan (eds.). *Continuing Discourse on Language*. London: Equinox.

Levinson. S. C. 1983 *Pragmatics*. Cambridge: Cambridge University Press.

Martin J. R., & White, P. R. 2005 *The Language of Evaluation: Appraisal in English*. London/New York: Palgrave/Macmillan.

Swales J. M. 1990 *Genre Analysis: English in Academic and Research Settings*. Cambridge: Cambridge University Press, 141-143.

Searle, J. R. 1969 *Speech Acts: An Essay in the Philosophy of Language*. Cambridge: Cambridge University Press.

An Analysis of Literature Reviews of Doctoral Dissertations from the Perspectives of Metatextuality Theory

Chu Dandan

Abstract: The essay studies literature reviews (LRs) of doctoral dissertations in the humanities and social science, to explore interdiscourse intertextual relations from the perspectives of Metatextuality theory. This study, employing system-functional linguistics and intertextual discourse theory, points out the dynamic hierarchies of metatextual relations of LRs, focusing on the explicit and implicit metatextual relations of LRs and the functions. On this basis, the study concludes the models of comment in the generation process of LR texts, and investigates how to learn the generation and comprehension of meaning in the dynamic interdiscourse relations, and identifies the functions and significance of the texts from the perspectives of the authors, readers and contexts, so as to better understand the process of generation and acceptation of LR texts and to comprehend the rhetorical strategies and cognitive significance in it, which would help to guide the writing of LRs.

Keywords: Metatextuality, interdiscourse intertextual relations, hierarchies of intertextual relations, LRs, explicit and implicit, models of comment

(原载于《当代修辞学》2022 年第 1 期)

存在巨链的梯级修辞功能[*]

蒋 勇

（上海外国语大学语料库研究院）

提 要 本文解答为何存在巨链能够加强语气这一问题。存在巨链既是世界各民族中最为广泛流行的关于事物存在秩序的观念之一，也是研究梯级修辞的丰富资源。本文先介绍 Lovejoy（1964）对存在巨链观念史的研究，刑文（1997）对中国传统文化中的"五行巨链"的研究，Lakoff & Turner（1989）对存在巨链的隐喻功能的研究，然后用 Shannon（1948）和 McEliece（2002）的信息论将 Fillmore, Kay & O'Connor（1988）和 Israel（2011）提出的梯级修辞的量级模型提升为概率模型。存在物巨链与梯级修辞的交互作用体现为存在物的等级能激活事件概率，梯级中较小概率事件的信息蕴含较大概率事件的信息。讲话人使用扩域手段，借助他物的情况暗示人的情况，扩域增强了话语的信息度和语气。

关键词 存在巨链 梯级修辞 扩域 特别概念

一、引 言

(1) 常言道："有钱能使鬼推磨。"果然这三千银子，送去之后等了五六天。那一日早晨，抚台果然传见了。（《皇清秘史》第六十九回）

在例(1)中，如果讲话人想要表达"有钱就能支配任何人"，为什么不直接表达，而要通过有关"鬼"的叙述去间接表达？这两种表达在语气效果上有何差异？民俗信仰中有关"鬼"的概念如何能成为一种修辞手法？我们认为，要回答这两个问题

---

[*] 本文是国家社科基金一般项目"汉语特别概念系统构建原理的空间复合研究"（项目编号：19BYY027）的系列成果之一。

必须从存在巨链与梯级修辞的关系去说明。存在巨链是关于宇宙万物地位的等级排列的民俗认知模式,各民族的认知模式中都含有存在巨链,它广泛地显现于神话、宗教、文学、历史和哲学作品中,深刻地影响了人们的思维、行为和言语活动。存在巨链在中国传统文化中体现为由天、地、神、人、时构成的"五行巨链"(刑文 1997)。在梯级修辞中,"五行巨链"可以用来增强语气和说服力。

(2) 是夜,天愁地惨,月色无光,孔明奄然归天。(《三国演义》第一百四回)

(3) 昔者苍颉作书,而天雨粟,鬼夜哭。(《淮南子·本经训》)

(4) 曰:"呜呼!古有夏先后,方懋厥德,罔有天灾。山川鬼神,亦莫不宁,暨鸟兽鱼鳖咸若。"(《尚书·商书·伊训》)

(5) 身处三公之位,而行桀虏之态,污国虐民,毒施人鬼。(《三国演义》第三十二回)

在上例中,讲话人使用扩域手法,把某种影响从人世间扩大到存在巨链中的其他领域,以达到渲染气氛,张扬气势,增强感染力的修辞目的。例(2)加重了诸葛亮逝世时的悲凉气氛。天地同悲,人何以堪?例(3)形容文字创制时所产生的惊天地、泣鬼神的威力,可以想象它对人间产生的威力有多大。例(4)中的伊尹借用山川鬼神和鸟兽鱼鳖无不安宁顺遂的状态来盛赞夏代先君施行德政、万物咸宁的太平景象。例(5)中的陈琳指斥曹操恶德败行,暴戾恣睢,祸害人间和鬼神,强调其荼毒范围之广。

本文解答为何存在巨链能够加强语气这一问题。先介绍阿瑟·洛夫乔伊(Arthur Lovejoy 1964)对存在巨链的观念史的研究,中国传统文化中的"五行巨链"的研究,存在巨链在隐喻学中的研究,然后从信息论的角度把研究梯级修辞的量级模型提升为概率模型,分析存在巨链与梯级修辞的交互作用方式,最后得出结论。

二、存在巨链的观念史研究

存在巨链是世界各民族中最为广泛流行的关于事物存在秩序的观念之一,即万物皆在神的既定等级之中。《存在巨链:对一个观念的历史研究》(*The Great Chain of Being: A Study of the History of an Idea*)是对这一观念史研究的名著,辑录了他于 1933 年在哈佛大学所作的威廉·詹姆斯系列讲座内容,他主要研究了存在巨链这一观念在西方的产生与发展过程。他指出存在巨链是西方文化思想史中几个最持久、最强有力的观念之一,它发轫于古希腊柏拉图(《蒂迈欧篇》《理想国》)和亚里士多德关于上帝的属性和宇宙起源的观念,后来被中世纪的基督教所接受,最终被思想家们发展为内容更加丰富的世界观。存在巨链这一比喻代表宇宙稳定的秩序与和谐、统一。在上帝计划的梯级中,任何存在物都有自己的位置,其位置取决于所含的精神与物质的比例,精神越少,物质越多,地位越低。它们在贵贱、力量、智慧、敏感度等方面有很大的级差。它们的等级排列顺序如图 1 所示:

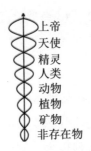

图 1　亚里士多德的存在巨链

中世纪一直到 18 世纪,宇宙作为一个存在巨链的观念在欧洲广为传播,后经莱布尼茨从哲学的角度加以完善,为启蒙时代的许多思想家所接受。人们认为上帝铸造了各种形式的存在物,从这一假设推衍出如下三原则:

充分理由原则。万物均有存在的充分理由。莱布尼茨认为上帝是事物存在的根本理由,万物是上帝出于神的本性的需要而被创造出来的。

充实原则。主要来自于柏拉图的思想,即"世界是一个充实的形式",宇宙中的物种具有多样性,没有哪一物种处于未被创造的状态,存在巨链中的各环相互连接,中间没有断裂,从至高的上帝一直下垂到事物最后的残渣,这被称为荷马金链。

连续性原则。出自亚里士多德关于连续统的定义,相邻事物间的边界呈现出连续性、模糊性的特征。

洛夫乔伊旁征博引,以示存在巨链的观念及其三原则已深深地渗透到西方的宗教、文学、哲学和艺术之中。例如,他引用了哲学家康德的《纯粹理性批判》、洛克的《人类理解论》、诗人蒲柏的《人论》、弥尔顿的《失乐园》、杨格的《夜思》、但丁的《神曲》等作品中有关上述三原则的论述。最后,科学发现和理论导致了这种宇宙观的崩溃,因为现代科学仅要求物质层面的宇宙观。

三、五行巨链

(6) 大战于甘。乃召六卿。王曰:"嗟!六事之人,予誓告汝:有扈氏威侮五行,怠弃三正,天用剿绝其命,今予惟恭行天之罚……"(《尚书·夏书·甘誓》)

对于《尚书·夏书·甘誓》中"五行"的解释,历来聚讼纷纭。郑玄(《尚书正义》)对"五行"的注释是:"五行,水、火、金、木、土也。"但怎么也讲不通人们为何要以鄙夷不屑的态度对待水火金木土。梁启超(1923)指出:"且金木水火土五行何得言威侮,又何从而威侮者?"他主张把"威侮五行"释为"威侮五种应行之道"。刑文(1997)引证帛书《周易·二三子问》中的"五行"和《国语·周语》中的"五则"破解了《尚书·夏书·甘誓》中的"五行"之谜,指出其中的五行实际上是指"天、地、神、时、民"之道:

(7) 圣人之立政也,必尊天而敬众,理顺五行——天地无囷,民神不渗,甘露时雨聚降,剽风苦雨不至,民心相酳以寿;故曰"蕃庶"。(帛书《周易·二三子问》)

(8) 上不象天,而下不仪地,中不和民,而方不顺时,不共神祇,而蔑弃五则。(《国语·周语》"太子晋谏灵王壅谷水")

刑文(1997)指出,天、地、神、时、民之说在《国语》《周易》中反复出现,反映了这一古说在春秋之世的传述之甚。这与帛书《周易·二三子问》中的"五行"之论是高度吻合的。可见,中国传统文化中的五行之说与存在巨链何其相似!我们把这一五行之说称为"五行巨链说",以别于另一指代金木水火土的"五行说"。

四、存在巨链的隐喻学研究

Lakoff & Turner (1989: 166-181)指出,在各民族的民俗文化认知模式中,人们用以序化混沌宇宙的存在巨链由人类、动物、植物、复杂物体、自然物理事物组成,它们按由高到低的等级秩序排列。他们认为存在巨链中各链环相互作用的基本特点之一是它们能够以人为中心进行整体模比,由此构建的隐喻系统体现了人们以类度类、借物悟道、以具体代抽象、以一总万的类比思维方式和以物起兴、托物言志的修辞策略。他们列举了古印度谚语中的隐喻所蕴含的存在巨链。这里,我们以《周易》和中国谚语、俗语中的隐喻为例,说明人们以存在巨链中的各链环为认知参照点构建以人为中心的概念结构的类比思维方式:

(9) 象曰:<u>天行健</u>,君子以自强不息。(《周易·乾》)(天)

(10) 象曰:<u>地势坤</u>,君子以厚德载物。(《周易·坤》)(地)

(11) 神得一,鬼得七。(鬼神)

(12) 恢曰:"吾闻:'<u>良禽相木而栖</u>,贤臣择主而事,'前谏刘益州者,以尽人臣之心;既不能用,知必败矣。今将军仁德布于蜀中,知事必成,故来归耳。"(《三国演义》第六十五回)(动物)

(13) 树高千丈,叶落归根。(植物)

(14) 刀不能削自己的把。(复杂物体)

(15) 雷声大,雨点小。(自然物象)

例(9)是以天上太阳的运行刚强劲健,日复一日,永不停息,来比喻君子应效法于天,力求进步,刚毅坚卓,发奋图强。例(10)是以大地的气势厚实和顺,容载万物,来比喻君子应取法于地,敞开胸怀,接纳良言,博闻强识,增厚美德。例(11)的意思是人所孝敬之物,神得一份,小鬼却要得七份,暗指输送给官员的贿赂,官员得一份,下面的衙役却要得七份,形容官员的下属十分贪婪。Lakoff & Turner (1989)指出,谚语具有以一总万的认知能量,它能引导人们把一个领域中寓含的道理运用到无穷的领域。例(12)中的划线部分就具有这样的特点,它以聪明的鸟儿会选择理想的树木落脚比喻真正贤良的臣子会选择明君去辅佐,也可以泛指有才干的人会选择明智的上司,善用自己的好领导或能充分发挥自己才干的好单位去实现自己的抱负,等等。例(13)表示纵然大树长到千百丈高,树叶总还是要落到树根下,比喻人有一定的归宿,多指游子年老时总要回归故里。例(14)暗示要削自己的把就得借助另一把刀,比喻人都有自身能力的局限,比喻人往往不易发现自身的缺点或错误，需要别人指出来。例(15)用天气现象比喻某些人做起事来声势造得很大，给人的期望很高，而实际行动或效果却很少。

　　Lakoff & Turner (1989)提到的存在巨链是压缩版的存在巨链，其间缺少了代表信念世界的"上帝、天使、精灵"的链环，只是一种代表了物质世界的存在巨链。这与他们提倡肉身里的哲学和体验认知论有关。他们认为隐喻体现了人们以具体的身体体验比喻、领悟和建构抽象概念。因此他们使用截断的梯级，并未举出存在巨链中上帝、天使和精灵这些非体验性概念在隐喻构建中的作用。然而，体验认知论无法解释许多通过虚构而生成的隐喻，如：天衣无缝、无底洞、空中楼阁、活阎王、活神仙、替死鬼、巨婴、活宝、擎天柱、补天手、迷魂汤、迷魂阵、天人、神龙、白骨精、牛鬼蛇神、照妖镜、鬼画符、三头六臂、如虎添翼、铁里蛀虫、狐狸精、笑面虎、色狼、披着人皮的豺狼、翻云覆雨手、行尸走肉、火眼金睛、头上长角、心怀鬼胎、脱胎换骨、借尸还魂、骑两头马、麻雀儿生鹅蛋、把煮熟的鸭子闹飞了、阴沟里翻船、吐口唾沫是个钉儿等，至今很少有人研究这些用作隐喻的特别概念。特别概念是指人们出于语用的需要而临时虚构的概念结构。Lakoff (1987)及其合作者(Lakoff & Johnson 1980, 1999; Lakoff & Turner 1989; Johnson 1987)等提出的隐喻理论片面强调"心中之身"，至今仍然停留在说明直接的身体体验在构建概念时的作用这一层次上，忽视了心中之幻在构建特别概念中的巨大作用，殊不知引发了人类文化第一次大爆炸的是代表虚拟思维的神话(邓启耀 1994)。只有动物才仅用身体去体验和感知世界。我们的许多概念包括隐喻，都是由虚拟思维生成的。(龚卫东、蒋勇 2005)

五、梯级推理的量级模型

　　梯级修辞是依据事物之间的梯距用一个等级中的事物的情况寓含另一个等级中的事物的情况的一种修辞手段，它体现了梯级思维和梯级推理能力。对交际中的梯级推理现象做出过重大贡献的有：Ducrot (1973)、Horn (1972)、Fauconnier (1975)、Fillmore, Kay & O'Connor (1988)、Kay (1990)、Krifka (1995)、Levinson (2000)、Chierchia (2013)、Israel (2011)等。梯级推理中最重要的概念是"信息蕴涵"，Fillmore, Kay & O'Connor (1988)指出语法构式 let alone (更不用说)的功能是表示前句的信息蕴含后句的信息。这里，我们以"况于"为例进行说明：

(16)今君与廉颇同列,廉君宣恶言,而君畏匿之,恐惧殊甚,且庸人尚羞之,况于将相乎?(《史记·廉颇蔺相如列传》)

在例(16)中,廉颇认为蔺相如只不过是靠能言善辩立了点功劳,地位却在他之上,很不服气,誓言遇到蔺相如一定要羞辱他一番。蔺相如的门客觉得蔺相如一味避让的态度显示他的懦弱,准备离开他。根据基于常识的预设,人的地位越尊贵,越不能容忍别人的冒犯。如果一般人尚能感受到羞辱,身为将相的人更会感受到羞辱。"况于"即何况,以诘问的语气表示强调,它的功能是呼应前句,暗示前句的信息蕴含后句的信息,可由前句的信息衍推后句的信息。于是,强调效果就可以通过命题之间的信息蕴涵关系得到解释。Israel(2011)继承了梯级推理的思想,指出极性词语主要用于梯级修辞,即强化和弱化语气。他提出了梯级推理的量级模型,用于解释强调极性词语所引导的全量肯定和全量否定的梯级蕴涵义(简称为"梯级含义"),其中包含以下两条梯级推理规则及其四项次则。这里,我们以汉语极量词语为例来说明梯级推理规则("+>"表示梯级含义):

正向梯级推理规则

(A_1)肯定宏量意味着肯定全量

(17)无论海角与天涯,大抵心安即是家。(白居易《种桃杏》)

+>无论身处何方,只要内心平静就能安然地把所在地当作家乡。

(B_1)否定微量意味着否定全量

(18)大人家举止端详,全没那半点儿轻狂。(《西厢记》第一本第一折)

+>完全没有轻狂之态。

逆向梯级推理规则

(A_2)肯定微量意味着肯定全量

(19)苦海无边,回头是岸,放下屠刀,立地成佛。(沧浪生《情剑山河》)

+>只要停止作恶或执念,随时都可以弃恶从善或获得解脱。

(B_2)否定宏量意味着否定全量

(20)自古感恩并积恨,万年千载不成尘。(《金瓶梅词话》第八十六回)

+>爱恨情仇永不因时间的推移而被遗忘。

"存在巨链"就是一个梯级,它是研究梯级修辞的宝贵资源,运用存在巨链建构梯级修辞的方法源远流长,可以追溯到上古时期。人是万物的尺度,运用存在巨链构建梯级修辞是以人为中心的,是通过对其他环节的描述间接地刻画人的状况,因此下面规则中所谓的较高级和较低级皆指在存在巨链中比人的等级高或低的存在物。

5.1 肯定较高级

这里以天地和鬼神为例。

(21) 帝曰:"畴咨若予采?"

欢兜曰:"都!共工方鸠僝功。"

帝曰:"吁!静言,庸违,<u>象恭滔天</u>。"(《尚书·虞书·尧典》)

(22) 日中则昃,月盈则食,<u>天地盈虚</u>,与时消息,而况人乎?况于鬼神乎?(《周易·丰·彖》)

(23) <u>至诚感神</u>,矧兹有苗。(《尚书·虞书·大禹谟》)

(24) 故顾小失大,后必有害;狐疑犹豫,后必有悔。断而敢行,<u>鬼神避之</u>,后有成功。愿子遂之!(《史记·李斯列传》)

(25) 命犯灾星必主低,身轻煞重有灾危。

时日若逢真太岁,<u>就是神仙也皱眉</u>。(《金瓶梅》第七十九回)

(26) "<u>有钱能使鬼推车</u>",难道院主就见钱不要的不成?(黄小配《廿载繁华梦》)

在例(21)中,尧帝问谁能遵循他的法度处理政务,欢兜推荐共公,因为他在防治水灾方面已卓有成效。而帝尧对共工的评价却是:这个人喜欢花言巧语,别看他貌似恭敬,实则气焰嚣张,对上天都敢蔑视。根据肯定较高级则也肯定较低级的梯级推理规则,推知共工对任何人都会轻慢不敬。例(22)表示日过正午就倾斜,月过盈满就亏蚀。天地之间的盈满亏虚皆随时间而变化,更何况人呢?何况鬼神呢?由于人间运行的法则受天地所管控,所以根据肯定较高级则也肯定较低级的梯级推理规则推知:既然天地运行的法则都如此,有关人间和鬼神的事理也概不例外,也都遵循这一辨证规律。中国古代的天人合一说力求探索天人相通之处,依据存在巨链中天的运行法则进行整体模比,参悟人世中事物变化的规律。例(23)记叙的是大禹征讨苗民,经过三十天的征伐,苗民仍是不服,僵持之际,皋陶的儿子伯益提出谏议,主张对苗民采取怀柔政策,笼络人心,施德感化。他说只要怀着一颗至诚之心,连神灵都能打动,又何况三苗呢!于是禹采纳了伯益的建议。神人异类且相隔甚远,凡间之事难以影响和打动神灵。如果诚心能感动神灵,则也一定能感化人间的三苗。例(24)是赵高劝说胡亥即位的话。胡亥担心自己僭越即位会受到朝臣的阻挠,赵高使用梯级修辞给胡亥壮胆。人的力量与鬼神的法力不可同日而语,如果连鬼神都得给行事果断的人让路,则任何人都得乖乖顺从。例(25)是吴神仙为西门庆诊病时说出的四句断语,暗示他将性命难保。神仙比人高明得多,如果连神仙都只能皱眉而无法施救,则任何人也无能为力。例(26)仿拟俗语"有钱能使鬼推磨",在民俗信仰中,鬼非常狡猾,常祸祟人间,根本不可能听命于人。如果钱能支配鬼为其推车,则也一定能使动院主。

5.2 否定较低级

这里以动物和植物为例:

(27) 易称"即鹿无虞"。谚有"掩目捕雀"。夫微物尚不可欺以得志,况国之大事,其可以诈立乎?(《三国志·魏书·王卫二刘傅传》)

(28) 夫一麑而不忍,又何况于人乎?(《淮南子·人间训》)

(29) 人有言曰:"杀老牛莫之敢尸。"而况君乎?二三子不能事君,安用厥也!(《国语·晋语》)

(30) 你进去只把岳大哥送出来,便饶你了。你若不然,就打破金陵,鸡犬不留,杀个干干净净。(《说岳全传》第二十五回)

(31) 而属父子宗族蒙汉家力,富贵累世,既无以报,受人孤寄,乘便利时,夺取其国,不复顾恩义。人如此者,狗猪不食其余,天下岂有而兄弟邪!(《汉书·元后传》)

(32) 蔓草犹不可除,况君之宠弟否?(《左传·隐公元年》)

(33) 菟丝从长风,根茎无断绝。无情尚不离,有情安可别。(《古绝句四首》其三)

例(27)记叙的是东汉末年何进欲诛诸宦官,太后反对,于是何进准备召集四方猛将进京威胁太后。这时主簿陈琳劝告说:"《周易·屯》上说没有向导的指引就如进入林中捕鹿只会空手而返。谚语也说'遮住眼睛捕猎麻雀'。如果连微小的动物都骗不了,更何况骗天下人呢?难道可以靠欺诈的手段处理国家大事吗?"人比动物聪明,更善于识破诡计。如果无法用自欺欺人的手段去捕获动物,则更不能用瞒天昧地的手段来欺骗天下人。例(28)记叙的是鲁国孟孙氏猎获了一只幼鹿,让手下人秦西巴拿回家去烹煮。母鹿紧随着秦西巴哀啼不止,秦西巴于心不忍就放了小鹿。孟孙氏根据秦西巴的行为作出判断:人比动物更易激发同情心,他对一只小鹿都不忍心伤害,那么他对任何人都不会忍心下手。例(29)记叙的是晋厉公在匠丽氏那里游玩,栾书、中行偃乘机抓住了他。他们邀约韩厥参与谋杀,韩厥推辞说:"杀一头老牛也没有人敢作主,更何况是弑君呢?如果你们几位大夫不愿事奉国君,哪里用得着我韩厥呢!"从残忍度和事件的严重性方面来讲,杀老牛和弑君之间有一个巨大的梯距,如果连杀一头老牛都没人敢作主,则对于弑君之事更没人敢作主。例(30)暗示连毫无妨碍和反抗力的鸡犬都不放过,则有反抗力的人也会被赶尽杀绝。例(31)记叙的是汉元帝之后、王莽之姑王政君的事迹。王舜拜见太后,太后知道他是为王莽求取传国玉玺而来,就愤怒地指责他们忘恩负义,连猪狗都不愿意吃他们剩下的东西。"狗猪不食其余"是用虚拟手法构建的因果联系:因为猪狗觉得他们太卑鄙,臭不可闻,所以不愿意吃他们剩下的。动物和人的评判能力不可同日而语。如果连动物都厌恶他们,那么世人也会唾弃他们。例(32)是大夫祭仲给郑庄公提出的谏议,它的意思是蔓延开来的野草还不能铲除干净,何况是您受宠爱的弟弟呢?庄公的弟弟共叔段仗着母亲的宠爱,贪得无厌,攫取城池,暗中聚集士众,修缮甲兵,阴谋叛乱。野草无防卫能力,如任由其蔓延便不易铲除,人有防卫能力,如任其壮大势力,则更不易剪除。因此,祭仲建议庄公早作安排,不要放纵共叔段的贪欲蔓延滋长。例(33)采用比兴手法。菟丝的根和茎在风的吹拂中总是不会断开的。情意越深,越不忍心分离。无情的草木的根茎尚且不愿意分离,有情的人怎忍心轻言离别?

5.3 肯定较低级

这里以动植物和复杂事物为例:

(34) **夫鸟兽之于不义也**,**尚知辟之**,而况乎丘哉?(《史记·孔子世家》)

(35) 《诗》云:"邦畿千里,惟民所止。"《诗》云:"缗蛮黄鸟,止于丘隅。"子曰:"于止,知其所止,**可以人而不如鸟乎**?"(《大学》)

(36) **蝼蚁尚且贪生**,岂有人不惜命。(《封神演义》第二十四回)

(37) 中孚:**豚鱼吉**,利涉大川,利贞。(《周易·中孚》)

(38) 夫妻是五伦之一,由天注定,岂是掂得斤播得两的?只凭着父母兄长一言而定,终身就不可更变,**嫁鸡随鸡**,**嫁犬随犬**,那里好论才貌?就是丈夫下流不肖,也只可怨命,不可怨及父母兄长!(《野叟曝言》第二十七回)

(39) 功盖五帝,**泽及牛马**。莫不受德,各安其宇。(《史记·秦始皇本纪》)

(40) 惠论功劳,**赏及牛马**,恩肥土域。皇帝奋威,德并诸侯,初一泰宇。(同上)

(41) **今恩足以及禽兽**,而功不至于百姓者,独何与?(《孟子·齐桓晋文之事》)

(42) 世上万般哀苦事,无过死别与生离,**纵教铁汉应魂断**,**便是泥人也泪垂**。(《三遂平妖传》第三十五回)

例(34)记叙的是孔子在卫国得不到任用,本打算西行去投奔赵简子,但过黄河时听说赵简子杀害了晋国的贤大夫窦鸣犊、舜华,于是说了这番话。鸟兽的预判能力弱于人,如果连鸟兽在获知同类遇害时都知道避害,则人更应该知道避祸。于是孔子便回到老家陬乡居住以避祸。在例(35)中,第一句诗文出自《诗经·商颂·玄鸟》,意思是说国都方圆千里,是民众所聚居的地方。第二句诗文出自《诗经·小雅·缗蛮》,意思是说"缗蛮"叫着的黄鸟,栖止在山丘草木茂盛的地方。"所止"就是所处的活动范围,比喻人们的心灵所依归的港湾或人生目标。孔子读到这两句诗,有感而发:"连黄鸟都知道它该栖息在什么地方,难道人还不如一只鸟儿吗?"孔子借鸟警人,借助梯级含义增强反问语气。人为万物之灵长,意识水平远远高于禽鸟,更应当知道自己该处的位置。一方面,人应各尽本分,有所作为,止于至善;另一方面,人也应进退有度,有所不为,守住道德底线,不违背仁、敬、孝、慈、信这五种行为准则。例(36)中的这一俗语常成为劝降的说辞或败军之将乞求活命的托辞,或劝人不可轻生的警语。蝼蚁的命比人微贱,对生命的价值的认识水平也不如人高,连它们都懂得爱惜自己的生命,则人更没有理由不珍惜自己的生命。在例(37)中,"中孚"表示心中充满诚信。"豚鱼"指小猪小鱼。诚信本来无法感化小猪小鱼,人们通常也无需对小猪小鱼讲诚信,但爻辞的作者为了强调精诚所至,金石为开的道理,特意使用了虚构和夸张手法,构建了特别概念,把推广诚信的范围从人的领域扩展到动物的领域。《周易正义》的解释是:"鱼者,虫之幽隐;豚者,兽之微贱。人主内有诚信,则虽微隐之物,信皆及矣。"小猪小鱼在存在巨链中的地位比人低,感受力比人差,如果对它们都讲诚信,连它们都能受到感化,则对任何人都应该讲诚信,任何人都会受到诚信的感化,于是便可涉越大川,无往不通,无往不胜。例(38)中的划线部分也是为了传递梯级含义而虚构的特别概念,人虽然不会嫁给鸡犬,但作者为了强调女人在婚姻这个问题上应该顺从和认命,特意把所嫁对象的等级从人的领域降低到动物的领域,如果连嫁给低等动物时女人都只好顺从和认命,则嫁给人,无论他多么差劲,都不能抱怨,都得认命。例(39)是琅玡台石碑上歌颂秦始皇功德的刻文。"泽及牛马"并非表示真的使牛马都得到了秦始皇的恩泽,而是借用牛马作为梯级推理的对比参照点,通过梯级含义表示六合之内的臣民皆沐浴浩荡皇恩。如果连人之下的牛马都能获得皇恩,那么比牛马等级高的任何人更有资格获得皇恩。例(40)是刻在碣石门上的碑文,也使用同样的梯级修辞手法,如果连牛马都得到了封赏,则全体有功之士都应无一例外地得到秦始皇的封赏。例(41)是孟子对齐宣王说的话。齐宣王不忍心看到一头牛被当作祭物杀掉,这说明他的仁心已经推及禽兽。国王对禽兽都显示了他的仁爱之心,则必然也爱护他的老百姓。可是,如今老百姓却得不到他的恩德,这不由得令人十分费解。在例(42)中,铁汉和泥人属于人造的复杂物体,本无感知能力,作者虚构特别场景,假定生离和死别能够引起它们的痛苦和悲伤,则可推知任何人也都无法承受生离和死别带来的巨大悲痛。

5.4 否定较高级

这里以天、地、神、鬼为例:

(43) 夫大人者,与天地合其德,与日月合其明,与四时合其序,与鬼神合其吉凶。先天而天弗违,后天而奉天时。<u>天且弗违,而况于人乎?况于鬼神乎?</u>(《周易·文言·乾》)

(44) 这三个妇人,肚里又有智谋,身边又有积蓄,真是天不怕,地不怕,没有法子处他。(《连城璧》)

(45) 神仙道:"白虎当头,丧门坐命,神仙也无解,太岁也难推。造物已定,神鬼莫移。(《金瓶梅》第七十九回)

(46) 众皆惊服曰:"丞相之机,神鬼莫测。若某等之见,必弃城而走矣。"(《三国演义》第九十回)

例(43)体现了由天、地、神、人、时构成的五行巨链,其中所说的"大人"可以是天子、诸侯或有才德的君子。爻辞盛赞大人超凡的智慧、卓越的才能和应天顺人的行事风范。天居于存在巨链的顶端,管控其下的鬼神和人,根据否定较高级则也否定较低级的梯级推理逻辑,上天不会背弃他蕴含鬼神和人也都不会背弃他。最后两个设问句中的"况于"起到引导梯级含义的作用。例(44)中,在天地的威力面前,人的力量是渺小的。如果连天地都不怕,则也不怕任何人。形容这三个妇人十分勇敢,什么都不怕。例(45)是吴神仙为病入膏肓的西门庆推算流年吉凶。白虎是道教所信奉的四方神之一,星相家用以指凶神。"白虎当头"指白虎神出现,意味着必定有灾祸发生。神仙和神鬼的本事远胜于人,如果连他们都无法出手相救和改变命运,则任何人都无可奈何,这就暗含西门庆已是在劫难逃,必死无疑。例(46)记叙的是诸葛亮成功使用空城计,惊退了司马懿大军。语句表示丞相的计策连鬼神都不能揣度。若是我们,必定会丢弃城池逃走。鬼神比人机敏,如果连鬼神都无法识破诸葛亮的妙计,则谁也无法识破他的计谋,说明诸葛亮的策略是多么高明。

六、梯级推理的概率模型

在以上的梯级模型中,较低级和较高级与肯定和否定的组合呈现四种类型,四条梯级推理规则仅是对表象的归纳,尚未概括背后的组合规律,无法说明什么时候该启动正向或逆向梯级推理规则。我们认为必有一条启发式推理规则在指引讲话人运用梯级修辞和诱导听话人进行梯级推理。

首先,这条启发式推理规则能指导讲话人确定在什么时候该选择肯定或否定表达式。例如,我们需要解释为何在例(47)中表示知觉时"鬼神"要与否定句组合才能传递强调语气,而在例(48)中表示震惊时"鬼神"要与肯定句组合才能传递强调语气。

(47) 这个所在,外人不敢上门,神不知,鬼不觉,是个极密的所在。(《初刻拍案惊奇》卷二)

(48) 那神道也跨上槛窗,一声响亮,早已不见。当时却是怎地结果? 正是:说开天地怕,道破鬼神惊。(《醒世恒言》卷十三)

其次,这条启发式推理规则能指导听话人判断梯级修辞是否合法。例如,我们需要解释为何改变下列命题的极向,语句就不合法("*"标在括号前表示否定成分不可或缺,标在括号内表示不能使用否定成分):

否定句变为肯定句

(49) 他是个天也*(不)怕地也*(不)怕的人。

(50) 神仙*(不)识丸散。

肯定句变为否定句

(51) 神鬼(*不)怕恶人。

(52) 人不要脸鬼都(*不)害怕。

量级模型尚未总结出这条启发式推理规则。我们认为有必要把量级模型转换为概率模型。纵观梯级推理的研究文献(如 Fauconnier 1975;Fillmore, Kay & O'Connor 1988; Kay 1990; Israel 2011),其中所谓"信息量"的概念与现代信息论中所谓"信息量"的概念无法挂上钩。他们始终只有通过命题之间的信息蕴涵关系的例证才能说明信息的强化和弱化,无法计算单个命题传递的信息量,其解释方法是不简洁的、缺乏概括力的。以 Shannon(1848)为代表提出的信息论使用事件的先验概率来计算随机事件的不确定性和传递的信息量。所谓先验概率是指事件发生前人们对事件发生概率的预估。其中的"自信息"这个概念对于计算梯级命题的信息量特别有用。Kay 在与 Israel 的私人通信(见 Israel 2001: 320, note 7)中指出,用概率来构建梯级模型这一想法是行不通的,统计概率和梯级推理完全不是一回事,他的理由是:一方面,人们无需启动概率,仅凭蕴涵关系就可以直接进行梯级运算;另一方面,人们无法给梯级中的命题所描述的事件分配准确的概率。我们在上文中已经指出了量级模型的局限性。尽管人们无法给命题所代表的事件分配准确的先验概率,但人们可以凭借常识给命题所代表的事件分配大致、模糊的先验概率,可以设定某个事件发生的先验概率的区间值。例如,时间长度和事件概率具有对应关系,我们可以凭借时间长度来预估事件发生的先验概率(蒋勇、廖巧云 2012),比如可以先设定一年遇到特大洪水的概率,然后计算和比较五年、十年、百年遇到特大洪水的先验累积概率。此外,人们还可以使用最大信息熵原理(Jaynes 1957)给随机事件分配均等的概率。当我们需要对一组随机事件的概率分布进行预测时,对未知的情况不要做任何主观假设,给一组随机变量分配均等的先验概率,以尽量减少主观性干扰和降低预测的风险。例如,猜一枚均匀程度未知的硬币在每次抛掷后是正面还是反面朝上时,设定它每一面朝上的概率均等是最安全的做法。可见,用概率把梯级推理的量级模型转换为概率模型是可行的。信息是用来帮助人们在决策时消除不确定性的(McEliece 2002: 19)。信息能帮助信宿(如听话人)解除疑惑,引导信宿从不确定性走向确定性,因此Shannon(1948)把信息定义为关于事物运动状态及变化方式的不确定性的表征。一个随机事件发生后所带来的信息量被称为"自信息"(self-information)。若信源输出的随机事件是 x_i,其出现概率为 $p(x_i)$($p(x_i)$ 取值于 $[0,1]$),那么它的自信息量被定义为:$I(x_i) = -\log_2 p(x_i)$。$I(x_i)$ 是 $p(x_i)$ 的单调递减函数:概率越大,自信息越小。如图 2 所示:

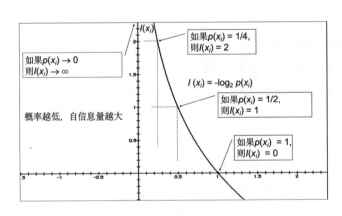

图 2　自信息曲线图

在图 2 中,横轴代表事件概率 $p(x_i)$,纵轴代表自信息 $I(x_i)$。事件发生的先验概率越小,它蕴涵的自信息量也就越大,它发生后解除的同类事件的不确定性越多。例如,体质较差的人跑完马拉松的先验概率小于体质较好的人,如果知道前者都跑完了马拉松,则可推知后者也有可能跑完了马拉松,因此前者的自信息大于和蕴涵后者的自信息。当事件的先验概率为 1 时,这是个必然性事件,人们仅凭概率的常识就知道它会发生,例如有人告诉你明天的太阳会东升西落,你接收到的信息并不能解除任何不确定性,此时的自信息量为 0;当概率趋近于 0 时,从理论上讲,自信息可以为无穷大,这说明不可能的事件发生了,它会改变我们先前的一系列看法,能够解除无穷多的事件的不确定性。自信息的计算公式为我们提供了计算和比较梯级命题的信息量的方法,我们可由此推导出基于概率的梯级逻辑:先验概率较小的事件的自信息蕴含样本空间中先验概率较大的同类事件的自信息。结合命题的肯定和否定极向把这一基于概率的梯级逻辑分述为两个推论:

推论(Ⅰ):肯定样本空间中先验概率较小的事件则也肯定先验概率较大的同类事件。

推论(Ⅱ):否定样本空间中先验概率较大的事件则也否定先验概率较小的同类事件。

量级模型的四种表达式都是描述了先验概率极小或较小的事件,传递极大或较大的自信息,是基于概率的梯级逻辑在量值空间中的具体表现。基于概率的梯级逻辑成为一条启发式推理规则,能够解释讲话人和听话人的语感。

讲话人根据量值空间与概率空间之间的映射关系选择命题的肯定或否定极向。在上例(47)中,根据民俗信仰模式,鬼神来无影去无踪,具有超人的法力和侦听能力,最有可能发现这个隐秘的地方,"神、鬼"与否定成分组合才能表达概率极低的事件,表示此处极为隐秘,任何人也不可能发现。在例(48)中,鬼神威力无穷,不可能为人间之事所震慑,故"鬼神"只能与肯定句组合才能表达概率极低的事件,语句形容所讲的故事令人震恐,通过夸张引起悬念。

Stalnaker(1972)曾提出"陈述的标准理论":假定任何交际中都有一套为言语双方所共享的背景信息 c 在起作用,如果讲话人说 p 时听话人不反对的话,p 就自动被增添到共享背景知识 c 中,于是共享背景知识被扩展为 c+p。他规定:

(a) c+p 不得等于 c,即 p 表达的信息不属于共享背景知识。

(b) p 不能表达不可能的事情。

如果命题 p 满足这两项条件,它在言语双方共享背景知识 c 的前提下是可以被陈述的。我们认为(a)条的规定符合常理,它要求讲话人传递新信息,但(b)条的规定无法解释讲话人使用夸张和虚构手法的情况。Grice(1975)提出的合作原则中的量准则的第一次则规定"所说的话应包含交谈目的所需要的信息",即遵守信息足量原则。Atlas & Levinson (1981: 40)将这一次则引申为会话的"相对性准则",其中的第一次则规定:"不要提说你认为极无争议性的事情,即为双方的共识所蕴含的事情。"这和 Stalnaker 提出的"陈述的标准理论"中的(a)条的内容相同。例(49)—(52)中带"*"号的语句显得乖戾就是因为它们改变了命题的极向就改变了事件的概率,都表达了极大概率的事件,它们传递的信息为共享背景知识所蕴含,所传递的自信息量为零。在例(49)中,天、地的威力在存在巨链中无与伦比,谁都得敬畏它们,因此"他是个天也怕地也怕的人"只不过叙述了概率极大的、不言而喻的事情,不传递新信息。而否定的说法与预期相对立,表达了概率极低的事件,能传递极大的自信息和梯级含义,暗示他无法无天,什么都不怕。在例(50)中,"丸散"是指中药中的丸剂和粉剂。中医的各种丸散虽然样子差不多,但其中所含的成分十分复杂,连神仙都分不清。神仙比人高明,如果连他们都辨认不出其中的成分,则任何人也分辨不清。而神仙能识别丸散符合人们的预期,故语句不具有惊讶值,不传递新信息。在例(51)中,神鬼本不惧怕任何人,只有"神鬼怕恶人"才与预期相对立,才能表示谁都惧怕恶人。同样,在例(52)中,肯定说法与预期相对立,传递人不要脸谁都害怕的梯级含义,而否定说法符合预期,不传递新信息。可见,梯级修辞叙述了反预期事件,存在物的等级能激活事件的先验概率,引导人们推导梯级含义。

七、扩域的中心

上文例证中运用存在巨链构建的梯级修辞都是以人为中心的,通过扩域手段,先言他物的情状,再言或寓含人的情状,使宽域的信息蕴含窄域的信息,由此增加命题的信息蕴涵力度。宽域包含关于对比参照事物的命题信息和关于人的含义,而窄域只包含关于人的信息。

{宽域:天、地、神、动物、植物、复杂事物(命题信息)+人(含义)}⇒{窄域:人}

(53) 困兽犹斗,况人乎?(《左传·定公四年》)

宽域:被围困的野兽和人都会拼命争斗。

⇒窄域:被围困的人会拼命争斗。

从信息论的角度来看,信息是用于解除不确定性的,梯级修辞解除了更多元素的不确定性,从而加强了信息力度。因此,语气强化效果可以用扩域和加强信息息力度来解释(Kadmon & Landman 1993;蒋勇 2015;蒋勇、王志军 2017)。

然而,是否有以人为对比参照点来突出他物情状的梯级修辞方式?根据我们对古籍、近代通俗小说和俗语中的语例的统计,这种情况确实是存在的,但语例很少。

(54) 民有怨乱,犹不可遏,而况神乎?(《国语·周语》)

例(54)表示民众的怨恨与暴乱尚且无法遏止,更何况神灵呢?语句的焦点信息是关于神灵的信息,无法遏止神灵降灾是论述的中心点,而无法遏止民众的怨恨与暴乱是对比参照点,民众的力量和神灵的力量构成一个梯距,通过关于前者的信息衍推关于后者的信息。可见,在特定的语境条件下,扩域的中心可以是人之外的其他存在物。

八、结　语

本文解答了为何存在巨链能够加强语气这一问题。用存在巨链构建的梯级修辞大都以人为中心,讲话人使用扩域手段,借助他物的情况暗示人的情况,于是事件的影响效果就从人世间扩大到其他链环,扩域增强了话语的信息度、语气、语力、感染力、说服力。存在巨链与梯级修辞的交互作用体现为存在物的等级能激活事件概率,梯级中较小概率事件的信息蕴含较大概率事件的信息。利用存在巨链构建梯级修辞的手法源远流长,可以追溯到上古时期,在神话、历史著作、文学作品、俗语、谚语和当代语言中比比皆是。本文介绍了存在巨链的观念史的研究、中国文化中的"五行巨链"、存在巨链在隐喻学中的研究,然后把梯级推理的量级模型提升为概率模型。认知者的文化认知模式中很多是由存在巨链构成的,许多语言现象有待我们去发现,例如存在巨链可以用来传递语用等级含义,"天知道"表示只有天知道,谁也不知道,还可以通过反衬来强化语气,"宁为太平犬,莫作乱离人"形容生逢乱世,痛苦不堪。

参考文献

邓启耀　1994　《中国神话的思维结构》，重庆出版社。

龚卫东、蒋　勇　2005　《虚拟模型的构建策略及其语用功能》，《外语教学》第 6 期。

蒋　勇　2015　《"都"允准任选词的理据》，《当代修辞学》第 5 期。

蒋　勇、王志军　2017　《等级含义论对任指词浮现极性特征的解释力》，《当代修辞学》第 6 期。

蒋　勇、廖巧云　2012　《"从来"的隐现极性特征与梯级逻辑》，《现代外语》第 2 期。

梁启超　1923　《阴阳五行说之来历》，《东方杂志》第 20 卷第 10 期。

邢　文　1997　《帛书周易研究》，人民出版社。

Atlas, J. D. & Levinson, S. C. 1981 It-clefts, informativeness, and logical form: radical pragmatics (revised standard version). In P. Cole (ed.), *Radical Pragmatics*. New York: Academic Press: 1–61.

Chierchia, Gennaro. 2013 *Logic in Grammar: Polarity, Free Choice, and Intervention*. New York: Oxford University Press.

Ducrot, O. 1973 *La Preuve et le dire*. Paris: Maison Mame.

Fauconnier, G. 1975 Pragmatic scales and logical structures. *Linguistic Inquiry*, 6: 353–75.

Fillmore, C. J., Kay, P. & O'Connor, M. C. 1988 Regularity and idiomaticity in grammatical constructions: the case of *let alone*. *Language*, 64: 501–538.

Grice, H. P. 1975 Logic and conversation. In P. Cole & J. Morgan (eds.), *Syntax and Semantics*. Vol.III: *Speech Acts*. New York: Academic Press: 41–58.

Horn, L. R. 1972 *On the Semantic Properties of Logical Operators in English*. Ph.D. dissertation, UC Los Angeles, distributed by IULC, 1976.

Israel, M. 2001 Minimizers, maximizers, and the rhetoric of scalar reasoning. *Journal of Semantics*, 18(4): 297–331.

Israel, M. 2011 *The Grammar of Polarity: Pragmatics, Sensitivity, and the Logic of Scales*. Cambridge: Cambridge University Press.

Jaynes, E. T. 1957 Information theory and statistical mechanics. *The Physical Review*, 106(4): 620–630.

Johnson, M. 1987 *The Body in the Mind: The Bodily Basis of Meaning, Imagination, and Reason*. Chicago: Chicago University Press.

Kadmon, N. & Landman, F. 1993 Any. *Linguistics and Philosophy* 15: 353–422.

Kay, P. 1990 Even. *Linguistics and Philosophy*, 13: 59–111.

Krifka, M. 1995 The semantics and pragmatics of polarity items. *Linguistic Analysis*, 25: 209–257.

Lakoff, G. 1987 *Women, Fire, and Dangerous Things: What Categories Reveal About the Mind*. Chicago: University of Chicago Press.

Lakoff. G. & Johnson, M. 1980 *Metaphors We Live By*. Chicago: The University of Chicago Press.

Lakoff. G. & Johnson, M. 1999 *Philosophy in the Flesh: The Embodied Mind and Its Challenge to Western Thought*. New York: Basic Books.

Lakoff, G. & Turner, M. 1989 *More than Cool Reason: A Field Guide to Poetic Metaphor*. Chicago: The University of Chicago Press.

Levinson, S. C. 2000 *Presumptive Meanings*. Cambridge, MA: MIT Press.

Lovejoy, Arthur O. 1964 *The Great Chain of Being: A Study of the History of an Idea. The William James Lectures Delivered at Harvard University, 1933*. Cambridge: Harvard University Press.

McEliece, R. J. 2002 *The Theory of Information and Coding*. Cambridge: Cambridge University Press.

Shannon, C. 1948 The mathematical theory of communication. *Bell System Technical Journal*, 27: 379–423, 623–656.

Stalnaker, R. C. 1972 Pragmatics. In D. Davidson & G. Harman (eds.), *Semantics of Natural Language*, Dordrecht: North-Holland: 380–397.

The Scalar Rhetoric of the Great Chain of Being

Jiang Yong

Abstract: This paper addresses the issue of how the great chain of being can be associated with emphatic propositions. The great chain of being is not only one of the most popular ideas about the hierarchy of beings among all nations in the world, but also a rich resource for the study of scalar rhetoric. This paper first introduces Lovejoy's (1964) study on the history of the idea of the great chain of being, Xing's (1997) study on the the great chain of five elements in the traditional Chinese culture, and Lakoff & Turner's (1989) study on the metaphorical function of the great chain of being, and then proposes to upgrade the quantity model of scalar rhetoric proposed by Fillmore, Kay & O'Connor (1988) and Israel (2011) to a probability model in the information-theoretical framework (Shannon 1948, McEliece 2002). The interaction between the great chain of being and scalar rhetoric is reflected in that the rank of beings can trigger the event probability, and the information of less probable events entails the information of more probable events in the scale. The speaker indicates human beings' situation in terms of that of other beings' *via* domain extension, hence enhancing the informative value and strength of the proposition.

Keywords: the great chain of being, scalar rhetoric, domain extension, *ad hoc* concept

(原载于《当代修辞学》2022 年第 6 期)

建构修辞研究的特征及学术走向

鞠玉梅

（齐鲁工业大学外国语学院）

提　要　本文重点探索建构修辞（constitutive rhetoric）研究的特征及其发展新趋向。研究发现：建构修辞研究有其缘自于古希腊修辞的悠久传统，并在20世纪的修辞学复兴运动以及21世纪当代修辞学的跨学科交融中获得进一步发展的机会。建构修辞研究具有彰显叙事、关注社会公共领域、凸显修辞创造功能的特征。正在形成关注边缘群体、文本外因素、当代新技术以及情感转向等新的研究焦点。其跨学科性进一步强化了参与社会变革的学术理想。在当今全球思想竞争的态势下，建构修辞研究将得到进一步的重视。

关键词　建构修辞研究　　研究特征　　学术走向

一、引　　言

建构修辞（constitutive rhetoric）研究是"一种言说理论，研究语言和符号所具有的对受众共有身份进行创建的能力"（Seitz & Tennant 2017：109）。以莫里斯·查兰（Charland 1987，2001）等为代表的建构修辞理论家认为，通过包括语言在内的象征符号所建构的共享集体身份可成为劝说的有利条件。语言具有建构力，这一观点一直是修辞学研究领域从古至今坚持的看法，无论是修辞学形成时期的古希腊诡辩派（the sophists），还是现当代修辞学家，都认为知识具有或然性特征，现实通过语言符号使用得以形成。对于修辞的这一建构性特征，学者们从理论阐述或从修辞实践分析的角度进行了一定的理论和实证研究（如 Sklar 1999；Zagacki 2007；Goehring & Dionisopoulos 2013；Putman & Cole 2020 等）。然而，总体而言，建构修辞研究尚未得到足够的关注，这在一定程度上制约了建构修辞研究在学界的认同度和影响力。鉴于此,本文首先回溯建构修辞研究的学理渊源,然后就其学科基础进行分析,梳理其研究特征,最后结合当下学术语境探索其发展趋向,以期为今后的发展提供研究思路。

二、建构修辞研究的学理渊源

建构修辞观几乎与"修辞"概念相伴而生,因为它与修辞的起源即公众演讲话语密切相关,在演讲过程中修辞者为受众构筑其此前未曾意识到的或未曾被命名过的共有身份,以此成为劝说受众的重要基础。早在2500多年前的古希腊时期,善于言辞的诡辩派就认识到话语的建构力,认为言说本身能够为受众构建真理与现实。修辞在他们眼中具有非凡的魔力,修辞能够也理应负责"对世界和我们自身予以范畴化,借此才能认识我们所身处的世界以及我们自己"(Charland 2001: 616)。亚里士多德(Aristotle 1954)将修辞看作一种能力,是一项为人类所独有的活动,它能促使真理在言说的修辞实践中得以成形并施效。

古希腊时期另一位著名的修辞学家伊索克拉底(Isocrates 2000)认可言说之于人类建构世界与秩序的作用,同时认为修辞的价值高低不在于其劝说艺术,更在于其建构社会特别是政治领域价值观的作用,亦即他更重视修辞治国理政的社会效能以及形成社群与发展文明的文化功用。在他看来,理想的治国安邦应是基于理性,并与此同时发挥语辞(诸如典故、意象、隐喻、叙事、话题等)的效用,在有分歧甚至对抗的受众中建立起共享的集体身份,从而引致共识的达成,并最终付之于最有益于公众的行动。修辞的价值就体现在基于赤诚之心自然而然地对共有身份的构建,这一身份毫无矫揉造作的艺术加工痕迹,而是与受众既有的社会生存天衣无缝般地衔接起来。这样的修辞被古罗马时期的修辞学家西塞罗(Cicero)视为"至高无上的美德,是包括'哲学'在内的一切智力追求、一切学科艺术的最终归宿"(刘亚猛 2008: 107)。

三、建构修辞研究的学科基础

古典时期的建构修辞思想在20世纪的修辞复兴运动中再一次得到了振兴,

"新修辞学"（the New Rhetoric）的代表人物之一肯尼斯·伯克（Kenneth Burke）的"同一"（identification）修辞理论再现了古典诡辩派一代对修辞之建构力的推崇。伯克（Burke 1966）认为，语词构成一种"辞屏"（terministic screen），它就像滤镜一样，将人们的注意力引至某些方面，同时也遮蔽其他方面，并由此规定了人们的行为，进而构建了现实的基本轮廓。修辞话语可赋予言说者强大的能量，使得言说者能够"重新安排语词的意义，因此使得两个事物之间产生或多或少的相似性，或者使得受众群体的组成成员之间以及与讲话者之间形成一种共享身份"（Charland 2001：616）。这种通过言辞在言说者与受众之间所构成的"我们"（us）共有身份，并与此同时与或隐性或显性存在的"他们"（them）相对照，正是伯克"同一"修辞学理论的关键所在。在他看来，劝说的基础即建立于发现与受众在诸多方面的相同或相似之处，在两者之间建立起身份上的共性，这种身份并非先已存在，而是通过修辞生产和建构出来的。

在当代修辞理论中，查兰（Charland 1987）在伯克修辞理论的基础上，融合后结构主义思潮，进一步发展了建构修辞观。这一观念认为"当遭遇来自于异己或他者的威胁之时，修辞就成为构建集体身份的途径"（Charland 2001：616）。这是成功劝说受众的必要条件，在诉诸受众之前，必先建构其共有身份。被建构起来的集体身份成为呼吁受众采取与此身份相匹配之行动的必要条件，唯有如此，才能将宣教的理念得以物质化（materialize）地贯彻执行。因此，在某些特定体裁的文本中，诸如宪法、宣言、声明，以及特定的修辞情境中，诸如做动员报告、发起运动、发动战争等场合下，建构修辞的解释力显得尤为充沛，被建构的集体身份成为一种召唤行动的强大力量源泉。这符合伯克（Burke 1969）认为的共同对立面能带来同一，当危机来临时，人们更趋向于通过凝聚起来以应对危机，而构建共有身份则是产生凝聚力的最佳途径。查兰（Charland 1987）对加拿大魁北克民族运动的研究就属于建构修辞批评的路径，他对话语形式展开的研究重点不在于探索形式能为受众创造何种想象，而是聚焦于形式如何作为一种力量，为受众构建出某种特定身份或者主体定位。这种力量在话语实践中是无所不在的，从而帮助言说者影响受众特别是促使其发生改变，而这种改变是通过驱使受众栖居于"重塑的主体定位"（Charland 1987：142）来实现的。

来自不同领域的学者也都从其各自领域支持了查兰基于伯克所阐述的建构

修辞的普遍性。政治学领域的 James Farr（1988）认为话语具有建构性,它为事情的可能发展提供条件,例如,隐喻通过概念化事物的新方式提供可能性,叙事通过串联起以前人们未曾想到的事件之间的联系提供可能性等。法律领域的 James Boyd White（1985）视法律为一种修辞,并认为修辞具有形塑、维护与改变社群和文化的能力。文学领域的 Steven Mailloux（1991）认为修辞是对世界予以范畴化的途径,一些重要的涉及社会、政治和经济方面的范畴是通过修辞话语实践建构的。此后,Smith-Rosenberg（1992）、Greene（1993）、Dow（1994）、Sklar（1999）、Terrill（2000）、Stein（2002）、Zagacki（2007）、Thieme（2010）、Goehring & Dionisopoulos（2013）、Kilambi et al.（2013）、Lin & Lee（2013）、Mills（2014）、Putman & Cole（2020）、Andon（2021）等都展开了涉及建构修辞理念的个案研究,说明建构修辞研究正逐渐得到学者们本应给予的关注。

四、建构修辞研究的特征

4.1 彰显叙事的重要性

叙事作为"人类社会交流的一种重要模式"（Van Krieken & Sanders 2017: 1365）在建构修辞中被赋予突出地位,因为叙事通过建构某种故事空间为同一的达成提供一个切入视角。叙事建构主体,包括主角与其对立角色。与文学叙事的虚构性不同,修辞叙事向来声称讲述真实而非虚构的故事,以此试图自然化其叙述空间,从而使受众自然而然地接受其讲述的故事。因此,有必要对叙事予以批评,即将话语中隐藏的修辞动机揭示出来,建构修辞理论可为分析者阐释充当寓言的叙事提供一种思路。

Charland（1987）认为叙事形式可跨越时间,创造某种连续性,它可为建构的集体身份提供一种历史延续性和连贯性,这缘自于叙事"具有朝向某个偏好的目标有目的性地运动的特征"（Charland 1987: 144）。具有这一特征的叙事与议政修辞情境（deliberative situations）中的叙事颇为相似,将故事的结尾即故事该如何收场,我们该如何行动,留给已被言说者建构出某种身份的受众。一旦被话语中的叙事打上某种身份标签,受众就会自然而然地按照该身份的要求去行事,因为"人们通过叙事不仅认识自己,也认识他们自己在社会中应该担任什么角色"(Rowland 1987: 267),言说者的修辞动机也就在讲故事中自然而然地得以实现。例如,抗击各种自然灾害、公共卫生危机中的"战争""英雄"叙事等常通过赋予受众某种期望的角色身份来引致预期行为,从而在不知不觉中实现劝说。

4.2 关注社会公共领域

修辞对社会公共领域情有独钟,早在古希腊修辞诞生之时就与公共性密不可分。亚里士多德所讨论的议政(deliberative)、法庭(forensic)、仪典(epideictic)三种修辞话语类型无不关涉公共事务和公共场合。古罗马时期的修辞教育也将修辞看作一个人在政治领域获得成功的必要条件。20 世纪修辞学的复兴也是以对社会实践和社会变革的关注为其显著特征。

Charland(1987: 147)认为"建构修辞是社会生活话语实践的一部分。它一直在那里,通常隐性地但有时亦显性地发声"。他的建构修辞理论深受法国哲学家路易·阿尔都塞(Althusser 1971)关于"设问"(interpellation)概念的影响。修辞者通过为受众建构起一种集体身份来获得受众的认同,而对身份的设问从一进入修辞情境的那一刻就开始了,它就是一个话语对认知主体包括受众的主观意识进行塑造和不断强化的过程。开口致辞(addressing)本身就具有修辞性,就在寻求同一,并且这种追求同一的修辞始终存在,并非一次性行为,而是社会化修辞的组成部分。

修辞者在对受众致辞的过程中,试图唤醒或曰激发为受众量身定做的某种特定身份。例如,在公共生活领域经常遇见的公益广告,它不仅试图兜售某种理念,而且还赋予我们某种具有优秀品质的理想身份,比如环保公益广告试图激发我们"环境保护者"的身份,我们"变成了"(become)环保主义的身体力行者,即我们被修辞者定位于这一角色。这一身份的给定就具有劝说力,而且重要的是,它并不只是为了一时一刻的某个特定事件,而是致力于构建一个具有环保意识形态的社会。正如 Jasinski(2001: 192)所说:"通过修辞话语实践,我们不断地创造、再创造和改变我们的社会,包括风俗习惯、传统、价值观、概念、共享信念、角色、机构、记忆和语言这些可以称之为我们的'第二自然'的东西。"比如我们可以将 2020 年所开展的纪念中国人民志愿军抗美援朝出国作战 70 周年的领导人讲话和一系列的座谈以及纪念活动看作为一种修辞实践，这一系列的话语活动构成了一个互相连贯的建构修辞事件，其修辞意图在于：为受众构建"中国人民"这一与"帝国主义侵略者"他者身份相对立的自我集体身份，并通过创造出"伟大抗美援朝精神"这一新概念谱系重构当代中国社会新风尚，达到修辞变革社会的效果。"在所有人类工程中，对公共生活的维护是最难的"（Smith 1985: xi），建构修辞对社会公共领域的青睐恰好可为解决这一难题提供思路。

4.3 凸显修辞的创造功能

建构修辞所具有的使能特质凸显修辞的创造潜力。知识是通过修辞被公众所了解的，修辞缔造社会观念，而且这种创造是以看似自然毫不刻意的方式进行的。因此，建构修辞理论秉持的是怀疑论态度，破除身份是先已给定的本质主义理念，取而代之的是将身份看作为历史的、或然的和依赖于话语的，并且与权力的运作息息相关。从这个意义上说，正像说服一样，创造也理应是修辞的功能之一。修辞通过创造知识以影响和建构社会认知，因此修辞关涉基本的哲学本体论问题，其所建构的是生活世界的基础。

关于修辞的创造性，我们可从米歇尔·福柯（Michel Foucault）有关权力话语的观点中得到支持。福柯（Foucault 1984）认为话语绝非纯粹和孤立，而总是与各种权力关系相纠缠，其结果是话语实践直接左右我们的日常生活。福柯（1972）对"精神病"（mental illness）概念的论述显示了由某个语词到概念再到社会后果的运作过程，阐明精神病并非一种自然现象，而是话语的产物。一旦某个体被打上"精神病"的话语标签，他就自然地被社会视作不具有理性的非正常人，变成了需要被治疗的"病人"。同理，当某个体或集团被定义为"恐怖主义"时，他们就成为理应被打击或消灭的对象。福柯有关话语生产和建构权力的见解对修辞研究产生了深刻的影响，对修辞效果的探讨摆脱了纯工具性的桎梏，由考察言说者对受众可见的劝说效果转而关注"修辞的建构能力"（Gaonkar 1989: 273）。修辞的功能已非在某个特定的修辞情境之下对特定受众的说服或者同一的达成，而是介入整个社会实践，从宏观的社会信念到微观具体的日常生活无不感受到修辞的使能与制约。人是修辞的动物，修辞的创造性已然成为人们生活的一部分。

五、建构修辞研究的学术走向

5.1 边缘群体获得建构身份的权力

建构修辞认为修辞者通过对语言符号的使用建构与受众共享的集体身份,这一观点已遭遇挑战。理性沟通交往从而达成身份同一的追求不再成为人们关注的重点,取而代之的是追问一个更加基本却十分关键的问题,即"谁有权发声?"这解构了传统修辞所看重的处于优势地位的修辞者施行言语行为的权威,真正的交流不是来自于所谓理性的论辩或雄辩地发表演讲,而是给予那些先前未曾被认可的处于被统治地位的社会成员以言说的机会,使传统上看起来自然但却是人为划分的社会阶层遭到质疑。

社会中惯常"被忽视不见的那部分"(the part of no part)(Rancière 2010),即只配拥有"赤裸生命"(bare life)的穷人、失业者、被剥夺权利者、体力劳动者、少数族裔、外来移民等处于社会底层的通常被看作不发声的、沉默的群体,奋起抗争试图让外界听到自己的声音。例如,发生在 2020 年美国的"黑人的命也是命"(Black Lives Matter)的黑人抗议示威活动等,试图通过非常规、非理性的方式表达自我,建构自己被看见的身份。这种修辞并非传统建构修辞所强调的在分歧中建构同一的努力,而是其对立面成为关注点,即修辞的目的不再是获得身份的同一,而是"反认同"(disidentification)。向来沉默的、不被看见的、被排除在社会主流之外的边缘群体试图通过其特有的修辞方式建构不同的身份,似乎以此宣示"不存在不重要的部分"(Rancière 1999: 11),"'不算数者'也是有话语能力的"(Seitz & Tennant 2017: 118)。这一趋势的产生部分地受到网络数字新媒体的赋能,新媒体平台如 YouTube、抖音等使公众演讲不再是公众人物如政治家的专利,普通老百姓也有了公共表达的平台,也一样可以成为网红达人传播自己的观点,使自己的声音被听到,传统上的边缘群体获得了建构自我的权力,这已经被研究者称为一种"新雄辩能力"(the new oratory)(Rossette-Crake 2020)。

5.2 文本之外的因素成为建构身份的资源

Charland(1987)的建构修辞偏重于文本内要素对集体身份的建构,但文本外要素比如人物(character)正越来越成为研究的重要方面。Thorpe & Picciotto(2019)将人物本身看作为一种作用强大的象征符号或文本,具有标示群体身份的功能,包括群体有别于他者的属性、对世界的认知以及善恶好坏等价值观判断。

这一研究取向亦有其修辞学传统渊源,比如远在古典时代亚里士多德的"修辞人格"(ethos)概念以及 20 世纪 Black(1970)、Wander(1984)的"修辞形象"(personas)概念。亚里士多德(1954)认为修辞人格是最有劝说力的说服手段,并且相较于修辞者业已形成的人格威望,他更强调演讲过程中通过话语所构筑的现场人格魅力。Black(1970: 110)认为修辞过程就是修辞者对理想受众的建构过程,"修辞者的言语行为特点蕴含着其本身的某些特征",正如"文如其人",修辞选择能够显示言说者的观点和思想,而这会对受众产生影响。修辞者试图将自身的完美形象投射给受众并促其模仿,由此建构完美的群体身份。修辞者亦可通过自身有特色的人格形象使其在人群中具有高辨识度,并成为他人模仿的对象,以此影响受众。文本并非单纯地作为文本,它总是与社群和他文本形成互文,彼此交融,互为纠缠。

因此,在这种意义上,建构修辞对于修辞形式的关注可突破文本内的纯语言选择,文本之外的成分也可成为修辞资源,修辞实施者(rhetorical agency)是多类型的,参与对话的修辞形式是一部交响乐式的共融体。修辞者、文本、受众、社会文化语境等互为建构,而且并非单向运动,而是动态多向循环。其中的修辞者本身人格特质即是修辞形式的一种,群体可调动某个具有修辞潜力的人物以建构其集体身份。此种人物必须具有足够分量,拥有定义一个群体的能力和威望,诸如群体领袖、某些社会语境下有较高知识权力的专业人士等,他们通常鹤立鸡群,被视为群体意识形态的显著标志,因而具有解释现实、建构专业知识和塑造群体价值体系的特权。例如,2020 年新冠疫情发生以来,以钟南山为代表的医学专家由于其在抗疫中所发挥的作用,他们本人已经成为一种修辞符号,对公众可产生巨大的影响。

5.3 当代新技术对"部落化"集体身份的建构

随着新媒体技术的发展,传统集体身份正在发生悄然改变。建构修辞向来强调媒介作为一种修辞资源对于集体身份建构的重要作用。媒介特别是技术之于群体建构正像词汇、文本一样发挥着无可替代的作用,伴随着技术更迭,对于"我们是谁?"这个问题的反应也是变化着的。本尼迪克特·安德森(Anderson 1983)"想象的共同体"(imagined communities)理论聚焦于纸质报纸等印刷技术对于民族国家概念的建构,认为共同阅读将新闻、广告、趣闻等各种不同内容并置于报纸的同一版面,读者之间可通过这一共享行为建构集体身份。

在新媒体时代,技术使修辞条件发生了改变,虽然修辞者发出的论辩依然如故,但其传播广度和谁能参与交流等修辞过程的重要构成要素却发生了根本变化。因此,"伴随着新媒体产生的是新的社群,其组织是对旧有形式的颠覆"(Cowan 2021: 185),在这种条件下建构的社群并非是由地理上相近、共享某一区域的个体所组成,而是由散布在各处但被认为存在着某种关联的个体组成的同一体。数字革命从根本上改变了修辞生态,修辞成为"过滤气泡"(filter bubble)(Pariser 2011),即网站内嵌的算法透过用户的地区、先前活动纪录或搜寻结果,为用户提供基于其喜好的个性化搜索结果,这使用户越来越看不到不同的观点或资讯,造成认知过于单向,使其始终处于自身的文化、意识形态气泡之中。

这与建构修辞向来对技术的重视并不矛盾,Charland(1986)认为交流是一个依赖技术的过程,从印刷技术到广播电台都参与了修辞过程,是促使同一产生的必要工具。而我们现在所身处的网络世界正在充分显示生产、消费与组织越来越离不开交流的形式,人们无时不在的线上活动在加强某种价值观的同时,亦可削弱或遮蔽另一种价值观。报纸印刷时代的共享经验消失了,所处修辞生态的不同造就了不同的"我们",生产了不同的派系,形成了阵营的对立。数字媒体俨然成为"预测引擎"(prediction engines),它"为我们每一个人创设一个独特的信息世界"(Pariser 2011: 9),致使我们和越来越趋向于选择与我们观点一致的人形成同盟,而那些和我们不同的人则自然而然地被屏蔽在我们的世界之外。被这一网络技术所控制的人们日趋极化,我们能看到的总是和我们相同的人,其结果就是有可能带来政治不安定和社会分裂的"部落化"(tribalization)(Cowan 2021: 193)式的集体身份。美国前总统特朗普(Donald Trump)的"美国优先"(America

First）所形成的反全球化新民族主义思潮就是这一新兴集体身份的典型代表。

5.4 情感转向

"情感普遍地存在于人类经验和社会关系之中"（Turner & Stets 2009：1），并且"在社群和国家的组织及功能实施过程中扮演着重要角色"（Bleiker & Hutchison 2007：18）。21世纪以来，人文社科研究领域发生了"情感转向"（the affective turn），波及诸多学科，正如 Clough（2007：1）所言："在众多学科和跨学科的话语中，情感（affect）成为越来越受重视的一个研究焦点。"这一转向试图对"情感"予以"概念化、范畴化"（Watts 2015：272）阐释，使其逐渐上升到理论和方法论层面。在这种大的研究趋势之下，建构修辞学也不例外，众多学者（如 Koziak 2000；Riley 2005；Vivian 2006；Rice 2008；Gregg & Seigworth 2010；Rand 2012；Winderman 2014，2019；Gunn 2015；Hawhee 2015；Ritchie 2015，2021；Flores & Gomez 2018；Siegfried 2019；Ingraham 2020；Wilson 2020等）倡导对情感进行批评性解读，认为情感是主体间性的，在特定话语互动交流中可"施加影响"（Ingraham 2020：185），发挥修辞功能，应对其在建构修辞中的地位予以重视，关注可称之为语体（register）的受"身体驱动"（bodily drives）（Eagleton 1991）的情感之施事功能。

亚里士多德的修辞学体系更重视理性诉诸（logos），强调论证的逻辑性是具有说服力的劝说方式。然而，"情感并非理性的'他者'"（Cloud & Feyh 2015：301），两者并非完全对立，实际上恰恰相反，海德格尔（Martin Heidegger）认为"情感是使理性话语成为可能的条件"（Gross 2005：4）。建构修辞将情感融入其研究当中，分析情感作为一种建构修辞手段在集体身份建构中的作用，特别是在政治话语中的作用，例如布莱恩·安德森（Anderson 2017）对美国前总统特朗普政治言论中愤怒等负面情绪的研究。情感成为一种类似于语言的符号，在特定情境中可与环境等紧密结合起来，通过作用于受众起到建构身份认同的功能。Burke（1969）在讨论同一时认为同一的发生也并非总是通过有意识的劝说，同一也可"无意识地"形成，这其中就隐含了情感的力量。Rice（2008：204）认为信念通常并非来自于"统计或证据"，因而并不完全是理性的。身体的运作与物质环境的交融常与语言符号一同产生作用，塑造施事者的信念。也就是说，意识形态的形成不可能简单地完全来自于外界的影响，而是卷入修辞者情感、感觉、情绪、身体运动、符号、话语的综合作用而成。因此，情感的劝说力值得研究，Davis（2008）甚至提出了"情感同一"(affective identification)来替代伯克的完全基于话语的同一概念。Rice（2008）倡导从情感施压方面研究政治话语，以此为理论出发点，Gruber（2014）以 2012 年香港历史博物馆举行的"一统天下：秦始皇帝的永恒国度"秦兵马俑展览为研究对象，分析借助数字传播技术所呈现的展览话语如何以其丰富的多感官、多模态的全觉互动形式，通过施加于观展者的情感体验来影响受众对展览主题的认同，作者试图通过这一研究说明建构修辞也将通过具身体验影响情感视为一种修辞形式。与此研究相似，Cloud & Feyh（2015）的研究分析歌曲《国际歌》如何通过音乐与歌词的结合激发情感，传播工人阶级理想，也体现了建构修辞研究的情感转向。

六、结　语

本文初步梳理了建构修辞研究的发展脉络，对其学理渊源、学科基础、研究特征以及发展新趋向进行了讨论。研究表明：建构修辞学有其缘自于古希腊诡辩派重视话语力量的传统，经过 20 世纪修辞学的复兴运动以及 21 世纪当代修辞学的跨学科交融，其学科基础得到了夯实，获得了进一步发展的机会，呈现出彰显叙事、关注社会公共领域、强调修辞之创造功能的研究特征；建构修辞研究自 21 世纪以来得到了更加广阔的新发展，其研究焦点呈现出新变化，包括对边缘群体、文本外因素、当代新技术、情感转向等的关注，这些新的研究趋势进一步凸显了建构修辞所具有的建构性以及建构修辞研究的跨学科性。在当今全球思想竞争的态势下，建构修辞及其研究将得到进一步的重视。

参考文献

刘亚猛　2008　《西方修辞学史》，外语教学与研究出版社。

Althusser, L. 1971 Ideology and ideological state apparatuses. Ben Brewster (trans.). In L. Althusser (ed.), *Lenin and Philosophy and Other Essays*. New York: Monthly Review Press: 127–182.

Anderson, B. 1983 *Imagined Communities: Reflections on the Origin and Spread of Nationalism*. London: Verso.

Anderson, B. 2017 Tweeter-in-chief: a content analysis of President Trump's tweeting habits. *Elon Journal of Undergraduate Research in Communications*, 8(2): 36–47.

Andon, S. P. 2021 From save the crew to saved the crew: Constitutive rhetoric, myth, and fan opposition to sports team relocation. *Communication & Sport*, https://doi.org/10.1177/2167479520981907.

Aristotle 1954 *Rhetoric*. W. R. Roberts (trans.). New York: Modern Library.

Black, E. 1970 The second persona. *Quarterly Journal of Speech*, 56(2): 109–119.

Bleiker, R. & Hutchison, E. 2007 Understanding emotions in world politics: reflections on method. *Working Paper* 5, Canberra: Department of International Relations, Australian National University.

Burke, K. 1966 *Language as Symbolic Action*: *Essays on Life, Literature and Method*. Berkeley: The University of California Press.

Burke, K. 1969 *A Rhetoric of Motives*. Berkeley: The University of California Press.

Charland, M. 1986 Technological nationalism. *Canadian Journal of Political and Social Theory*, 10(1–2): 196–220.

Charland, M. 1987 Constitutive rhetoric: the case of the peuple Québécois. *Quarterly Journal of Speech*, 73(2): 133–150.

Charland, M. 2001 Constitutive rhetoric. In T. O. Sloane (ed.). *Encyclopedia of Rhetoric*. New York: Oxford University Press: 616–619.

Cloud, D. L. & Feyh, K. E. 2015 Reasons in revolt: Emotional fidelity and working class standpoint in the "Internationale". *Rhetoric Society Quarterly*, 45(4): 300–323.

Clough, P. T. 2007 Introduction. In P. T. Clough & J. Halley (eds.), *The Affective Turn: Theorizing the Social*. Durham & London: Duke University Press: 1–33.

Cowan, J. 2021 The constitutive rhetoric of late nationalism: imagined communities after the digital revolution. *Rhetoric Review*, 40(2): 183–197.

Davis, D. 2008 Identification: Burke and Freud on Who You Are. *Rhetoric

Society Quarterly, 38(2): 123-147.

Dow, B. J. 1994 AIDS, perspective by incongruity, and gay identity in Larry Kramer's "1, 112 and Counting". *Communication Studies*, 45(3-4): 225-240.

Eagleton, T. 1991 *Ideology: An Introduction*. London: Verso.

Farr, J. 1988 Conceptual change and constitutional innovation. In T. Ball & J. G. A. Pocock (eds.), *Conceptual Change and the Constitution*. Lawrence: University Press of Kansas: 16-34.

Flores, L. A. & Gomez, L. R. 2018 Nightmares of whiteness: dreams and deportability in the age of Trump. In D. M. D. McIntosh, D. G. Moon & T. K. Nakayama (eds.), *Interrogating the Communicative Power of Whiteness*. New York: Routledge: 198-217.

Foucault, M. 1972 *The Archaeology of Knowledge and the Discourse on Language*. New York: Pantheon.

Foucault, M. 1984 *"The Order of Discourse" in Language and Politics*. Oxford: Blackwell.

Gaonkar, D. P. 1989 The oratorical text: the enigma of arrival. In M. C. Leff & F. J. Kauffeld (eds.), *Texts in Context: Critical Dialogues on Significant Episodes in American Political Rhetoric*. Davis, CA: Hermagoras Press: 255-275.

Goehring, C. & Dionisopoulos, G. N. 2013 Identification by antithesis: the Turner Diaries as constitutive rhetoric. *Southern Communication Journal*, 78(5): 369-386.

Greene, R. W. 1993 Social argumentation and the aporials of state formation: the Palestinian Declaration of Independence. *Argumentation and Advocacy*, 29(3): 124-136.

Gregg, M. & Seigworth, G. J. (eds.) 2010 *The Affect Theory Reader*. Durham, NC: Duke University Press.

Gross, D. M. 2005 Introduction: being-moved: the pathos of Heidegger's rhetorical ontology. In D. M. Gross & A. Kemmann (eds.), *Heidegger and Rhetoric*. Albany: State University of New York Press: 1-46.

Gruber, D. R. 2014 The (digital) majesty of all under heaven: affective constitutive rhetoric at the Hong Kong Museum of history's multi-media exhibition of Terracotta Warriors. *Rhetoric Society Quarterly*, 4(2): 148–167.

Gunn, J. 2015 Speech's sanatorium. *Quarterly Journal of Speech*, 101(1): 18–33.

Hawhee, D. 2015 Rhetoric's sensorium. *Quarterly Journal of Speech*, 101(1): 2–17.

Ingraham, C. 2020 *Gestures of Concern*. New York: Duke University Press.

Isocrates 2000 *Isocrates I*. David C. Mirhady & Yun Lee Too (trans.). Austin: University of Texas Press.

Jasinski, J. 2001 *Sourcebook on Rhetoric: Key Concepts in Contemporary Rhetorical Studies*. Thousand Oaks, CA: Sage Publications.

Kilambi, A., Laroche, M. & Richard, Marie-Odile 2013 Constitutive marketing. *International Journal of Advertising*, 32(1): 45–64.

Koziak, B. 2000 *Retrieving Political Emotion: Thumos, Aristotle, and Gender*. University Park: Pennsylvania State University Press.

Lin, Canchu & Lee, Yueh-Ting 2013 The constitutive rhetoric of Democratic Centralism: a thematic analysis of Mao's discourse on democracy. *Journal of Contemporary China*, 22(79): 148–165.

Mailloux, S. 1991 Rhetorical hermeneutics revisited. *Text and Performance Quarterly*, 11(3): 233–248.

Mills, R. E. 2014 The pirate and the sovereign: negative identification and the constitutive rhetoric of the nation-state. *Rhetoric and Public Affairs*, 17(1): 105–136.

Pariser, E. 2011 *The Filter Bubble: How the New Personalized Web Is Changing What We Read and How We Think*. London: Penguin Books.

Putman, A. L. & Cole, K. L. 2020 All hail DNA: the constitutive rhetoric of AncestryDNA™ advertising. *Critical Studies in Media Communication*, 37(3): 207–220.

Rancière, J. 1999 *Disagreement: Politics and Philosophy*. Julie Rose (trans.). Minneapolis: University of Minnesota Press.

Rancière, J. 2010 *Dissensus: On Politics and Aesthetics*. Steven Corcoran (trans.). London: Bloomsbury.

Rand, E. J. 2012 Gay pride and its queer discontents: ACT UP and the political deployment of affect. *Quarterly Journal of Speech*, 98(1): 75-80.

Rice, J. 2008 The new "new": making a case for critical affect studies. *Quarterly Journal of Speech*, 94(2): 200-212.

Riley, D. 2005 *Language as Affect*. Durham, NC: Duke University Press.

Ritchie, M. 2015 Feeling for the state: affective labor and anti-terrorism training in US hotels. *Communication and Critical/Cultural Studies*, 12(2): 179-197.

Ritchie, M. 2021 Rhetoric and critical affect theory. *Oxford Research Encyclopedia of Communication*, https://doi.org/10.1093/acrefore/9780190228613.013.1301

Rossette-Crake, F. 2020 "The new oratory": public speaking practice in the digital, neoliberal age. *Discourse Studies*, 22(5): 571-589.

Rowland, R. C. 1987 Narrative mode of discourse or paradigm. *Communication Monographs*, 54(3): 264-274.

Seitz, D. W. & Tennant, A. B. 2017 Constitutive rhetoric in the age of Neoliberalism. In K. H. Nguyen (ed.) *Rhetoric in Neoliberalism*. Gewerbestrasse, Cham: Palgrave Macmillan: 109-134.

Siegfried, K. 2019 Feeling collective: the queer politics of affect in the Riot Grrrl movement. *Women's Studies in Communication*, 42(1): 21-38.

Sklar, A. 1999 Contested collectives: the struggle to define the "we" in the 1995 Quebec referendum. *Southern Communication Journal*, 64(2): 106-122.

Smith, B. J. 1985 *Politics and Remembrance: Republican Themes in Machiavelli, Burke, and Tocqueville*. Princeton, NJ: Princeton University Press.

Smith-Rosenberg, C. 1992 Dis-covering the subject of the "Great Constitutional Discussion," 1786-1789. *The Journal of American History*, 79(3): 841-873.

Stein, S. R. 2002 The "1984" Macintosh ad: Cinematic icons and constitutive rhetoric in the launch of a new machine. *Quarterly Journal of Speech*, 88(2): 169-192.

Terrill, R. E. 2000 Colonizing the borderlands: shifting circumference in the rhetoric of Malcolm X. *Quarterly Journal of Speech*, 86(1): 67–85.

Thieme, K. 2010 Constitutive rhetoric as an aspect of audience design: the public texts of Canadian suffragists. *Written Communication*, 27(1): 36–56.

Thorpe, M. E. & Picciotto, B. 2019 Constitutive characters: the "Great I Am" is actually "We Are". *Atlantic Journal of Communication*, 27(4): 260–271.

Turner, J. H. & Stets, J. E. 2009 *The Sociology of Emotions*. Cambridge: Cambridge University Press.

Van Krieken, K. & Sanders, J. 2017 Framing narrative journalism as a new genre: a case study of the Netherlands. *Journalism*, 18(10): 1364–1380.

Vivian, B. 2006 Neoliberal epideictic: rhetorical form and commemorative politics on September 11, 2002. *Quarterly Journal of Speech*, 92(1): 1–26.

Wander, P. 1984 The third persona: an ideological turn in rhetorical theory. *Central States Speech Journal*, 35(4): 197–216.

Watts, E. K. 2015 Critical cosmopolitanism, antagonism, and social suffering. *Quarterly Journal of Speech*, 101(1): 271–279.

White, J. B. 1985 Law as rhetoric, rhetoric as law: the arts of cultural and communal life. *The University of Chicago Law Review*, 52(3): 684–702.

Wilson, K. 2020 Theory/criticism: a functionalist approach to the "specific intellectual" work of rhetorical criticism. *Western Journal of Communication*, 84(3): 280–296.

Winderman, E. 2014 S(anger) goes postal in *The Woman Rebel*: angry rhetoric as a collectivizing moral emotion. *Rhetoric & Public Affairs*, 17(3): 381–420.

Winderman, E. 2019 Anger's volumes: rhetorics of amplification and aggregation in #MeToo. *Women's Studies in Communication*, 42(3): 327–346.

Zagacki, K. S. 2007 Constitutive rhetoric reconsidered: constitutive paradoxes in G. W. Bush's Iraq War speeches. *Western Journal of Communication*, 71(4): 272–293.

Research Characteristics and Development Trends of Constitutive Rhetoric

Ju Yumei

Abstract: This paper attempts to explore the research characteristics and development trends of constitutive rhetoric. The study yielded the following findings: 1) constitutive rhetoric, with a long history originated from ancient Greek rhetoric, has the opportunity for further development in the rhetoric revival movement of the 20th century and in the interdisciplinary studies of the 21st century. Now it has the research characteristics of giving prominence to the narrative pattern, paying more attention to the social public sphere, and highlighting the creative function of rhetoric; 2) the new research focus are given to the rhetoric of the marginalized groups, the extra-text elements, contemporary new technology, and the affective turn, which further strengthen the interdisciplinarity of constitutive rhetoric and its pursuit of participating in social change. In conclusion, the paper believes that constitutive rhetoric will be taken more seriously under the situation of global competition for ideas.

Keywords: constitutive rhetoric research, research characteristics, development trends

(原载于《当代修辞学》2022 年第 4 期)

含义、显义、隐义与潜义之辨

左思民

(高丽大学中语中文系;华东师范大学中文系)

提 要 "含义"(implicature)是语用学的常用术语,格莱斯把它界定为"言所述"(what is said)的对立面。关联理论提出后情况发生了变化,斯珀波和威尔逊另立一类"显义"(explicature),主张它不是含义,而是直显交际的产物,其作用是给言者说出的意义尚不完备的逻辑式予以"丰义"(enrichment),使逻辑式成为真正的命题。巴赫主张在显义之外另立一类"隐义"(impliciture),它介于显义和含义之间,隐寓在言所述之中,又超出了言所述。然而,显义或隐义毕竟不是言者直说的意义,因此它们和含义都应该像芭比做的那样归为欧斯曼所界定的"潜义"(implicitness)范畴。总之,潜义就是"言所含"(what is implicated),它是意义推导的结果,或可在一定条件下取消。相比之下,言所述只应包括言者直说的话。如果非要让步,至多再勉强包括那些有限的、得到句法规则支持或者句法和话语规则共同支持的、不会造成歧解的零形式句法成分或句法成分省略的现象。

关键词 言所述 言所含 含义 显义 隐义 潜义

一、引 言

"含义"(implicature)是语用学的常用术语,格莱斯(Grice 2002)把它归为"言所述"(what is said)的对立面"言所含"(what is implicated)。莱文森(Levinson 1983:131)和黄衍(Huang 2009:57)均对此作了图示。我根据黄衍对含义分类有所省略的图示列出下表1。根据格莱斯的表述方式,言所含首先包括规约含义(conventional implicature)与非规约含义(non-conventional implicature),非规约含义再分为会话含义(conversational implicature)与非会话含义(non-conversational implicature)。

对"含义"的来源,梅伊(Mey 2001: 45)作过如下解释:"The word 'implicature' is derived from the verb 'to imply', as is its cognate 'implication'. Originally, 'to imply' means 'to fold something into something else' (from the Latin verb plicare 'to fold'); hence, that which is implied is 'folded in', and has to be 'unfolded' in order to be understood."["含义"这个词,如同它的同源词"暗指/蕴涵"一样,从动词"暗指"派生而来。起初,动词"暗指"的意思是"把一个东西包进另一个东西之中"(源于拉丁语动词 plicare"折叠;缠绕")。因此,被暗指的(对象)就是被包进的,为了理解它必须把它"打开"。]查《牛津高阶英汉双解词典》(2009: 1024),动词 imply 的第一个义项和本文此处论述有关:"to suggest that sth is true or that you feel or think sth, without saying so directly。"(含有……的意思;暗示;暗指)

表 1 格莱斯对非自然意义的大致分类

非自然意义(non-natural meaning)			
言所述 (what is said)	言所含(what is implicated)		
	规约地 (conventionally)	会话地(conversationally)	
		一般的(generalized)	特殊的(particularized)

在后来出现的关联理论(Relevance Theory)中,斯珀波(Dan Sperber)和威尔逊(Deirdre Wilson)提出了新术语——"显义"(explicature)。这样不仅大为缩小了格莱斯所说的含义的范围,而且导致了语用意义分类框架的大变化,逼迫我们努力分清含义、显义及相关概念之间的异同和联系,了解含义、显义及相关概念在语用意义系统中的定位,调整并进一步细化、深化对意义尤其是语用意义的系统性认识。

二、对显义的辨析

斯珀波和威尔逊(2008: 242)对显义有如下解释:"比照'寓义',我们把直显交际所传递的定识称作显义。任何在交际中传递的定识,如果不是直显交际所传递的,那就是隐寓交际所传递的:与之相关的定识就属于寓义。"在此先需说明两点:1)这里的"寓义"是"含义"的另一种汉译。2)这里斯珀波和威尔逊把隐寓交际视作直显交际的对立面。那么,何为"直显(的)"?斯珀波和威尔逊并未作出明晰的解释,我们知道它的英语词是形容词 explicit，和名词 explicature 词根相同。查《牛津高阶英语双解词典》(2009:702)，explicit 有三个义项，和此处所述关系最密切的是第三个义项："said, done or shown in an open or direct way, so that you have no doubt about what is happening"（直截了当的、不隐晦的、不含糊的）。何为"定识"（assumption）？斯珀波和威尔逊(2008:2)解释说："按照我们的定义，思想（thoughts）意谓概念表征（representation）（与感觉表征或情感状态相对）。定识意谓被个人当做现实世界表征的思想（与虚拟内容、愿望或表征的表征相对）。按照有些作者（如德莱茨克 1981）的术语用法，'信息'仅意指事实的表征，'传递信息'仅指事实的传递。对这些作者而言，所有的信息都被界定为真。而我们所用的术语含义较广，不仅事实被当做'信息'，被作为事实来呈示的可疑及不真的定识也被当做'信息'。"

由此似可对显义作如下解读：以直截了当的方式传递出来的言者的定识，即言者认为是真的、可疑的或不真的等多种信息。然而，如果对斯珀波和威尔逊的思想有更多了解，可知这个解读是不确切的。斯珀波和威尔逊(2008:235-242)曾经借助于玛丽(Mary)招呼彼德(Peter)吃饭的例子，解释显义和含义的不同。现将其压缩整理后转述如下[汉译本第四章例(3)在保留句子的汉语拼音形式时添上了汉字及英语原句]：

1) 玛丽对彼德说了一句话，即提供了一个逻辑式（logical form）：

[neige yao liang le]（那个要凉了。It will get cold.）[2008:235 例(3)]

玛丽借此向彼德显明了一个由多个定识组成的集合 A，它可能包括如下定识（还可能包括其他许多定识）：

有人发出了声音。[2008:235 例(4a)]

屋里有人。[2008:235 例(4b)]

玛丽在家。[2008:235 例(4c)]

玛丽说过话了。[2008:235 例(4d)]

玛丽喉咙疼。[2008:235 例(4e)]

玛丽说了"那个要凉了"这句话。[2008:236 例(5)]

……

2) 彼德对听到的话进行"丰义"（enrichment，增添意义）操作，得到如下看法：

玛丽说的"那个"指饭菜。(2008:240)

玛丽说的"要"指不久的将来。(2008:240)

玛丽说的"凉"指变凉。(2008:240)

3) 彼德还判别了玛丽说这句话时的语调,确定了玛丽用的是陈述语调,那就是说玛丽在向彼德传递一个确定的信息。

4) 经过如此的丰义操作之后,玛丽说的逻辑式 It will get cold 就被彼德理解为如下命题:

玛丽说"饭菜很快要凉了。"[2008:239 例(10b)]

5) 彼德根据他的语境知识,判断玛丽说 It will get cold 这句话时应该传递了如下信息,尽管玛丽并未直接说出来。即:

玛丽相信饭菜很快要凉了。[2008:239 例(10c)]

饭菜很快就要凉了。[2008:239 例(10d)]

玛丽意图使彼德从"玛丽相信饭菜很快要凉了"推出"饭菜很快就要凉了"。(2008:241)

6) 彼德据此推出如下判断:

玛丽要彼德马上来吃饭。[2008:239 例(10e)]

上面涂灰的部分都不是言者玛丽直说的意思,而是听者彼德在玛丽所说逻辑式 It will get cold 的基础上自己补充或推导出来的意思。对此,斯珀波和威尔逊(2008:242)作了如下说明:

> 确定(10b—d)的方式与确定(10e)的方式有着显著的区别。(10b—d)的各个定识都包含该语句所编码的某个逻辑式,作为相应定识的一个成分。这些定识在推理中得到构建,利用语境信息来完善和充实所包含的逻辑式,然后得到命题式。命题式又被非强制地嵌入某种典型化的定识图式,以表达对该命题的一种态度。反之,(10e)则不是相关语句所编码的那些逻辑式中任何一个的扩展:它是根据语境信息而构建的,尤其是通过扩展从百科知识中调取的定识图式而得到构建的。
>
> ……
>
> 我们把(10b—d)与(10e)的区别看成是直显交际与隐寓交际这两个方面的区别。

据此可知,显义是"利用语境信息"对言者所说逻辑式经过推理(即丰义,一种浅层次的语用推理)之后而得到的意义,它主要包括两类:1)给逻辑式增补的信息;2)对言者的交际意图的判定。于是便引发了如下疑问:1)既然显义是推理的结果,它和含义有什么本质区别?2)显义应归为言所述还是言所含?

三、隐义、含义、显义和潜义的关系

巴赫(Bach 1994)在显义之外提出了"隐义"(impliciture)这一术语。何为隐义?巴赫(Bach 1994: 140-141)说:"Implicitures are, as the name suggests, implicit in what is said, whereas implicatures are implied by (the saying of) what is said."[隐义如其名称所荐的那样,隐寓在言所述之中,相比之下,含义则借助于言所述(的话语)而暗指出来。]"Implicitures go beyond what is said, but unlike implicatures, which are additional propositions external to what is said, implicitures are built out of what is said."(隐义超出了言所述,但它不像含义,含义是外在于言所述的附加命题,隐义是从言所述中扩展出来的。)他(Bach 1994: 140)还以句子 Mary has a boyfriend(玛丽有一个男朋友)为例,指出该句的隐义是"玛丽仅有一个男朋友",该句的含义则根据情况不同而可能是"听者不应该请玛丽外出约会""玛丽不是女同性恋者""玛丽正在离婚""玛丽将要离婚"等等。然后他(Bach 1994: 141)说:"I suggest that we simply recognize a distinct category, the implicit, between the explicit and the implicated."(我建议我们简单地认可一个独立的隐寓范畴,它处于直显的和暗含的之间。)

巴赫(Bach 1994: 140-141)还论述了隐义和显义的不同:"I should point out that my use of the term 'explicit' is more restrictive than Sperber and Wilson's. They count as explicit anything communicated that is a 'development of the logical form encoded by [the uttered sentence]' (1986: 182). Thus they regard what I call expansions and completions as 'explicatures', as explicit contents of utterances. I find this use of the term misleading, in as much as the conceptual strengthening involved in expansion or completion is not explicit at all."(我必须指出我对术语"直显的"的使用比斯珀波和威尔逊更加严格。他们把"被[所言之句]编码的逻辑式的发展"所传递的任何东西都算作直显的。于是他们把我称为扩大或完成的东西

称作"显义",视作言辞的直显内容。我发现如此使用该术语是引人误解的,因为涉及扩大或完成的概念强化根本不是直显的。)由此可见,巴赫(1994)有如下看法:1)隐义是居于显义和含义之间的意义;2)隐义依托于言所述而扩大、完成,又超出了言所述;3)隐义和显义一样,都是对言所述的丰义;含义则不同,它是和言所述不同的其他命题,借助于言所述来间接传递。

我认为巴赫(Bach 1994)提出隐义的目的是想修正斯珀波和威尔逊有关显义的观点,但说到底,隐义和显义都是对逻辑式的丰义,就此而言两者并无本质差别。大略来看,显义和隐义加合在一起后相当于格莱斯说的一般会话含义;然而,所涉对象相同,术语却不相同,背后的理论支撑也不相同。

在含义、显义、隐义等术语之外,还有一个和它们关系密切的术语"潜义"(implicitness)。欧斯曼(Östman 1986: 26)对潜义作过如下界定:"Implicitness goes beyond literal meaning, and accounts for non-truth conditional aspects in language. Implicitness covers what is generally known as presuppositions and implicatures, but it goes beyond the field that these concepts denote, and it does not start from a formal definition of these concepts. In particular, implicitness also covers aspects of speakers' attitudes and emotions, as well as the (even non-intentional) effect an utterance has on the addressee."[潜义超出了字面义,用于解释语言中非真值条件的诸方面。潜义包括了广为人知的预设和含义,但是它超越了这些概念的指谓范围,它也并非始于这些概念的正式定义。尤其需注意的是,潜义还包括了言者的态度和感情,以及言辞在听者身上引发的(甚至是无意的)效果等诸方面。]芭比(Papi 2014: 141)接受了欧斯曼的这一界定,并列出了归在 implicitness(潜义)分类下的几种主要意义类别:entailments(衍推)、presuppositions(预设)、sous-entendus(暗示)①、implicatures(含义)、explicatures(显义)、implicitures(隐义)。据此可知,潜义是上位概念,含义、显义、隐义等都是下位概念。然而这种做法并未被普遍接受,以斯珀波和威尔逊为例,如前文所说,他们既然把显义看作直显的(explicit)而非隐寓的(implicit),应该不会同意把显义归入潜义。至于隐义,巴赫(Bach 1994: 126)曾这样说:"Impliciture,

---

① sous-entendu 是法语词。维基词典英语版把名词 sous-entendu 解释为 insinuation, implication, innuedo(暗示、暗指、影射),并提供了一个例句 Il y a beaucoup de **sous-entendus** dans ce texte.(这篇文章里有很多暗示。)

however, is a matter of saying something but communicating something else instead, something closely related to what is said."（隐义实际上是指，说出的话所传递的意义并非字面意义，而隐义更接近于言所述）。如前文所提，他又认为"隐义超出了言所述"。据此而言，归根结底，隐义宜归为言所含。

和术语"含义"不同，"潜义"尚未成为重要的语言学术语。莱文森（Levinson 1983: 17-18, etc.）早就提及"交际中的潜义"（implicitness in communication），但没把"潜义"作为独立术语。梅伊（Mey 2001）和黄衍（Huang 2009）的书末索引中都未出现"潜义"。布朗（Brown: 2006）主编的《语言与语言学百科全书》中有"含义"词条，而无"潜义"词条。

四、对潜义的辨析

潜义既然如欧斯曼（Östman 1986）所说"超出了字面义"，理应归为言所含而非言所述。看芭比归为潜义的几类意义：衍推、预设、暗示、含义、显义、隐义，可知一部分可以取消，另一部分不可取消。已知会话含义和预设可以取消，规约含义和衍推不可取消。暗示能否取消？芭比（Papi 2014）没有举例说明，本文暂且不论。至于显义或隐义，则情况不一。

格莱斯认为会话含义的主要特点之一是能被取消，而含义即言所含（规约含义是格莱斯所说的含义中的另类，请看下文简析）。据此可将能被取消看作判定言所含的标准，反之，不可取消之义就是言所述。会话含义和预设在一定条件下都可被取消，理应归为言所含。

规约含义不可取消，但格莱斯认为它不影响命题的真值，故归入言所含。比如连词"但是"，它的规约含义是"和言者等的预期相反"，例如：

(1) 张三很聪明，<u>但是</u>每次考试都得不到 A。

例(1)包括两个分句，设每个分句都表示一个命题，且言者说的是真话，那么例(1)的真值如下面的例(2)所示：

(2) "张三很聪明"为真，"张三每次考试都得不到 A"为真；则"张三很聪明，<u>但是</u>张三每次考试都得不到 A"也为真。

如果言者说的全部是假话或者一部分是假话,那么例(1)的真值如下面的例(3)所示:

(3) a. "张三很聪明"为假,"张三每次考试都得不到 A"为假;则"张三很聪明,但是张三每次考试都得不到 A"也为假。

b. "张三很聪明"为假,"张三每次考试都得不到 A"为真;则"张三很聪明,但是张三每次考试都得不到 A"也为假。

c. "张三很聪明"为真,"张三每次考试都得不到 A"为假;则"张三很聪明,但是张三每次考试都得不到 A"也为假。

可见连词"但是"不能影响例(1)的真值,然而它携带的规约含义"和言者等的预期相反"构成了"但是"的词义。比如《现代汉语词典》(2012:256)对连词"但是"的解释是"用在后半句话里表示语义的转折,往往与'虽然、尽管'等呼应"。从这个角度看,规约含义其实并非言所含,而是言所述①。由此看来,格莱斯对规约含义的界定方式不合理,说到底,还是没能从真值语义学的束缚中彻底解脱出来。

衍推义也不可取消,例如:

(4) 李四是画家,因此李四是艺术家。

"画家"被包含在"艺术家"的外延之中,所以"画家"必然具有"艺术家"的属性,这就是衍推关系。衍推关系虽然不能取消,然而衍推义不是直接表述出来的意义,它是真值逻辑推导的结果。以上句(4)为例,"画家"应理解为"擅长绘画的艺术家"(《现代汉语词典》(2012:561)把"画家"释为"擅长绘画的人"),然而并非每个人都能意识到"画家"属于"艺术家"之列,即使每个人都知道画家是艺术家,但"画家"不具备"艺术家"的所有属性,比如它不具备"音乐家""歌唱家""舞蹈家""演艺家"的特有属性。正因为这样,我们不能把"李四是画家"和"李四是艺术家"视作同义句。这说明"李四是艺术家"并非"李四是画家"的言所述,而是后者的言所含。总之,衍推义虽然不可取消,却是真值逻辑推导的结果,宜看作言所

---

① 学界早就注意到了这些问题,如黄衍(Huang 2009:57)曾提及巴赫(Bach)认为规约含义应归为言所述的一部分(to reduce it to part of what is said),而巴克(Barker)却有其他看法(a different view)。

含,即应看作潜义。最后来看显义或隐义。前文第二节中为了说明什么是显义,我曾引用斯珀波和威尔逊(2008)的几个例子,现在再一次转引如下:

(5) It will get cold.(那个要凉了)[2008:235 例(3)的英语原句]

(6) 玛丽说:"饭菜很快要凉了。"[2008:239 例(10b)]

(7) 玛丽相信饭菜很快要凉了。[2008:239 例(10c)]

(8) 饭菜很快就要凉了。[2008:239 例(10d)]

为什么例(5)中的 it 被理解为"饭菜",will 被理解为"很快",get cold 被理解为"变凉(就要凉)"? 斯珀波和威尔逊(2008:239)有如下论述:

> 听者的任务包括许多推理型的子任务。首先是赋予语句单一的命题式,这个过程涉及对说出的句子解歧,即从语法赋予的几个语义表征中选择一个。在这个例子里,必须选出"凉"的一个意思("觉得凉"还是"变凉")。不过,复原一个单一的命题式不仅需要解歧,还需要把指称对象指派给每个指称表达式(例如我们讨论的例句中的"那个")。像"要"那样的模糊词语所表达的意义必须具体化(例如在我们的例子里补出"很快"这个词)。换言之,必须通过多种方式来选定语义表征并加以充实完善,以得到语句所表达的命题式。这种任务是推理型的——对此并无争议。

根据斯珀波和威尔逊的以上论述,从玛丽说的话 It will get cold(那个要凉了)到彼德把它理解为"饭菜很快要凉了"之间,彼德作了语用推理,于是"饭菜很快要凉了"这一判断中便增添了玛丽并未直说的内容。换言之,在彼德的理解"饭菜很快要凉了"之中,既有玛丽言所述的部分,也有言所含的部分,前者是玛丽的直说,后者是彼德通过语用推理来增添的意义。至于例(6)中把言者定为玛丽,例(7)中彼德认为玛丽"相信"饭菜很快要凉了,例(8)中彼德"自己相信"饭菜很快要凉了等意思,当然也不是玛丽言所述的内容。总之,彼德借丰义而增的这些意义,是潜义,亦即言所含。

前文第三节曾提及,巴赫把理解句子 Mary has a boyfriend(玛丽有一个男朋友)时产生的"玛丽仅有一个男朋友"之义算作隐义。该义是可以取消的,例如:

(9) 甲:玛丽有男朋友吗?

乙:有。玛丽有<u>一个</u>男朋友。

甲：她只有一个男朋友吗？

乙：不，她有<u>好几个</u>男朋友。

这是因为根据"梯级含义"(scalar implicatures)的使用规则，当人们选择位于梯级低端上的词语之时，并不一定排除事实上是高于低端词语所说的情况。例如：

（10）甲：你带钱了吗？

乙：我有<u>一百块钱</u>。

乙说"我有一百块钱"时可能仅有一百块钱，也可能带了更多的钱。在后一种情况下，乙的表述与他实际所带的钱数不符，但并非和事实完全相悖，因为乙带的钱中确实有一个"一百块"的部分。反之，如果乙仅带了五十块钱，但答曰"我有一百块钱"，那就是完全不合事实了。这样看来，巴赫举例时说的这种和"仅一个"相涉的隐义，并非"隐寓在言所述之中"(implicit in what is said)，而应看作一种潜义，一种言所含。

芭比(Papi 2014: 158)借用或参考了巴赫(Bach 1994)的例句，举出并部分解释了如下含有隐义的例句：

（11）Steel is not strong enough.（钢不够强固。）

（12）Willie almost robbed a bank.（威利差点儿抢了一家银行。）

（13）This watch is cheap (relative to that one).[（和那款表相比）这种表便宜。]

（14）Men prefer blondes (to brunettes).[（和深发女子相比）男人们更喜欢金发女郎。]

（15）Mr. Bond is too old (to be a good secret agent).[（就一个好的秘密特工而言，）邦德先生太老了。]

（16）Cinderella was late (for the party).[灰姑娘（去派对时）迟到了。]

英语例句(13)、(14)、(15)、(16)中位于圆括弧内的词语都表示了在句子中没有直说出来的隐义。例(11)中没有直说是哪种钢不够强固，因此应该充实"某一种特定的钢"这一隐义。例(12)中可能充实的隐义不止一种，比如"威利抢劫银行差一点儿就成功了""威利抢劫了某物，它的价值跟银行差不多""威利对银行做了一些事,由此造成的损失跟银行遭抢差不多"。例(13)中既可以充实意义"和那一款表相比",也可以充实其他意义,比如"和制造这款表所花费的人力物力相比"等等。显然,上述这些隐义都不是必有的,它们都可能被取消,因而不是上面六个例句的字面义,也都可归为潜义。

通过以上辨析,可知某意义只要符合以下两个特点中的一个,就可归为潜义:1)可以在一定条件下取消;2)是意义推导的结果,这里的意义推导既包括语用推理,也包括某些真值逻辑推理如衍推。至于显义或隐义,它们不管是"直显的"(explicit),还是"隐寓的"(implicit)或"暗指的"(implied),都是语用推理的产物,主要差别在于推理层次的深度不同。总之,斯珀波和威尔逊说的显义,巴赫说的隐义,都宜归为潜义。

五、言所述的判定标准

以上论析表明,看似很容易把握的言所述也有一些纠缠难分之处,这种麻烦其实在格莱斯确定规约含义的属性时就已出现了。那么,究竟如何理解言所述呢? 格莱斯(Grice 2002: 25)虽然说得不够明晰,毕竟有过一些解释,现在择要转引如下:

> In the sense in which I am using the word *say*, I intend what someone has said to be closely related to the conventional meaning of the words (the sentence) he has uttered. Suppose someone to have uttered the sentence *He is in the grip of a vice*. Given a knowledge of the English language, but no knowledge of the circumstances of the utterance, one would know something about what the speaker had said, on the assumption that he was speaking standard English, and speaking literally. One would know that he had said, about some particular male person or animal *x*, that at the time of the utterance (whatever that was), either (1) *x* was unable to rid himself of a certain kind of bad character trait or (2) some part of *x*'s person was caught in a certain kind of tool or instrument (approximate account, of course). But for a full identification of what the speaker had said, one would need to know (a) the identity of *x*,

(b) the time of utterance, and (c) the meaning, on the particular occasion of utterance, of the phrase *in the grip of a vice* [a decision between (1) and (2)].

{从涵义上看,我正在使用的词"述",是用来表达这样的意思:某人已经作出的言所述和他已经说出的那些词(句子)的规约意义具有紧密联系。假设某人已说出句子"He is in the grip of a vice",且听者具备有关英语的知识,但是不具备和这句话的(使用)环境有关的知识,听者会知道这个言者已经说了些什么,并假定他正在说标准英语,且正在按字面义说。听者将会知道这个言者已经说到了某一个特定的男人或雄性动物 x 在说话的那一刻(不管是哪一刻),要么(1)陷于恶习而不能自拔,要么(2)身体的某个部分被某种器具夹住了(当然,这仅是粗略的描述)。然而,为了对言者的言所述有一个完整的辨认,听者将需要知道(a) x 的身份,(b)说话的时间,(c)在特定的言说场合中,短语"in the grip of a vice"的意义[在(1)和(2)之间做出抉择]。}

格莱斯的解释中提及了"按字面义说"(speaking literally),这让我们知道了言所述和字面义确实有紧密联系,但是格莱斯同时提及了"(a) x 的身份,(b)说话的时间"等,却没有言明它们是不是言所述的一部分,这就给人们提供了作不同理解的可能性,也给把显义或隐义归为言所述留了一扇后门。

关联理论学者卡斯顿(Carston 2002)曾提出"对语言表达式的语义和语用解释的三阶段模式"(a three-level model of semantic and pragmatic interpretation of linguistic expressions),麦鲍尔(Meibauer 2006 Vol.5: 575)对此作了简介,其中提到:"In the second step of interpretation, the hearer reconstructs the proposition intended by the speaker through pragmatic inference. Thus, pragmatic inference bridges the gap between what is linguistically expressed (incomplete conceptual schemata/logical form) and what is said (full propositional representations). For example, when a speaker utters the subsentential expression *on the top shelf* in a given context of utterance, the hearer is supposed to reconstruct the missing constituents to yield the intended proposition 'The marmalade is on the top shelf'."[在解释的第二步,听者通过语用推理来重构言者意欲表达的命题。这样,语用推理之桥跨越了语言的字面表达(不完备的概念图式/逻辑式)和言所述(完备的命题表征)之间的沟壑。举例来说,当一个言者在特定的话语语境中说出非完整句"在架子的顶层"

之时,听者被假定为会重构缺失的成分以便提供预期的命题"果酱在架子的顶层"。]由麦鲍尔的概括可知,卡斯顿认为言所述不同于句子的字面义。卡斯顿这样主张自然有她的理据,比如她(Carston 2002: 114)认为:如果言所述严格地理解为一句话的字面义,那么当言者在话语中使用修辞格——诸如隐喻(metaphor)、反语(irony)、夸张(hyperbole)等,我们该怎么处理呢?对此她(2002: 114)引用了格莱斯的一句话来表达自己的观点:"Nothing may be said, though there is something which a speaker makes as if to say."(看来啥也没说,虽然言者似乎说了什么。)

然而,在我看来,即使言者在说话时用了隐喻、反语、夸张等修辞格,这些看似不知所云的字面义仍旧是言所述,因为:1)言者确实用这些词语以及特定的修辞手法构造了句子,并把它们说了出来;2)正是在这些看似"不可理喻"的字面义的基础上,产生并传递了隐喻、反语、夸张等意义。可见,这些表面上看来"啥也没说"之言并非"啥也没说",它们具有确定的并且是难以被轻易替代的交际价值。

我认为,在辨析、判定某个意义是不是言所述的时候,最合理的标准只有一条,即看它是不是直说的产物:凡直说出来的意思就是言所述,否则就不是言所述①。现在以卡斯顿所举的"在架子的顶层上"(on the top shelf)为例,构造一组会话来作说明:

(17) 甲:果酱在哪里?
    乙:在架子的顶层。
    甲:哪个架子?
    乙:冰箱旁的架子。

上例中因为主语承前省,甲可以明确地在乙的第一次答话"在架子的顶层"中充实信息"果酱";然而当屋子里有多个架子时,即使往"在架子的顶层"中充实了主语"果酱",句义仍不清楚,所以甲又提出了第二个疑问"哪个架子"。显然,哪怕乙在说到"架子"时意指的是"冰箱旁的架子",但是只要他没说出口,这个"冰箱旁"之

---

① 我在第六节"结语"中将要提到的那些有限的并且得到句法和话语规则支持的不会造成歧解的零形式句法成分或句法成分省略现象,它们也可勉强算作言所述的一部分(如果一定要这么做的话)。

义就无法包括在言所述之中。正因为"冰箱旁"的意思不属于言所述,一旦乙不说出来,甲就无法确定究竟是哪一个架子,也无法对逻辑式实施丰义,这正反映了"述"与"未述"的根本区别。

总之,无论是为了保持"述"这个概念的清晰度,还是为了认清各种语用推理的本质属性,都应该把言所述限定为言者的直说,它必须是真正的言所述,而不是"言欲述"或"以言暗示"。

六、结　语

从语用学的发展轨迹来看,关联理论对格莱斯有关含义的分类和解释理论作了重大修改,关联理论学者取消了格莱斯的一般会话含义,把它称为显义(或进一步分立出隐义),主张言者通过施行直接以言行事行为(direct illocutionary speech act)而传递出来的话语意义并不能仅靠解码来获取,而必须在解码以后经过丰义才能完备。为此,关联理论学者强调了言者通过说话而传递的直接命题义(得先经过听者的丰义操作)和听者通过对这些命题义的进一步语用推理而获得的间接的命题义之间的区别,这种区别,被一些学者称为言所述和言所含的区别。按照这些学者的观点,显义应归为言所述。

我的观点很明确:言所述应该只包括言者说出来的话,如果非要扩大其范围,至多再勉强包括那些有限的并且得到句法规则支持的或者得到句法和话语规则共同支持的不会造成歧解的零形式句法成分或句法成分省略等现象,比如不会造成歧解的零形式主语,以及主语省略、宾语省略、动词省略、补足语省略等。因为那些零形式的所指或者被省略的对象十分明确,在理解的清晰度上和直说相仿佛。请看如下例句:

(18) 哥哥坐车(∅)上班,妹妹骑车(∅)上学。(主语"哥哥""妹妹"为零形式)

(19) 王五今天生病,∅ 不去学校了。(主语"王五"省略)

(20) a. 赵六不想吃面条,我也不想吃∅。(宾语"面条"省略)

　　b. 甲:赵六不想吃面条。

　　　乙:我也不想吃∅。(宾语"面条"省略)

(21) I can't *go to school* today, but I can Ø tomorrow.（我今天不能去学校,但是明天能去。）(动词及其补足语 go to school 省略)①

至于其他的非直说信息,包括显义或隐义,都不属于言所述之列,而和含义(不计规约含义)一样,都应归入言所含的范围,都是潜义的下位分类。

我认为,强调听者对言者所述的逻辑式加以丰义的重要性有其合理的一面,它不仅在实际上大致维持了格莱斯用一般会话含义和"特殊会话含义"(particularized conversational implicature)来划分的两大类语用潜义的区别,也在实际上维持了塞尔(John R. Searle)划分的直接以言行事行为和间接以言行事行为(indirect illocutionary speech act)的区别,而且推动人们认清了如下事实:哪怕是看来最直截了当地表达了言者想法的话语,也需要对其丰义,因此语言交际是一个全面依赖语用的活动。然而作出这种区别是一回事,分清言所述和言所含是另一回事,我们不能因为强调丰义在充实逻辑式过程中的重要性,就在言所述中加入许多语用意义或者某些真值逻辑推导之义。在我看来,言者的言所述是简单的,它就是话语的字面义,但是依托着这个简单的言所述,言者和听者展开了多方式、多层次、深浅不一的语用推理,由此产生的语用意义也是多类别、多层次的。较浅层次的语用推理给逻辑式丰义,较深层次的语用推理传递格莱斯所说的特殊会话含义,或者实施塞尔所说的间接以言行事行为。此外,还能进一步分出如斯珀波和威尔逊(2008:74)所说的"强式交际"(strong communication)和"弱式交际"(weak communication),并分别产生"强含义"(strong r-implicature)和"弱含义"(weak r-implicature)②:"在强式交际的情况下,讯递者能较准确地预见受讯者将会具体获得的部分思想。在弱式交际的情况下,讯递者仅能期望对受讯者的思想作某种导向。在人际沟通中,弱式交际往往已经足够,甚至比强式交际更为合用。"这就是说,言者传递的"语用含义"中只有一部分是主观上确欲传递之义,另一部分却是在言者所说话语的引导下由听者自己生成的。我以为这是斯珀波和威尔逊的通达之见,值得注意。

---

① 如果从严,这些现象宜归为言所含。
② 强含义是因强式交际(strong communication)而产生的含义,是由言者传递的含义。弱含义是因弱式交际(weak communication)而形成的含义,是在言者导向下由听者生成的含义。r 表示从 relevance theory（关联理论）的角度看待。

基于以上认识,我认为言所述就是话语的字面义,潜义就是言所含,并据此列出下表2,作为本文的结尾。

表2　本文对非自然意义的大致分类

非自然意义			
言所述/字面义/逻辑式义	言所含/潜义		
	显义、隐义①	强含义	弱含义	其他潜义如衍推、预设、暗示
命题义	含义②		

参考文献

[英]霍恩比　2009　《牛津高阶英汉双解词典》(第7版),王玉章等译,商务印书馆,牛津大学出版社(中国)有限公司。

[法]斯珀波、[美]威尔逊　2008　《关联:交际与认知》,蒋严译,中国社会科学出版社。

中国社会科学院语言研究所词典编辑室　2012　《现代汉语词典》(第6版),商务印书馆。

Bach, K. 1994 Conversational impliciture. *Mind and Language* 9(2): 124–162.

Brown, K. (Ed.) 2006 *Encyclopedia of Language and Linguistics* (2nd). Oxford: Elsevier.

Carston, R. 2002 *Thoughts and Utterances: The Pragmatics of Explicit Communication*. Oxford: Blackwell.

Grice, H. P. 2002 *Studies in the Way of Words*, 外语教学与研究出版社(由Harvard University Press 授权)。

Huang Yan 2009 *Pragmatics*,外语教学与研究出版社(外语教学与研究出版社和Oxford University Press 合作出版)。

Levinson, S. C. 1983 *Pragmatics*. Cambridge: Cambridge University Press.

---

① 显义或隐义是浅层次语用推理或曰丰义(enrichment)的产物。我以为不区分显义、隐义也可,若要区分,那么在语用推理的层次上隐义比显义深一些。

② 含义是深层次语用推理的产物,不包括格莱斯说的规约含义。

Meibauer, J. 2006 Implicature. In Brown K. (ed.), *Encyclopedia of Language and Linguistics* (2nd), 5: 568–581. Oxford: Elsevier.

Mey, J. L. 2001 *Pragmatics: An Introduction* (2nd), 外语教学与研究出版社(由 Blackwell Publishers Ltd 授权)。

Östman, J-O. 1986 Pragmatics as implicitness. An analysis of question particles in Solf Swedish, with implications for the study of passive clauses and the language of persuasion, [Ph.D. dissertation, University of California, Berkeley], MI (no. 8624885).

Papi, M. B. 2014 Implicitness, in Verschueren J. & Östman J-O. (Ed), *Key Notions for Pragmatics*: 139–162, 上海外语教育出版社(由 John Benjamins Publishing Company 授权)。

Wiktionary 英语版 sous-entendu 词条, https://en.wiktionary.org/wiki/sous-entendu。

On Differentiation Between Implicature, Explicature, Impliciture, and Implicitness

Zuo Simin

Abstract: "Implicature" is a term commonly used in pragmatics, H. P. Grice defined it as the opposite of "what is said". After the relevance theory was put forward, the situation changed. D. Sperber and D. Wilson came up with another concept of "explicature", and argued that it is not implicature, but a product of explicit communication. They thought the function of explicature is to give the enrichment (in meaning) to the logical form which is incomplete in meaning spoken by the speaker, and to make the logical form become a real proposition. K. Bach suggested to add a different concept of "impliciture", which is between explicature and implicature, implicit in what is said, and goes beyond what is said. However, explicature or impliciture is not the meaning spoken directly by the speaker after all, so explicature, impliciture and implicature should all be classified as the category of implicitness defined by J-O Östman as M. B. Papi did. To sum up, implicitness is actually "what is implicated", it is the result of the inference of meaning, or can be cancelled under certain conditions. By contrast, what is said should only include what the speaker really says directly. Even if the scope of what is said has to be expanded, it at most includes the limited phenomena of zero form or ellipsis of syntactic element that are supported by syntactic rules or both of syntactic and discourse rules, and will not lead to ambiguity caused by the zero form or ellipsis.

Keywords: what is said, what is implicated, implicature, explicature, impliciture, implicitness

(原载于《当代修辞学》2021年第6期,
人大复印资料《语言文字学》2022年第4期全文转载)

后 记

是时,展呈于您眼前的这本《跨学科修辞研究的理论与范式》是复旦大学《当代修辞学》丛书系列"望道修辞学论坛"论文集萃的第六辑。此前刊行的五辑为:《多学科视野中的当代修辞学》(2016)、《当代修辞学的多元阐释》(2018)、《修辞的结构与功能研究》(2019)、《互文性与互文语篇研究》(2020)、《当代修辞学的阐释与建构》(2021)。每一辑录入的论文皆选自"望道修辞学论坛"的会议论文和此后发表于《当代修辞学》期刊上的论文。每辑录入的论文都围绕一个关乎当代修辞学发展的主题,都聚焦于一个核心的论域:第一辑是"汇聚多学科知识的理论体系";第二辑是"修辞语义的多元阐释";第三辑是"本体视角的结构与功能研究";第四辑是"互文性理论的解释力";第五辑是"当代理论体系的阐释与建构";第六辑以更为广阔的学科视野,进入探讨跨学科维度修辞理论与研究范式的论域。

第一至第六辑所辑论文,遴选自 2010 至 2022 年"望道修辞学论坛"和刊发于《当代修辞学》的与时俱进的论文。各辑着意汇聚修辞研究的高品质论文,旨在推动期刊发展以实现学科理想:首先,为学术服务,应学者研究时需,备作学科资料积累;其次,推出学者的前沿理念方法,分享其新学科背景下广博深厚的知识结构体系,以拓展研究视野、引领学术思潮、建构当代修辞学理论体系。在一定意义上可以说,六辑共计一百七十篇论文是作者、编者与读者三位一体学术共同体共同成就的成果,客观描绘了属于当今修辞学的独特面貌,充分显示了学者们坚守修辞传统、搏击跨学科知识领域的智识勇气,以及通过新锐主题、科学论证共建与国际接轨的修辞学理论体系的竭诚努力。

一至六辑"望道修辞学论坛"的顺利出版得益于复旦大学校系领导和各级各类科研项目的鼎力支持,得益于复旦大学出版社前任社长贺圣遂、总编孙晶和现任董事长严峰、电子音像分社社长李华、总编王卫东精心组织出版印行,得益于责任编辑方尚芩高度的责任心与深厚的专业造诣,在此一并恭致谢忱!

祝克懿于复旦书馨公寓
2023 年 7 月 18 日

图书在版编目(CIP)数据

跨学科修辞研究的理论与范式/祝克懿,储丹丹主编. —上海:复旦大学出版社,2023.10
("望道修辞学论坛"论文集萃;第六辑)
ISBN 978-7-309-17011-5

Ⅰ.①跨… Ⅱ.①祝…②储… Ⅲ.①修辞学-文集 Ⅳ.①H05-53

中国国家版本馆 CIP 数据核字(2023)第 182599 号

跨学科修辞研究的理论与范式
祝克懿 储丹丹 主编
责任编辑/方尚芩

复旦大学出版社有限公司出版发行
上海市国权路 579 号 邮编:200433
网址:fupnet@fudanpress.com http://www.fudanpress.com
门市零售:86-21-65102580 团体订购:86-21-65104505
出版部电话:86-21-65642845
常熟市华顺印刷有限公司

开本 787 毫米×960 毫米 1/16 印张 31.5 字数 496 千字
2023 年 10 月第 1 版
2023 年 10 月第 1 版第 1 次印刷

ISBN 978-7-309-17011-5/H·3282
定价:98.00 元

如有印装质量问题,请向复旦大学出版社有限公司出版部调换。
版权所有 侵权必究